中国新觉醒

郑必坚

世纪文景

世纪出版集团 上海人民出版社

自序一

一

这是一本专题论集,是以我的相关论著按专题编辑而成的。全书共分六个专题,入选文章的大多数都是二〇〇五年后撰写的。三卷本《郑必坚论集》(上海人民出版社二〇〇五年八月第一版)和一卷本《郑必坚自选集》(学习出版社二〇〇七年八月第一版)的文章,基本上没有收入。

二

一个特殊的例外,是本论集的开卷篇——《爱国主义是建设社会主义的巨大精神力量》。这篇文章,《郑必坚论集》用了,《郑必坚自选集》也用了,现在这本《中国新觉醒》又用了,而且都是作为开卷篇来用的。其原因,是由于我认为这篇文章集中地有系统地表达了对爱国主义的理解,并从而真切表达了我的历史观、人生观、价值观。

三

至于本论集的终卷篇——《邓小平打开了中国特色社会主义的全新战略道路》,则是我为纪念邓小平同志诞辰 110 周年而写的文章。在这篇文章一开头,我深情地这样说:"面对邓小平理论所开启的当代中国历史大变动,面对中国共产党和中国人民的伟大新觉醒,我们比以往任何时候都更加深切地体会到:中华民族和中国人民能有今天,我们党和人民的事业能有今天,离不开邓小平打开的中国特色社会主义全新战略道路。我们对邓小平的最好纪念,就是坚定不移沿着这条道路继续前进,开拓更为广阔的发展前景。"

我还要说,现在呈献给读者的这本《中国新觉醒》的全书主旨,也就是在这里。

谨以此书虔诚求教于前辈、同道,求教于青出于蓝而胜于蓝的年轻一代。

深切感谢上海世纪出版集团,以及为本书编辑、出版作出不懈努力的每一人。

是为序。

郑必坚

2015 年 5 月

自序二（代序）

二○○二年的一项建言——联系国内国际两个大局，抓紧启动"中国和平崛起发展道路"理论和战略研究工作[*]

第一部分　二十五年来中国开创出一条和平崛起的发展道路

一、"中国和平崛起发展道路"的开辟及其实质

（一）新中国宣告成立，中国人从此站立起来，中华民族开始了实现伟大复兴的历史征程，这就已经标志着中国在政治上的崛起。

我们这里所论述的"中国和平崛起的发展道路"，特指从上个世纪七十

　＊　这个"建言"写成于 2002 年 12 月 30 日，实际上是作者在提出"中国和平崛起发展道路"这一命题之后，第一次对此作出全面系统的论述。现在把它作为本书的代序。本文原来还有一节前言——"课题的由来和发展"，这次没有收进本书。作者在前言中强调提出："对于中国作为后起大国的崛起，西方朝野人士既有认同，也有担忧，目前总的情况是担忧大于认同，'中国威胁论'和'中国崩溃论'均有一定市场。因此，似有必要尽快组织力量，围绕我国二十几年来成功开创的在同经济全球化相联系而不是相脱离的进程中，独立自主地建设中国特色社会主义的和平崛起发展道路问题，展开专题研究。"

年代末期中国共产党第十一届三中全会所开创,到二十一世纪中叶中国基本达到现代化,实现中华民族伟大复兴,这样的全方位崛起的战略道路。

(二)这条和平崛起的发展道路,就是既争取和平的国际环境来发展自己,又以自身的发展来维护世界和平。其实质,就是在以和平与发展为主题的时代条件下,在同经济全球化相联系而不是相脱离的进程中,独立自主地建设中国特色社会主义,使中国作为维护世界和平的坚定力量实现崛起。

更集中一点说,我们所建设的中国特色社会主义,是坚持发展生产力的社会主义,是坚持和平的社会主义。

这就是中国实行改革开放和现代化建设二十五年来成功开创出的,并将继续毫不动摇地走下去的一条适合中国国情和时代特征的全新战略道路。

二、"中国和平崛起发展道路"的五大特点

这条全新的战略道路,新在何处?归结起来,有五大特点:

——第一个特点是,毫不动摇地坚持以经济建设为中心,把发展作为中国共产党执政兴国的第一要务。以一九七八年底党的十一届三中全会为标志,我国从以阶级斗争为纲转到以经济建设为中心,从封闭半封闭转到对外开放,从僵化停滞转到全面改革。从那时起,中国就逐步走上了对内坚持发展生产力、对外坚持和平的全新发展道路。邓小平强调:要紧紧扭住经济建设这个中心不动摇,全党全国各项工作都要服从和服务于这个大局,即使是发生战争,打完仗还要继续抓发展。

——第二个特点是,勇敢地实行对外开放,坚持同经济全球化相联系而不是相脱离。二十五年来,中国在和平崛起进程中的两大历史关头和两次战略抉择,深刻地表明了这一点。

第一个历史关头,是上个世纪七十年代末,当中国共产党自己起来纠正

2

"文化大革命"的失误,重新思考国际国内两个大局,重新思考什么是社会主义、怎样建设社会主义这一根本问题时,正逢世界范围新科技革命和新一轮经济全球化浪潮蓬勃兴起。以邓小平为核心的中央领导集体敏锐地把握住这个动向,作出了"当今世界是开放的世界,中国的发展离不开世界"的重大判断,打开了经济建设的新视野、新局面。这是一次历史性的战略抉择,它表明,我们实行对内改革和对外开放,从一开始就是抓住了新一轮经济全球化的机遇;独立自主地建设中国特色社会主义,从一开始就是同经济全球化联系在一起的。所谓中国改革开放新的发展道路的应运而生,实质上就是应社会主义制度的自我完善而生,应勇敢地加入经济全球化而生。

第二个历史关头,是上个世纪九十年代,世界范围发生的经济全球化同反全球化两股潮流的对抗,以及亚洲金融危机,使中国的这条和平崛起发展道路面临严峻考验。以江泽民为核心的党中央领导集体权衡利弊,审时度势,果断地决定按照"趋利避害"的原则进一步积极参与经济全球化。这样,就在毫不动摇地坚持独立自主的同时,又把中国的对外开放提高到新的水平。中国加入 WTO、实行"引进来"与"走出去"相结合等全方位扩大对外开放的战略举措,这是又一次历史性的战略抉择。实践表明,这里所说的"趋利",就是指经济全球化有利于生产要素在全球范围内优化配置,有利于各国各地区通过加强经济技术交流和合作得到发展;"避害",则是指经济全球化是在不公正、不合理的国际经济旧秩序没有根本改变的情况下兴起的,发展中国家往往受害。由此可见,与经济全球化相联系的中国和平崛起,既清醒把握了国际国内两个大局,又统筹考虑了经济全球化的正面和负面。我们是勇敢的、坚定的,又是清醒的、理智的。

——第三个特点是,在积极参与经济全球化的同时,坚持独立自主。就是说,我们充分利用国际国内两个市场、两种资源,而把基本实现中国现代化放在自己力量的基点上,自觉地做到"五个依靠":依靠自己的观念更新和体制创新;依靠自己的产业结构调整;依靠开发越来越大的国内市场;

依靠把庞大的居民储蓄不断转化为投资;依靠更广和更深地开发人力资源即提高国民素质、加快科技进步来解决资源和环境问题。这"五个依靠",再加上大胆地借鉴吸收当代世界包括资本主义发达国家的一切有益的文明成果而又坚持弘扬中华文明,表明中国的和平崛起,其出发点和立足点是,主要依靠自己的力量包括文化的力量来解决发展中遇到的问题,不给别的国家制造麻烦。

——第四个特点是,坚持锐意改革而又统筹兼顾各方面的战略关系和利益关系,做到改革、发展、稳定相结合。锐意改革,就是毫不动摇地在坚持四项基本原则的前提下,锐意推进以社会主义市场经济、社会主义民主政治和社会主义先进文化为基本内涵的经济、政治和文化体制改革,把四项基本原则作为立国之本,把改革开放作为强国之路,以形成实现和平崛起的制度保证。统筹兼顾,就是统筹城乡发展、统筹区域发展、统筹经济社会发展、统筹人与自然和谐发展、统筹国内发展和对外开放,协调改革开放过程中各种新的利益关系和利益矛盾,以形成实现和平崛起所必需的和谐稳定的社会环境。

——第五个特点是,奋力崛起而又坚持独立自主的和平外交政策,永远不争霸、不称霸。二十五年来,中国坚持走和平崛起发展道路的实践表明,我们既摒弃了近代以来那种以为离开世界也能自我发展的封闭式发展道路;又摒弃了近代以来世界后兴大国依靠侵略战争打破原有国际体系、依靠集团对抗扩张以争夺霸权的崛起道路。我们已经、正在、还要下决心继续走的乃是一条争取和平的国际环境发展自己,又以自身的发展来维护世界和平的后兴大国和平崛起之路。

中国封建社会后期"康乾盛世"走向没落的教训警示我们:一个国家、一个民族,封闭只能导致落后,落后必然导致挨打。而近代以来世界几个后兴大国,比如一战时的德国,二战时的德国和日本,以及冷战后期的苏联,其发展历史又突出地表明:一个国家、一个民族,无论是依靠扩张、侵略以至发动大战,还是依靠冷战、对抗来谋求国家崛起都是行不通的,争霸必然黩武,称霸必失人心。毛泽东、邓小平和江泽民一再告诫全党和全国人民,我们现在不称霸,就是将来强大了也不称霸,并明确要求以此来教育我们的子孙后代。我们坚信,只有坚持独立自主的和平外交政策,不争霸、不称霸,走和平崛起的发展道路,才能解决十三至十五亿人口的现代化这样一个人类历史上从来没有过的超大难题。

这五大特点体现了我们党对历史经验和国际经验的深刻总结,体现了我们党对人民意愿的自觉把握。中国共产党之所以要推进发展,中国之所以要实现和平崛起,根本原因在于近代以来一代又一代中国人受到资本帝国主义列强的欺压和蹂躏,深知和平之珍贵,发展之重要,"己所不欲,勿施于人",这就是中国坚持和平崛起发展道路的深层次的历史原因和民族心理;中国共产党之所以要推进发展,中国之所以要实现和平崛起,根本目的乃在于实现中国十三亿人口之根本利益,唯有和平,人民才能安居乐业,唯有发展,人民才能丰衣足食。因此,和平崛起发展道路有其客观性和人民性,决不是心血来潮之物,决不是空穴来风之举,任何人要改变它,中国人民都不会答应。

总之,面对二十一世纪上半叶的形势和任务,中国在由全面建设小康社会到基本实现现代化、实现中华民族伟大复兴的进程中,更明确地提出和坚持和平崛起的发展道路,更高地举起和平、发展、合作的旗帜,有利于把建设中国特色社会主义的对内方面和对外方面更加鲜明地统一起来,把坚持发展生产力的社会主义和坚持和平的社会主义更加鲜明地统一起来,把韬光养晦和有所作为更加鲜明地统一起来,向全世界、全人类庄严宣告:中国和平崛起,这正是当代中国共产党人所领导的中国特色社会主义的一个极重要的"中国特色"!这对于我们抓住新的战略机遇期,争取更多朋友和同情者,化解种种阻力、干扰,应对种种可以预料和难以预料的风险和挑战,具有重要意义。

还需要强调一点,值此国际风云变幻,单边主义、霸权主义及恐怖主义盛行之际,值此各大国均在重新给自己定位并为此而寻找各自理论根据之际,值此国际秩序之争成为国际斗争一大焦点之际,中国作为维护世界和平的坚定力量,更加明确地坚持和平崛起的发展道路,更高地举起和平、发展、合作的旗帜,并以自己的二十五年成功实践及二十一世纪上半叶善处各方面问题的清醒方针昭告于世,这对我们回击"中国威胁论"和"中国崩溃论"极为有益,对我们维护和树立国际形象极为有益,对我党和中华民族建设中国特色社会主义的伟大正义事业极为有益,而绝非有害。

三、"中国和平崛起发展道路"的国情依据

（一）中国之所以选择和平崛起发展道路,从根本上说,是因为中国是一个真正的社会主义国家,又是当今世界人口最多且发展很不平衡,面临一系列超大规模难题的发展中国家。中国的"超大规模难题"可用一道乘法题和一道除法题来表示。乘法题是:无论看似多么小的因而可以忽略的经济和社会发展难点,只要乘以十三至十五亿总人口,那就成了一个大规模的、甚至是超大规模的问题。除法题是:即便绝对总量很大的财力、物力,只要除以十三至十五亿,那就不仅不会是多么大的,而且会是相当低的,甚至很低很低的人均水平了。

（二）中国的发展和崛起,包括困难的方面和动力的方面。十三至十五亿人口,人均资源贫乏,先天不足,困难无疑是巨大的。但是从另一方面看,我们这样一个社会主义大国,只要真正活跃起来,把一切可以调动的积极因素愈益充分地调动起来,那么中国人的劳动力、创新力、购买力,中国的凝聚力和增长动力,以及由此给世界带来的增长动力,又将是多么巨大的呢?

（三）中国共产党和中国政府清醒地、自觉地把握住中国和平崛起困难的方面和动力的方面,立足中国大地而又面向世界,正视国情现实而又放眼未来,在研究新情况、解决新问题的过程中,探索有中国特色的一整套

发展战略。而中国为解决发展问题所做的一切努力,无论经济、政治、文化工作,也无论内政、外交、国防,归根结底,都是为了使我们的十三至十五亿人民走向富裕,更加文明,使中国更加适合人的全面发展,到本世纪中叶达到中等发达国家水平。

(四)中国社会主义基本制度和基本国情决定了中国只能坚持以发展为第一要务,只能选择走和平崛起的发展道路。我们的社会主义是发展生产力的社会主义,是主张和平的社会主义。加上中国又是一个大国,国土广袤、市场广阔,具有小国不具备之大规模物质条件,这是中国之所以能够和平崛起之根本基础。但是我们又清醒地认识到,中国正处于并将长期处于社会主义初级阶段。中国不仅人口多,而且耕地少、资源少;不仅历史悠久,而且民族众多;不仅地域辽阔,而且各地发展很不平衡。因此,当代中国要解决的主要矛盾,始终是人民群众日益增长的物质文化需要同落后的社会生产之间的矛盾。中国人要以愚公移山、精卫填海那样一种精神,执著地、锲而不舍地抓紧干的就是一件事,就是集中力量发展我们自己这件事。办好中国自己的事,尽够我们若干代中国人,包括领导层和全体人民,很忙很忙的了!

四、"中国和平崛起发展道路"的时代条件

(一)我们党对国际大局和国际环境的观察,从来深刻地影响到党的总的理论、路线和战略,深刻地影响到党的整个事业。革命时期是这样,建设时期是这样,改革开放新时期以来的实践尤其是这样。中国之所以选择和平崛起的发展道路,除了国情依据之外,还在于伴随着新科技革命和新一轮经济全球化的兴起,和平与发展已经成为当今世界的时代主题。

邓小平在明确提出和平与发展是当代世界的两大问题的那篇谈话中,同时强调:"从政治角度说,我可以明确地肯定地讲一个观点,中国现在是

维护世界和平和稳定的力量，不是破坏力量。中国发展得越强大，世界和平越靠得住。"

上世纪八十年代中期以来，我们党对"和平与发展的时代主题"这个大的战略判断是始终坚持的，一以贯之的，决不因为出现这样那样的国际突发事件而轻易动摇。东欧剧变、苏联解体时没有动摇，海湾战争时没有动摇，科索沃战争时没有动摇，"九一一"事件和伊拉克战争后也没有动摇。

（二）邓小平在上世纪九十年代，面对错综复杂的国际变局，还曾经深刻指出："世界上矛盾多得很，大得很，一些深刻的矛盾刚刚暴露出来"；世界上"可利用的矛盾存在着，对我们有利的条件存在着，机遇存在着，问题是要善于把握"；"总之不能看成一片漆黑"，而是"要善于把握时机来解决我们的发展问题"。

十多年来的实践表明，邓小平的预见是完全正确的。综观当今世界，冷战结束以来，尤其是"九一一"事件以后，世界矛盾更加错综复杂，政治、经济、安全等因素相互交织，地缘、宗教和文化等冲突同政治经济矛盾相互作用，南北矛盾更加突出，西西矛盾愈益凸现。人类世界整体和平、缓和、稳定，局部战乱、紧张、动荡。对于中国来讲，仍然是机遇与挑战并存，机遇大于挑战。本世纪头二十年是中国必须紧紧抓住并且可以大有作为的重要战略机遇期。这是我们党的一个根本战略思想，也是中国和平崛起发展道路问题上的一个根本战略思想。

第二部分　二十一世纪头二十年中国和平崛起的机遇和挑战

一、二十一世纪头二十年四大历史性战略机遇

进入二十一世纪，我们能不能继续成功地坚持中国和平崛起的发展道

路,关键在于能不能清醒认识和正确把握新的战略机遇期。概括言之,这里有以下四个方面的历史性战略机遇。

(一)二十一世纪头二十年世界范围地缘战略格局和多方面矛盾新发展带来的机遇

中国和平崛起的地缘政治环境主要取决于两个方面,一是唯一超级大国美国是否或能否将其全球战略资源集中用于压制中国的和平崛起;二是中国的周边环境是否或能否形成牵制中国和平崛起的包围圈。

我们认为,美国全球战略的调整客观上为我国和平崛起赢得了宝贵的时间。由于社会制度和意识形态的差异,美国一些人对我"西化"、"分化"的图谋从未放弃过;在冷战结束以后,美国一些人曾经把我国列为"战略竞争对手"。但是,错综复杂的世界矛盾决定了,美国鉴于各种实际的利益需要,在许多问题上还有求于我。"九一一"事件后,美国把恐怖主义和大规模杀伤性武器的扩散作为首要威胁,在全球范围发动反恐战争,美国与伊斯兰世界和阿拉伯国家的矛盾在短期内难以缓和与解决,这势必消耗美国大量的外交、军事和经济资源,它将难以集中力量对付中国。相反,它将更需要在若干重要方面与我合作。只要我们战略策略得当,不发生中美全面对抗或重大危机的可能性是存在的。这是中国和平崛起的最重要机遇之一。

地缘战略格局的另一个重要变化,就是中国的周边环境在总体上也有利于中国的和平崛起。一是中国市场对亚洲经济的拉动作用明显增强,亚洲国家对中国市场的依赖度已经与对日本市场的依赖度相当,未来十年可能接近于对美国市场的依赖度。二是亚洲正在形成包括中国在内的次区域合作机制,其中包括中国与东盟的"10+1"自由贸易协定,中国与中亚四国和俄罗斯的上海合作组织,围绕朝核问题而形成的北京六方会谈机制等。此外,建立"10+3"自由贸易区的研究已经启动。三是中国与毗邻国界的地区相比,大多处于发展较快的高地平台上,从而形成市场要素向我靠拢的周边向心力。从今后二十年的长期趋势看,中国将与亚洲国家形成巨大的利益汇合点,甚至可能逐步形成世界上规模最大的经济共同体。

(二)世界范围新科技革命及科学发展观带来的机遇

世界范围以微电子技术和生命技术为核心的新科技革命的发生、发展,是中国和平崛起的极有利机遇。新科技革命推动了传统产业的现代化,这对于中国走新型工业化道路,实行工业化和信息化并举、以信息化带动工业化、改变城乡二元结构、实现跨越式发展都是十分有利的。新科技革命带动的经济增长方式的转变,对中国坚持科学发展观,改变粗放式、高能耗、高投入、高污染的增长方式,也具有关键意义。

世界经济长周期规律还显示,世界经济的总体低谷时期往往是新的经济大国崛起的机遇。二十世纪初的美国、二战后日本和德国的复兴都是明显的例子。特别应当充分估计到,今天新的产业革命导致全球范围的技术转移和新的市场中心,从而有利于产生新的经济大国这样一种特殊历史条件,正是中国和平崛起的极其难得的历史机遇。此外,中国地区经济发展不平衡的状况,还有可能使得世界范围的产业结构的水平分工和垂直分工在中国都能获得大范围、长时间、接力赛式的转移,从而既使国际分工体系形成新的结构,又为中国生产能力的持续扩展提供巨大的空间。

(三)按照"趋利避害"方针积极参与经济全球化带来的机遇

新一轮经济全球化为中国和平崛起带来的最大机遇就是中国可能通过和平方式和市场途径获得国际分工的重新选择和战略资源的重新配置,而不必像历史上的后兴大国那样,通过发动战争掠夺别国资源来实现自身的发展和崛起。

WTO体制为中国接受全球的市场要素转移和参与全球市场竞争提供了制度框架。通过参与在这一框架下的合作和规则制定,中国与各国的共同利益将获得制度性的保证,中国与各国的经济摩擦也将获得制度性的调节,这不仅使中国获得巨大的市场机遇,而且也是世界和平的重大机遇。

全球的金融创新和国际资本流动,是中国获得吸纳全球资金的极有利的外部环境。全球性通货紧缩使国际资本急于寻找新的战略投资方向,它们的目标同时聚焦在中国大市场。这种运动方向的趋同很可能是全局性的、长时期的。

尽管经济全球化也会带来各种风险,但是与它所产生的机遇相比毕竟是次要的。中国国内市场的巨大规模和潜力,以及中国特色社会主义的制度优势,使我们比绝大多数国家具有更大的抗风险、抗干扰、抗周期能力。从一定意义上说,中国和平崛起的发展道路实际上就是在经济全球化背景下"趋利避害"的道路。

(四)坚持和平崛起的发展道路是我们所有战略机遇中的最大机遇

在中国的分量愈益重大的新条件下,中国自己的情况和作为如何,越来越成为决定中国能否在二十一世纪前期赢得新的战略机遇期的最重要的基础。可以预见的是,中国将继续发展和大发展,这本身即是一个带有决定性的因素。或者还可以说,中国在改革开放和现代化建设的历史新时期,坚持走和平崛起的发展道路,这本身就在为我们创造和赢得多方面的重大新机遇。

总之,国际国内各方面条件之综合,有利及不利方面之综合,就决定了中国在二十一世纪头二十年,必将在面对种种风险和挑战的同时,迎来一个和平崛起的新的战略机遇期。

二、迎接风险和挑战的十九项战略问题

中国和平崛起的发展道路当然不会一帆风顺,盛世应当不忘危言。以下提出十九项战略问题。

(一)能否始终以改革为动力,保持强劲的发展势头,保证国民经济持续快速协调健康发展

解决中国一切问题的关键要靠发展,要靠以改革为动力加快发展,要

靠坚持科学发展观基础上的更快、更好的发展。总体而言,保持我国经济的快速发展本身就是最大的经济安全。从国内来说,力争今后二十年,GDP年增长率不低于7.2%,并力求更高一些,方能超越人口、就业压力,满足发展要求。我国今后每年新增就业人口不低于一千四百万,如果没有较快的增长速度,就解决不了就业问题。同时,从国际来看,要考虑到在综合国力的竞争中,不仅是经济的竞争,而且具有制度竞赛和意识形态竞争的含义。如果我们不能在增长速度和质量上达到优胜,就很难有说服力地证明中国特色社会主义的优越性。

(二)能否保证十三至十五亿人口日益增长的物质文化需要同资源、环境、生产力发展相协调

中国发展的巨大难题不仅在于摆脱贫困任务本身的艰巨,而且还在于完成这一任务所受约束条件之严峻。人口众多而资源相对不足,这是制约我国发展的主要因素,我国人均水资源拥有量只是世界平均水平的四分之一,人均耕地拥有量只是世界平均水平的40%,石油、天然气、铜和铝等重要矿产资源的人均储量分别相当于世界人均水平的8.3%、4.1%、25.5%和9.7%。

资源约束,主要是能源、粮食、原料和水资源的约束。特别是,我国目前正处于资源消耗强度较高的工业化中期阶段,同时又处于旧式工业化与新型工业化交叠的发展阶段,资源约束更为突出。而目前我国资源产出效率大大低于世界平均水平。随着我国加入WTO过渡期的结束,确保石油等战略资源长期稳定供应将成为更加紧迫的任务,这不仅是经济问题,而且是关系我国经济安全和国家安全的政治问题。建议中央着眼于中国的资源约束,着眼于中国的能源约束,更加有力地推动中国的新科技革命、新工业革命和产业革命。

中央已经提出,增加能源生产和降低能耗以及扩大石油的战略储备等措施。考虑到当前和可预期的这些方面的矛盾的重大尖锐性,建议中央下

决心拿出一部分外汇储备,全面更新高能耗的陈旧设备;着眼于寻找可替代的能源和资源,结合城乡住宅改造和生活环境的优化,大力推广民用太阳能和农户沼气化。

(三) 能否保证为解决"超大规模发展难题"所必需的资本供给

中国已经成为世界前一、二位的资本流入国,并且在今后的几年中仍将维持这样的高水平。"资本黑洞"成为世界、特别是发展中国家的一个担忧,而资本外逃则又成为中国发展的一个隐患。经过二十多年的改革开放,中国的民间储蓄已高达十一万亿元,加上手持现金,数量更为可观,如何采取更多有效措施,把民间资金转换成民间资本,以减少对外资的依赖,减轻对"资本黑洞"的担忧,同时遏制资本外逃,这也是一个关系到能否和平崛起的战略问题。

建议有关部门在仔细算清资本供给总账和分账的基础上,加快深化金融改革的步伐,并在加大统筹外资内资力度的基础上,建立金融危机预警及管理机制,确保我国的金融安全。

(四) 能否妥善处理人力资源开发

加快中国现代化建设,需要"更广大地开源"[1],着眼于人才总量的增长和人才素质的提高,通过把教育搞上去,把各种培训搞上去,使沉重的人口压力转变为人才资源优势。中国综合国力的强弱和发展后劲的大小,愈来愈取决于劳动者素质的提高。

中国现代化的双重使命,要求我们既持续地利用廉价劳动力优势以加快新型工业化,又非常自觉、非常有效地培养高端人才,以加快推进信息化。中央已提出人才强国战略,建议在此基础上,抓紧制定"创建学习型社会"的国家行动纲领。同时,把人口高峰问题、老龄化问题、劳务输出问题、有序境外移民(包括移进、移出)问题提到国家发展战略高度来加以研究和

---

[1] 《邓小平文选》第三卷,人民出版社1994年版,第355页。

解决,恐怕也是时候了。

（五）能否在解决"三农"问题、推进城市化进程中,既加快发展又保持社会稳定

我国已经进入了人均 GDP 从一千美元向三千美元跨越的重要发展阶段。这是一个至关重要的发展阶段。在这一阶段,有可能出现两种发展结果:一种是搞得好,经济社会就会向前发展,就能顺利实现工业化、现代化;另一种是搞得不好,就会出现贫富悬殊、失业人口增多、城乡和地区差距拉大、社会矛盾加剧、生态环境恶化等问题,导致经济社会发展长期徘徊不前,甚至出现社会动荡和经济倒退。世界上一些国家在这个发展阶段上的经验教训,很值得我们认真总结和借鉴。特别是,我国的这个关键发展阶段还同解决"三农"问题、推动农村劳动力在城乡之间有序流动和城市化等相关问题紧密联系在一起,更增大了处理这个阶段改革发展稳定关系的复杂性。事实上,同这个关键发展阶段相关的社会问题,在我国已呈现日益突出的征兆。当前某些地方发生的群众上访、群体性事件以及重大恶性事件,就是例证。建议中央组织力量,像以往研究社会主义初级阶段问题那样,从理论和实践的结合上,深入研究这个关键阶段的各种问题与对策,并用以教育和培训干部。

（六）能否在参与经济全球化进程中,形成强大的"文化力"

中国的和平崛起,是包括"文化力"在内的全方位崛起。十六大提出要大力弘扬和培育民族精神,对此具有重要意义。如何做到在经济全球化进程中,通过卓有成效的文化创新,既大胆借鉴人类一切有益的文明成果,包括西方资本主义国家有益的文明成果,又有效地防止"西化"和"分化",包括宗教渗透;既大力弘扬中华文明,又防止思想僵化,墨守成规,这是对我们党的执政能力的一个重大考验。我们的文化创新,就是要努力形成富有时代精神,又符合中国历史文化传统的,推动中国和平崛起的强大"文化力"。建议中央有关部门抓紧制定体现时代性,富于民族性,具有包容性的

先进文化建设纲领,从而把建设社会主义先进文化,不断推进马克思主义中国化,用发展着的马克思主义来指导实践真正落到实处;把提高全民族的思想道德素质、科学文化素质和全民健康素质真正落到实处。

(七) 中国和平崛起与民族、宗教问题

民族宗教问题是在和平崛起过程中建设强大"文化力"的重要内容,是中国社会转型过程必须妥为应对的重要问题,也是消除三股势力社会根源的重要方面。

中华民族素来秉持"和而不同"、"天下一家",妥善处理民族宗教事务,以"屯垦戍边",发展稳定边疆。历史经验必须继承和弘扬。民族宗教问题在中国特色社会主义建设过程中呈现新的特点。民族地区利益多元化,民族认同感的增强,宗教倾向的强化以及东西部经济发展的不平衡,使得一些较深层次的矛盾和问题日趋表面化,已成为全面建设小康社会过程中的潜在障碍。

建议中央在继续坚持民族区域自治和宗教信仰自由政策的同时,深入研究民族宗教问题在中国和平崛起进程中的新特点、新趋势和新作用。研究民族宗教在中国强大"文化力"中的角色,正确对待宗教的社会功能,支持积极的民族宗教力量,打击民族分裂主义和宗教极端主义,消除恐怖主义产生的民族宗教基础;更加重视协调发展措施在新疆、西藏等地的落实,深入开展国际反恐合作。

(八) 能否继续发挥好全球华人华侨的特殊优势,形成既维护世界和平又促进共同发展的强大合力

遍布全球的几千万华人华侨,既是我国改革开放初期大力引进海外资金技术的特殊优势,也是在二十一世纪头二十年确保我国走通和平崛起发展道路的重要因素。他们在政治上可以成为和平使者,在经济上是连接中国同世界发展共赢的纽带之一。既要鼓励他们在所在国遵纪守法,发展自己;又要适时适当地为他们主持公道,伸张正义,特别是注意维护他们合法

的经济政治文化权益。

（九）能否在参与经济全球化进程中,维护国家的主权和安全

主权是民族国家生存和发展不可或缺的基石,今天和今后长时期仍是如此。经济全球化的发展,使得如何在新的条件下,维护国家主权成为更加迫切的重大新课题。由于国家间相互依赖不断增强,许多原本完全一国独有的权力日益为国际社会所共有,出现了所谓"主权让渡",但是让渡并不意味着可以任意侵犯他国主权。

在经济全球化过程中,国家安全也出现了许多新情况、新变化,合作安全已成为维护中国安全和国际安全的有效途径。在中国和平崛起进程中,探索以建立信任措施为主要内容的新型安全合作模式,特别是加强区域合作安全机制建设,通过国际合作来维护国家安全,已经提上议事日程。随着经济全球化的不断发展,安全的范畴日益向广度发展,涉及经济、社会、环境、文化等非传统安全领域。特别是经济安全和文化安全的问题日益突出。建议尽快采取措施,研究组建国家安全统一领导机构,制定相关国家级安全战略,建立有关经济、文化、社会安全的危机预警机制和应急体系,以应对随时可能发生的影响中国和平崛起的各种风险和安全威胁。这个问题早解决比迟解决好。

（十）中国和平崛起与台湾问题

中国坚持和平崛起有利于台湾问题的解决。台湾问题的最终解决,关键取决于我们崛起的速度和崛起的程度。

在中国和平崛起的过程中,正如中央所强调的,只要有一线希望,就应尽最大努力实现祖国的和平统一。和平解决台湾问题取决于我们坚持经济社会发展和国防发展,建设强大的综合国力;取决于我们切实做好香港澳门的人心回归工作,在"一国两制"框架内,保持港澳的繁荣和稳定;取决于我们认真做好台湾人民的工作,增强对台湾民众的吸引力和感召力;取决于我们的统一战线工作,形成有利于我们的政治力量;取决于我们努力做好

国际社会的工作,特别是加强东亚区域合作,同时又赢得包括台湾人民在内的最广泛的理解、同情和支持。在这种情况下,必须继续反对和遏制任何形式的"台独"分裂主张和活动,没有任何妥协的余地。

(十一)中国和平崛起与建立强大的国防

毫无疑问,中国的和平崛起需要有强大的国防来捍卫自己的战略利益。实现国防现代化,既是中国和平崛起的重要标志之一,也是保证中国和平崛起的坚强后盾。

进入新世纪、新阶段,为了保证和平崛起、保卫战略通道、保护日益增长的海外利益以及参与国际维和和反恐,适时适度地增加军费投入,改进军事装备,推进新军事变革,增强国防实力,也是服从大局,也是完全必要的。特别是在当前国际竞争加剧的态势下,宜抓紧研究我国国防安全的新战略。

(十二)中国和平崛起与大国关系

冷战结束以后,特别是"九一一"事件以后,新一轮大国关系调整已经展开。单边主义和多边主义之争,国际秩序之争,已上升为大国矛盾的焦点。但是综观全局,大国合作的趋势仍大于大国冲突的趋势,新的大国协调机制正在出现和形成。在中国和平崛起进程中,主要大国关系的走向对中国是基本有利的。

在处理大国关系时,我们固然需要防止美国及其盟国在我周边形成新的包围圈,但绝不加入或组成任何军事集团,不搞势力范围;我们需要具备与总体国力相匹配的战略威慑力,作为坚持和平崛起意志力的基础,但不追求军备竞赛;我们需要加强自己的"文化力"建设,但不搞意识形态输出;我们反对霸权主义,但自己也绝不当头。我们清醒地意识到,中国的崛起必将面临霸权主义在政治、军事、经济、科技、文化等方面的巨大压力;特别是世界上一些反华势力不时会在人权、台湾、香港、贸易等问题上对我挑衅和施加压力;相关大国同我们在一系列重大国际问题上的分歧和摩擦也将长期存在,在某些情况下甚至可能出现危机。我们同时又清醒地看到,在反对国际恐怖主义方面,在维护世界和平和亚太地区稳定繁荣方面,我们与以美国为首的西方大国存在多方面利益汇合点和利益共同体,尤其在经济领域有很强的互补性。只要我们坚持以国家利益为重,超越社会制度和意识形态的差异,妥善处理大国关系,同时认真探索大国间危机预警和管理机制,就一定能构建和扩大利益汇合点和利益共同体,促进共同发展,保障共同安全,形成中国和平崛起发展过程中认识和处理大国关系的新理念。

（十三）中国和平崛起与周边关系

中国的周边关系包括两大部分:一部分是中俄、中日、中印等大国关系;另一部分是中国与东盟国家,中国与中亚邻国,中国与朝鲜、蒙古的关系。我们这几年以发展同周边中小国家的关系来调动大国关系、促进大国合作,以平衡大国关系来加强同中小国家的区域合作,收到了良好的效果。在此基础上,进一步消除中小邻国对中国崛起的担忧,继续奉行睦邻、安邻、富邻、稳邻的政策,综合运用经济、文化等各种手段,妥善处理同周边的关系,将有可能营造安全可靠、经济繁荣、互利共赢、长期稳定的周边和平环境。

（十四）中国和平崛起与广大发展中国家

在中国和平崛起的进程中,加强同发展中国家的团结和合作仍然是中国外交的基本立足点。针对中国和平崛起进程中发展中国家的疑虑,我们在坚持"决不当头"的战略方针的同时,也注意在重大场合多为他们说话。大力推进同有影响力的发展中国家的经贸合作,使发展中国家从中国崛起中,从与中国的合作和相互支持中得到好处,与中国共同和平崛起。同时,在条件允许的情况下,加大对非洲友好国家的援助力度。充分发挥中国同发展中国家在国际重大问题上互相支持的政治优势。

（十五）中国和平崛起与国际和地区的利益汇合点、利益利害共同体

中国和平崛起必然会对国际社会原有的权力格局和利益格局造成一

定的冲击;同时,经济全球化又在总体趋势上把各国联成一个相互依赖的整体。这种复杂态势,要求我们在中国和平崛起的进程中,积极促进建立各种有利于我、也有利于别人的,不同内容、多种层次的国际利益汇合点,利益共同体和利害共同体。比如说,以应对国际危机和各种全球性灾难为目的的利害共同体,以及以经济利益为核心,利用现有的"10 + 1"、"10 + 3"等机制,并探索东北亚自由贸易区域、中日自由贸易区域的可能性,进一步营造和扩大有利于中国和平崛起和地区共同发展的利益汇合点和利益共同体。

(十六)中国和平崛起与战略资源通道网络

经济全球化的发展,使我国各种战略资源,尤其是石油等能源的进口迅猛增加。以石油为例,我国已经成为世界第二大石油进口国,而我国从中东地区石油进口占进口总量的 50% 以上,其中五分之四左右是通过马六甲海峡运输,每天通过马六甲海峡的船只近 60% 是中国船只及来往于中国的船只。中国战略通道的这种单一性和脆弱性,潜伏着严重的经济安全和国家安全危机。美国等在马六甲一带屯兵布阵的一系列行动,更应引起我们的高度关注。因此,需要设法尽量减少对西太平洋战略通道的依赖,加快多方向、多渠道的陆地、海上通道的建设。战略通道事关中国的经济安全和国家核心利益,事关中国能否顺利崛起,建议尽快组织专家研究,从战略全局的高度筹划和经营蛛网式战略通道的建设,并确保战略通道畅通的能力。

(十七)中国和平崛起与国际秩序

历史上伴随着大国的崛起总是周而复始地出现维护还是挑战既有的国际秩序之争。中国的和平崛起,打破了这一常规,创造性地走出了一条强国新路。进入二十一世纪以后,中国要继续走通和平崛起的发展道路,就要以正确的战略和高超的谋略来处理现存的国际秩序和国际关系。

目前,国际秩序之争,正成为国际斗争的一个突出焦点。美国那种到处称霸、推行单边主义的做法,有悖于世界和平和发展的时代潮流。我国宜同世界各国一起促进国际关系民主化,更好地发挥联合国在国际事务中的作用;针对发展中国家在现存国际秩序中所处的不利地位,我国宜积极推进国际政治经济新秩序,倡导不论大国、小国,强国、弱国,都应在世界舞台上有自己合法的权力和地位。总之,中国面对现存的国际秩序,究竟是采取对抗或不合作的方式,还是应以渐进的方式、和平的方式、民主的方式参与改革现有国际政治经济秩序中的不合理方面? 和平崛起中的中国究竟是选择充当国际秩序的破坏者、造反者,还是建设者、改革者? 我们认为无疑应当是后者。

(十八) 中国和平崛起与联合国、国际组织

在新的世纪,面对新的挑战和机遇,联合国等国际组织正在酝酿重大变革。作为二战后国际秩序的核心,联合国等国际组织既发挥了维护世界和平与安宁的积极作用,也显示出许多缺陷和不足。要维护国际秩序的稳定存在和国际体制的健康运行,牵制和阻止超级大国单极独霸世界战略,联合国等国际组织的作用只能加强,不能削弱。

中国和平崛起的本质是同经济全球化相联系而不是相脱离,同世界各国平等合作、共同发展。面对当前国际秩序中多边主义与单边主义的斗争,中国高举多边主义的旗帜,充分发挥联合国等多边组织的作用,捍卫稳定、健康的国际秩序。中国的和平崛起,以及若干发展中国家的共同和平崛起,以及广大发展中国家的平等诉求和发展渴望,是推进国际组织逐步改革的重大动力。

建议重视联合国和国际组织在现存国际秩序中的核心地位,深入研究联合国的改革方案,积极参与联合国事务,充分发挥我在联合国中的常任理事国作用;积极参与和支持国际组织的工作,并在适当时机,在事关我国利益的问题和地区,推动和主导新型多边安排或国际组织的建立。

（十九）中国和平崛起与南海、东海问题

南海和东海正在形成一股"圈海"风潮。这既有美日背后支持，干扰我和平崛起的战略企图，也有周边相关国家出于各自经济和政治利益，试探我和平崛起战略底线的考虑。

中国和平崛起必须建立相应的海洋战略。既要坚决维护我海洋权益，又要从和平崛起的大局出发，讲究策略。既要考虑新形势下我经济建设需要大量海洋资源，也要考虑有关国家的利益，共同发展，逐渐形成利益汇合点和利益共同体。

建议中央在继续坚持"主权属我，搁置争议，共同开发"的方针，妥处争端，保持海疆局势基本稳定的同时，采取有效措施，在东海、南海问题上有所作为。可以考虑采取更加优惠的政策，与国际较大公司商讨合作开发南海油气田的可能性，以避免在"圈海"风潮中被排挤出局。

三、用科学的思想方法和振奋的精神状态
继续推进中国和平崛起的伟大事业

综合以上所说的机遇和挑战，中国和平崛起的发展道路在二十一世纪头二十年能不能继续走下去，能不能走得通，关键就在于我们党怎么看待机遇和挑战，以什么样的精神状态来对待机遇和挑战。十六大已经确立了一个大判断：二十一世纪头二十年是我国必须紧紧抓住并且可以大有作为的重要战略机遇期。当然，各种不可测因素毫无疑问还很多，挑战、压力、困难、风险也会不断出现。面对错综复杂的形势，在以下四个重要认识上统一思想、取得共识是至关重要的。

第一、从我们党的历史经验来看，从来就没有什么舒舒服服吃现成饭的机遇，而总是要在克服困难、战胜风险中才能抓住机遇，创造机遇，打开新的局面。我们党历来如此，中国人民历来如此，中华民族历来如此。

第二、党的历史经验同样证明,机遇与挑战的存在有国内国外各种因素,但是总的说来,从中国人民的立场说来,起决定作用的因素始终是我们自己,始终取决于我们的见识、胆略和作为,取决于我们能否抓住机遇而不丧失机遇,开拓进取而不因循守旧。在中国自身分量越来越加重的历史条件下,尤其如此。

第三、我们要抓住机遇,用好机遇,同时也要给别人以机遇,反过来这又会为我们提供更多的机遇。机遇往往不是单方面的,而是相互的,在碰撞中产生的。中国的发展若不给他国发展带来机遇,我们之机遇也会逐渐消失。我们在国际事务中坚持和平、发展与合作,就是要争取共赢,在互动共赢中获得机遇之机遇。

第四、当然,由于中国在国际范围内整体力量对比上处于弱势,加上我们自身还存在许多严重弱点,不可测因素又很多,在今后这条和平崛起的发展道路上发生曲折、挫折也在所难免;但是只要信念坚定并且处理得当,进而打开新思路、新境界,就可以化风险为机遇,创造新的机遇。

总而言之,看不到挑战,一厢情愿地把和平崛起看成是一帆风顺、一蹴而就,是完全错误的;看不到机遇,特别是看不到风险中孕育着机遇,把天下看成是一片漆黑、一团乱麻,在困难和压力面前一筹莫展也是要不得的。

十六大报告把党的精神状态问题提到治党治国之道的高度,我们在二十一世纪头二十年能够成功实现中国和平崛起的精神条件的核心就在这里。

第三部分 马克思主义发展历史上前所未有的全新战略道路

一百五十多年来,马克思主义这一科学的思想体系始终是在同时代、科学和实践发展的紧密联系中不断向前发展的。观察和判断中国和平崛起的发展道路,需要放到这样一条历史与逻辑相统一的长河中去。

一、马克思主义的历史发展与中国的和平崛起道路

马克思主义诞生之时,以蒸汽机的使用为代表的,人类在十八到十九世纪出现生产力大飞跃、科学技术大飞跃、经济社会化大飞跃的时候,就开始出现了经济全球化的趋势。正如《共产党宣言》所指出的:"不断扩大产品销路的需要,驱使资产阶级奔走于全球各地。它必须到处落脚,到处开发,到处建立联系。""资产阶级,由于开拓了世界市场,使一切国家的生产和消费都成为世界性的了。"由此而来的阶级、民族、国家之间的经济、政治、社会多方面矛盾的发展,使马克思主义和共产党在自由资本主义时期应运而生,并且形成了关于在欧洲主要资本主义国家即当时的发达资本主义国家无产阶级革命大体同时胜利的,马克思主义发展历史上的一条重要战略道路。

十九世纪末、二十世纪初,在以电力、内燃机、化工技术为代表的科学技术和生产力新的大飞跃基础上,经济全球化进到新的水平,工业资本与金融资本相结合,产生了垄断资本主义——资本帝国主义。而资本帝国主义矛盾发展的结果,是在瓜分和重新瓜分世界的过程中走向反面——在整个二十世纪上半叶接连打了两次世界大战,使经济全球化在发展中出现了逆转和断裂。结果是:战争引起革命。由此产生了列宁领导的俄国十月革命,产生了毛泽东领导的中国新民主主义人民大革命,产生了民族解放运动风起云涌。列宁、毛泽东把马克思主义科学世界观与新的历史大变动结合起来,利用资本主义经济、政治发展不平衡规律,抓住帝国主义统治的薄弱环节,在资本主义不很发达的国家(俄国)和不发达国家(中国),用革命手段主要是革命战争夺取政权,并把国家引上社会主义道路。这是在马克思主义发展历史上,同经济全球化发展到新高度而又逆转和断裂这样新的

历史条件相联系的,一条新的战略道路。

二战以后,从二十世纪七十年代中期信息革命开始,特别是到了八九十年代,出现了又一轮经济全球化的新浪潮。这就是通过信息革命和知识经济,强劲地促进交通、通讯和国际金融的超高速化发展,而使世界市场不断扩大、国际经济联系愈益紧密起来。与此相联系,出现了三个方面的巨大变动:首先是,二战以后,以美国为首的发达资本主义国家汲取三十年代资本主义大危机的教训,致力于在资本主义制度基础上多方面的改革调整,延伸到创造和运用一整套适应和促进经济全球化的国际组织,使资本主义社会的生产力、科学技术、经济社会化和世界市场得到长足发展。其次是,苏联、东欧社会主义各国,在计划经济取得快速发展以后,故步自封起来,停滞在"计划经济"模式上,并且陷入同美国争霸和进行军备竞赛的误区,未能对形势的新变动作出科学的分析,应对战略完全错误,后来又从僵化跳到另一极端——资产阶级自由化,导致一大片社会主义江山不战而亡。第三是,中国共产党在邓小平理论指引下,在深刻总结社会主义伟大成就和严重挫折的基础上,成功地把马克思主义科学世界观同新的历史大变动结合起来,开创出一条在改革开放中,实质上也就是在同经济全球化相联系而不是相脱离的进程中,独立自主建设中国特色社会主义,实现中国和平崛起的发展道路。而这条道路,将使占世界人口四分之一的中国在社会主义基础上实现社会生产力的大飞跃,实现现代化。可以说,这是马克思主义发展历史上前所未有的,一条全新战略道路。

二、中国的和平崛起道路不会动摇不可逆转

中国的这条和平崛起的发展道路,体现了社会主义与民族振兴的结合,体现了社会主义与世界发展潮流的结合,同时体现了社会主义与资本主义相当长一段时期内既相互竞争又和平共处、相互借鉴的结合。

过去二十五年,中国的改革开放并非风平浪静,经历了多次考验。但是,中国共产党人对这条和平崛起的发展道路从来没有动摇过。这个基本事实有力地表明:紧紧抓住解放和发展生产力这个中心不动摇,紧紧抓住"一个中心、两个基本点"不动摇,改革开放、和平发展、永不争霸,使中国成为维护世界和平、促进共同发展的坚定力量,这样一些深刻观念,已经深深扎根在党和国家的战略方针和执政理念之中,深深扎根在当代中国人的生活和文化之中。这已经形成为中国和平崛起战略道路不可逆转的大气候。

结束语:中国和平崛起与中国共产党

党的十一届三中全会以来二十五年的实践已经证明,中国共产党有信心,有能力,有智慧,有办法领导好中国的和平崛起。二十一世纪头二十年全面建设小康社会的新的实践,还将继续有力地证明这一点。

邓小平理论和"三个代表"重要思想,为中国和平崛起提供了根本指南。新一届中央领导集体的组成和赢得全党全国人民的高度信任,为中国和平崛起提供了坚强保证。现在的关键,是要继续高举邓小平理论和"三个代表"重要思想伟大旗帜,更加紧密地团结在以胡锦涛同志为总书记的党中央周围,以战略的思维,开放的视野,改革的精神,务实的作风,大力加强和改进党的建设,提高党的执政能力。这理所当然地包括,在复杂的形势下,正确地观察国际形势和处理国际事务的能力,正确地驾驭国内复杂矛盾和统筹兼顾各方面利益关系的能力。

中国和平崛起的事业是正义的,正义的事业是不可战胜的。

目　录

I　爱国主义和当代中国的和平崛起

II　中国梦和天下大势

III 国际范围的利益汇合点和利益共同体

IV 大变动 新觉醒 两重性

V 难忘教益 难忘情谊

VI 我们是在二十一世纪的历史新起点上

Contents

I Patriotism and the Peaceful Rise of Contemporary China

II The Chinese Dream and the Overall World Situation

Ⅲ Convergence of Interests and Community of Interests in a Global Context

Ⅳ   Big Changes and New Awakening, and Their Dual Nature

V Unforgettable Counsels, Indelible Memories of Friendship

VI We are at the New Historical Starting Point of the 21st Century

爱国主义和当代中国的和平崛起

我是一个深爱我的祖国的爱国者,我以爱国主义安身立命,也以爱国主义立论立言,持之以恒,一以贯之。

　　我们的抉择只能是和平崛起。就是说,争取和平的国际环境来发展自己,又以自身的发展来维护世界和平。

—— 郑必坚

爱国主义是建设社会主义的
巨大精神力量*

一、一个新的爱国主义热潮正在兴起

在把我们伟大祖国建设成为社会主义现代化强国而奋斗的新的历史时期,一个获得了新的时代内容的爱国主义热潮正在兴起。

这是历史发展的潮流。这是祖国振兴的需要。这也是我们中华民族长久的爱国主义传统,特别是鸦片战争以来经过"五四"运动直到一九七六年以天安门广场为中心的革命群众运动的一百三十多年中,为救亡图存,为争取独立自由幸福,为中国的社会主义—共产主义光明前途而斗争的爱国主义传统,在新的历史关头的必然发展。

---

* 这是作者以"本报特约评论员"名义发表于 1981 年 3 月 19 日《人民日报》的论文。

"文化大革命"的十年浩劫,使我们的爱国主义传统遭到了严重的歪曲和破坏。林彪、"四人帮"的所谓"革命大批判",把我们党和国家的光荣历史,把中华民族的光荣历史,把我们民族历史上有如灿烂群星的杰出人物,一概加以抹杀,而只留下一小批被歪曲得面目全非的"法家"。这实质上是宣扬了一种极端荒谬的民族虚无主义。与此同时,他们又把盲目排外和闭关自守的封建余毒当做"爱国主义"加以歌颂,从另一方面歪曲和糟蹋了爱国主义。这种情况,加上我国国民经济和整个社会生活特别是政治生活、文化生活和道德风尚在"文化大革命"中遭到破坏,以及近几年来在对外交往中难以避免的某些腐朽思想文化的侵蚀等等原因,就使得一部分人们对爱国主义的认识发生混乱,某些人的民族自卑心理有所发展。在个别人身上,那种不顾人格以至国格的卑劣的洋奴思想,那种曾被鲁迅痛斥的"西崽相",居然又沉渣泛起。虽然范围很小,但是它们已经起了并且还在起着有害的腐蚀和涣散作用。这就理所当然地激起了广大正直和爱国的公众的厌恶,以至于义愤。

总结中国人民斗争的历史经验,正确地认识我们伟大的社会主义祖国,正确地认识我们每一个人对于祖国的责任,用中国人民对于自己力量和前途的信心来扫除一切民族自卑心理,使中国人民的爱国主义传统在新的历史条件下更加发扬光大——这应当成为我们今天思想战线上一个十分重大的战斗任务。

二、爱国主义在中华民族历史上从来就是巨大的精神力量

历史的经验反复证明:中华民族历史发展的各个阶段上,中国人民的爱国主义精神,从来就是一种巨大的精神力量。作为一种社会意识形态,它在中华民族悠久历史文化的基础上产生,随着历史发展而发展,又反过来给予中华民族的历史发展以重大的影响。可以毫不夸大地说,中国人民

的爱国主义战斗精神和英勇豪迈的爱国事业,是中华民族历史上最动人心魄的伟大史诗,是世界史上的伟大奇观。

大家看吧,在世界东方,在总面积相近于整个欧洲的、辽阔广大而又山川壮丽的中国国土上,居住着的是人口众多的中华民族。它有如黄河、长江汇集百川那样,吸收了中国疆域内的众多的大小民族,历经几千年的大风大浪和兴衰变化而一直稳固地凝聚在一起,并且一直保持着伟大民族的生机和活力。这件事,本身就是世界历史上一个极其奇特的现象。这个现象之所以能够产生,固然有着经济、政治和社会历史的多方面的原因;但是毫无疑问,中国人民的爱国主义精神,作为一种伟大凝聚力和向心力,显然是起了重大作用的。

大家看吧,经过中国人民几千年的艰苦勤奋和富有智慧的体力和脑力劳动,逐步建立起伟大的具有独特光彩的物质文化和精神文化,使中国成为世界历史上文化发达最早的几个国家之一,并在长时期内居于世界的前列,对东方以至于全世界的文化产生了深刻的影响。中国人民从来珍视、维护和努力发展自己的优秀文化传统,因而能够历久不衰地在各种复杂情况下仍然拥有巨大的文化力量。"江山代有才人出,各领风骚数百年",正是从一个侧面反映了这个客观的历史事实。

大家看吧,中华民族不但以刻苦耐劳、多才多艺著称于世,同时又是酷爱自由、富于革命传统的民族。几千年中,大小几百次的农民起义,无论规模和次数都为世界革命历史上所仅见。同时,中华民族的各族人民都反对民族压迫,他们赞成平等联合而不赞成互相压迫,并且也用反抗来解除这种压迫。而当外部强大敌人的压迫来临的时候,中华民族的各族人民就联合起来进行坚决的反抗。在我们民族"多难兴邦"的历史上,产生了多少民族英雄和革命领袖啊!

所有这些,都是同中国人民的爱国主义精神的巨大作用分不开的;同时又不断地充实和发展了中国人民的爱国主义精神。而这就使得中国人民的爱国主义传统,无论是在我们祖国兴旺发达的时期,还是暂时衰落的时期,都从不中断,并且从来都是巨大的精神力量。

不仅如此,历史的经验还证明:越是我们中华民族面临危亡威胁的严重关头,中国人民的爱国主义精神就越发昂扬而不可动摇,越发显示出它的战斗锋芒。这一点,在近代以来的一百四十多年中,尤其获得了震动世界的突出表现。

由于长期封建制度所造成的发展迟缓的状态,由于外国帝国主义和中国封建主义相结合而把中国变成半殖民地(部分地区变成殖民地),中国在近代不仅是落伍了,而且面临着亡国灭种的巨大危险。但是中国各族人民从来没有屈服过。每一次资本主义列强及其仆从的侵略压迫狂潮,都不可避免地激起了中国人民更大的爱国主义热潮。从鸦片战争、太平天国运动、中法战争、中日战争、戊戌变法、义和团运动、辛亥革命、"五四"运动、"五卅"运动、北伐战争、土地革命战争、抗日战争、解放战争,直到抗美援朝战争和援助越南人民的抗美战争,这一连串的重大历史事件,反复地突出地表现了这个基本的历史特点。这就使得任何帝国主义和外来侵略势力都不能灭亡中国,而且永远不能灭亡中国。完全应当这样说,一部中国近代现代革命运动史,同时也就是一部中国近代现代的爱国运动史。

这里要着重指出,近代以来中国人民的爱国主义,不仅表现了强大的斗争力量,而且表现了强大的进步力量。自从中国工人阶级及其先锋队——中国共产党登上政治舞台并成为中国各族人民的领导力量以后,中国人民的爱国主义就同无产阶级国际主义统一了起来,从而大大丰富和发展了它的科学的革命的内容。在一百多年的时间内,中国人民的爱国和革命的运动,经历了由旧民主主义革命到新民主主义革命的飞跃,又经历了由民主革命到社会主义革命的飞跃。这种飞跃,生动地说明了中国人民的爱国主义已经注入了马克思主义的国际主义的新血液。这样的爱国主义,是建立在为祖国为人民力争进步的基础之上的,是同世界进步潮流完全一致的,因而是根本区别于任何保守、倒退的国粹主义和任何狭隘的、自私自利的民族主义的。

中国人民爱国主义的这个重大发展,在中国共产党的斗争实践中得到了最集中和最光辉的体现。历史的事实就是这样:中国共产党的老一辈革命家,首先都是最杰出的爱国志士。为了追求救国救民的真理,他们曾经如饥似渴地努力学习、研究并在某种程度上接受过资产阶级民主主义;但是随着革命实践的发展,他们终于找到了真正科学的革命真理——马克思列宁主义。为了推翻帝国主义和封建主义的反动统治,以伟大的马克思主义者毛泽东同志为代表的中国共产党人在把马克思列宁主义普遍真理同中国实际相结合的事业中,表现了中国人民的高度革命气魄和求实精神,表现了中国人民的高度文化力量和政治智慧。他们克服了国际共产主义运动中把马克思主义教条化的错误倾向对于中国革命的影响,从理论与实践的结合上正确地解决了中国人民大革命的胜利道路问题。在中国共产党领导下,经过二十八年的浴血奋战,中国人民终于推翻了帝国主义、封建主义和官僚资本主义在中国的反动统治,建立了中国历史上第一个人民当家做主的新国家——人民民主专政即无产阶级专政的中华人民共和国。历史事实证明,中国共产党是近代中国一切伟大爱国者和民主革命先驱者的事业的最好继承人。中国共产党是中国历史上最先进最伟大的爱国政治集团,具有中国历史上最先进最伟大的爱国精神和爱国力量。中国共产党的爱国事业的伟大成就,超过了中国历史上任何阶级和政治集团在这方面所曾经达到的高度。在长期的旧民主主义革命过程中,一切别的东西都试过了,失败了,只有马克思主义能够救中国,只有社会主义能够救中国。这是中国近代以来全部革命和爱国斗争历史的总结论。这是中国人民经过一百多年救国斗争检验而作出的历史抉择。这是中国人民爱国主义传统的必然的和光荣的归宿。

纵观中国人民爱国主义传统的历史发展,可以看得很清楚,爱国主义在中国历史上所以能够成为特别巨大的精神力量,归根到底说明了中国各族人民,首先是各族劳动人民,具有极其伟大的历史创造力量。中华民族的广大疆域是劳动人民开拓的。中华民族的语言文字是随着中国各族人民的生产和劳动的发展而产生和发展的。中华民族的一切巨大的物质和精神财富,归根到底都是一切从事体力劳动和脑力劳动的人们共同创造的。正是在这个伟大基地上,中华民族历史上产生了许许多多的杰出人物。我们的国度,是产生了老聃、孔丘、墨翟、孟轲、庄周、荀况、韩非、司马迁、王充、范缜、王安石、司马光、李贽、黄宗羲、顾炎武、王夫之、戴震和龚自珍的国度,是产生了屈原、李白、杜甫、柳宗元、韩愈、苏轼、李清照、辛弃疾、关汉卿、罗贯中、吴承恩、蒲松龄、曹雪芹、鲁迅和郭沫若的国度,是产生了张衡、蔡伦、华佗、祖冲之、毕昇、沈括、郑和、李时珍、宋应星和李四光的国度,是产生了孙武、孙膑、卫青、霍去病和成吉思汗的国度,是产生了嬴政、刘邦、曹操、诸葛亮、李世民、松赞干布、朱元璋和爱新觉罗·玄烨的国度,是产生了岳飞、文天祥、戚继光、郑成功和林则徐的国度,是产生了陈胜、吴广、张角、黄巢、李自成和洪秀全的国度,是产生了康有为、严复、谭嗣同、孙中山和章太炎的国度,是产生了李大钊、瞿秋白、毛泽东、周恩来、刘少奇、朱德、董必武、彭德怀、贺龙和陈毅的国度。当然,历史上任何杰出人物都不可避免地由于历史或阶级的局限而有其缺点和弱点方面,对此应当采取科学的态度加以分析;但是必须肯定,古往今来一切为中华民族历史发展作了这一或那一方面杰出贡献的人们,都应当永远地得到中国人民的尊重和纪念。我们这样的伟大人民,伟大民族,伟大国度,它的活力和天才是不可穷尽的,它的前程是不可限量的,它的爱国主义传统必然具有特别巨大的思想上、政治上和道义上的威力。任何抹杀中华民族伟大力量的企图,都是没有根据的,都只能是徒劳的。

三、中国人民爱国主义传统在社会主义时期的新发展

如果说在旧时代,在帝国主义、封建主义的反动统治下,中国人民是把自己的爱国心表现为对于人民的奴隶生活和祖国山河破碎的巨大悲愤,表现为反抗帝国主义、封建主义的艰苦斗争;那么在人民民主专政和社会主义制度下,情况就根本不同了。

我们的社会主义祖国,已经由一百多年来受尽资本主义列强奴役和宰割的旧中国,变成了不受任何外国支配的新中国。我们粉碎了帝国主义的一系列严重侵略、干涉和颠覆活动,巩固了国家的独立,并在世界政治和人类进步事业中起着越来越大的积极作用。

我们的社会主义祖国,已经消灭了有几千年历史的剥削制度和作为阶级的剥削阶级,把人数众多的剥削者改造成为自食其力的劳动者,建立起了人类历史上崭新的社会主义制度,并且进行了有计划的大规模的经济建设。不论曾经发生过多少严重的挫折,我们毕竟是取得了旧中国千百年所从来没有达到过的经济和社会的巨大进步。

我们的社会主义祖国,已经开辟了中华民族伟大复兴的历史道路,已经踏上了新的征程,并从而为我们提供了走向社会主义现代化强国所必不可少的经济、社会条件和不可限量的光明前景。

正因为这样,今天我们社会主义祖国之所以可爱,就不仅是由于她山川壮丽、辽阔广大,不仅是由于她有悠久的历史和文化,也不仅由于她是我们世世代代生于斯、长于斯的祖国母亲,而更重要的是因为她今天是真正属于人民的了。

正因为这样,今天中国人民的爱国主义,就是热爱我们伟大的社会主义祖国,热爱我们祖国的国土、历史和优秀文化传统,热爱在我们国土上用劳动和战斗创造了伟大历史并继续创造着更伟大历史的人民,热爱我们祖

国向着社会主义现代化强国前进的明确道路。

这样的爱国主义精神,是今天中国各族人民最广泛的大团结的重要思想基础和政治基础,是今天我们社会主义现代化事业所必须依靠的强大精神力量。

历史的道路是曲折的。新中国成立以来,并非一帆风顺。我们也犯过不少错误,其中最严重的是"文化大革命"这样全局性和长时间的错误。由于这些错误,国家没有能够取得本来应当取得的更大成就,人民承担了本来不应遭受的痛苦和牺牲。想到这些,我们的心情是沉重的。但是现在的问题是,在发生了这样的历史曲折之后,究竟应当怎样正确地认识和看待这些曲折,怎样正确地认识和看待我们的社会主义祖国,怎样更好地发扬今天中国人民的爱国主义精神呢?

"社会主义还能不能救中国?"有一些人有怀疑。由于错误和挫折所造成的困难和问题一时看来是如此之多,因而一时有怀疑是可以理解的。但是真理只有一个。历史的客观真理是:只有社会主义能够救中国。中国人民从一百多年来特别是"五四"运动以来的切身经验中,得出了这样一条不可动摇的历史结论。建国以来的巨大成就,难道不是已经初步地但又是有力地显示了社会主义制度的强大生命力吗?! 诚然,我们现行的一些具体制度中还有这样那样的缺陷和弊端,有待我们有步骤地加以改革;但是必须指出,它们并不是由于社会主义基本制度造成的。恰恰相反,它们是由于种种违反科学社会主义的错误东西,给社会主义制度带来歪曲和破坏所造成的。历史已经证明并将继续证明,作为最先进阶级的代表的中国共产党的领导和社会主义基本制度,能够保证我们用自己的力量来纠正自己的错误。这也正是社会主义制度具有强大生命力的表现。试问在人类历史上,有哪一个新的社会制度,有哪一个作为社会领袖走上历史舞台的新的阶级,是没有经过极大的颠簸、震撼、曲折和反复,而一步登天地达到成功的呢? 我们建设社会主义,不仅是要在消灭剥削和实行公有制的条件下创造具有高度发达的现代化水平的社会生产力,而且是要建立高度民主的先进的政治制度,建立具有共同理想、共同道德和共同指导思想的高度的精神文明。社会主义制度的这种最根本的优越性,是资本主义社会不可能有的。有什么根据,要求社会主义这个人类历史上空前深刻的伟大变革必须一帆风顺,而不会遭受各种曲折和挫折呢?对于一个崭新社会制度建设的长过程来说,新中国成立几十年不过是锋芒初试。我们前途还远大得很。正如列宁在俄国十月革命以后最困难时期所说的那样:"应该站得更高,看到各种社会经济结构在历史上的更替。只有持这种观点才能够看清楚:我们担负起多么巨大的任务。"我们把眼光放远,采取历史的观点和科学态度,那么一切由于社会主义事业暂时挫折而根本怀疑社会主义制度的观点,就都是站不住脚的了。

"祖国落后,有什么可爱?"对于这样的论调,人们不禁要问,难道爱国是以祖国已臻富裕为前提条件的吗?爱恋自己生于斯、长于斯的故乡和祖国,这是中国各族人民世世代代的共同感情,这是一种极其朴素、真挚而深厚的感情。祖国再穷,也是生我养我的伟大母亲啊!因为祖国落后,就认为祖国没有什么可爱的这种市侩哲学,不是大有愧于中华民族历史上为国为民牺牲的无数先烈吗?我们的许多先烈,正因为痛感于祖国的落后,才甘愿献出自己的一切以至于生命,为改变落后而斗争。同样的道理,我们今天承认中国在经济文化的许多方面仍然大大落后于发达的资本主义国家,这只是表明我们决心用最大的努力来改变这种落后面貌,而决不能以此作为嫌弃自己祖国的理由。同时,承认落后,就要分析落后。要看到中国落后的一个根本原因,是由于帝国主义和封建主义的长期压迫和剥削。要看到中国是一个人口众多,其中大半是农民,而又耕地很少,落后的农业经济在国民经济中占很大比重的国家。要看到彻底改变中国这样一个大国的落后面貌,不经过若干代人的坚持不懈的艰苦奋斗,是不可能成功的。不顾这样一些基本的历史条件,而孤立地去同发达资本主义国家相比较,或者去同某些由于外贸方面的特殊有利条件而迅速发展起来的小国和地区相比较,那就不可能得到正确的结论。反之,如果我们是认真地和具体地分析了这样一些基本的历史条件,那就可以如实地和公正地看到,我们祖国在社会主义制度下确实是取得了在其他社会制度下所不可能取得的巨大进步。这一点,今天连一些比较客观的外国资产阶级观察家们都是看到了的,难道我们自己的人们反倒看不到吗?唐代青年文学家王勃的《滕王阁序》中有一句名言:"穷且益坚,不坠青云之志。"祖国的落后,祖国和人民的艰难困苦,正是对于我们每一个人的严肃考验,正要求着我们每一个人更加坚贞地发扬崇高的爱国主义精神,确立改变祖国落后面貌的"青云之志"。这才是唯一正确的结论。

"要向外国学习,还要不要民族自尊心?"这是一种不应有的误解,是把向外国学习同民族自尊心割裂开来,并且绝对地对立起来了。我们从来反对拒绝学习外国和轻视其他民族的国粹主义者和民族主义者,反对妄自尊大;但是同时也从来反对妄自菲薄,反对盲目地崇洋媚外。这里的界限在于:对一切民族、一切国家的长处都要学,政治、经济、科学、技术、文学、艺术的一切真正好的东西都要学,但是不能盲目地学,不能一切照搬照抄,而必须有分析有批判地学。外国的缺点当然不要学,至于外国资产阶级的腐朽东西,还要坚决抵制。你看,我们民族历史上唐朝的全盛时期,是中华民族文化处于世界高峰的光辉时期之一,但这个时期,恰恰又是最能放手吸收外国和外域的优秀文化,借以丰富自己民族文化的时期。我国近代历史上第一位民族英雄林则徐,是那样坚决地大无畏地反对英国殖民主义者的"鸦片贸易",但恰恰是他,又是当时中国最肯冲破闭关时代封建意识的限制,虚心体察外国情况的人,历史学家们把他称为"满清时代睁眼看世界的第一人"。这样的历史经验,难道不是值得我们认真学习和借鉴吗?

"不是我不爱祖国,是祖国不爱我。"这是一种偏激情绪,错误观点。这里首先必须严格区别旧时代的反动国家机器和社会主义时代的人民的国家机器。在旧时代，在剥削阶级的反动统治下，那种号称代表祖国的反动国家机器实质上是剥削阶级用来镇压劳动人民的工具，因而它实际上并不能真正代表祖国。在这种情况下，一切真正的革命者，他们热爱祖国，就必然不惜牺牲自己的一切，为推翻剥削阶级的反动统治和摧毁反动的国家机器而斗争。但是在社会主义时代，情况完全不同。社会主义的国家机器掌握在人民自己手里，它是属于人民和保护人民的，并且是人民在革命中用鲜血和生命赢得的最主要的东西。在这种情况下，热爱祖国，就包括热爱人民自己的国家机器，并且为它的不断完善而努力奋斗。当然，必须承认，在我们国家走过的曲折历史道路上，在"文化大革命"中，由于林彪、"四人帮"的严重罪行，曾经使人民遭到了不应有的严重损害。但是同时必须看到，这场灾难，是在一种非常情况下发生的，并且是由我们党和国家各级机关的广大干部(特别是各级领导骨干即所谓"当权派")，同广大工人、农民、知识分子一起承受的。公道地说，在这场灾难中遭受最沉重打击和付出最大牺牲的，首先是我们党和国家的高级领导骨干。还应当看到，在"文化大革命"中，我们党和国家的各级领导骨干的绝大多数同志，同广大人民站在一起，对林彪、"四人帮"进行了各种不同形式的抵制和斗争。而在党粉碎"四人帮"以后，特别是党的十一届三中全会以后，党和国家一旦获得了正常工作的可能，就着手进行了大量的纠正"文化大革命"错误和消除它的严重后果的工作。这项工作还要抓紧进行下去，但是无疑已经取得了很大成效，并且使我们由此得到了丰富的政治教训，采取了一系列措施以防止重犯过去的错误。所有这一切，都证明我们党和国家是同最广大的人民共命运的，我们社会主义祖国是属于人民和爱护人民的。怎么能够把林彪、"四人帮"那一小撮人暂时窃取国家机器中的部分权力、危害党和国家、危害社会主义祖国的罪行，同我们党和国家、同社会主义祖国混为一谈呢？怎么能够因为"文化大革命"的严重错误而根本动摇自己热爱社会主义祖国的信念呢？方志敏在国民党反动派的屠刀下写了《可爱的中国》，屈原在《离骚》中说"亦余心之所善兮,虽九死其犹未悔!"这种热爱祖国、不计个人安危得失的精神,是值得我们深刻记取的。

当然,需要再一次强调指出:这并不是说,作为党和国家的领导者,作为执政党和国家政权本身,就无须认真总结和记取这方面的严重教训了。实际的情况是,我们党所进行的总结历史和多方面的改革,正在唤起并将继续唤起实事求是的科学精神的新发扬,正在唤起并将继续唤起爱国主义精神的新发扬。

看今天我们的伟大祖国,各条战线,有多少正直的爱国的人们,多少共产党员和非党的同志和朋友,多少知名和不知名的人们(更多的是不知名的人们),他们虽曾遭受"文化大革命"的重重磨难,但是不仅丝毫没有失去对祖国的光明前途的信心,不仅对祖国毫无怨言,而且仍然一片赤诚,竭尽全力地为祖国服务啊!

请听一听中国人民解放军的一位老将军在祖国西北边疆的一次讲话吧。这位经过二万五千里长征的老将军,在"文化大革命"中历遭迫害,但是壮志弥坚,复出后又自动向中央请命去到他当年率军解放的边疆帮助工作。他在讲话中这样说:"我热爱祖国新疆,热爱这儿的各族人民,同这里的山山水水也有很深的感情。我退休后要在这里度过有限的晚年,当我去见马克思时,骨灰也要撒到天山上,永远成为新疆大地的一粒,实现我的诺言。……要学习革命先烈和人民英雄的革命精神,春蚕到死丝方尽,高风亮节留人间。"

请读一读一位中国科学工作者在国外参加一次重要国际学术会议期间所写的一篇短文吧。这位年轻的尚未成名的学者,他的学术论文在这次会议上得到高度评价,一下子成了会上最引人注目的人物之一,好几位外国教授希望他留在北美工作。可是我们这位学者的感想呢?他这样说:"在这样重大的国际会议上作报告还是第一次,可我一点都没有感到胆怯。我想到的是:我是中国人民的一个普通代表,我代表的是伟大的祖国。……我记起了几个外国教授对我说过的话:'你应该留在北美,如果你这样做,无疑你将成为世界上几个最重要的计算机科学家之一。'他们知道我的水平,但是他们不知道我的心。我生为中国人,死为中国鬼!为了祖国的荣誉,我愿奋斗终生!此时此刻,我更加怀念万里以外的祖国。祖国啊,我爱您!"

再请看一看今天有多少勤奋学习的青少年学生把"为中华之崛起而读书"作为自己的座右铭吧!大家知道,"为中华之崛起而读书",这是周恩来同志少年时代在回答读书是为了什么的问题时所说的话。实际上这也正是周恩来同志毕生不可动摇的信念之一。现在,周恩来同志的信念,又成为中国无数后辈青少年的伟大信念了。

这样的例子,举不胜举。在我们广大工人、农民、解放军指战员和广大知识分子当中,在各条战线和各种工作岗位上,在每日每时平凡而伟大的劳动和战斗中,何止千万!何止千万!

这使我们想起了鲁迅的题为:《中国人失掉自信力了吗》的著名战斗文章。在风雨如磐的黑暗年代,鲁迅在这篇文章中鲜明地回答了所谓"中国人失掉自信力"的舆论。他说:"说中国人失掉了自信力,用以指一部分人则可,倘若加于全体,那简直是诬蔑。""我们有并不失掉自信力的中国人在。""我们从古以来,就有埋头苦干的人,有拼命硬干的人,有为民请命的人,有舍身求法的人……这就是中国的脊梁。"

从鲁迅这段话,人们看到了什么呢?人们看到的,是今天正在焕发出新的力量的伟大中国人民的灵魂,伟大中华民族的灵魂。

四、为社会主义祖国的繁荣富强而献身

我们的社会主义祖国正在经历着自己历史上一个空前伟大的转折。这就是由"文化大革命"的错误道路到十一届三中全会正确轨道的转折,由

多年动荡、徘徊到社会主义建设稳步健康发展的转折,由经济文化长期落后到中华民族伟大复兴的转折。在这样一个伟大的历史关节,发扬中国人民的爱国主义精神,就是要发扬举国一致,社会主义祖国利益和荣誉高于一切的精神;就是要发扬充分相信和依靠中国人民自己的力量,自力更生、艰苦奋斗的精神;就是要发扬把自己的命运同祖国命运紧密地联系起来,为建设祖国和保卫祖国,为社会主义现代化建设事业而献身的精神。

迄今为止的人类社会,还是按照地域划分为国家的。这种情况无疑还将在人类历史上持续很久很久。而只要是在这样的历史条件下,那么任何一个革命阶级就总是要在祖国的范围内存在和发展,总是要在祖国这个政治的、文化的和社会的环境中进行各种不同的斗争,并且总是要首先竭尽全力地为祖国和人民的命运而奋斗。何况今天我们的祖国,已经是真正属于人民的社会主义祖国了呢!占世界人口近四分之一的中国人民达到民族伟大复兴的道路,不是别的什么道路,而是社会主义道路。在这条道路上,我们建设事业的每一个胜利,必然同时也就是对于无产阶级国际主义和人类进步事业的贡献。今天社会主义中国的任何一个革命者,必然首先是一个爱国者。离开为社会主义祖国而斗争,那就一切无从谈起。试问一个连对自己的社会主义祖国都不懂得热爱与敬爱的人,难道真的能够"为全人类服务"吗?如果不顾社会主义祖国的利益,而大言不惭地说什么首先为全人类服务,那就只不过是回避自己对于社会主义祖国的神圣义务的一种遁词,是没有任何价值的。

青年是祖国的未来。富于高度的爱国主义精神,从来就是中国青年的优良革命传统。沿着中国无产阶级革命先辈们用鲜血和生命开拓出来的道路前进,这是中国共产党诞生以来的中国青年运动的主流和唯一正确的方向。这种革命传统在今天的发展,就是要在中国共产党的领导下,把青年的全部精力和热情集中到社会主义祖国的现代化建设事业上来,集中到保卫和建设社会主义祖国上来。今天的中国青年,经历了"文化大革命"的严重灾难,他们痛感"左"倾路线的严重危害,并且懂得自己的命运是同党和国家、同社会主义祖国的命运紧紧地连在一起的。今天的中国青年,继承了中国无产阶级革命先辈爱国的革命情怀,同广大工人、农民有密切的联系,他们关切社会主义建设事业,并且看到了国家和人民的艰难困苦。广大中国青年当中蕴涵着的热爱社会主义祖国的极其深厚的感情,必将在新的历史时期中转化成为巨大的建设力量。那种所谓青年一代同老一辈革命家之间存在鸿沟的论调,妄图切断广大青年同老一辈革命家之间不可分割的血肉联系,把青年引上摆脱共产党领导从而离开社会主义方向的邪路,是完全错误的。

我们祖国的社会主义现代化建设事业,是爱国的正义的和革命的伟大事业。这个事业要完全走上正轨,还面临着许多问题和困难。我们今天需要的,当然不是自满自足或消极悲观,而是要按照十一届三中全会所指明的方向,清醒地和彻底地认识我们所面临的任务、问题和困难。我们的认识愈清醒、愈彻底,则我们把祖国变成真正富强国家的决心就会愈加锻炼得像钢铁一样坚强,我们的爱国热情就会愈加燃烧得像烈火一样炽热。在当前,全心全意地拥护和贯彻执行党中央的方针政策,为进一步实现社会安定和经济调整,为维护社会主义民主和法制,为祖国的社会主义现代化建设而努力奋斗,就是爱国主义的实际表现。

我们拥有一切必要的条件。在中国共产党的领导下,在新的历史时期中,彻底抛掉一切民族自卑心理和颓唐情绪,振奋起中国人民的大无畏革命精神,中华民族的伟大复兴是一定能够实现的。

中国和平崛起的发展道路
和中美关系 *

这次战略对话经过紧张而热烈的讨论,就要结束了。我们双方在一系列重大问题上达成了共识,并提出了许多新的观点和建议。这次对话的深度、广度都超过以往各次,说明我们的对话更加成熟、更有效率了。

联系到这次战略对话所谈及的各项议题,我想借此机会谈一个总的问题,就是中国和平崛起新道路的问题。

从以下三个方面谈谈我的一些思考:

——怎样看中国的发展问题。

——怎样看中国的崛起道路。

——怎样看中国崛起同美国的关系。

---

* 这是作者于 2003 年 11 月 11 日在第五次中美安全问题研讨会上的总结讲话。

一

先来说第一个方面,怎样看中国的发展问题。

中国实行改革开放,迄今整整二十五年,刚好是四分之一个世纪。在这二十五年中,中国取得了一系列新的重大进步和发展。到本世纪初,中国进入小康社会,现在正在为全面建设小康社会而努力。

同时,我们又清醒地看到,中国现在达到的小康,还是低水平的、不全面的、发展很不平衡的小康。中国远未摆脱不发达状态,仍是一个发展中国家,而且是一个面临一系列大规模发展难题的发展中国家。

什么叫"大规模发展难题"呢?

有这样一个比方:两道最简单的数学题,一道乘法,一道除法。

乘法题是:无论看似多么小的、甚至可以忽略的经济和社会发展难点,只要乘以十三亿,那就成了一个大规模的、甚至可能是超大规模的问题。

而除法题是:无论绝对数量多么可观的财力、物力,只要除以十三亿,那就成为相当低的、甚至很低很低的人均水平了。

这里所说的十三亿,是指中国人口太多。而中国的人口高峰还在后头,大约要到二〇四〇年前后达到十五亿后才会逐渐有所下降。

当然,事情还有另一方面。中国改革开放二十五年以来的实践证明,中国活跃起来,把一切可以调动的积极因素愈益充分地调动起来,那么中国人的劳动力、创新力、购买力,中国的凝聚力和增长动力,以及由此而给世界带来的增长动力,又是多么大一个数量级呢? 看来这是另外一个方面的,联系于十三亿到十五亿的数学题。

所以,中国的发展和崛起,包括困难的方面和动力的方面,归根到底,都离不开这个十三亿到十五亿。而中国为解决发展问题的一切努力,无论经济、政治、文化工作,也无论内政、外交、国防,归根到底,都是为了使我们的十三亿以至十五亿人民过上好日子,并且越来越好,越来越富裕,越来越文明,越来越适合人的全面发展,到本世纪中叶达到中等发达国家的水平,尔后当然还要继续提高。

我认为这就是我们当代中国人,从领导层到全体人民,一个共同的雄心壮志。

单单这件事,就够我们从现在算起的两到三代中国人,很忙很忙的了!

把占全人类五分之一的人口的生活提到相当高的文明境界,这难道不是中国理应为人类发展承担起的无与伦比的重大责任吗?

二

第二个方面,怎样看中国的崛起道路。

朋友们大约都知道,世界上对此议论纷纷。而我认为,从总体来说,中国的发展成就本身,已经和正在有力地回答这个问题,并且还将越来越明白有力地回答这个问题。

这里根本之点是在于:中国实行改革开放的二十五年来,已经开创出一条适合中国国情又适合时代特征的战略道路。这就是:

在同经济全球化相联系而不是相脱离的进程中独立自主地建设中国特色社会主义,这样一条和平崛起新道路。

关于这条道路,我首先要强调一点:同经济全球化相联系而不是相脱离,这本身就是中国人的一个重大的历史性战略抉择。

这个抉择,是在上世纪七十年代末摆在中国人面前的。当时,世界范围新科技革命和新一轮经济全球化浪潮蓬勃兴起。中国领导人把握住这个动向,作出了"当今的世界是开放的世界,中国的发展离不开世界"的重大判断,决心抓住历史机遇,把全部工作转到以经济建设为中心的轨道上来,实行对内改革和对外开放,并以农村包产到户和在沿海设立四个经济特区及十四个开放城市作为起步,发展国内市场,走向国际市场。这样,才开创了中国改革开放的新时期。

到了上世纪九十年代,中国面临又一次历史性战略抉择。这就是经济全球化同反全球化两股潮流的对抗,以及亚洲金融危机的发生。中国领导人注意分析经济全球化的正面和负面,果断地确定了进一步积极参与经济全球化而又"趋利避害"的战略方针。这样,又把中国的改革开放推进到新的水平。

关于这条道路,其次我要强调一点:在积极参与经济全球化的同时,走独立自主的发展道路。

像中国这样十几亿人口的发展中国家,要发展起来,不应当也不可能设想依赖任何别的国家,而必须也只能把事情主要放在自己力量的基点上。

就是说,更加充分自觉地依靠自身的体制创新,依靠自身的产业结构调整,依靠国内需求和国内市场的开发,依靠把庞大的居民储蓄转化为投资,依靠国民素质的提高和科技进步并以此来解决资源和环境问题。

总之,依靠国内国际两个市场、两种资源,调动一切可以调动的积极因素,来解决我们的"超大规模发展难题",实现我们的发展目标。

关于这条道路,第三我还要强调一点:这是一条奋力崛起而又坚持和平、坚持不争霸的道路。

近代以来大国争霸的历史反复说明,一个大国的崛起,往往导致国际格局和世界秩序的急剧变动,甚至引发大战。这里一个重要原因,就是它们走了一条依靠发动侵略战争,实行对外扩张的道路。而这样的道路,总是以失败告终。

那么在今天新的时代条件下,我们难道还会重复这种完全错误的、害人终害己的道路吗?

我们的抉择只能是:和平地崛起。就是说,争取和平的国际环境来发展自己,又以自身的发展来维护世界和平。

围绕这条道路,最重要的战略方针有三条:一是锐意推进以社会主义市场经济和社会主义民主政治为基本内涵的经济和政治体制改革,以形成实现和平崛起的制度保证;二是大胆借鉴吸收人类文明成果而又坚持弘扬中华文明,以形成实现和平崛起的精神支柱;三是统筹兼顾各种利益关系,包括统筹城乡发展、统筹区域发展、统筹经济社会发展、统筹人与自然和谐发展、统筹国内发展和对外开放,以形成实现和平崛起的社会环境。

朋友们还会注意到,过去二十五年,中国的改革开放并非风平浪静,经历过多次考验。但是,中国人对这条和平崛起新道路从来没有动摇过。这个基本事实有力地表明:改革开放、和平发展,已经深深扎根在当代中国人的利益、生活和文化之中。这已经成为和平崛起战略道路不可逆转的大气候。

这里我还要强调地指出一点:义无反顾地坚持和发展这条中国和平崛起新道路,就是二十一世纪中国人的使命。

三

最后讨论第三个方面,怎样看中国崛起同美国的关系。

这里我要强调三点。一是历史已经证明,中国的崛起并没有带来国际秩序的混乱,实际上也没有动摇美国的超级大国地位。

中国的战略目标,是要顺应经济全球化的客观趋势,加快发展自己,而不是用激烈的手段推翻现存的国际秩序。中国在崛起的进程中,主张渐进式地改革国际秩序,完善国际合作机制。在尊重联合国和国际法的权威、维护全球政治稳定、促进世界经济增长方面,中美两国有许多并行不悖的利益,合作的余地很大。中国在加入世界贸易组织、维护核不扩散机制、参加联合国维和行动等方面,都在履行自己承诺的义务,将来还可能承担更多的义务。

二是中国欢迎美国在亚太地区发挥积极的作用。中国在亚太地区的战略目标不是排斥美国，而是建立开放型的多边经济合作和多边安全合作机制。

有些美国人担心，中国同亚洲国家发展紧密的地区合作关系，是建立"排斥美国的亚洲集团"，是"中国主导的亚洲门罗主义"。我可以明白地告诉各位，这种担心是没有根据的。美国是绝大多数东亚国家和地区的主要出口市场和主要资金技术来源，美国经济是亚太地区经济的一个强大的发动机。东亚地区经济合作不应该、也不可能排斥美国。中国的经济增长将带动整个亚太地区的经济增长，同时也就帮助美国扩大了海外市场。上海合作组织的目标是反对这一地区的民族分裂、恐怖主义和宗教极端势力，加强多边经济合作。

三是中国的和平崛起是美国的巨大机遇，而不是威胁。

中国的经济总量和人民生活水平不断上升，为美国提供的市场空间将越来越大。中国走向现代化，建立社会主义的市场经济、民主和法治，实施可持续发展战略和科教兴国战略，需要研究和借鉴美国在许多方面的发展经验。

中国对包括美国市场在内的全球市场和资源的需求程度越深，对世界和平、稳定和繁荣的期待就越强烈，就越需要加强同美国的合作。

在一九八九年中美关系处于最低潮的时刻，邓小平先生曾经对斯考克罗夫特先生指出："中美关系终归要好起来才行。"今天看来，这个判断是很有远见的。回过头来看这十四年的历史，就知道中国改善中美关系的努力，包括"九·一一"以来的努力，决不是权宜之计，而是基于邓小平的这样一种长远战略构想。

当然，我们不否认中美之间的差异、分歧和由此可能带来的种种摩擦，中美关系的发展道路不会一帆风顺。但是，中国的和平崛起将增加而不是减少两国利益的汇合点，这应当是我们双方共同努力争取的前景。

中国和平崛起的发展道路
和中欧关系[*]

近二十多年来,中国的快速发展引人注目,特别是近几年,中国崛起已经成为国际社会的热门话题。这里的一个核心问题,是怎样估计中国在二十一世纪上半叶的根本动向。我想从以下三个方面阐述我的一些思考:

——怎样评估中国已经取得的发展?

——怎样看待中国在二十一世纪上半叶的发展道路?

——怎样看待中国崛起与中欧关系的未来?

---

[*] 这是作者于 2004 年 9 月 29 日在欧洲政策中心的讲演。同一内容,作者 2004 年 10 月 7 日在意大利路易斯大学讲演时另多一个开场白,开场白为:很高兴来到著名的意大利路易斯大学访问并与在座的各位朋友见面。我曾于 9 月初应邀来贵国在"第三十届世界高峰年会"上发表讲演。在一个多月内二度访问同一个国家,对我来说尚属首次,这证明我对意大利和意大利人民的兴趣和热爱。我很高兴能再次访问贵国,深入了解古罗马文明,了解文艺复兴和当代意大利的发展。我也很荣幸能够在意大利最著名的高等学府向大家介绍中国的情况。

一

关于中国已经取得的发展,这里我仅想以几组数据来说明。

——中国自一九七八年开始实行改革开放政策以来,已成为世界上经济增长最快的国家之一,GDP平均年增长9.4%。

——一九七八年,中国在世界经济总量中所占比重不到1%,现在已经达到了4%。

——一九七八年,中国的进出口贸易总额为二百零六亿美元,去年已达到八千五百十二亿美元,高居世界第三位。

——十几年前我国刚刚开通移动通讯业务,目前中国手机用户已达二亿九千六百万户,居全球之冠。到今年六月,中国上网用户总数已达八千七百万,上网计算机达三千六百三十万台。

这几组数据说明,过去四分之一世纪,中国的经济实力和综合国力的确取得了实实在在的发展。当然,如果我们只看到中国经济总量增长的一面,显然还不足以看清中国的真实情况。

去年,我在博鳌亚洲论坛年会上,曾列举了两道简单的数学题来说明中国人口众多这一基本国情:任何一个小的经济和社会发展难点,只要乘以十三亿人口,就会变成一个超大规模的问题;而无论有多么可观的财力、物力,只要除以十三亿人口,就只能是很低很低的人均水平了。

这就是中国的国情:从经济总量上看,算得上是个经济大国,中国经济快速发展对世界是有影响的;同时,即便从总量来说,中国在二〇〇三年的经济总量也只等于美国的七分之一,日本的三分之一。至于人均,中国排在世界第一百位之后,仍属于人均收入较低的发展中国家,我们对世界经济的影响力毕竟是有限的。

因此,我们为解决发展问题的一切努力,都是为了使我们的十三亿以至十五亿人民过上好日子,并且越来越适合人的全面发展。这件事就够我们若干代中国人很忙很忙的了!

现在,国际上对中国的经济过热问题很关注。我的看法是,中国经济形势总体是好的,但经济结构不合理,农业、能源、环境、投资等一些发展中的问题比较突出。

因此,去年下半年起,中国政府针对经济结构、体制、增长方式存在的问题,采取一系列宏观调控措施。目前看,我们的宏观调控措施已初见成效。粮食生产出现重大转机,宏观经济政策环境日渐宽松。需要强调的是,尽管实行宏观调控,中国今年的经济增长率仍有望达到8%—9%。这从另一个侧面表明,中国活跃起来,中国经济的增长潜力是多么巨大!

二

这里就回到了我要讲的第二个问题:怎样看待中国在二十一世纪上半叶的发展道路?

我想就这个问题谈十点看法:

第一点,我们讲的中国和平崛起的发展道路,就是中国实现社会主义现代化的道路。这条道路,从上世纪七十年代末的中共十一届三中全会决定实行改革开放算起,到本世纪中叶基本实现现代化,总共七十年。这就是说,中国在这条道路上已经走了二十五年,还要再走四十五年,到中国基本实现现代化,达到中等发达水平,就可以算是崛起了。

第二点,为什么把中国实现现代化的道路称为"和平崛起的发展道路",这是因为中国作为一个后兴大国,不是像近代历史上某些后兴大国那样,依靠对外侵略、扩张以至发动大规模侵略战争去掠夺资源,而是通过和平方式取得现代化建设所需要的资金、技术和资源。过去二十五年中国连续的迅猛发展,证明这样一条和平崛起的发展道路已经走出来了,这当然是值得重视的。

第三点,中国之所以能够用和平方式取得资源,一个极重要条件是对外开放,也就是同经济全球化相联系而不是相脱离。正是在经济全球化的特定历史条件下,中国这样的后兴大国实现崛起,可以通过国际市场引进各种资源包括能源,而不必走对外侵略、掠夺的崛起之路。在这个意义上说,经济全球化成全了中国和平崛起。与此同时,我们对内实行全面改革,实行市场经济。结果是,五千多亿美元的外资进来了,十多万亿人民币的民间资本投入了,庞大的国有资产盘活了。这就叫做利用国际国内"两个市场,两种资源"。

第四点,在扩大对外开放,同经济全球化相联系的过程中,又实行独立自主的方针,走自己的路,建设中国特色社会主义。这是因为,中国既要通过平等、互利的竞争,从世界市场获得我们所需要的资金、技术和资源,又不能过于依赖世界市场,更不能"狮子大开口"引起世界市场的恐慌。我们主张把事情放在自己力量的基点上,就是依靠自己的观念更新和体制创新,依靠自己的产业结构调整,依靠开发越来越大的国内市场,依靠把庞大的居民储蓄不断转化为投资,依靠更广和更深地开发人力资源即提高国民素质和加快科技进步,来解决发展中的问题。

第五点,进入二十一世纪,我们能不能继续坚持这条和平崛起的发展道路?就发展问题来说,中国将面临三大挑战。一是资源问题。目前中国石油、天然气、水资源和耕地的人均水平大大低于世界平均水平。二是环境问题。环境污染严重,资源浪费巨大,回收率低,已成为保持经济可持续发展的瓶颈。三是经济与社会协调发展问题。在迅猛发展进程中的这三大挑战,意味着中国正面对黄金发展期,又面对矛盾凸显期。这是一个新的历史关节。中国的方针是,坚持发展为第一要务,全面建设小康社会。围绕这个中心,一要深化改革,继续推进经济、政治、文化体制的全面改革;二要统筹兼顾,统筹城乡发展,统筹区域发展,统筹经济社会发展,统筹人与自然和谐发展,统筹国内发展和对外开放;三要可持续发展。总之是立足国内,依靠科技革命和新型工业化道路,开源、节流并重,同时争取以双赢原则,推进能源、资源、环境问题上的国际合作。

第六点,当然还有一个巨大风险和挑战,就是台湾问题。和平崛起道路本身就要求和平统一,并且有利于和平统一。只要有一线希望,就要尽最大努力谋求和平统一。但是,如果"台独"势力敢冒天下之大不韪,或者如果外国势力敢于插手支持"台独",也决不排除使用武力。即便如此,那也完全是属于反对分裂、维护祖国统一和领土完整的护国正义行动,而绝不是什么对外侵略!

第七点,在争取和平国际环境的问题上,特别是在如何对待国际体系和国际秩序的问题上,中国摒弃那种依靠发动战争打破原有国际体系、依靠集团对抗以争夺霸权的老路,而主张通过改革即国际关系民主化的途径,逐步建立国际政治经济新秩序这样一条新路。简而言之,不争霸、不称霸、不当头,也不当附庸,争取和平的国际环境发展自己,又以自身的发展来维护世界和平。中国是维护世界和平与稳定的坚定力量,不是破坏力量。

第八点,我们所说的"和平崛起"同"和平发展"是一个意思,这是"中国特色社会主义"的一个极重要"中国特色"。这里有两大超越:一是超越旧式工业化道路所必然带来的争夺资源大拼杀的旧路,而是要通过和平方式和新型工业化道路的可持续发展走向崛起。这是前所未有的。二是超越由于社会制度和意识形态的差异而拒绝和平、发展、合作的冷战思维,勇敢地实行改革开放,即在同经济全球化相联系而不是相脱离的进程中,通过学习、借鉴乃至引进人类文明的各种有益成果,独立自主地建设中国特色社会主义并走向崛起。这也是前所未有的。

第九点,正因为这样,中国的和平崛起道路,为国际社会带来的,就不是威胁,而是机遇。去年中国从东盟和韩国的进口增加50%以上,从日本和欧盟的进口增加近 40％,从美国的进口增加 24.3％。中国的和平崛起,为国际社会提供了广阔的市场,也为有关国家创造了就业机会。到二〇二〇年,当我国人均 GDP 达到三千美元时,中国市场潜力和中国为世界提供的各种机遇将更为巨大。

第十点,也是最后一点,走向和平崛起并非中国一家。我们高兴地看到,二十一世纪上半叶的世界,一大批发展中国家正以不同途径、模式和进度,走向和平崛起。与此同时,发达国家也在再发展。这是当代世界和平和发展的新趋势。我认为我们应当欢迎它。

三

中国的和平崛起对于欧洲意味着什么？这是我要谈的第三个方面。

欧洲文明在人类历史长河中,曾激起阵阵波涛。远至古希腊和古罗马,近至文艺复兴和工业革命,欧洲曾一次次地将世界文明推向进步。中华民族有着悠久的历史和文化传统,也曾有过文明的辉煌时刻。但是,中华文明在近代落伍了。

实现中国的和平崛起,就是要在较短的时间内,实现自身的现代化。这就要求我们善于学习和借鉴人类一切文明成果,包括欧洲的经验。从这个意义上说,中国的崛起将有力地拉近中国与欧洲的距离。

最近几年,欧盟发表了五份对华政策文件,二〇〇三年十月,中国也首次发表了《中国对欧盟政策文件》,希望加强与欧盟的全面合作,构筑长期稳定的伙伴关系。依我的观察,中欧之间不存在根本的利害冲突,互不构成威胁。中国的和平崛起将为欧洲以及中欧关系带来新的发展机遇。我这样说主要有三点依据:

首先是在发展的问题上,欧洲与中国一样,都处在和平发展的进程中。

历史的经验值得注意。中国和欧洲在两次世界大战中,都为后发大国的武力称霸道路付出过血的代价,深知和平的珍贵。

欧洲自一九五二年建立煤钢共同体以来,历经关税同盟、统一大市场、经贸联盟等发展阶段,逐渐走向联合与统一。欧盟已经成为当今世界一体化程度最高、综合实力雄厚的国家联合体,经济总量和贸易总额分别占全球的 25％和 35％;欧元已成功流通;欧洲防务体系和统一司法区也正在形成。到二〇〇四年,欧盟已扩充为二十五个成员国,达四亿五千万人口,占地四百万平方公里。在国际事务中发挥着越来越积极的作用。

事实上,世界各国都在以不同心态,关注着走向统一的新欧洲的和平发展。中国当然也会以期待的心情,希望欧洲,特别是欧盟在地区和国际事务中发挥越来越重要的作用。

其次是在国际战略观上,中国与欧洲有许多共同点。

近年来,中欧之间高层往来频繁,各个层次的对话机制已渐成形。双方都希望营造一个和平发展、互信互利、造福人类的国际环境。在最近发表的中国政府对欧盟政策文件中,对这些已经阐明得很清楚了。

我要强调的是,从战略的角度看,中国与欧洲国家不存在根本的利害冲突。我们都主张尊重世界的多样性,要求维护国际关系的民主化,以法治的精神改革现存国际秩序中的不合理成分,以长远的眼光推进成熟的战略伙伴关系。如何努力超越"借重与制衡"的博弈思维,以推进世界和平发展的眼光加强合作,这恐怕是摆在中欧关系面前的重要课题。

其三是中国的和平崛起有利于中欧之间的互利合作。

众所周知,过去二十五年中国经济发展迅猛,我们实现了现代化建设"三步走"战略的第一步、第二步目标,人民生活实现了由贫穷向温饱、由温饱向小康的历史性跨越。近几年,中国的崛起为世人瞩目。在欧洲,人们对中国未来的发展方向也十分关心,一些人甚至深感忧虑。

我以为,中国的和平崛起为中欧合作提供了历史性机遇。这些年,随着中国国力的增强,欧盟国家对华投资也不断扩大。在中国市场上,欧洲的名牌汽车、移动电话已深受中国消费者的喜爱。家乐福、欧尚等超市,更在中国不断发展。与此同时,中欧贸易发展迅速,二○○三年,中国同欧盟的贸易额首次突破一千亿美元,达到一千二百五十二亿美元,增幅高达44.4%,超过中日与中美贸易的增长速度,中国已经成为欧盟第三大经济伙伴。如果算上十个新成员国,欧盟将成为中国第二大贸易伙伴。中欧经济的互补性与合作的潜力是双边关系最重要的纽带和基石。

中欧之间发展长期稳定的伙伴关系,无论对于中国的和平崛起,还是对于欧洲一体化进程,都是必不可少的重要条件,有利于双方在世界上发挥更大的作用。有人说,二十一世纪是文明冲突的世纪。我认为,在中华文明与欧洲文明之间,不仅不会发生冲突,而且将交相辉映,共同放射出灿烂的光芒。

中国和平崛起的发展道路
和东北亚的和平和安全*

很高兴应邀来到美丽的韩国济州岛,参加和平论坛国际研讨会。我今天发言的题目是《中国和平崛起的发展道路和东北亚的和平和安全》。

现在,国际舆论的热点之一,是关于中国的和平崛起对亚洲和世界来说,到底是祸还是福的问题。对此,我想谈四点看法。

一、严峻挑战与战略抉择

中国自上个世纪七十年代末实行改革开放以来,就在探索中国特色社

---

* 这是作者于 2005 年 6 月 9 日在韩国和平论坛国际研讨会上的讲演。大体同一内容,作者在2005 年 6 月 13 日在纽约出席美中关系全国委员会午餐会上的讲演时所作开场白为:两年前,我曾在这里作过一次关于论中美关系的机遇的演讲。很高兴今天又有机会来到纽约,出席中美关系全国委员会的午餐会。我今天讲演的题目是《中国和平崛起新道路和中美关系》。

会主义道路时,选择了一条争取和平的国际环境来发展自己,又以自身的发展来维护世界和平的道路,这就是和平崛起的发展道路。中国在这条道路上已经走了二十六年,还要再走四十四年,到本世纪中叶中国基本实现现代化,达到世界中等发达国家水平,就可以算是崛起了。

我们清醒地认识到,一个十三亿至十五亿人口的大国要实现和平崛起,决非易事。特别是在二十一世纪上半叶,我们既面临"黄金发展期",又面对"矛盾凸显期"。说矛盾凸显,就经济和社会发展领域而言,带根本性的就是三大挑战:

第一个是资源特别是能源的挑战。中国人均资源占有量,在全世界排在后列,但是,由于发展速度快而科技和工艺总体水平低,中国制造业的单位和总量的资源消耗包括能耗,却排在世界前列。再加上随着世界制造业向中国大规模转移,也带来一定程度的"能耗转移",就使得资源特别是能源的短缺,成为困扰中国和平崛起的一大难题。

第二个是发展环境特别是生态环境的挑战。中国在快速工业化和现代化进程中所出现的环境污染严重、生态状况恶化、资源耗费巨大而回收率低等问题,已成为中国经济保持可持续发展的瓶颈,同时,这也是中国领导层提出"科学发展观"的一个重要背景。

第三个是在经济与社会协调发展过程中一系列两难问题的挑战。比如,既要使 GDP 持续快速增长,又要加快社会建设步伐;既要加快技术进步和产业升级,又要扩大社会就业;既要保持东部地区的强劲发展势头,又要促使东中西部共同发展;既要推进城市化,又要从各方面反哺农村;既要注重公平、缩小差距,又要保持活力、提高效率;既要扩大吸引外资,又要优化引资结构;既要以市场换技术,又要增强科技自主创新;既要深化各项改革,又要保持社会稳定;既要推进市场竞争,又要关心困难群众的生产生活问题,等等。解决这一系列两难问题,都不能只顾一头,不顾另一头,而是要求有一系列的统筹兼顾,实现又快又好的发展。

　　面对二十一世纪上半叶的三大挑战,我认为,中国政府的应对之策可以归结为三个超越,也就是三大战略:

　　第一个大的战略,是超越旧式工业化道路,继续推进新型工业化。近代产业革命以来,全世界用了二百五十年时间,才使十五亿人口进入工业化社会。而中国却要从新中国成立到本世纪中叶的一百年间,把十五亿人带入工业化。显然,不让这么个人口大国跟上人类文明前进的步伐而发展起来是不可能的,而发展再要走高投入、高消耗、高污染的旧式工业化道路也是不可能的。所以,中国下决心要走出一条科技含量高、经济效益好、资源消耗低、环境污染少、人力资源优势得到充分发挥的新型工业化道路。

　　第二个大的战略,是超越世界近代以来后兴大国传统的崛起之路和以意识形态划线的冷战思维,继续积极参与经济全球化。中国不走一战时的德国、二战时的德国和日本那种以暴力手段去掠夺资源和谋求世界霸权的道路;也不走二战后那种冷战对峙、称霸争霸的老路,这就既超越了旧式工业化道路所必然带来的争夺资源大拼杀的旧路,又超越了由于意识形态差异而拒绝和平、发展、合作的冷战思维。我们勇敢地实行改革开放,即在同经济全球化相联系而不是相脱离的进程中,通过学习、借鉴乃至引进人类文明的各种有益成果,独立自主地建设中国特色社会主义并走向崛起。

　　第三个大的战略,是超越不合时宜的社会治理模式,继续致力于构建社会主义和谐社会。面对中国在改革开放中出现的活力与失范并存、效率与失衡同在的新情况新问题,中国领导层着眼于构建政府调控机制同社会协调机制互联、政府行政功能同社会自治功能互补、政府管理力量同社会调节力量互动的社会网络,来提高执政水平、改进社会治理。目前,中国政府的职能在逐步转变,顺畅的社会流动机制、合理的利益协调机制、安全的社会保障机制、有效的矛盾疏导机制在积极建立,科学执政、民主执政、依法执政水平在不断提高,和谐社会在进一步发展。

　　中国在二十一世纪上半叶的这三大战略,其着眼点就是要引导十三亿至十五亿中国人,在应对风险和挑战中,全民奋起、艰苦创业,在同世界的互利共赢中使自己的日子过得好一些,对人类的贡献大一些。归结起来,坚持这三大战略,就是要坚持和平与和谐,对外是和平,对内是和谐。这就是我们所理解的中国和平崛起,这也就是我们所说的中华民族伟大复兴。

二、立足当前与放眼长远

中国要成功地应对"三大挑战",有效地实施"三大战略",真正实现和平崛起,决不是五年、十年、二十年就可以完成的,而是要一直奋斗到本世纪中叶才可以大体干出个眉目来。中国政府已科学地规划了在二十一世纪上半叶分三个阶段的奋斗目标,这就是:到二〇一〇年,使国内生产总值比二〇〇〇年翻一番;到二〇二〇年,再翻一番,人均国内生产总值达到三千美元,全面建设惠及十几亿人口的更高水平的小康社会。在此基础上,再继续奋斗几十年,到本世纪中叶,基本实现现代化,把我国建成富强民主文明的社会主义国家。

在这个大的规划框架之下,中国有关政府部门和研究机构,正围绕应对三大挑战,着眼于主要依靠自身力量和节约优先来解决资源和环境约束,着眼于推进和谐社会发展,在分门别类地积极研究和制定近期、中期和远期的能源发展战略,环境发展战略,人口及应对老龄化战略。比如,就以能源来说,过去二十年中国以能源消耗翻一番支撑了 GDP 翻两番,资源平衡大体立足于国内。未来二十年要实现 GDP 再翻两番,能源如何平衡,如何开源,如何节流,如何走节约型发展道路,都已提上议事日程。

这些奋斗目标的制定,远景规划的研究,一个重要的依据就是中国所具备的优势和基础。在谈到这些优势和基础的时候,我想提请各位注意,中国在二十一世纪上半叶实现更广大地开源的几个经济和社会发展的生长点:

比如,中国东部沿海具有蓬勃生机和发展活力的城市群,也包括中西部地区正在兴起的一批中心城市。它们是中国经济持续快速发展的主要动力源,是中国参与全球分工和竞争的主要制造业和物流中心,是中国最大的农村富余劳动力的吸纳地,是先进生产力、先进文化和国际经验的集聚地。未来中国中等收入阶层的进一步扩大,以及对国内外市场日益增长的需求,将主要来自这些地区。

比如,具有改变自身相对贫困状况强烈愿望的广大农村劳动力。他们既是中国产业工人的后备军,也是用工业文明改造贫困乡村的生力军。在注意培训的条件下,今后他们将以每年近千万的数量愈益有序地进入城市,这一方面将为城市发展提供源源不断的新的生产力,并不断创造新的市场需求,另一方面又将极大地改变中国农村的落后面貌。

比如,由改革开放而迸发出来的劳动、知识、技术、管理和资本等各种要素的巨大活力。中国实行以公有制为主体、多种所有制经济共同发展的社会主义基本经济制度。这不但可以充分释放国有资本的发展活力,不断推进新型的集体和合作经济,而且可以持续吸引海内外各类投资者,包括中国大陆的民间资本,香港、澳门、台湾地区的资本,以及国外资本在我国的创业活动,有利于形成促进生产力极大发展的创业机制,有利于容纳庞大的就业人口。而且,中国高素质的企业家队伍和各类高科技和高技能人才队伍也从中不断发展壮大起来。

此外,还要强调一点,实践已经证明,中国兴旺发达并在二十一世纪实现和平崛起的带根本性的不竭动力,是创新,包括理论创新、科技创新、制度创新、文化创新以及其他各方面的创新。

三、国际经验与中国特色

中国作为后发现代化国家,极其需要学习借鉴国际经验,这是中国和平崛起内在的、长期的、客观的需要。同时,中国在和平崛起进程中,在让十三亿至十五亿中国人过上现代化生活的过程中,又要着眼于以自己为主,来解决自己的问题和消化自己的难题,包括消化中国在走向工业化、城市化过程中,始终面临的超大规模的农村剩余劳动力问题,以及资源、环境问题等等。这就是说,中国的现代化一定要有中国特色。

比如,在能源问题上,中国人将努力走出一条中国特色的节约型道路。现在美国人均年消费石油二十五桶,而中国人均消费不到一桶半。如果中国人不顾自己的条件,异想天开地做起了"美国梦",那我们的能源需求对于世界来说,就好比"狮子大开口",那就会给人类带来沉重负担和麻烦。

又比如,在农村富余劳动力的转移上,我们将逐步走出一条中国特色的城市化道路。今后二十年,中国将有两亿多农村富余人口需要转移出来。在这个问题上,中国人既不能做"欧洲梦",也不想做"印度梦"。近代欧洲历史上,总共有六千万人走到世界各地,到处建立殖民地,改变了世界版图。二十一世纪上半叶的中国人,只能在自己的国土上,自己解决自己的人口问题。这包括城市、农村协调发展,逐步实现城市化,也包括相当多的农村富余劳动力在不丧失农村土地的条件下,在城乡之间有序流动,避免出现像印度加尔各答、孟买那样几乎一眼看不到边的贫民窟。

再比如,在劳动力培训问题上,我们要逐步探索建成以广大农村人口就业培训为最大特征的中国特色的学习型社会,保证数以亿计的农村人口受到质量不断提高的职业培训,提高就业和创业本领。

还有一个促进区域经济协调发展问题,我们将探索中国特色的地区协调发展型社会,就是在继续发挥东部沿海三大城市群发展活力的同时,实行振兴东北、中部崛起和西部大开发。

归结起来,中国作为后发现代化国家,学习国际经验要从中国国情出发,发挥中国特色要从时代条件出发。这里有一个带根本性的大问题,就是坚持走自己的路,坚持"四个不能学"——第一,那种通过发动大战去掠夺别国资源的野蛮行径不能学;第二,那种热衷于输出意识形态、输出自己的价值观念、搞集团政治的党同伐异不能学;第三,那种在工业化过程中,大量消耗人类不可再生资源的掠夺式经营不能学;第四,那种向外大量移民建立海外殖民地的扩张行为不能学。我们这个民族在近代以来的一百多年中吃过许多苦头,我们的体会是:一切损人利己或损人不利己的事情,我们都不做,这就叫做"己所不欲,勿施于人"。

朋友们从上述这些介绍中可以看到,中国和平崛起的发展道路,决不只是对外方针,而是对内对外方针的统一;决不只是经济的增长,而是经济社会发展的统一;决不只是科学技术的创新和经济体制的变革,而是市场经济、民主政治、科学技术、人口素质变革的统一。或者再说得彻底一点,就是中国社会在二十一世纪上半叶的又一次伟大变革和伟大改造!

这样重大的历史任务,实在够我们中国人从领导层到最广大人群在今后几十年内,很忙很忙的了。

四、中国的崛起与世界的机遇

中国和平崛起的事业,是面向现代化、面向世界、面向未来的伟大事业。中国和平崛起从一个很重要的方面来看,就是十三亿至十五亿人口的市场大国的兴起。这样一个不断增大和日益开放的大市场,对亚洲和世界都是新的机遇。中国市场的扩大,当然就是世界市场的扩大,这和"宇宙膨胀"可以说是同一个道理。正因为这样,中国的和平崛起为亚洲和国际社会带来的,就不是威胁而是机遇。

当今世界,走向和平崛起的不只是中国一家。两年前,我就在这里说过,和平崛起的中国是和平崛起的亚洲的一部分。现在,我们可以更有把握地说,亚洲特别是东亚、南亚的和平崛起,已经和正在为世界经济的发展提供强大动力。从世界三大经济区的比较来看,以"10 + 3"为核心的东亚经济区,在全球区域化发展中占有最具潜力的增长优势。现在,东亚经济区的区内贸易已占贸易总额的54%,比一九八〇年增长了二十个百分点,超过了北美自由贸易区46%的区内贸易额,接近欧元区64%的区内贸易额。

同时,亚洲还拥有世界上最广大的人口和最具活力的新兴市场。中国、印度、东南亚和其他南亚国家的总人口,加在一起约三十亿,占世界总人口的50%左右,占发展中国家人口的65%左右。这既是解决当代世界发展问题的最主要部分,又是具有巨大发展潜力的新兴市场。亚洲加速发展,实现和平崛起,就为解决当代世界和平与发展的最大难题提供了可能性。

此外,亚洲特别是东亚和南亚的和平崛起,又为世界上不同制度和不同文化的国家与地区的和平共处,提供了新的经验和新的模式。一九九七年以来发生的一系列非传统安全危机表明,在我们东亚国家之间客观存在的多种形式的合作关系,已经、正在和将要超越东亚各国的社会制度、文化差异。当然不可否认,这个地区还存在的种种热点问题和历史纠葛。但是我相信,东亚地区的政治家和人民有足够的智慧,通过协商一致而不是强加于人,弥合分歧而不是制造事端,联合自强而不是损人利己来求得解决。

还应当指出,这种地区合作并不排斥美国和欧盟等在亚洲的利益。相反,美欧将从中国崛起和东亚区域合作中获得越来越多的利益。仅以贸易而言,从二〇〇一年到二〇〇三年,中国的进口总量达到近一万亿美元。二〇〇四年,中国从欧盟的进口增长28.8%,从美国的进口增长31.9%。与此同时,中国从日本的进口增长27.3%,从东盟的进口增长33.1%,从印度的进口增长80.6%。中国与亚洲的和平崛起不但为国际社会提供了广阔市场,也为有关国家创造了就业机会。

我们高兴地看到,二十一世纪上半叶的世界,一大批发展中国家正以不同途径、模式和进度走向和平崛起;与此同时,发达国家也在新一轮现代化中谋求新的重大再发展。放眼欧亚大陆两端，东亚、南亚和欧洲崛起的势头正如日中天，这是当代世界和平发展的一个重大新趋势。我们应当热烈欢迎它！

在世界和平发展的时代潮流中，中国始终要向人类文明借鉴，向国际经验学习。在结束我的讲演之前，我要再次表达发自内心的期望，这就是，期待着通过此次圆桌会议，能够听到各位中外政治家和专家学者的高见，以便汲取大家的智慧和经验。

中国和平崛起为强国[*]

一、还事实以本来面目

中国近年来的快速发展引起了世界关注。中国崛起的方方面面,从影响的扩大到军事实力的增强再到能源需求的增加,其涵义在国际社会及中国国内都引起了强烈讨论。正确理解中国的成就及其进一步发展的道路,是极其重要的。

自一九七八年实行改革开放以来,中国的经济发展速度就一直位居世界前列,国内生产总值的年均增长速度达到 9.4%。一九七八年,中国占世界经济总量的份额不足 1%。而到了二〇〇四年末,中国经济占世界

---

[*] 这是作者发表于美国《外交》杂志 2005 年 9 月/10 月号的一篇论文,原题为"China's 'Peaceful Rise' to Great-Power Status"。

经济总量的份额增长到 4％。一九七八年,中国的对外贸易总额只有二百零六亿美元。到了二○○四年,中国的国际贸易总量增长到八千五百十亿美元,是一九七八年的四十倍,排在世界第三。中国吸引的外国投资累计超过几千亿美元,吸收的国内非政府投资总额超过一万亿美元。十多年前,中国的移动通讯服务刚刚起步。目前,中国的移动电话用户超过三亿,拥有量占世界第一。二○○四年六月,中国的互联网用户约为一亿人。

中国确实已实现了一九七八年制定的目标。人民的生活水平大幅度提高,尽管这种发展还不够全面均衡。中国实行改革开放二十七年以来的发展证明了中国劳动力规模的庞大,证明了中国的创造力和购买力,证明了中国对发展的执著和民族的凝聚力。中国所有的积极因素一旦调动起来,它作为发展驱动力对国际社会的贡献,必将史无前例。

然而,人们也不应忽视问题的另一面。经济发展这一单纯的指标并不能清楚地反映出一个国家发展的全貌。中国有十三亿人口。无论看似多么小的因而可以忽略的经济和社会发展难点,只要乘以十三亿总人口,那就成了一个大规模的、甚至可能是超大规模的问题。无论绝对总量多么可观的财力、物力,只要除以十三亿总人口,那就会是相当低的人均水平了。另外,十三亿并不是中国人口的高峰。二○三○年,中国的人口总量可能达到十五亿,之后中国的人口总量才可能开始下降。此外,中国的经济规模只是美国的七分之一,日本的三分之一。在人均收入方面,中国仍然是一个低收入发展中国家,排在世界约第一百位。中国对世界经济的影响力还是有限的。

中国发展面临的巨大挑战来自于使人民摆脱贫困时所遇到的种种局限。中国缺乏足够的自然资源来支撑如此巨大的人口,特别是在能源、原材料和水资源方面。此外,由于中国利用资源的效率和回收率都较低,这已日益成为中国发展的瓶颈。中国的人均水资源只是世界平均水平的四分之一,人均耕地面积只是世界平均水平的 40％。中国的石油、天然气、铜、铝的人均占有量分别只有世界平均水平的 8.3％、4.1％、25.5％和 9.7％。

二、确定首要任务

未来数十年,中华民族必须确保自己的十三至十五亿人口过上舒适和体面的生活。自一九七八年党的十一届三中全会以来,中国领导人一直在聚精会神搞建设。就到目前为止取得的成就而言,中国已找到了一条新的战略道路。这条道路不仅适合中国的国情,而且符合历史潮流。中国的现代化道路可被称为"和平崛起的发展道路"。现代历史上某些大国通过侵略掠夺别国资源,建立殖民地,扩张领土甚至发动大规模战争来实现崛起。中国迄今为止的崛起是通过和平手段获取了所需的资金、技术和各种现代化所需的资源。

中国人做出的最重要战略抉择就是同经济全球化相联系而不是相脱离。二十世纪七十年代后期,当世界技术革命和经济全球化的新一轮浪潮汹涌到来时,富有远见的中国领导层抓住了这一趋势,纠正了"文化大革命"中的各种错误做法。在"当今的世界是开放的世界,中国的发展离不开世界"这一重大判断基础上,邓小平和中国其他领导人决定抓住历史性机遇,将工作的重心转移到经济建设上来,全面实施改革,扩大开放,努力培育国内市场,充分利用国际市场。中国在农村地区实施了家庭联产承包责任制,确立了十四个沿海开放城市,因此在新时期引领了中国经济的腾飞。

二十世纪九十年代,由于发生了亚洲金融危机,随之出现了支持全球化和反对全球化的争论,中国再次面临战略抉择。在仔细权衡经济开放的利弊和吸取各种教训的基础上,中国领导层果断决策,加入世界贸易组织,同时深化国内经济改革,将中国的对外开放提到了一个新水平。

同时,中国将自己现代化进程的主要基点放在国内资源上。中国依靠自己的理论创新和制度创新,依靠工业重组。通过利用逐渐扩大的国内市场,将巨大的个人储蓄转为投资,中国经济获得了新的发展动力。通过依靠人力资源的深度和广度发展,人民的才智得到发挥,技术进步加速。中国努力借鉴和吸收人类一切有益的文明成果,包括发达资本主义国家的文明成果。与此同时,中国保持了独立自主,自力更生。

在实现和平崛起目标的过程中,中国领导层努力改善同世界各国的关系。尽管中美关系过去历经沉浮,国际政治发生包括苏联解体在内的剧烈动荡,中国仍坚持认为,中国面临的国际环境机遇多于挑战。

三、未来的路

根据中国的战略设想,从现在起,中国还需要四十五年——直到二〇五〇年——的时间才能基本实现现代化,成为中等发达国家。就发展而言,中国未来面临三个巨大挑战。

正如上面所述,资源短缺是第一个挑战。第二个挑战就是生态环境的挑战,污染严重、浪费严重和低回收率已成为中国经济可持续发展的瓶颈。第三个挑战是经济与社会发展不够协调。

就第三个挑战来说,表现为一系列两难问题。比如,既要使 GDP 持续快速增长,又要加快社会建设步伐;既要推动技术进步和产业升级,又要扩大社会就业;既要保持东部地区的强劲发展势头,又要促使东中西部共同发展;既要推进城市化,又要从各方面反哺农村;既要注重公平、缩小差距,又要保持活力、提高效率;既要扩大吸引外资,又要提高本国企业的竞争力;既要深化各项改革,又要保持社会稳定;既要开放国内市场,又要巩固独立自主;既要推进市场竞争,又要关心困难群众的生产生活问题,等等。

要成功解决这一系列两难问题,要求制定一系列协调政策,统筹兼顾,实现又快又好的发展。

面对这三大挑战,中国政府过去,而且未来还将实行的应对之策可以归结为三大战略,也就是"三个超越":

第一个大的战略,是超越旧式工业化道路,继续推进新型工业化。旧工业化道路的特点是通过血腥战争夺取资源,或实行高投资、高能源消耗和高污染。这条道路害人又害己。中国下决心要走出一条科技含量高、经济效益好、资源消耗低、环境污染少、人力资源优势得到充分发挥的新型工业化道路。中国政府正努力减少能源进口比例,而主要依靠发展新型能源和提高能源利用效率的办法,旨在建立"节约型社会"。

第二个战略,是超越世界近代以来后兴大国传统的崛起之路和以意识形态划线的冷战思维。中国不走一战前的德国、二战前的德国和日本那种以暴力手段去掠夺资源和谋求世界霸权的道路;也不走冷战时期大国争霸的道路。相反,中国将超越意识形态差异,同世界其他国家一道努力实现和平、发展和合作。

第三个战略就是超越不合时宜的社会治理模式,致力于构建社会主义和谐社会。中国领导层着眼于构建政府调控机制同社会协调机制互联、政府行政功能同社会自治功能互补的社会网络。中国政府的职能在逐步转变。中国正在强化国内制度建设,强化法治,在精神文明基础上构建和谐社会。已经启动了一系列关于思想教育和道德建设的项目。

在中国实施三大战略的过程中,有几个经济和社会发展的生长点特别值得注意。比如,中国东部沿海具有蓬勃生机和发展活力的城市群,同时,中西部地区也正在兴起一批中心城市。它们是中国经济持续快速发展的主要动力源,是中国参与全球分工和竞争的主要制造业和物流中心,是中国最大的农村富余劳动力的吸纳地,是先进生产力、先进文化和国际经验的集聚地。未来中国中等收入阶层的进一步扩大,以及对国内外市场日益增长的需求,将主要来自这些地区。

具有强烈改变自身相对贫困状况愿望的广大农村富余劳动力是中国走向工业化的另外一个驱动力。每年,大约有一千万农村人口有序和有保障地进入城市。这一方面将为城市发展提供源源不断的新的生产力,并不断创造新的市场需求,另一方面又将极大地改变中国农村的落后面貌。另外,科技、制度、文化和其他领域内的创新正推动着中国在二十一世纪走向现代化和繁荣。

中国政府已科学地规划了在二十一世纪上半叶分三个阶段的奋斗目标,这就是:到二〇一〇年,使国内生产总值比二〇〇〇年翻一番;到二〇二〇年,再翻一番,人均国内生产总值达到三千美元。在此基础上,从二〇二〇年到本世纪中叶,基本实现现代化,把中国建成富强民主文明的社会主义国家。到那个时候,中国就算摆脱不发达状态而进入中等发达国家之列了,就是实现中国"和平崛起"了。

四、对世界的影响

中国和平崛起将进一步向世界开放一个具有十三亿至十五亿人口的不断扩大的市场,这为国际社会提供的是机遇而不是威胁。列举一些数据就可以表明中国目前对全球贸易的贡献了。二〇〇四年,中国从东盟的进口增长 33.1%,从日本的进口增长 27.3%,从印度的进口增长 80.6%。与此同时,中国从欧盟的进口增长 28.8%,从美国的进口增长 31.9%。

但走向和平崛起的不只是中国一家。中国在经济上融入东亚对东亚共同体的形成具有重大贡献,这反过来将促进亚洲的共同和平崛起。还应当指出,中国并不排斥美国参与地区合作。事实上,中国欢迎美国在地区安全和经济领域内发挥积极作用。二十一世纪,许多国家正在通过不同的方式,遵循不同模式和以不同的速度实现各自的和平崛起。与此同时,发达国家也在进一步发展。在当今世界中,这是一个值得欢迎的新趋势。

中国不争霸或寻求在国际事务中居主导地位。中国主张通过国际关系的渐进改革和国际关系民主化来建立国际政治经济新秩序。中国的发展需要世界和平,同时中国的发展也将维护世界和平。

中国将以"和平大国"、"文明大国"、"可亲大国"的形象出现于世界 *

　　很高兴再一次与各位在"中国科学与人文论坛"见面。中国科学院院长路甬祥同志和我共同发起的这个论坛历时三年,先后举办了三十七场专题讲演。这些讲演实质上都围绕着一个共同的主题,就是"中国的和平发展道路"。这个重大战略主题,既为国内外战略界所广为关注,也得到自然科学界和人文社会科学界的高度重视。三年来,我们邀请了著名的自然科学家和人文社会科学家,其中有诺贝尔物理学奖、经济学奖获得者和我国

---

　　* 这是作者于 2006 年 4 月 9 日在"中国科学与人文论坛"上的讲演。"中国科学与人文论坛"是由作者同中国著名科学家、时任中国科学院院长的路甬祥共同倡导发起的。旨在从科学与人文的角度研究国家战略问题,从国家战略的高度探讨科学与人文的发展,致力于自然科学与人文社会科学的结合,科学精神与人文精神的贯通。论坛从成立至今,已邀请近二百位国内外高层政要、著名专家学者就人民共同关心的政治、科技、教育、经济、外交、环境、社会发展和人类文明进步等方面的问题发表演讲和学术交流。

最高科学技术奖获得者,还邀请了我国和外国的国家政要,我军高级将领,跨国公司的著名企业家等各方面人士,莅临"论坛"讲演。讲演者为"论坛"倾注了他们的热情和智慧,"论坛"听众热情参与,激情互动、气氛活跃。"论坛"不仅传递着思想和知识的信息,而且涌动着情感的交流和交融,给人启迪,催人奋进。"论坛"还引起了国内外媒体的浓厚兴趣,四十余家报刊、电视台、广播电台、网站对"论坛"作了各种形式的报道,产生了广泛的社会影响。高等教育出版社每年都把"论坛"的讲演结集出版,已经出版了《世纪机遇》与《和平崛起》两集,第三集也即将出版。围绕"论坛"的主题,我们还举办了若干次生动活跃的学术研讨会和恳谈会。在此,我谨代表中国科学与人文论坛,对各位讲演人和支持"论坛"活动的各界人士,表示衷心的感谢。

在"论坛"举行的第一次讲演会上,我曾说过,要立足于"从国家战略角度思考科学与人文,从科学与人文角度思考国家战略"。三年来,我们就是这样做的——从科学与人文的角度思考中国和平发展道路这一战略问题,取得了阶段性成果;围绕和平发展这一国家发展的战略道路问题,深入探讨科学、人文和社会课题也有了良好开端。我们从演讲和研讨实践中获得了一个重要认识,就是中国和平发展道路最深刻的实质内涵,应是同当代人类文明相交汇的中华文明的伟大复兴。因此,从今年开始,我们这个"论坛",将在继续对中国和平发展道路进行探讨的同时,进一步深入到中国和平发展道路与中华文明伟大复兴的关系上来。

作为个人体会,同时也希望作为一种导向,我今天讲演的主题,就是这样两句话:第一句话,中国的发展是和平的发展;第二句话,中国和平发展道路最深刻的实质内涵是中华文明在二十一世纪上半叶的复兴。前一句话可以说是对"论坛"前三年研讨活动的归结,后一句话则可以说是对我们下阶段研讨方向的展望。

一

让我首先从今天讲演主题的第一句话说起吧。

许多人都很关心中国和平发展道路这个命题的由来,我认为大体有两个起因。一个起因,是根据中国改革开放二十多年来在邓小平理论指导下,我们党开创中国特色社会主义道路的成功历史经验,从中体认到,我们已经走出了一条对内方针对外方针相统一的和平发展道路。这是一条既不同于早期工业化国家依靠在海外建立殖民地壮大自己,也不同于某些后兴国家通过发动世界大战或对外扩张来膨胀自己的,中国的独特发展道路。另一个起因,是为了回答国际上针对中国迅速发展而出现的种种议论,主要是"中国崛起威胁论",还有"中国崩溃论"。

稍微展开一点说,这个命题包含着五个相互联系的要点:

第一,一般地说,中国的和平发展道路,应是泛指在整个中国特色社会主义巩固和发展的很长的历史进程中所走的道路。特殊地说,中国的这条发展道路,则又是专指由上世纪七十年代末所开创的,以经济建设为中心,以改革开放为动力,以到二十一世纪中叶基本实现现代化、实现由不发达国家到中等发达国家的全方位崛起为目标的,这样一条和平发展道路。

第二,中国这条道路的根本目标,乃是要解决十三亿到十五亿中国人的生存权、发展权、教育权的问题,就是要让占世界四分之一的人口都能过上比较富裕而又有尊严的体面生活。这是一条致力于办好我们自己的事情、老老实实地发展我们自己,而不是谋求对外扩张,更不是谋求世界霸权的发展道路。

第三,中国这条道路的根本基础,是在同经济全球化相联系而不是相脱离的进程中,在同国际社会实现互利共赢的进程中,独立自主地建设中国特色社会主义。就是说,通过生产要素市场化流动的和平方式,从国内市场和世界市场(两个市场)来获得中国现代化建设所必需的资金、技术和资源包括能源(两种资源),而不是以海外殖民方式或所谓"大家庭"分工去掠夺别国资源。我们坚持这样做,就同世界上一些相关国家之间,形成了"你中有我、我中有你"这样一种谁也离不开谁的经济格局。与此同时,中国又坚定不移地把发展放在自己力量的基点上,包括独立自主地解决发展中遇到的各种困难,而决不把包袱扔给别人,决不给世界制造麻烦。

第四,中国这条道路的根本特点,是对内方针与对外方针相统一,对内和谐与对外和平相统一。对内坚持科学发展观,在改革开放中统筹兼顾各方面利益关系,致力于构建社会主义和谐社会;对外高举和平、发展、合作的旗帜,作为维护世界和平的坚定力量,致力于同世界各国人民一道共同建设持久和平、共同繁荣的和谐世界。

第五,中国这条发展道路的最深刻的实质内涵,就是在二十一世纪上半叶,在同当代人类文明相交汇中,实现中华民族文明的伟大复兴。

这第五点也就是我下面要讲到的,今天讲演主题的第二句话。

二

我们说中国和平发展道路的深刻实质内涵是中华文明的伟大复兴,这里的一个中心问题,是"和平崛起"与"文明复兴"的关系。对此我们可以从以下三个方面来看。

第一,从当代中国的现实需要来看,所谓和平发展或和平崛起,就是要以文明的方式来应对中国现代化所面临的众多难题和种种挑战,在自主创新中实现中华文明的复兴。

我们多次说过,在中国和平发展或和平崛起的进程中,面临着三大挑战,这就是:资源特别是能源短缺的挑战,环境特别是生态环境恶化的挑战,经济和社会发展中一系列两难问题的挑战。解决这些问题,要靠科学发展观,要坚持以人为本,全面、协调、可持续的发展。这些话大家都已耳熟能详,然而要真正把它们变成全国范围、全体规模和深入持久的自觉行动,归根到底还有赖于全民族文明素质的提升,有赖于最广大人民以文明的方式去正确应对三大挑战。

其中,最具当代世界和当代中国文明特点的,就是我们主张超越旧式工业化道路,走新型工业化道路,开创出一条科技含量高、经济效益好、资源消耗低、环境污染少而又使我们这个世界第一人口大国的人力资源优势能够得到充分发挥的崭新的工业化道路。

这就要求我们超越不合时宜的社会治理模式,致力于构建社会主义和谐社会,以此应对经济与社会协调发展过程中一系列两难问题的挑战,进而在全社会逐步形成文明的人际关系和生活方式。

这还要求我们超越近代以来后兴大国崛起的老路和以意识形态划线的冷战思维,走和平发展的道路,以此来促进世界和平和共同发展,同世界各国人民一道来建设一个和谐世界。

事情很明白,只有在继承和弘扬中华民族优秀文化传统的同时,大胆吸收和借鉴当代人类文明的有益成果,才能真正做到以文明方式去应对我国现代化所面临的种种挑战。这也就是说,只有从当今时代要求出发的中华文明在自主创新中的复兴,才是我们所理解的中华文明的复兴。

第二,从中国同世界的关系来看,所谓和平发展或和平崛起,就是要以文明大国的形象屹立于世界民族之林。

一部人类文明史告诉我们,一个真正强大的民族,总是由先进文化引领,具有较高文明程度的民族。今天,国际社会认同中国的"崛起",是因为改革开放以来中国连续二十多年以平均百分之九以上的增长快速发展;而国际社会有人担心中国崛起会威胁别人,则既有出于意识形态偏见而把中国"妖魔化"的原因,也有我们自身文明建设不足引起的问题。这后一方面,即我们自身文明建设不足的问题,我认为也很值得深刻注意。这是因为,借鉴和吸收人类文明有益成果,是中华文明同世界文明相交汇的一个方面;与此同时,随着综合国力的增强而使中华文明愈益向世界显现其亲和力、感召力,则是中华文明同世界文明相交汇的又一方面。这里当然包括众多课题,不仅有狭义的文化、教育,还有自然科学和人文科学,以至治国理念、"战略文化",等等。

说到这里,我还想专门提到一点,就是我们的民族心态同中国迅速提高的国际地位是否适应的问题。一百多年来,在旧中国这个半殖民地半封建社会里存在着崇洋媚外和盲目排外这两种不健康的心态,长期落后又使许多不文明行为成为社会生活的消极方面。进入二十一世纪,在中国经济迅速发展的新条件下,尤其在中国大踏步地走向世界的新进程中,某些历史遗留的不健康心态往往又经由种种不文明的举止行为而被放大了。这些问题不仅会在市场竞争中影响我们的国际声誉,在国际合作中影响我们的国家形象,而且很容易为那些别有用心的人渲染"中国威胁论"和"中国崩溃论"提供口实。所以,中国坚持走和平发展道路,那就不仅要在世界树立起"和平中国"的形象,而且要树立起"文明中国"的形象,这已经是一项很迫切很实际的任务了。

第三,从我国自身的历史发展来看,中国的和平发展或和平崛起,就是要实现中国人一百多年来的强国梦,实现中华文明的复兴。

大家知道,中华民族在历史上曾经创造了灿烂的物质文明与精神文明,为人类社会的发展做出过巨大贡献,只是近代以来落伍了,并为此遭受了深重的屈辱和苦难。一百多年来,中国人一直做着强国富民之梦,其间历尽艰辛和曲折,直到中国共产党所领导的人民大革命的胜利和人民共和国的成立,才为实现中华文明的复兴奠定了政治基础。正如毛泽东在新中国诞生前夜所指出的那样:"自从中国人学会了马克思列宁主义以后,中国人在精神上就由被动转入主动。从这时起,近代世界历史上那种看不起中国人,看不起中国文化的时代应当完结了。伟大的胜利的中国人民解放战争和人民大革命,已经复兴了并正在复兴着伟大的中国人民的文化。"

改革开放以来,在邓小平理论指导下,我们党的十二届六中全会《决议》进一步明确指出:"新中国的成立,在社会主义基础上开始了伟大的中国文明的复兴。自从我们国家以党的十一届三中全会为标志进入了新的历史发展时期,更赋予这个复兴以新的强大生机和活力。这个复兴,不但将创造出高度发达的物质文明,而且将创造出以马克思主义为指导的,批判继承历史传统而又充分体现时代精神的,立足本国而又面向世界的,这样一种高度发达的社会主义精神文明。"

我认为,以上这两大段所总结的历史经验告诉我们,中国人民"强国梦"逐步实现的进程,中国和平发展、和平崛起的进程,既不能是全盘西化的过程,也不能是复活旧学占统治地位的过程,而只能是在当代中国发展着的马克思主义指导下,创造性地继承和发展自己民族的优秀文化传统而又大胆地借鉴和吸收人类文明有益成果的过程,是一个中华文明在自主创新中实现复兴的过程。

这就是我要着重说明的今天讲演主题的第二句话。

三

那么,如果把"和平崛起"与"文明复兴"这两句话,进一步集中起来,落到实处,又是一个什么样的问题呢? 我以为,就是我们党从十六大以来,经过十六届四中、五中全会越来越明确起来的关于构建社会主义和谐社会的问题。

在我看来,中华文明的复兴,当然需要一个文化建设的过程,但又决不仅仅是文化建设,而是要在全面推进社会主义经济建设、政治建设、文化建设、社会建设、生态建设这五大建设的过程中,努力构建社会主义物质文明、政治文明、精神文明、社会文明、生态文明这五大文明相互结合和相互促进的社会主义和谐社会的系统工程。

从党的十六大提出"社会更加和谐"的要求,到十六届四中全会提出"构建社会主义和谐社会"的任务,再到胡锦涛同志在省部级主要领导同志专题研讨班上明确提出社会主义和谐社会的基本特征是"民主法治、公平正义、诚信友爱、充满活力、安定有序、人与自然和谐相处",这表明,我们党关于社会主义和谐社会的理论已经形成,并且已经成为中国特色社会主义理论体系中可以同"社会主义初级阶段理论"、"社会主义市场经济理论"相媲美的重要组成部分,成为在邓小平理论和"三个代表"重要思想指导下,坚持用"科学发展观"统领经济和社会发展全局的过程中,中国共产党治国理政的一个核心理念。

现在让我们再来领会一下构建社会主义和谐社会的总体思路吧。

首先一条,是要继续依靠发展,依靠科学发展。回顾中国二十多年和平崛起的经验,集中到一点,就是邓小平同志说过的一句话:"发展才是硬道理。"江泽民同志也说过:"中国解决所有问题的关键在于依靠自己的发展。"构建社会主义和谐社会,毫无疑问,依然要靠发展,要靠以人为本、五个统筹的科学发展。坚持科学发展观,要求我们认真研究和准确把握先进社会生产力发展的特点、趋势和要求,这是解决当代发展问题的前提。旧式工业化道路是以利润为唯一导向,以资源和能源的大量消耗为特征,以破坏环境为代价来实现的。而中国通过走新型工业化道路所追求的先进社会生产力发展和经济效益,则应当注意以人为本,以科技创新为动力,以人与自然的和谐相处为特征来实现。当代人类社会生产力发展日益突出的智能化特征、国际化规模和人性化方向,推动科技和人文进一步直接地融合于先进生产力的发展之中。也就是说,现代生产力发展的质的飞跃不仅表现在生产力的"硬件"因素上,而且也表现在生产力的"软件"因素上。

当代人类社会生产力的要素结构和作用方式已经、正在并将继续发生的这种巨大变化,要求我们必须加快转变经济增长方式和提高自主创新能力。党的十六大以来,党中央的一系列重大决策完全符合并准确反映了当代社会先进生产力发展的特点、趋势和要求。因此,构建社会主义和谐社会,必须坚持用科学发展观统领经济社会发展全局。

第二,是要依靠深化经济体制改革,依靠健全社会主义民主与法制。我们党提倡社会和谐,决不是否认矛盾存在和矛盾斗争,而是要求在坚持把发展作为执政兴国第一要务的同时,继续深化以社会主义市场经济为取向的经济体制改革,凝聚改革共识,坚定改革方向,完善改革举措,戮力改革攻坚,并且通过统筹兼顾、适当安排的稳健改革和体制创新、科技创新,来妥善处理各方面社会矛盾,这样来保持和发展社会和谐,不断地把和谐社会建设推进到新的水平和境界。

历史经验告诉我们,在社会主义社会,包括在社会主义初级阶段,如果仍然以阶级斗争为纲,不但解决不了任何问题,反而会激化种种矛盾。只有在物质文明不断发展和经济体制改革不断深化的基础上,加强社会主义政治文明建设,完善社会主义民主,坚持依法治国的基本方略,才能不断促进社会和谐、人民安康。胡锦涛总书记在论述社会主义和谐社会的基本要求时,把"民主法治"放在第一位,是极其重要的。

第三,是靠在全社会倡导诚实守信,靠发展社会主义精神文明。做人做事严守诚信,这历来是中华民族的美德。在发展社会主义市场经济的过程中,更要讲诚信。改革开放伊始,邓小平就要求我们加强社会主义精神文明建设,党中央为此做过两次决议,基本任务和基本要求已经明确。二十一世纪中国国民的基本素质,不仅应当包括基本文化素质,基本科学人文素质,基本职业素质,而且应当包括基本伦理道德素质。整体国民素质提高的艰巨任务,需要持久努力,需要正规学校教育,需要广泛社会教育,更需要广大国民自我教育和终身教育意识的不断增强。

第四,在当今中国这样一个"黄金发展期"与"矛盾凸显期"并存的历史时刻,还要特别强调一点:无论坚持科学发展也好,健全民主法治也好,倡导诚信道德也好,归根到底,都是要落实到人民群众最关心、最迫切要求解决的问题上来,给人民群众以看得见的实惠和希望,并且经过有系统的和坚持不懈的努力,使中国十三亿到十五亿人口的物质和文化生活逐步达到新的文明高度。因此,在继续推进经济建设、政治建设和文化建设的同时,还必须把社会建设和生态建设放到更加突出的位置上来。当前发展社会事业,建立和健全社会保障体系,完善社会管理体系,正确处理经济发展和社会发展的关系,正确处理效率和公平的关系,建设资源节约型和环境友好型社会,等等,不仅是经济发展的必要条件和重要保障,而且直接同最广大人民的生计和安全息息相关。

总之,坚持物质文明、政治文明、精神文明、社会文明、生态文明这五大文明建设的有机统一、相辅相成,我们就一定能够通过长期努力,通过分阶段地构建社会主义和谐社会,实现中华文明的复兴。

四

构建社会主义和谐社会,实现当代中国的和平崛起与文明复兴,无论在认识上还是在实践上都是一次具有重大现实和长远意义的伟大超越。历史呼唤我们,一定要以高度的自觉推进十三亿乃至十五亿中国人的国民素质的自我改造,推进中国社会生活的自我改造,还要推进人与自然关系的改造。这三项改造,也可以叫做新的"三大改造",而且是在坚持走"新型工业化"道路基础上的新"三大改造",合起来说,也可以叫作新的"一化三改造"。它们之间互相联系,互相渗透,将贯穿中华文明复兴的全过程。与此有关的众多课题,无疑需要我们进行广泛、深入和持续的探讨。

还要看到,中华文明的复兴是中国和平崛起的根本保证,同时也是人类文明发展历史上的盛举。中华文明的复兴决不意味着世界范围内文明冲突的激化,恰好相反,正如胡锦涛主席去年在出席 APEC 会议上的主旨讲话中所说的那样,"各种文明之间、各个国家之间应该本着开放的思维,实现共赢"。一个爱好和平、讲信修睦、协和万邦的中华文明的复兴,它与世界上不同文明的共存和沟通,将大有助于当代世界真正的和平与稳定。

人类社会发展的经验说明,各种文化、各个国家的发展,只能按照各自的特点和需要,没有也不可能有什么统一的"模式",更不应把什么"理想模式"强加于人。至于中国,我们认准一条——走自己的路,中国特色社会主义道路,也就是中国和平发展道路。值得注意的是,除了所谓中国"经济威胁论"和"军事威胁论"之外,现在国际上又冒出来一个说法:由于中国发展快,中国模式对广大发展中国家更有吸引力,这又构成了"威胁",叫做"模式威胁论"。对此,我们同样是清醒的,我们决不会向外输出自己的发展模式。我们历来讲,中国只输出电脑,不输出发展模式。中国的发展模式是适合中国国情的发展模式。中国的发展模式只会有利于同世界人民一道建设一个持久和平、共同繁荣的和谐世界,而决不会给世界带来任何意义上的威胁。

最后,把今天的讲演做一归结,还是一开头就提出的那两句话:中国的发展是和平的发展,中华民族的复兴是文明的复兴。而和平发展和文明复兴的过程,将贯穿着"四个结合":一是继承传统与改革创新相结合,二是吸收世界优秀文明同立足本国实际相结合,三是自然科学与人文社会科学相结合,四是对外和平与对内和谐相结合。我认为,这四个结合,至关紧要。这四个结合做得好不好,关系到我们全部事业的兴衰成败。我们之所以说中国和平发展道路最深刻的实质内涵,是中华文明在二十一世纪上半叶的复兴,根本原因就在这里。

同志们,我们坚定不移地沿着中国特色社会主义道路阔步前进,和平发展,文明复兴,中国将以"和平大国"、"文明大国"、"可亲大国"的形象出现于世界。这样的崇高事业,实在够我们十三亿至十五亿中国人忙上几十年的了!从今天起,我们的"论坛"将在继续深化"和平发展"研讨的同时,进一步展开"文明复兴"的研讨。

在这一阶段研讨中,我们可以探讨的问题很多很多。比如:

二十一世纪中国的国际形象;

负责任大国的爱国主义;

市场经济的竞争法则和文明规范;

中华文明和中国特色社会主义民主政治;

能源节约和中华文明复兴;

环境保护和中华文明复兴;

自然科学和人文社会科学相结合和中华文明复兴;

是在自主创新中复兴中华文明,还是"全盘西化"或全盘复活旧学;

中华文明复兴是"文明冲突"还是"文明交汇";

和谐中国和和谐世界;

等等。

欢迎各方面同志和朋友踊跃参加研讨。让我们大家为中华文明的伟大复兴,奉献热情、智慧和辛劳!

为着和平的目的而发展，
抓住和平的机遇而崛起[*]

一

呈献给读者的这部专题论集《思考的历程——关于中国和平发展道路的由来、根据、内涵和前景》，汇集了我自一九八八年四月至二○○六年九月的四十三篇有关论文和讲演。

论集的书名，反映了本书的主题和内容。

---

  [*] 这是作者为自己所著《思考的历程——关于中国和平发展道路的由来、根据、内涵和前景》一书所写的序，成文于 2006 年 10 月 15 日。

二

"中国和平发展道路",作为我们国家发展的战略道路,是以胡锦涛同志为总书记的中共中央,在中共十六大以后科学总结和继承改革开放以来中国共产党开创中国特色社会主义道路的成功经验,精辟分析和把握进入二十一世纪以来中国面临的国内外形势和重大战略机遇,针对国际舆论中此起彼伏的"中国崛起威胁论"和"中国崩溃论",而郑重提出的。应当说,"中国和平发展道路"的提出和确立,乃是对中国特色社会主义道路科学内涵的一个深刻揭示,也是我们党和国家对内对外方针相统一的一个鲜明体现。

事情需要追溯到二〇〇三年,这是中国共产党第十六次全国代表大会召开后的第一年。这一年十二月,在纪念毛泽东同志诞辰一百一十周年大会上的重要讲话中,胡锦涛同志已经提出,中国要走和平崛起的发展道路。其后,到二〇〇五年十一月九日在英国,二〇〇六年四月十九日在美国,胡锦涛同志又进一步系统阐述了中国坚持走和平发展道路的历史必然性和这条道路的科学内涵。与此同时,温家宝同志在国内外一些重要讲演和政府工作报告中,也对这一问题作了重要论述;中国国务院新闻办公室还专门发表了《中国和平发展道路》白皮书。特别应当提到的是,二〇〇六年八月中共中央召开的外事工作会议,二〇〇六年十月召开的中共十六届六中全会作出的关于构建社会主义和谐社会若干重大问题的历史性决定,也都对中国和平发展道路作出了明确的论述。这就充分表明:中国坚持走和平发展道路,已经成为我们党和国家昭告天下并用以指导内政外交的重大决策。

历史地看,这一重大决策,归根到底来自邓小平同志带领我们开创中国特色社会主义的伟大实践。一九七八年底召开的中共十一届三中全会,在邓小平同志的果断决策下,作出了把党的工作重点转移到经济建设上来的战略抉择,中国从此进入了改革开放和社会主义现代化建设的历史新时期,中国共产党从此开始了建设中国特色社会主义的新探索。二十八年来,从邓小平同志到江泽民同志,再到胡锦涛同志,一以贯之,薪火相传,接力推进,领导我们党和国家在各种复杂形势下,努力争取和平的国际环境来发展自己,又以自己的发展来维护和促进世界和平,从中积累了丰富的经验,创造性地开辟了一条世界近代史上一切后兴大国所从未有过的独特道路——中国和平发展道路。

还可以看到,以胡锦涛同志为总书记的中共中央的这一重大决策,受到世界各国政治家、战略家、外交家、企业家和社会各界有识之士的普遍关注和重视,在国际上产生了几乎可说是"一石激起千层浪"的重大而积极的影响。

三

就这部专题论集本身来说,其编辑方针,是围绕"中国和平发展道路的由来、根据、内涵和前景"这个主题,按写作时间先后,把我的有关论著集纳起来。因此,这部论集,也可以看作是一个理论工作者,在邓小平理论和"三个代表"重要思想指引下,在以胡锦涛同志为总书记的党中央领导下,对于这一重大问题的思考和研究过程的记录。

论集所收文章,以一九八八年四月的《改革、调整——世界面向二十一世纪的明智抉择》为起始篇,以二○○六年九月二十一日的《中国路·中国梦·中国心》为终卷篇,时间跨度近十八个年头。为了把思考的历程较为清晰地勾勒出来,我又在按时序排列的基础上,依照内容把全书分为五个部分,并分别加了标题,部分论文的题目作了变动,部分文句加了黑体。由于这是一部以同一主题贯串全书的论文汇集,所收论文四十三篇若干基本观点在不同时间、场合均需有所表述,因而有些标题和内容便很难避免地发生某些重复现象,只好请读者谅解了。

写到这里,我还想顺带说明一点,就是关于"和平发展"与"和平崛起"这两个提法的问题。人们阅读这本专题论集时会发现,我从二○○二年起曾多次使用"中国和平崛起"的提法。既然是阐发中国的和平发展道路,为什么又要提"中国和平崛起"呢?首先,这是因为,中国的"和平发展"与"和平崛起",用语不同,其实是同一个意思,本质内涵完全一致。其次,在那时提出"中国和平崛起",有其现实针对性。"和平"是针对某些国际舆论正开始起劲鼓吹的"中国崛起威胁论",而"崛起"则是针对"中国崩溃论"。第三,这一提法还反映了"中国和平发展道路"在我国社会主义初级阶段的历史特点。中国走和平发展道路,这无疑应是一个很长很长的历史过程;而在当前阶段,即从中共十一届三中全会到二十一世纪中叶基本实现现代化,中国的和平发展具有抓住机遇而实现由不发达到中等发达的历史性飞跃的重要特点。你看,过去二十多年我国的国内生产总值平均每年增长9.4%,估计今后在"又好又快"的科学发展总要求下,相当时期大约也不会低于8%。这是一个在我们党和国家自觉推动和广大人民共同努力下的飞跃和突变的过程,是一个全民奋起、艰苦创业、摆脱贫困、实现小康,进而从不发达国家转变为中等发达国家的过程,归根结底是一个为着和平的目的而发展、抓住和平的机遇而崛起的过程。总之,中国的"和平发展"与"和平崛起"这两个提法,用语不同,针对不同场合、不同对象、不同语境而互为通用或选择使用。当然,作为一条体现我们党和国家对内对外方针相统一的国家发展的战略道路,其提法又应是统一的,这就是"中国的和平发展道路"。

正是基于这样的道理,所以我一直强调,"中国和平崛起的发展道路,就是和平地实现现代化的道路,就是和平地实现中华民族伟大复兴的道路,当然也就是和平发展的道路。"

在这本专题论集出版之际,谨作以上说明。是为序。

中国和平发展和两岸关系的
回顾和前瞻*

我很荣幸应邀出席"两岸一甲子"研讨会。感谢主办单位太平洋文化基金会的盛情邀请,使我在两岸关系持续改善和发展的新形势下有机会来到宝岛台湾。两岸专家学者会聚一堂,共同探讨如何促进两岸关系发展,很有意义。在这里,我首先代表大陆方面的专家学者,并以我个人的名义,向台湾同行致以诚挚问候,并预祝本次研讨会取得积极成果。

主办单位请我就"两岸关系六十年回顾与前瞻"发表主题讲演。这个

---

* 这是作者于 2009 年 11 月 13 日在台北"两岸一甲子"学术研讨会开幕式上的讲演。2009 年 11 月 13—14 日,为期两天的"两岸一甲子"学术研讨会在台北举行。大陆方面由作者担任代表团团长,成员有中国孙子兵法研究会名誉会长李际均中将,国防大学战略研究所前所长潘振强少将,前驻法国大使吴建民,前驻英国大使马振岗等 28 位军事、外交和理论专家。台湾方面有亚太和平研究基金会董事长赵春山、"国安局"前副局长胡为真、国民党智库"国家政策研究基金会"林祖嘉等五十余人出席。两岸专家在会议期间就两岸互信机制、和平协议及台湾参与国际事务等进行研讨与交流。这是两岸隔绝六十年后第一次一起讨论敏感的政治议题,意义深远。

题目很大,其中至少包含三个方面的问题:第一,两岸关系由何而来?第二,对六十年来的两岸关系怎么看?第三,今后两岸关系向何处去?要把关乎两岸关系从哪里来、到哪里去的问题说清楚,谈何容易。但是,如果我们联系着世界范围内的近代历史发展,把这些问题放到中国历史大变局中去看,或许能够对它的发展脉络、发展规律和今后走向找到一些初步答案。

一

纵观中国历史,我以为真正称得上"历史大变局"的,有三次。第一次是两千多年前的春秋战国时期。当时,列国诸侯合纵连横、征邻伐异,"诸子百家"激烈争鸣,议论繁兴。那次历史大变局乃是要解决中国由奴隶社会向封建社会过渡这样一个社会大变动的历史课题。第二次大变局是十九世纪中叶鸦片战争之后一百多年间。内忧外患深重的中国发生了规模广阔、深刻剧烈的社会大变动。那次大变动,终结了数千年的封建制度,彻底诀别半封建、半殖民地的旧社会,实现民族独立、人民解放,建立起人民当家作主的崭新社会制度。第三次大变局大体从二十世纪七十年代中后期至八十年代中期发端,世界出现新的大转折和兴起新一轮经济全球化浪潮。中华民族,包括海峡两岸的中国人,面临着如何适应世界格局和国际秩序的重大转变,在日益激烈的经济竞争和日新月异的科技进步新形势下努力实现民族振兴,这样一个新的重大历史课题。

我想,六十年前,大概还没有我们今天所说的"两岸关系"这个有着特定含义的词。之所以产生两岸关系,是由于上个世纪四十年代后期的中国内战导致了两岸分隔、对立,迄今已整整一甲子。其间,尽管风云变幻、人事代谢,林林总总、气象万千,但是在我看来,两岸关系由何而来的答案是一清二楚的,它是当年中国内战的产物。但若容我再追问一句,为什么当年中国会有那样一场内战呢?这就要回溯到前面提到过的中国历史上的第二次"历史大变局"。

　　一八四〇年的鸦片战争,揭开了中国近代史的序幕。西方列强的野蛮入侵,它们的船坚炮利、组织程度以及那套文化理念,对正处在闭关自守、抱残守缺状态中的中国人是极大的冲击。对台湾同胞来说,一八九五年台湾被清政府割让给日本,无疑是最为刻骨铭心的历史伤痛。当年走投无路的清朝重臣李鸿章,曾说过一句很深刻的话,他说,中国面临着"数千年未有之大变局"。事实确实如此,当年的中国已然是瓜分豆剖、危如累卵了!近代以来,为了挽救民族危亡、实现振兴发展,有多少中国人,从各自不同的角度进行了各种方向的探索,付出了巨大的代价。这其中,地主阶级革新派的主张行不通,洋务派遭挫折,太平天国也归于失败。孙中山先生第一个喊出的"振兴中华"口号,开创了近代真正意义上的民族民主革命。他领导推翻帝制,缔造了亚洲第一个共和国,在中国近代史上树立起一座了不起的历史丰碑。但辛亥革命未能改变旧中国的社会性质,国势继续衰落。面对积贫积弱、多灾多难,中国人展开了一次次奋起抗争。我们全民族浴血奋战,特别是在气壮山河的抗日战争中,夺得抗日战争全面胜利,台湾才得以光复,宝岛才重归中国版图。那时候,中国曾一度有望在中国共产党和各民主党派提出的政治主张基础上,调和内部矛盾,在战后的废墟上开展和平民主建设。然而,国共两党在两个中国之前途命运的较量中最终还是诉诸战争对决。回顾这一次"历史大变局",从封建帝制彻底消亡,到中国大陆建立起社会主义制度,从抵抗列强入侵,到全民族奋起抗日,无不伴随着战火硝烟。我们的民族在寻找救亡图存、振兴发展的道路上,在取得历史性进步的同时,也付出了巨大代价,包括付出了一九四九年以后台海分隔的代价。这给海峡两岸中国人留下了几多大江大海般深深的历史遗憾。

　　从世界范围来看,两岸关系的由来与其后复杂深刻的发展,同第二次世界大战结束后随之而起的东西方冷战密切相关。美国在朝鲜战争爆发后出兵台湾海峡直接干预中国内政,无疑是导致两岸分隔的最重要外部因素。多年来,美国一直将台湾作为"不沉的航空母舰",使之成为西方对中国大陆实施围堵战略的重要一环。直到今天,尽管冷战格局早已崩溃,但台湾还没有真正摆脱对旧格局的依附,冷战思维依然像挥之不去的阴影影响着台海局势。

二

六十年来,两岸走过了不同的发展道路。就大陆来说,这是历经艰辛探索而开创出一条全新发展道路的六十年。以一九七八年中共十一届三中全会为标志,以邓小平先生为代表的中国共产党人,审时度势,敏锐地抓住机遇,引导中国大陆在改革开放中一步步开创出在同经济全球化相联系而不是相脱离的进程中,独立自主地实现中华民族伟大复兴,建设富强、民主、文明、和谐的社会主义现代化国家,这样一条全新的和平发展道路。三十年来,由于聚精会神搞建设,一心一意谋发展,由于持续推进解放思想和解放生产力,由于开启了实践基础上的一系列理论创新、制度创新、科技创新和文化创新,使全社会焕发出空前的生机与活力。正因为这样,大陆才能够实现世界近代以来后起大国发展历史上从未有过的持续三十年 GDP 年均增速接近 10% 的快速增长,全社会由温饱不足变为总体进入小康。中国以自身的实力壮大为世界的发展作出了重大贡献,并以实际行动证明了自己是维护世界和平的坚定力量,从而赢得了在国际上应有的地位和影响力。改革开放带来的沧桑巨变,不仅从根本上改变了中国大陆的面貌,而且使我们越来越深刻地认识到中国所处的历史方位和前进方向。结论就是:当代中国必须走也一定能够走通一条和平崛起即和平发展道路,只有这条道路才是通往中华民族伟大复兴锦绣前程的必由之路。

毋庸讳言,三十年来大陆在后发现代化进程中,在世所罕见的困难和挑战中也曾经有过一些失误。但幸运的是,由于执政的中国共产党领导集体善于学习、善于总结,勇于坚持真理、修正错误,因此总体上还是呈现发展进步的势头,国势不断提升,人民充满希望。

当前正处在发展机遇期、改革攻坚期、矛盾凸显期的中国大陆,面临"五大挑战":一是能源资源短缺的挑战;二是生态环境恶化的挑战;三是经济社会发展一系列不平衡问题的挑战;四是巨大规模自然灾害的挑战;五是国际经济、政治、科技、文化和军事的种种压力以及世界范围内可能出现的危机带来的挑战。在如此严峻的挑战面前,中国大陆坚持谋求"三个超越":一是要超越西方大国近代以来依靠殖民主义掠夺世界资源完成工业化进程的老路;二是要超越当年的德国、日本等军国主义依靠发动战争来重新瓜分世界的老路;三是要超越前苏联霸权主义搞超级大国争霸和争夺势力范围的老路。总之,要走新型工业化道路和以"生产发展、生活富裕、生态良好"及对外求和平、对内求和谐、两岸求和解为特征的和平发展、文明发展道路。

六十年来,台湾的经济和社会发展也取得了重要成就。尽管台湾的资源相当有限,但台湾同胞通过辛勤努力,创造了使台湾跻身于"亚洲四小龙"的经济奇迹,值得所有中华儿女骄傲。同时我们也看到,面对第三次"历史大变局",台湾的政治、经济、社会加速转型,各种思潮交相激荡又相互影响,各种政治力量分化组合和彼此消长,形形色色的矛盾冲突交织,直接或间接地引发了两岸关系的起伏跌宕。可以说,过去三十年间,台湾也经历了一个小小的"诸子百家"时期。这是转型期社会必然具有的特征。这其中,经济力量率先对大变局作出灵敏反应。三十年来,台湾经济在转型升级进程中积极寻求与大陆经济重新联结,以赢得生产要素优化配置的广阔空间并彼此构成紧密关系,是适应新的潮流、符合客观规律的明智抉择。然而,台湾社会面对"历史大变局"的整体转型尚未完成。尤其是近二十年来,岛内"台独"与"反台独"这两种思想、力量和道路选择的激烈冲撞,对台湾的社会意识、政治局势和经济发展产生了广泛而深刻的影响。这种冲突对立固然不是台湾社会矛盾的全部,却攸关台湾的命运前途。这一较量虽然至今没有完全结束,但台湾主流民意否定"台独"和期待两岸关系和平稳定发展的走向是十分清楚的,"台独"的没落与衰败也是必然的。

六十年来,两岸关系发生了重大深刻的变化,最鲜明的特点是由军事对峙、隔绝对立走向交流合作、对话协商。这种转折尽管历经曲折坎坷,但毕竟取得了重大进展,一种新型的两岸关系正在逐步加速形成。在此过程中,双方政策的不断调整,无疑是至关重要的因素。三十年前大陆方面作出重大政策调整,确立"和平统一、一国两制"的基本方针,是一个历史性的战略决策,在两岸关系发展史上具有里程碑意义。致力于和平统一,就是要力争以和平的方式,用对话、谈判的方式来解决中国内战遗留的问题。搞"一国两制",就意味着在两岸之间不再搞意识形态之争、社会制度之争,而是谋求双方和平相处、两岸共同发展。归结起来,根本目的就是实现近代以来中国人的奋斗目标,实现中华民族的伟大复兴。中共十七大报告强调,牢牢把握两岸关系和平发展的主题,真诚为两岸同胞谋福祉、为台海地区谋和平,维护国家主权和领土完整,维护中华民族根本利益,从而进一步指明了两岸关系和平发展的前进方向。

三

事实证明,三十年前中国大陆走上改革开放之路,以及伴随而来的对台方针政策重大调整,决定性地影响着两岸关系的基本格局和发展方向。回顾近代以来台湾与大陆的关系,经历了四次重大转变。先是宝岛台湾在一八九五年被割让给日本;尔后是相隔五十年迎来了台湾光复;继而在一九四九年以后台湾又与大陆隔绝、两岸对峙长达三十八年;直到一九七九年大陆向台湾伸出和解的双手、敞开交流合作的大门,台湾方面才在一九八七年开启了与大陆的民间经贸交流和人员往来。二十多年来,交流往来、对话协商让海峡两岸重新建构起新型的互动关系。特别是自去年以来,两岸关系取得了一系列重大进展。今天,两岸同胞往来之频繁、经济联系之密切、各项交流之活跃、共同利益之广泛,是前所未有的。

屈指算来,自一八九五年以来的一百一十五年间,两岸同胞真正有着密切的往来,只有不到二十五年。近百年来两岸间曲折的分分合合、历史造成的恩怨与隔阂,使台湾社会形成某种"悲情意识"或特殊的"台湾意识",一些台湾同胞对大陆缺乏了解、存在误解,或者怀有复杂感情甚至抱有一些敌意。这些都是我们必须以包容的心态加以面对,并以最大的耐心予以化解的。"台独"路线我们要坚决反对,但台湾民众爱土爱乡和要求当家作主的台湾意识,绝不等于"台独"意识。两岸关系多年来的实践表明,历史造成的这些悲情与隔阂,是完全可以也能够在两岸同胞共同开辟两岸关系前进道路的进程中得到消弭的。只要我们不间断地扩大和深化两岸交流,就能够逐步增进两岸同胞之间的相互了解,融合彼此的感情,扩大双方的共同利益,从而形成对两岸关系和平发展道路的自觉把握和共同开拓。

我以为,两岸关系三十年发展积累的全部成果,最重要也最宝贵的是,两岸同胞在一百多年的历史上第一次有难得的机遇和良好的条件,在全球范围的竞争中携手合作,为中华民族屹立于世界民族之林而共同奋斗。两岸长期以来不同的发展道路出现全新的交集,面临着汇聚到实现民族振兴的共同大道上来的重要契机。从这个意义上说,今天的两岸关系,站在了新的历史起点上。

正是在这样的大背景下,胡锦涛总书记在二〇〇八年十二月三十一日发表了一篇重要讲话,首次鲜明、系统地阐发了两岸关系和平发展的思想,明确提出了推动两岸关系和平发展的六点意见,对如何推动两岸关系和平发展这一重大问题作出了科学回答。他说:"回顾近代民族之艰难奋斗历程,展望未来民族之光明发展前景,我们应该登高望远、审时度势,本着对历史、对人民负责的态度,站在全民族发展的高度,以更远大的目光、更丰富的智慧、更坚毅的勇气、更务实的思路,认真思考和务实解决两岸关系发展的重大问题。"毫无疑问,这样一种从全民族根本利益出发看待和处理两岸关系的全新思维,超越了历史恩怨、党派利益和双方的固有矛盾,体现了尊重历史、尊重现实、尊重人民愿望的精神,展现了解放思想、实事求是、开辟未来的豁达境界。这一番话既表明中共领导集体的"眼界决定境界",同时也预示着两岸关系的"思路决定出路",着眼两岸关系和平发展共同愿景、开辟两岸关系崭新格局的重要时刻即将到来。

回顾过去,从一九七九年大陆对台政策作出重大调整到一九八七年台湾方面决定打开两岸人员往来的大门,中间经历了蹉跎的八年。从二〇〇〇年到二〇〇八年,两岸关系又经历了动荡的八年。我衷心希望,围绕构建和平稳定的两岸关系框架,两岸同胞能以不懈的努力,迎来一个比八年长久得多的大交流、大合作、大发展的新阶段。

各位朋友,

在结束本次讲演的时候,请允许我再讲几句题外的话。十二年前的一九九七年,我在美国哈佛大学肯尼迪学院曾以"近代以来中国人的两大历史性追求"为题发表一篇讲演,其中这样说过,中国从一八四〇年鸦片战争算起,几代人直到今天的处境和心态,是深重的危机感,是争取生存、发展权利不受侵害,是谋求一要国家主权和领土完整、二要发展和现代化,而不是什么扩张,更不是什么侵略。

当时我还说,中国共产党十一届三中全会之后的二十年,道路并非平坦。但是真正值得深思的也许不是道路并非平坦这一方面,而是事情的另一方面,那就是尽管发生种种曲折,中国大陆改革开放和社会主义现代化的路线却没有逆转,没有改变,一以贯之,且势头愈益强劲。总之,一要国家主权和领土完整,二要发展和现代化,这是真正代表中华民族的两大历史性追求。投身并致力于这两大追求,才是真正有力量的和有前途的;否则就是注定没有力量和没有前途的。

当时我还说,值得中国人引为最大庆幸和感到自豪的,就是找到了一条建设有中国特色的社会主义的富强、民主、文明的现代化国家,和平发展的道路。

今天,十二年过去了,中国大陆和台湾都有了新的发展,两岸关系也有了新的进展。我们可以看到,实现中华民族两大历史性追求的基础更加坚实,路径更加清晰,更大的希望和机遇就摆在我们的面前。我愿意追随一切有志于此的志士仁人,一道为这个近代以来一直萦绕在几代炎黄子孙心头的共同目标的最终实现,衷心祈福,不懈奋斗!

我相信,只要两岸同胞共同奋斗,在积极推动两岸关系发展的进程中,不断开辟更加广阔的实践和认识道路,两岸关系和平发展的道路就会越走越宽广,中华民族的伟大复兴就更加大有希望。我也相信,两岸关系和平发展,不仅符合海峡两岸中国人的根本利益,而且有利于亚太地区乃至世界的和平与繁荣。

中国和平崛起发展道路的新内涵[*]

　　"世界中国学论坛"已经进入第五届。今天很高兴和各位老朋友、新朋友在这个盛会上见面。回顾每届论坛,各国朋友总是碰撞出许多思想火花,对中国道路凝聚出更多共识。记得七年前,在第二届"世界中国学论坛"上,我所作的题为"中国路、中国梦、中国心"的讲演,就是对中国实现和平崛起即和平发展的理念和道路的一个表达,当时得到许多中外学者的支持和共鸣。今天,我愿围绕本届大会主题的核心概念"中国道路",进一步谈谈中国和平发展道路在二十一世纪第二个十年的前景,同大家一起探讨中国与世界如何构建"利益汇合点"和"利益共同体"的问题。

---

　　* 这是作者于 2013 年 3 月 23 日在第五届"世界中国学论坛"上的主旨讲演,全文首发于 2013 年 3 月 24 日《解放日报》,题为《中国和平发展道路与构建利益共同体》。此外,另有《文汇报》和《北京日报》的节选。《文汇报》的节选题目为《未来十年机遇和挑战的八点估计》,《北京日报》节选的题目为《中国和平发展道路的新内涵》。

一、中国和平发展道路正在迈入新阶段

四个月前,中共十八大胜利召开,产生了以习近平为总书记的新一代中央领导集体,确定了进一步深化中国改革开放,在二〇二〇年全面建成小康社会新的奋斗目标。

六天前,第十二届全国人大选举产生了新的国家领导人和新一届中国政府,制定了综合推进中国经济、政治、文化、社会和生态五大文明建设的具体政策措施。习近平主席在大会闭幕式上的重要讲话中,还对中国当代的历史命运作了深刻精辟的阐述。

这两个重大事件,预示着中国改革开放与和平发展进入了一个新的历史阶段。

中共十八大报告和新一届政府工作报告都明确宣告,中国将始终不渝走和平发展的道路。这既是中国发展战略的重大选择,也是中国对外战略的庄严宣示。

二、中国和平发展道路经得起历史的检验

过去三十多年,经过艰辛努力,中国走出了一条适合中国国情、又适合时代特征的和平发展道路。

以一九七八年中共十一届三中全会为标志,以邓小平先生为代表的中国共产党人,审时度势,敏锐地抓住机遇,引导中国在改革开放中,一步一步地开创出在同经济全球化相联系而不是相脱离的进程中,独立自主地实现中华民族伟大复兴,建设富强、民主、文明、和谐的社会主义现代化国家,这样一条全新的发展道路。

三十多年来,由于聚精会神搞建设,一心一意谋发展,由于持续推进解

放思想和解放生产力,由于开启了实践基础上的一系列理论创新、制度创新、科技创新和文化创新,使中国社会焕发出空前的生机与活力。

正因为这样,中国才能够实现持续三十年 GDP 年均增速接近百分之十的快速增长,全社会由温饱不足变为总体进入小康。

中国以自身的实力壮大为世界的发展做出了重大贡献,并以实际行动证明了自己是维护世界和平的坚定力量,从而在国际上赢得了应有的地位和影响力。

改革开放带来的沧桑巨变,不仅从根本上改变了中国的面貌,而且使我们越来越清醒和深刻地认识到中国所处的历史方位和前进方向。以我本人的体会和认识来说,这就叫做"和平崛起"。

作为一个观察者、研究者,我从二〇〇二年起,在提出"中国和平崛起"理念的同时,就强调提出:"和平",是针对某些国际舆论鼓吹的"中国威胁论";而"崛起",则是针对国际上另一些人鼓吹的"中国崩溃论"。

总之,当代中国必须走,只能走,也一定能够走通一条世界近代以来历史上从未有过的大国和平崛起即和平发展的道路。这也就是我所理解的当代中国的根本走向。

三、中国和平发展道路还将不断拓展新的内涵

既然是和平崛起,那就有一个全方位地处理好同一切相关国家和地区的关系问题。应当说,这也正是中国和平崛起的题中必有之义。也正因为这样,从二〇〇四年起,我又进一步明确提出了中国在和平崛起进程中,需要全方位地同周边国家和地区,同一切相关国家和地区,逐步构建"利益汇合点",构建"利益共同体"(那时我还把它叫做"利益利害共同体")。

二〇〇五年六月,我还这样说,中国在和平崛起进程中,一定要做到,也一定能够做到同相关各方,形成轻易拆解不开的、多方面的和不同领域、

不同层次的利益共同体。

进入二十一世纪第二个十年,我又在一系列国际国内的讲演中,包括二〇一一年胡锦涛主席访美期间我在华盛顿和美国斯坦福大学的讲演,以及二〇一一年我在欧洲,在"二十一世纪理事会"的讲演中,对这个问题作了进一步的阐发。

四、构建"利益汇合点"和"利益共同体"符合中国本身在二十一世纪第二个十年的发展大势

说到这里,我愿进一步强调一个基本之点:关于中国和平崛起,关于中国在对外关系中构建"利益汇合点"、"利益共同体"的思考,首先是基于中国本身在二十一世纪第二个十年的发展思路和发展目标。

迈入二十一世纪第二个十年,中国的发展面临一系列新的严峻挑战。这里有:经济增长受到资源与环境约束的挑战;经济社会发展不平衡,包括投资与消费、"引进来"与"走出去"、城市与农村、东部与西部等等方面不平衡的挑战;产业结构转型艰难和科技研发能力不足的挑战;人力资源和社会就业结构不相衔接的挑战;收入分配不够均衡和利益结构面临重新调整的挑战;社会矛盾明显增多而社会治理相对滞后的挑战;还有可以预料和难以预料的种种严重自然灾害的挑战,等等。

为了应对这些挑战,中国在二十一世纪第二个十年的努力,确定无疑地只能集中到一点,就是要把中国社会生产力推进到一个新的更高水平。也就是要在前三十多年改革发展成就基础上,从量和质两方面(尤其是质的方面),实现中国人民生产力的新的更大飞跃。这是一切问题的中心,也是我们解决一切问题的最根本依据。由此而来的,围绕这个中心,中国人第一要使中国的科技和教育事业再上一个大台阶,第二要使中国的经济结构、产业结构再来一个大转型(扩大内需和国内市场),第三还要下大功夫

把中国的社会治理提高到一个新水平（更加活跃、更加有序、更加环保，从而更加和谐），第四则是要在对外关系上，全方位地同周边国家和地区，同一切相关国家和地区，逐步构建不同层次和内涵的"利益汇合点"和"利益共同体"。同样由此而来的，将是中国更加致力于国内发展，更加致力于提高全民族文明素质和精神追求，从而使中国社会既充满活力又和谐安定，使中华民族既实现和平崛起又达致文明复兴！

我确信，这样的中国，必将为世界提供更巨大的市场需求和更广阔的发展机遇。

这也就从根本上决定了中国与世界的关系在今后十年乃至更长时间的发展走向。

五、构建"利益汇合点"和"利益共同体"也符合二十一世纪第二个十年的世界发展大势

关于中国和平崛起，以及关于中国在对外关系中构建"利益汇合点"、"利益共同体"的未来愿景，当然同时也是基于世界大势。

我认为，二十一世纪第二个十年，对中国和世界来说，都是机遇和挑战相交织期，而且机遇和挑战又都前所未有。

这里，我愿就此提出八点基本估计。

第一，在世界多极化、经济全球化条件下，各国相互依存不断加深，你中有我，我中有你，大家谁也离不开谁。

第二，大国关系出现重大调整，相互竞争和合作更加明显。在合作中求发展，又在竞争中谋优势。控制竞争、发展合作成为一种必然要求。

第三，包括中国在内的发展中国家共同和平崛起的势头日益明显。今后十年是其发展和崛起的关键时期。

第四，国际金融危机催生了世界范围社会生产力结构的重大变革，一

个以"绿色、低碳、可持续"为重要特征的新技术革命和产业革命方兴未艾，日益展露其锋芒。在后国际金融危机时期，气候、能源、资源、粮食、金融等全球性安全问题更加突出，全球治理问题也紧迫地提到议事日程上来。

第五，各大国经济发展方式将发生重大变动，由此又将决定各大国相对地位和利益关系的进一步变化。

第六，各种形式的剧烈动荡和地缘政治冲突时有发生，霸权主义冷战思维乃至传统形式的局部热战危险依然存在。对此既不必惊慌失措，也不能掉以轻心。

第七，无论世界变局怎样发展，人类仍将无可避免地在一个很长时期内处于主权国家主导国际关系的历史阶段。尊重国家主权和领土完整，仍然是国际关系不可或缺的基本准则之一。

第八，综观天下大势，无论对中国还是世界，仍将呈现机遇与挑战这样的两重性相交织而归根到底机遇大于挑战的根本走向。

就中国来说，我们对未来十年中国的和平崛起仍然充满信心，而决不会因为这样那样的事就轻易动摇。如果说在二十一世纪第一个十年，中国坚持走和平发展道路，成为世界发展的重要组成部分，中国与世界形成了共同利益的扎实基础，那么，在二十一世纪第二个十年，中国将继续坚定不移地走和平发展道路，而成为世界发展更加重要的一部分，中国与世界也将形成更加系统、更加深化和更可持续发展的共同利益。

中国是和平发展道路的实实在在受益者。中国要真正实现现代化还必须不动摇地继续坚持和依靠和平崛起。中国有什么理由要改变呢？

六、构建"利益汇合点"和"利益共同体"，走各国共同和平发展之路

当然，世界上的事情是复杂的，是由多方面因素决定的，而且往往如我

前面所谈,是令人眼花缭乱的两重性发展。即以当前大国动向而论,归根
到底,无非三种作为:一是继续冷战思维,搞各种形式的冷战;二是世界大
战虽然打不起来,但搞局部热战;三是构建利益汇合点和利益共同体,谋求
共同发展。对于前两种作为,中国人都领教过,我们的态度是第一反对、第
二不怕。在经济全球化不断深化的今天,世界各国面临着共同的、全新的
挑战,如果仍然以二十世纪七十年代以前甚至十九世纪的旧思维旧战略来
应对二十一世纪上半叶的全球挑战,那是很危险的,而且可以断言不会有
好下场。中国人主张的是第三种前途,即在经济全球化条件下,在努力搞
好自身力量建设包括国防建设的基础上,走和平发展道路,同世界一切相
关国家和地区发展利益汇合点和利益共同体。

　　这里需要说明,中国扩大和深化同相关各方的"利益汇合点"、构建"利
益共同体",乃是一个全方位的战略构想。即是说,包括中国与美国,中国
与欧盟,中国与俄罗斯,中国与亚洲其他国家尤其是周边国家,中国与非
洲,中国与拉美等等,而决不是排他性的。总而言之,就是要把中国人民的
利益同世界各国人民的共同利益结合起来,全方位地扩大同各方利益的汇
合点,同一切相关国家和地区建立并发展不同领域、不同层次、不同内涵的
利益共同体,推动实现中国和世界各国的共同和平发展。这里当然就包括
中国同广大发展中国家,同周边发展中国家的共同和平崛起。

　　实际上,中国与国际社会的"利益汇合点"已是一种客观存在。二〇〇八
年以来,中国与世界各国,尤其是二十国集团成员国家和经济体,携手应对
国际金融危机的冲击,就是特定条件下各方利益的最大汇合点。现在,中
国与美国、欧盟等主要经济体之间又需要相互适应、相互调整,共同应对国
际金融危机后的世界变化和各自国内结构调整。这又应成为各方新的利
益汇合点。

　　最后,我还要着重强调一点,这就是:关于构建"利益汇合点"、"利益共
同体"的理念,已经确定地成为中国共产党和中国政府的重大战略方针。

中国党和政府领导人多次在国际场合郑重强调了这一点。中共中央关于中国第十二个五年规划的建议和二○一一年九月发布的《中国和平发展道路》白皮书,直到中国共产党十八大和第十二届全国人大,也都以不同方式明确宣告了这一点。

　　我认为,在二十一世纪第二个十年,这将是中国把和平发展道路进一步具体化的一个重要取向。我衷心期望并且坚定确信,这样的取向和道路,一定能够在国际社会越来越大的范围内获得共识。

　　上述各点看法,欢迎大家讨论和指正,我也愿意在今后学术交流中向各位请教。

II

中国梦和天下大势

所谓"中国梦",就是关于中国之命运的大理念。

　　我们要在二十一世纪上半叶,要在同世界一切先进文明成果相融汇的条件下,在不断弘扬自主创新精神的进程中,实现中华文明的伟大复兴。这就是当代中国人的"中国梦"。

—— 郑必坚

漫谈"中国梦"和天下大势 [*]

周文重大使给我一个任务,要我到贵大使馆来作个讲演。

我想了一下,可否允许我讲这样一个题目:《漫谈"中国梦"和天下大势》。所谓中国梦,就是关于中国之命运的大理念。而"中国梦与天下大势",就是把"中国之命运"的大理念放到"世界大变动"中来观察与思考。

大家知道,二十八年前党的十一届三中全会开创了一条中国特色社会主义新的道路,这条道路最集中的表述就是"一个中心、两个基本点"。那么今天我们是否可以从另一个角度,即从中国与世界的关系的角度,来再做一个表述,那就是:"通过改革开放,在同经济全球化相联系而不是相脱离的进程中,独立自主地建设中国特色社会主义。"二十八年走过来,大家

---

* 这是作者于 2006 年 4 月 23 日在中国驻美大使馆对使馆工作人员所作的讲演。

有目共睹,我们取得了举世瞩目的伟大成就。那么到现在进入二十一世纪了,中国将怎样走下去呢? 这是大家关心的问题,也是世界关注的问题。

说到这里,我想先来说一下世界近代以来大国崛起的历史。这里有几种类型。一个类型是十七世纪到十九世纪的欧洲,它的办法是搞殖民地。总共把六千万欧洲人撒到世界各地,到处建立殖民地,最后把整个世界的版图改画了一道。这是欧洲,而又以英国为典型。英国产业革命的进程,当然是一个生产力发展和文明发展的进程,但同时也是一个拓展殖民地的进程,是一个连绵不断的殖民战争的进程。例如它来中国,就打了鸦片战争。而英国这样一个岛国,它的领土在对外殖民过程中扩展了一百十一倍! 这个就是"欧洲梦",而且梦想成真了。所以欧洲在很长一段时间举世独步。这个"欧洲梦",我们今天能学吗? 很显然,学不了,也不能学!

第二种类型,就是到了十九世纪末二十世纪初,一直到二十世纪中叶,两个后起大国,一个德国、一个日本。在世界已经被瓜分完的情况下,它们要再挤进来,要称霸,那就只能发动世界大战了。一九一四年的德国,一九三九年到一九四五年的德国和日本,在不长的时间里先后策动了两次世界大战,给全世界造成了大灾难。几千万人血流成河,德、日自身也一败涂地。这种德日军国主义梦,我们能学吗? 当然更加不能学!

第三种类型,就是苏联的办法。打着"世界革命"的旗号,依靠"华沙条约",搞个大军事集团,同美国搞超级大国争霸。直到一九七九年,勃列日涅夫出兵阿富汗,军事争霸走到顶点。这种名为"世界革命"实为军事争霸的做法,我们能学吗? 当然更加不能学!

那么怎么办? 我们要走的,是一条全新的战略道路。这就是在邓小平理论和"三个代表"重要思想指导下的中国特色社会主义道路,就是在同经济全球化相联系而不是相脱离的条件下,独立自主地走一条和平崛起即和平发展的道路。正是这样一条全新道路,我们从十一届三中全会起步,走了二十八年,取得很大成就,我们在二十一世纪还要继续走下去。

那么在二十一世纪上半叶，我们面临什么样的新问题呢？大体言之，我想举出"四个化"、"三超越"，来同大家讨论。

哪"四个化"呢？就是工业化、城市化、市场化、国际化。工业化不用多说了，这里着重说一下城市化。我们现在全国有六百多座大中小城市，到本世纪三十年代，有可能翻一番，那就是一千二百座城市。那么我们现在的城市化率是百分之四十几，低于世界平均水平，世界是百分之六十几。如果我们能够也达到百分之六十几甚至更高一些，那就很了不起。现在中国东部有三个最大的城市群，珠三角、长三角和环渤海，是中国经济的引擎。这三个已经形成的城市群在未来三十年中将继续发挥强大引擎作用，这是毫无疑问的。而再进一步发展的前景呢？以东部沿海这条线来说，可能还会有另外三个大的城市群要兴起。一个是旅顺大连，一个是山东半岛，再一个是台湾海峡西岸经济区。这样，在我国东部，就会有六个大的城市群成为中国经济的引擎。那么中部和西部呢？有一个估计认为，我国中部、西部还会形成九个城市群。这样中部西部九个加上东部六个，总共就会有十五个城市群在中国大地上兴起。

随着工业化、城市化的推进，大量农民要进城，如果农民不经过培训就进城，又能干什么呢？所以在工业化、城市化的大背景下，农村教育问题就非常尖锐了。那么我国的农村教育应当形成什么样的局面呢？我认为，应当是在九年义务制教育的基础上再加多种适合实际需要的职业教育，这是起码的，也是现实的。这样我们农村劳动力的整体素质才能提高，劳动力资源的优势才能保持。各位也许会注意到，党的十六大在中国工业化、城市化走一条什么道路的问题上，当时就考虑过有一个总提法，叫做"走科技含量高、经济效益好、资源消耗低、环境污染少、人力资源优势得到充分发挥的新型工业化道路"。请看，我们是要"人力资源优势得到充分发挥"啊！这就是中国特色，我们不要忘掉这一条！不然的话，说起搞工业化，只要一股劲把外国技术拿过来，搞一批那种资本有机构成很高、使用劳动力很少的现代化工业项目,似乎并不难,但是中国这么多人、这么多劳动力怎么办呢?十三亿到十五亿人口啊!所以说人力资源优势的发挥,是和城市化联系在一起的。

与此同时,当然并不因为发展工业化、城市化而放掉农村,农村也要现代化。大体而言,估计到本世纪三十年代,全国可能至少还会有三亿人口在农村。就是说差不多相当于今天全美国的人口在农村,大约占那时总人口的五分之一。那么你说照美国农业的办法行不行?它只有3%的人口在农村,那我们是办不到的。

以上是讲工业化、城市化。还有一个市场化,就是要通过市场手段而不是行政手段来配置资源;再有一个国际化,就是继续逐步深入地参与经济全球化,而不是脱离经济全球化。

通过以上相互联系的"四个化",我们要实现"三超越"。第一个超越,就是超越旧式工业化道路,走新型工业化道路。第二个超越,就是超越不合时宜的社会治理模式,构建社会主义和谐社会。第三个超越,就是超越冷战思维,坚持参与经济全球化,同经济全球化相联系而不是相脱离。只有这样,才能实现我们经济社会的总体发展目标。

那么通过以这四个化为具体内涵的中国特色社会主义道路,通过走这样的和平崛起发展道路,最终又会是一个什么样的局面呢?我以为,就是一个复兴中华文明的光明前景。这也就是说,第一要在二十一世纪上半叶,第二要在同世界先进的文明成果相融汇而不是相脱离的条件下,第三又要在不断弘扬自主创新精神的进程中,实现中华文明的伟大复兴。

我想再重复强调一下,这里说的是三个"在"。要真正实现中华文明复兴,这三个"在"是一个也不可少的。你看,"在二十一世纪上半叶",这是讲中国实现和平发展与文明复兴的时代条件;"在同世界先进文明成果相融汇而不是相脱离的条件下",这是讲中华文明的复兴不能只讲孔夫子,而是要吸收世界各种先进文明的有益成果;"在不断弘扬自主创新精神的进程中",这是讲中华文明复兴要在建设创新型国家的进程中才能实现。

还要请同志们注意,这里讲的"创新",是很宽泛的一个概念,不是仅指科学技术。"文明复兴"也是很宽泛的一个概念,是物质文明、政治文明、精神文明、社会文明和生态文明,这五大文明相统一。只有这样,才能达成真正的文明复兴。

最后,我想引用孟子说过的一句话:"天将降大任于斯人也,必先苦其心志,劳其筋骨,饿其体肤,空乏其身,行拂乱其所为,所以动心忍性,曾益其所不能。"[1]我也不知道这孟老夫子到底亲身经历了何等的苦难和磨难,能够讲出如此实际而又如此宏大,真正是掷地有声、千古不朽的话来。各位,今天我们中国人,难道不正是"天降大任"于我们身上吗?

说到"天降大任",我还想到中国近代伟大革命先行者孙中山的一段名言。他这样说:"夫事有顺乎天理,应乎人情,适乎世界之潮流,合乎人群之需要,而为先知先觉者所决志行之,则断无不成者也。"[2]他在这里讲了对中国革命的理解,又讲了应取什么样的精神状态。如此伟大的中国革命,要求我们"决志行之",就是要坚定。一点点小挫折算什么?!只要大方向是对的,我们接着干。发现错误和不妥,改了以后接着干。总之,要干到底,实现中华民族伟大复兴。这就叫"中国梦"。这个"中国梦",就是我们的大理念,大宏愿。

讲以上这些,与周大使和各位共勉。

---

① 参见《孟子》卷十二,《告子下》,中华书局 2007 年版。
② 参见《孙中山全集》第六卷,中华书局 1985 年版。

中国路　中国梦　中国心[*]

　　在这美丽的金秋季节,以"中国与世界:和谐、和平"为主题的第二届世界"中国学"论坛在上海召开了,我要向各位热心于研究"中国学"的朋友们表示敬意。"中国学"的内涵无疑是非常广泛的,今天我在这里只想着重讨论一个主题,那就是:上个世纪七十年代末、八十年代初以来,中国持续二十八年之久的快速发展,乃是一种和平的发展;十三亿至十五亿中国人民所追求的中华民族的伟大复兴,本质上是一种文明的复兴;今后中国还将长期坚持和平发展、促进民族复兴,推动世界和谐。

　　下面我就围绕这个主题,谈三点认识。

---

　　* 这是作者于 2006 年 9 月 21 日在第二届"中国学"论坛上的讲演。

一、当代中国始终坚持走和平发展道路

当全世界把关注的目光投向中国,当人们从各自的角度出发一再讨论中国的快速发展对当今世界是威胁还是机遇的时候,中国政府以鲜明的语言向全世界郑重宣告:中国坚定不移地走和平发展道路,永远不称霸,我们既通过维护世界和平来发展自己,又通过自身的发展来促进世界和平,努力实现和平的发展、开放的发展、合作的发展、和谐的发展。

这就告诉我们,研究当代中国问题,首先应当研究"中国路",就是中国通过走一条什么样的道路来实现"建设富强、民主、文明、和谐的社会主义现代化国家"的目标。我们说,中国所坚持的和平发展道路,是一条世界近代以来一切后兴大国所从未提出过、更没有实践过的独特的发展道路。这是在研究借鉴世界发展史特别是大国兴衰史的经验教训的基础上,对国家发展道路和对内对外战略所作出的正确的选择。中国坚持走和平发展道路,既是中国的国情、中国的文化传统和中国作为社会主义的国家性质所决定的,也是当今世界发展潮流所要求的。

稍微展开一点说,中国的和平发展道路包含着五个相互联系的要点:

第一,中国的和平发展道路,既是泛指需要由几代人、十几代人、几十代人的持续努力才能完成的整个中国特色社会主义建设进程中所要走的道路;更是特指以上世纪七十年代末实行改革开放为开端、以到二十一世纪中叶基本实现现代化,实现由不发达国家到中等发达国家的历史性飞跃为标志的,这样一个带有和平崛起鲜明特征的发展阶段中所要走的根本道路。

对这句话要做一个注解。我们说中国和平发展道路,是泛指中国特色社会主义道路,是因为中国特色社会主义是发展社会生产力的社会主义,是主张和平的社会主义。这是中国改革开放总设计师邓小平先生说的。

他还说过,巩固和发展这样的社会主义,要经过几代人、十几代人甚至几十代人坚持不懈的努力。也就是我们要长期坚持和平发展道路。我们又说中国和平发展道路,又是特指以上世纪七十年代末实行改革开放为开端、以到二十一世纪中叶基本实现现代化为标志的这样一个带有和平崛起特征的发展道路,是因为我们现阶段的奋斗目标是到二十一世纪中叶使中国由不发达国家转变为中等发达国家,这不仅是一个以经济快速增长为特点的量的积累过程,而且是一个质的变化过程,带有和平崛起的特征。

第二,中国这条道路的根本目标,乃是要解决在这总共七十年时间内十三亿到十五亿中国人的生存权、发展权、教育权的问题。就是要致力于办好我们自己的事情,老老实实地发展我们自己。这就够我们几代中国人很忙很忙的了。

对这句话也要做一个注解。这就是我国现在有十三亿人口,但还没有到达人口顶峰,预计到二〇三〇年可能达到十五亿人口,这以后人口数量才会下降。我们今天所做的一切,就是要解决十三亿人的生存发展问题,就是要迎接十五亿人口大关的到来。我们对此有清醒的认识。我曾经讲过两道数学题:一道是我们的成就再大,除以十三亿到十五亿,从人均角度讲,就是一个很小的数字;另一道是我们的问题再小,乘以十三亿到十五亿,就是一个很大的问题。因此,我们根本没有时间、没有精力也决不需要去威胁任何国家、任何人。当然,在这以后中国发展起来了,仍然要始终沿着和平发展道路走下去。

第三,中国这条道路的根本特点,是在同经济全球化相联系而不是相脱离的进程中,在同国际社会实现互利共赢的进程中,独立自主地建设中国特色社会主义。而所谓独立自主,就是把中国发展的基点放在主要依靠自己的力量上,包括自觉地依靠自身的体制创新和文化创新,依靠自身的产业结构调整和增长方式转变,依靠国内需求和国内市场的开发,依靠把庞大的居民储蓄转化为民间投资,依靠国民素质的提高和科技进步,努力

90

解决发展中的难题。

对这句话也要做一个注解。就是说,我们讲同经济全球化相联系,就是通过生产要素市场化流动的和平方式,从国内市场和世界市场(两个市场)来获得中国现代化建设所必需的资金、技术和资源包括能源(两种资源),而不是以海外殖民方式或所谓"大家庭"分工去掠夺别国资源。我们坚持这样做,就同世界上一些相关国家之间,形成了"你中有我、我中有你"这样一种谁也离不开谁的经济格局。与此同时,中国又坚定不移地把发展放在自己力量的基点上,包括独立自主地解决发展中遇到的各种困难,而决不把包袱扔给别人,决不给世界制造麻烦。

第四,中国这条道路的根本要求,是对内方针与对外方针相统一,对内和谐与对外和平相统一。就是说,中国坚持走和平发展道路,既是外交,也是内政;既是对外宣示与承诺,也是自我约束与规范。

第五,中国这条道路的最深刻的根本内涵,就是要在二十一世纪上半叶,在同当代世界各种文明相交汇中,在不断弘扬自主创新精神中,实现中华文明的复兴。

对于这一点,新加坡内阁资政李光耀先生去年在博鳌亚洲论坛圆桌会议上说过一段很有见地的话:"中国的和平崛起不会给任何国家造成威胁,而是要用其富有活力的、高尚的民族文化,去点燃人类文明之光",这可以说是十分清醒地理解了中国坚持走和平发展道路的最深刻的根本内涵。

这一点也就是我下面要讲到的,今天讲演的第二个问题。

二、中华民族的伟大复兴本质上是一种文明的复兴

中国最近这二十多年快速发展,引人注目。同时,也引起了国际社会的一些议论。有的怀疑中国改革开放所取得的成果,认为中国不可能解决发展中的矛盾,提出了种种版本的"中国崩溃论";更多的是,认为中国的发

展势必挑战国际秩序,甚至会走向称霸世界的道路,提出了种种版本的"中国威胁论"。我在上一个问题的讲演中已经回答了这些质疑和问题。但是还有人怀疑,为什么你们的发展是和平发展,谁能担保你们永远走和平发展道路,对此我要回答的是:那就请继续观察吧!

当然,这样的回答还不够,因为只是讲要尊重事实,还没有讲清道理。为了进一步讲清这一道理,我们先分析一下中国面临的形势。各位都很清楚,二十八年前中共十一届三中全会开创了一条中国特色社会主义新的道路。至于这条道路走得怎么样,我想大家都有目共睹,取得了举世瞩目的伟大成就。那么到现在进入二十一世纪了,我们面临的是一个什么样的总形势呢?我以为可以用两句话来概括:一句是"黄金发展期",一句是"矛盾凸显期"。为什么说是"黄金发展期"?我以为有这么几个方面的根据。

第一个方面,我们的国力确确实实地增长了。国力增长的第一个表现,是我们这个十三亿人口的大国,连续二十八年保持 9% 以上的增长速度,这是人类历史上所没有过的。国力增长的第二个表现,是近六年来我们 GDP 增长幅度的波动不超过一个百分点。这就说明相当的平稳,连续六年经济发展这么平稳也是相当难得的,这是国力增长的又一个表现。国力增长的第三个表现,是我国的 GDP 已经达到世界第四。还有第四个表现,是外汇储备世界第一,超过日本。第五个表现,是我们的基础设施建设取得重大进展。比如高速公路网已渐趋形成,青藏铁路也已落成。第六个表现,是东中西部都在发展。这个 9% 以上的增长速度不只限于东部,东中西部都在发展。第七个表现,是绝对贫困人口从两亿五千万下降到两千三百万。短短二十几年里两亿几千万人脱贫,脱贫标准虽然不是很高,但毕竟是脱了贫,这个是事实。

第二个方面,就是经济社会发展的新布局正在展开。一个是产业结构调整和经济增长方式转变的新布局。第二是社会主义新农村建设的新布局。第三个是劳动力资源优势发挥的新布局。第四个是社会保障和内需开发的新布局。第五个是外经外贸关系新布局。这五个新布局在展开,是"黄金发展期"的第二个方面。

第三个方面,我们党和国家关于"十一五"、"十二五"这十年的大政方针已定,这就是:立足科学发展、着力自主创新、完善体制机制、促进社会和谐。这也就是说,我们要抓住战略机遇期,在和平条件下抓紧这十年干一大步。本世纪第二个十年,我们再进一大步。我们中国特色社会主义越往前走,我们就越是不可战胜的。这就叫"黄金发展期"。

那么"矛盾凸显期"又有哪些具体表现呢?我以为归纳起来就是三个方面,也就是三大挑战。第一是资源包括能源短缺的挑战。第二是生态环境恶化的挑战。第三是经济社会发展一系列两难问题的挑战。什么叫做两难问题呢?比如说,又要城市发展又要支持农村;又要推进科技创新,又要发展劳动密集型产业以解决就业问题;又要继续鼓励先富起来,又要关注弱势的低收入群体;又要讲效率又要注重社会公平。诸如此类我们叫做两难,这就是说,不能只要一方面而不要另一方面,两方面都要,这就是两难了。可见我们面临的困难和挑战之艰巨。

在这种形势下,二十一世纪的中国向何处去?或者说中国共产党领导下的十三亿至十五亿人口的中国,在二十一世纪的根本走向是什么?这当然是一个很大很大的题目,我这里特别挑出农民问题来说一下。我们现在十三亿人口,农民占八亿多,其中劳动力占五亿。五亿人比现在整个欧洲人口还要多。那么我们耕地多少呢?十八亿亩多一点,人均占有的可耕地太少了。这么多的人口,这么少的耕地,你就是一天干二十四小时也难以富起来。那怎么办呢?中国农民向何处去?再扩大一点说,就是十三亿至十五亿中国人向何处去?

我们党和国家在邓小平理论和"三个代表"重要思想指导下,探索走一条中国特色社会主义道路,也可以说是中国的和平发展道路,来解决这些问题。具体来说,就是积极稳妥地推进工业化、城市化、市场化、国际化。

工业化不用说了,城市化这是一个空间的问题。我们现在全国有六百多座大中小城市,到本世纪三十年代,有可能翻一番,那就是一千二百座城市。我们现在的城市化率是百分之四十几,低于世界平均水平,世界是百分之六十几。如果我们能够达到六十几甚至更高一些,那就很了不起。现在中国东部有三个最大的城市群,珠三角、长三角和环渤海,是中国经济的引擎。这三个已经形成的城市群在未来三十年中将继续发挥强大引擎作用,这是毫无疑问的。而以东部沿海这条线来说,恐怕还会有三个大的城市群要兴起。一个是旅顺大连,一个是山东半岛,再一个是台湾海峡西岸经济区。这样,在我国东部,就会有六个大的城市群成为中国经济的引擎。与此同时,有一个估计认为,我国中部、西部还会形成九个城市群。这样九个城市群加上东部六个,就会有十五个城市群在中国大地上兴起。所以就是这么个局面,叫做快速的工业化、城市化。此外,还要推进市场化、国际化。市场化就是要通过市场手段而不是行政手段来配置资源;国际化就是继续参与经济全球化,而不是脱离经济全球化。

通过以上相互联系的这四个化,我们就可以实现三大超越。第一个超越,就是超越旧式工业化道路,走新型工业化道路。第二个超越,就是超越不合时宜的社会治理模式,构建社会主义和谐社会。第三个超越,就是超越冷战思维,坚持参与经济全球化,同经济全球化相联系,而不是相脱离;坚持深化开放、扩大开放。只有这样,才能实现我们经济社会的发展目标。

那么通过以这四个化为具体内涵的中国特色社会主义道路,通过走这样的和平发展道路,最终又会是一个什么样的局面呢?我以为,就是中华文明伟大复兴的光明前景。就是说中国要在二十一世纪上半叶,要在同世界一切先进的文明成果相融汇的条件下,在不断弘扬自主创新精神的进程中实现中华文明的伟大复兴。这就是当代中国人的"中国梦"。

我们要从理论和实践的结合上研究中国人的梦想,即研究同中华民族伟大复兴紧密相连的十三亿到十五亿中国人的"中国梦"。

如前所说,中国的和平发展所做的只是基于中国国情、解决中国问题的"中国梦",而绝不是别的什么梦。比如在能源消耗上,我们就做不起人均年消费石油二十五桶的"美国梦",中国在人均年消费石油不到一桶半的情况下,还在强调"十一五"期间即到二〇一〇年要把单位国内生产总值的能源消耗降低20%。又比如,在人口流动上,我们也不会做那种在近代以来历史上曾经以六千多万人口向海外移民、到处建立殖民地来实现自身发展的"欧洲梦",我们只是脚踏实地地在自己的国土上,依靠自己的力量去解决自身庞大的农村人口转移问题。又比如,在增强综合国力上,我们也决不做"苏联梦",勃列日涅夫时期的苏联一股劲地搞军备竞赛、打着"输出革命"旗号争夺霸权,而我们只输出电脑,不"输出革命"。

这样的"中国梦"决定了中国的和平发展,乃是要用文明的理念、文明的方式、文明的手段、文明的形象去实现文明的复兴。

所谓文明的理念,就是毛泽东主席在二十世纪五十年代说过的:"中国会变成一个大强国而又使人可亲";就是中国改革开放总设计师邓小平一九九二年南方谈话中所强调的:"社会主义中国应该用实践向世界表明,中国反对霸权主义、强权政治,永不称霸。中国是维护世界和平的坚定力量"。这就是说,中国的和平发展,是以当代中国发展了的马克思主义为指导的。当代中国快速发展的出发点和归宿,乃是基于这种文明的理念、文明的目的。这是可以昭告于天下的。

这种理念,来自于中国人痛苦的历史经验,来自于我们对世界历史经验的总结,来自于我们对当今世界时代主题的把握。中国人在近代,即一八四〇年以来,遭受过世界上几乎所有工业化国家的侵略、欺侮、压迫和凌辱。我们独立后,对此种教训记忆犹新。"己所不欲,勿施于人。"我们不希望别的任何国家的人民遭受这种灾难。我们也注意到,世界上许多后兴大国,如第一次世界大战时的德国、第二次世界大战时的德国、日本、意大利,企图以战争瓜分世界、称霸世界,都没有成功。同时,我们更清醒地认识到,当今世界,和平与发展已经成为时代主题,我们每一个国家都必须顺应这种时代潮流。可以说,顺之者昌,逆之者亡。这就是我们的理念。

所谓文明的方式,就是当代中国要以符合于现代文明的方式来解决中国现代化所面临的众多难题和应对种种挑战。如前所说,在中国和平发展进程中,始终面临三大挑战,这就是:资源特别是能源短缺的挑战,环境特别是生态环境恶化的挑战,经济和社会发展中一系列两难问题的挑战。解决这些问题,要求我们坚持以人为本,全面、协调、可持续发展的科学发展观;坚持以经济建设为中心,全面推进经济和社会建设,更加积极主动地正视矛盾、化解矛盾,最大限度地增加和谐因素,最大限度地减少不和谐因素;归根到底,要求我们全民族文明素质的大大提升,这样才能够真正以文明的方式去正确应对挑战,构建好中国的社会主义和谐社会。

所谓文明的手段,就是在经济全球化的世界环境中,中国坚持走改革开放的道路,通过生产要素的市场化流动这一文明的手段,去获得中国现代化建设所需要的资金、技术、资源、能源和人才,而绝不学那种通过发动大战去掠夺别国资源的野蛮行径;就是坚持走科技含量高、经济效益好、资源消耗低、环境污染少、人力资源优势得到充分发挥的新型工业化道路,而绝不走那种大量消耗人类不可再生资源的旧式工业化道路。

所谓文明的形象,就是在实现中国和平发展的进程中,坚持不懈地教育我们的干部、群众包括青年学生,要坚决防止随着国力提升而出现的心态膨胀,要不断强化同发展社会主义市场经济相适应的诚信意识,帮助他们树立起同中国和平发展相适应相匹配的新安全观、新荣辱观和新文明观,在全世界树立起"和平中国"的形象和"文明中国"的形象。

说到这里,我想做一个归结,二十一世纪上半叶中国和平发展道路的最深刻的根本内涵,就是在当代中国发展了的马克思主义指导下,创造性地继承和发展自己民族优秀文明传统的同时,积极借鉴和吸收当代世界各种文明的有益成果,在自主创新中实现包括物质文明、政治文明、精神文明、社会文明、生态文明这五大文明在内的中华文明的复兴。这个新文明的载体,就是中国特色的社会主义和谐社会。这个新文明的实质,就是以高度的自觉推进十三亿至十五亿中国人的国民素质的自我改造,推进中国社会生活的自我改造,推进人与自然关系的改造。这三项改造,是在坚持走新型工业化道路基础上进行的,因此合起来,也可以叫作新的"一化三改造"。

三、在积极构建和谐中国的同时推动建设和谐世界

在这里,我还想告诉诸位朋友,要正确认识、判断和预测当代中国,特别是要科学地把握二十一世纪中国的根本走向,除了致力于研究"中国路"、"中国梦"之外,还要研究和把握"中国心"。十三亿至十五亿中国人有一个共同的心愿,这就是:在积极构建和谐中国的同时推动建设和谐世界。

我们认为,推动建设一个什么样的世界,既是关系中国实现和平发展的大问题,也是关系世界格局和国际秩序的大问题。推动建设和谐世界,是我们坚持走和平发展道路的必然要求,也是我们实现和平发展的重要条件。中国要走和平发展道路,需要和谐的对外关系和稳定的外部环境,只有在相对安宁的国际环境中,中国才能实现和平发展。

我们还认为,和谐是中华文明优秀传统文明的重要价值取向,也是人类社会共同的价值取向。因此,推动建设和谐世界,不但符合中国的根本利益,也反映了各国人民的共同愿望和共同利益。

为了推动建设和谐世界,我们在政治上始终致力于同各国相互尊重、扩大共识、和谐相处;在经济上始终致力于同各国深化合作、共同发展、互利共赢;在文化上始终致力于同各国加强交流、增进了解、取长补短;在安全上始终致力于同各国加深互信、加强对话、增强合作。

中国坚持走和平发展道路,推动建设和谐世界,既不对外输出革命输

出意识形态,也不输出发展道路、发展模式。现在国际上除了所谓中国"经济威胁论"和"军事威胁论"之外,又冒出来一个所谓"模式威胁论",说是由于中国发展快,中国模式对广大发展中国家有吸引力,所以这又构成了所谓"威胁"。对此,我愿意告诉各位朋友,我们历来认为,中国的发展道路和发展模式只适合中国国情。比如,邓小平先生就多次奉劝过一些非洲国家的领导人:不要急于搞社会主义,要搞也只能搞本国特色的。对于中国的发展模式我们持同样的态度。我们致力于中国革命、建设和改革道路的中国特色,相信自己在各方面所创造的中国特色是具有强大生命力的。同时,我们又坚信和尊重人类发展的差异性和文明的多样性。我们既然一再强调走自己的路,就决不会以任何名义要求别人照搬、照套我们的发展道路、发展模式。这就叫作:尊重自己,也尊重别人。

总而言之,当代中国始终坚持走和平发展道路,中华民族的伟大复兴本质上是一种文明的复兴,我们在积极构建和谐中国的同时推动建设和谐世界,这就是我要向各位朋友郑重介绍的"中国路"、"中国梦"、"中国心"。

希望得到朋友们的指教。

中国人的伟大新觉醒：
解放思想、解放生产力*

　　讨论"中国与世界的共存之道"，这是一个极有意义的主题。记得两年前，我曾在这里讨论了"中国路、中国梦、中国心"。现在，我想把话题从"梦"转到"觉醒"，和大家一起探讨中国改革开放三十年来，并由此上溯到一百六十八年来，中国人是怎样在时代和社会的大变动中，一次又一次地经历伟大觉醒的。特别要探讨最近三十年，中国人所经历的伟大新觉醒，它"新"在哪里，又"伟大"在哪里。

---

　　* 这是作者于 2008 年 9 月 8 日在第三届世界"中国学"论坛上的主旨讲演。全文发表于 2008 年 9 月 21 日《解放日报》。美国前国务卿基辛格在 2011 年出版的《论中国》一书中曾经这样记述："奥运会后，在上海举办的世界中国学论坛会议上，'和平崛起'理论的创始人郑必坚对一位西方记者说，中国终于克服了鸦片战争的遗毒，告别了一个世纪与外来侵略斗争的历史，正处于国家复兴的历史进程之中。郑必坚说，邓小平发起的改革让中国解决了'世纪难题'，快速发展让数百万人摆脱了贫困。中国已经崛起为大国，将依靠自己发展模式的吸引力，与他国的关系将是'开放的、非排他的与和谐的'，旨在'共同开辟世界发展之路'"。

一、伟大新觉醒的历史动力

在三轮经济全球化和中国命运的三次大转折中,中国人先后觉醒到"天朝大国"的腐朽,必须推翻帝制、建立共和以图强;觉醒到效仿西方道路走不通,必须走新民主主义革命道路、实行武装斗争以图强;又觉醒到苏联模式的僵化停滞是死路,必须走中国特色社会主义道路、实行改革开放以图强。这就是一百六十多年来中国人的三次伟大觉醒。

一八四〇年鸦片战争之后,中国人在内忧外患中面临着两大历史性课题:一是救亡图存,二是振兴发展。这两大历史性课题,可以说是对整个中华民族,包括中华民族各个阶级、各个政党及其领袖的最大考验,从而也就成为多少代中国人前赴后继、不懈奋斗的最深层历史动力。

近代以来,中国经历了大变动,世界也经历了大变动。要问这两方面大变动的内在联系是什么? 我认为,最简要的回答就是:世界范围三轮经济全球化的曲折发展,中国国家命运的三次大转折。

大体而言,第一轮经济全球化开始于十八世纪中叶,中国正处于落日辉煌的乾隆王朝,而英国的工业革命方兴未艾。到十九世纪中叶,英国工业革命基本完成,成为"日不落帝国"。中国却恰在此时,被英国一巴掌打入半殖民地,开始了深重的民族大灾难。自那时起,中国人为了"救亡图存"和"振兴发展",从"睁眼看世界的第一人"林则徐,到领导辛亥革命、建立民国的伟大革命先行者孙中山,可歌可泣的战斗从未止息。但是始终未能扭转国势衰败。整体而言,十八世纪中叶到十九世纪末叶这一百多年间,中国人不但没有赶上时代,反而由盛转衰,一步一步被打入谷底,成为经济全球化和资本殖民主义的最大受害者。这就是第一轮经济全球化与中国之命运。

第二轮经济全球化始于十九世纪末二十世纪初,西方资本主义国家进入了金融资本统治的帝国主义阶段。由于帝国主义重新瓜分世界而爆发的两次世界大战,使得第二轮经济全球化的进程中断了,并且先后引起俄国十月革命和中国新民主主义人民大革命。在中国共产党领导下,中国人抓住第二轮经济全球化断裂的时机起来革命,建立了人民共和国,获得了国家独立和人民解放,打开了实现近代以来中国人两大追求和历史进步的大门。这就是第二轮经济全球化与中国之命运。

第三轮经济全球化始于二十世纪七十年代末八十年代初,美国在越南战争中失败,前苏联也在阿富汗战争中失败。这两个超级大国的全球战略先后遭受重大挫折,世界进入和平与发展为主题的时代,新科技革命和第三轮经济全球化的浪潮起来。恰好从这时起,即从一九七八年起,中国共产党十一届三中全会决定实行改革开放,中国人抓住了新的时机。经过三十年努力奋斗,我们成功地开创了一条在同经济全球化相联系而不是相脱离的进程中独立自主地建设中国特色社会主义的道路,也就是中国和平崛起、和平发展的道路。这就是第三轮经济全球化与中国之命运。

在这三轮经济全球化和中国命运的三次大转折中,中国人先后觉醒到"天朝大国"的腐朽,必须推翻帝制、建立共和以图强;觉醒到照搬西方道路走不通,必须走新民主主义革命道路、实行武装斗争以图强;又觉醒到苏联模式的僵化停滞是死路,必须走中国特色社会主义道路、实行改革开放以图强。这就是一百六十多年来中国人的三次伟大觉醒。

经济全球化曲折发展的外部环境和救亡图存、振兴发展的内部动力相结合,决定了中国人对民族命运、对世界趋势一次又一次的重新认识,并且经过大规模的斗争,改变着中国在世界舞台上的地位和形象。

二、伟大新觉醒的思想空间

在二十一世纪新的历史条件下,我们正面临着一个人类历史上前所未有的、极其广阔复杂而又意义极其重大的、新的"诸子百家"的局面。这一次"诸子百家"的焦点,是当代世界向何处去,其中也包括当代中国向何处去的问题。最近三十年中国人的伟大新觉醒所展现出来的,同人类文明相融会而又有鲜明中国特色的科学发展理念,正伴随着中国的和平崛起、和平发展,为我们不断提供着新的精神财富。

朋友们都知道,"诸子百家"这个话,本来是专指中国古代春秋战国时期,就当时中国社会向何处去而展开的那场很长时期的大论战。可以说,那是中国历史上第一次意义极为重大的"诸子百家"。

在那以后,中国历史上,真正够格说得上意义极为重大的又一次"诸子百家",我认为只能是从十九世纪中叶鸦片战争之后的一百多年间,直到中国人民大革命胜利的这样一大段。在这个历史阶段上,又一次提出了中国社会向何处去的问题。经过一百多年的大激荡,中国化的马克思主义即毛泽东思想取得了胜利,中国的面貌由此发生了根本变化。

那么,今天的情况怎么样呢?恐怕可以说是中国历史上又一次即第三次意义极为重大的"诸子百家"。面对二十世纪后期到二十一世纪上半叶世界新的转折和新一轮经济全球化,无非有这样几种选择:一种是妄自尊大,脱离经济全球化,关起门来搞现代化。这当然是不可能成功的。又一种是妄自菲薄,甘当附庸,完全依附外国,依附西方。这种办法也是屡试屡败。还有第三种选择,那就是通过改革开放,在同经济全球化相联系而不是相脱离的进程中,独立自主地建设中国特色社会主义,这是一条全新的战略道路。一九七八年以来的三十年实践证明,这也是一条成功的道路。但是尽管如此,事情没有完结。我们能不能在本世纪中叶达到既定的战略目标,世界上许多人还在看。

从更深层次、更大范围来说,"当代世界向何处去"这个关系全人类前途命运的大问题,更是远未解决,而且不可避免地会有一个动荡、分化和抉择的长期过程。由此而来的各家各派,诸如"历史终结论"、"文明冲突论"

等等，难道不是当代世界的"诸子百家"？至于对中国，"中国崩溃论"、"中国威胁论"、"中国不确定论"，国际舆论一波接着一波，难道不也是"诸子百家"？

正是在当代世界范围思想激荡的历史条件下，最近三十年中国人的伟大新觉醒所展现出来的，同人类文明相融会而又有鲜明中国特色的科学发展理念，正伴随着中国的和平崛起、和平发展为我们不断提供着新的精神财富。

三、伟大新觉醒的深刻内涵

"解放思想、解放生产力"，说到底，是人的因素的进一步解放。既包括在社会主义市场经济基础上，各类所有权、财产权、自主权和正当竞争关系的发展，也包括在民主和法制基础上，公民在经济、政治、文化和社会生活中的民主权利和各项基本人权的愈益强化的保障。其结果，广大人民的积极性、创造性逐步发扬起来了。

一九七八年以来的三十年，中国最鲜明的特点是改革开放。通过改革开放，中国实现了世界近代以来大国历史上少有的高速发展。西方思想界、战略界、舆论界的一些朋友，把这样一个举世瞩目的重大现象称之为"世纪之谜"。而要破解这个"世纪之谜"，还需要从中国改革开放三十年的实际经验中，从中国人在这个历史新时期的伟大新觉醒的深刻内涵中，来获得理解。

我认为，这个深刻内涵的核心，就是"解放思想、解放生产力"。而"解放思想、解放生产力"之最突出、最使十几亿中国人受惠的一条，就是从根本上改变了封闭僵化的颓势，中国人真正充满希望地活跃起来了。邓小平说得好："中国真正活跃起来，真正集中力量做人民所希望的事情，还是十一届三中全会以后。"

中国人的伟大新觉醒,是由三十年前那场关于"实践是检验真理的唯一标准"大讨论起步的。经过这个大讨论,中国人又把实践标准进一步集中到生产力标准上来,把对中国现代化建设有利还是有害,作为"衡量一切工作的根本是非标准"。邓小平以巨大的勇气,如此尖锐和鲜明地提出问题和回答问题:"什么叫社会主义,什么叫马克思主义?我们过去对这个问题的认识不是完全清醒的。马克思主义最注重发展生产力。""社会主义初级阶段的最根本任务就是发展生产力。社会主义要消灭贫穷,贫穷不是社会主义,更不是共产主义。"

朋友们,这就是中国人伟大新觉醒的聚焦点,这就是中国共产党人对社会主义再认识的突破口。

有了这个伟大新觉醒,才有改革开放,中国的生产力才能够被奇迹般地逐步释放出来。这里包括:一要搞活资本,二要统筹土地,三要发展科技,四要改善生态,五要扩大就业,六要更好地尊重劳动、尊重知识、尊重人才。与此同时,还要通过对外开放,更充分地调动境外资本、技术、人才、资源中的积极因素。你看,国内六项,国外四项,共为十项。这十项"生产力要素"持续地得到解放,一直走到今天。中国人的温饱问题由此而解决了,中国人的小康社会逐步成形了,中国人开始走向世界了,中国人越来越注重以人为本,全面、协调、可持续发展了。

正是在这样的历史进程中,中国人摆脱僵化模式,义无反顾地"走自己的道路,建设有中国特色的社会主义"。我们把改革开放的重点,确定在着力构建社会主义市场经济体制,形成公有制为主体、多种所有制经济共同发展的新格局上。我们以"科学发展观"、"构建社会主义和谐社会"、"走和平发展道路"等一系列重大战略思想,作为全面建设小康社会的行动纲领。我们以中国特色社会主义作为旗帜、道路和指导理论体系。而中国特色社会主义,就是当代中国的马克思主义,就是邓小平所指出的,不断发展生产力的社会主义,主张和平的社会主义,真正活跃起来的社会主义!

中国这样一个十三亿人口的大国,在最近三十年中实现思想大解放、生产力大解放,实在是一个伟大而又复杂的超大规模系统工程。在这样的历史进程中,不可能没有曲折、起伏以至于失误,不可能没有种种失衡、失范、腐败、阴暗面以至于"乱象",更不可能没有困难、风险甚至很大困难和很大风险。但是这三十年历史进程之主流,却始终是坚持改革开放,坚持解放思想与解放生产力紧密结合。正是依靠这一条,才推动了中国这三十年的大发展,并将继续推动中国在整个二十一世纪上半叶的大发展。

"解放思想、解放生产力",说到底,是人的因素的进一步解放。既包括在社会主义市场经济基础上,各类所有权、财产权、自主权和正当竞争关系的发展,也包括在民主和法制基础上,公民在经济、政治、文化和社会生活中的民主权利和各项基本人权的愈益强化的保障。其结果,广大人民的积极性、创造性逐步发扬起来了。所谓"中国真正活跃起来",要点就在这里。

基本的事实就是这样:经济体制改革同政治体制及其他方面体制改革相结合,而不是相脱离;实践标准、生产力标准、人民最大利益标准和以人为本相统一,而不是相割裂。由此而来的,是中国人民的面貌、社会主义中国的面貌、中国共产党的面貌发生历史性变化。

四、伟大新觉醒的历史新起点

今天,中国人的伟大新觉醒正处在新的历史起点上。这个起点就是中国人对当代中国面临的机遇和挑战有了新的认识,对中国国情有了新的认识,对中国未来发展的目标和道路有了新的认识,对中国与世界的关系有了新的认识。

只有清醒认识前所未有的挑战,才能真正把握住前所未有的机遇。当前,我们至少面临五大挑战:一是资源尤其是能源短缺的挑战;二是生态环境恶化的挑战;三是经济社会发展不平衡导致的一系列重大严峻问题的挑战;四是巨大自然灾害的挑战;五是新条件下国际经济、政治、科技、文化和军事的种种压力,包括当前国际范围同时发生的金融、能源、粮食、气候四大危机,也包括未来岁月国际范围可以预料和难以预料的种种危机的挑战。由此可见,在二十一世纪上半叶,中国面对的挑战实在是够多、够大的了。

这个新起点还在于重新认识中国拥有十三亿到十五亿人口这样一个基本国情的总背景。首先是二十一世纪上半叶,中国将在人口问题上相继出现"三个高峰":一是当前已经面临的"就业高峰",二是本世纪三十年代的"总量高峰",三是本世纪四十年代的"老龄化高峰"。还要特别看到,二十一世纪上半叶,中国必须解决好八亿农村人口的前景和出路。这就要求中国走出一条包括农村工业化在内的中国特色新型工业化道路,走出一条当代人类发展史上前所未有的中国特色的社会主义现代化道路。

面对改革和发展过程中积累起来的某些深层次矛盾,我们要以实事求是的科学态度来加以分析和对待。这里要把握两条:第一条,是什么问题就是什么问题,决不因某些具体问题而否定改革的方向和道路;第二,改革和发展中的问题只能通过改革和发展来解决。也就是说,回头走老路是死路一条,搞私有化走邪路也是死路一条。以改革开放中出现这样那样的问题为由,就从根本上否定改革的方向和道路,是完全站不住脚的。结论只能是:坚定不移地走改革开放之路,坚定不移地走中国特色社会主义道路,才是唯一正路和真正出路。为此,就要继续推进包括经济、政治、文化、教育、科技、社会等各方面体制的全面改革。特别是,以社会主义市场经济为取向的经济体制改革,以社会主义民主政治为内涵的政治体制改革,以改善民生为重点的社会体制改革。

这就决定了在新的历史起点上,中国人仍然要坚定不移和旗帜鲜明地坚持"解放思想、解放生产力"。具体来说,我认为就是要进一步解放"三个力":一个是创新活力,一个是创业活力,还有一个则是承受、抵御和应对巨大风险的能力和活力。只有进一步破除一切仍然束缚这"三个力"的思想障碍和体制障碍,才能真正强有力地应对前所未有的挑战。

这个新起点还在于中国坚持和平崛起或和平发展的道路。世界近代以来,西方大国在工业化进程中依靠殖民主义掠夺世界资源的办法当然不能学;当年德国、日本那样的后起军国主义国家,依靠发动大战来重新瓜分世界的办法当然不能学;前苏联霸权主义在所谓"世界革命"幌子下,搞超级大国争霸和划分势力范围的办法当然也不能够学!而坚持这条道路的基础,则是扩大和深化中国与世界各国的共同利益。

在这个地球上,共同面对的挑战需要共同行动来应对,这也就是人类共同利益之所在。正是基于这一点,中国愿意全方位地,同一切相关国家和地区,形成多层次的、不同形式和内涵的、开放的和不排他的利益汇合点、利益共同体。这样来共同对世界的和平承担责任,共同为世界的发展开辟道路,和世界各国人民一起来推动建设一个持久和平、共同繁荣的"和谐世界"。

总之,中国人的伟大新觉醒将贯穿于整个社会主义初级阶段,改革开放的历史性抉择将贯穿于整个社会主义初级阶段,"解放思想、解放生产力"将贯穿于整个社会主义初级阶段。

也只有这样,才真正称得起"赶上时代",才真正是科学发展、和谐发展、和平发展,也才真正能够使中国更加活跃起来,实现和平崛起和中华文明的伟大复兴。

"中国梦"必将成为时代强音*

一、中国梦不是"美国梦"或者"欧洲梦"

记者（以下为"记"）：回顾历史、审视现在、展望未来，我们应该如何全面、准确理解习近平总书记在参观《复兴之路》大型展览时深情阐发的"中国梦"？

郑必坚（以下为"郑"）：我要说，习近平总书记对"中国梦"的深情阐发，真正是强有力地凝聚和表达了几代中国人的心声啊！

事情就是这样：一九二一年中国共产党正式成立时，国家瓜分豆剖、人民积贫积弱；九十多年后的今天，国家团结凝聚、人民充满希望。九十多年前，中华民族饱受蹂躏、任人宰割；今天则是岿然屹立于世界民族之林，展

---

* 这是作者于 2012 年 12 月 2 日接受上海《解放日报》记者专访时的谈话纪要。原文首发于 2012 年 12 月 3 日上海《解放日报》，题为《"中国梦"必将成为时代强音》。

现出伟大复兴的光明前景。

这一历史大变动由何而来？综观全局，起决定性作用的因素就是有一个能够依据世情、国情、党情的不断变化和人民伟大实践的不断深入，而不断发展中国化马克思主义理论、路线、方针、政策的主心骨和领路人。这个主心骨和领路人，就是中国共产党。她是实现"中国梦"的领导核心。

新世纪新阶段，实现中华民族的伟大复兴必须基于中国国情。解决中国问题的"中国梦"，绝不是别的什么梦。比如，在能源消耗上，我们就做不起人均年消费二十五桶石油的"美国梦"。又如，在人口流动上，我们也不会做那种在世界近代史上曾到处建立海外殖民地来实现自身发展的"欧洲梦"。中国只能是脚踏实地，在自己的国土上依靠自己的力量去解决庞大的人口转移问题。还有，在增强综合国力上也绝不做"苏联梦"，我们不会一股劲地搞军备竞赛，对外"输出革命"，当然更不能像美国这样的唯一超级大国满世界搞军事基地。我们的"中国梦"，从根本上说，一是要维护国家主权和领土完整，二是要用和平的方式、文明的方式实现国家发展和社会主义现代化。

需要强调，"中国梦"的实现，关键在于我们自身的发展。在本世纪第二个十年，在全面建成小康社会决定性阶段这个新的历史起点上，作为仍未摆脱不发达状态并且处在竞争更加激烈的国际环境之中的世界最大发展中国家，我们思想解放的中心课题必定仍然是，也只能仍然是进一步解放和发展生产力。也就是要在前三十多年改革发展成就基础上，从量和质两方面(尤其是质的方面)，实现中国人民生产力的新的更大飞跃。只有这样，才能真正强有力地推动我国在二十一世纪第二个十年以至整个二十一世纪上半叶实现经济社会更高水平和更大规模的发展和进步，才能真正做到持续改善民生、全面提高人民生活质量，并且真正强有力地应对多方面可以预料和难以预料的严峻挑战。

二、中国梦进一步凝聚"走什么路"的共识

记:漫漫复兴路,凝结了一代代中国人的夙愿。习近平总书记的讲话进一步凝聚起举国上下的共识:中国特色社会主义是实现"中国梦"的必由之路。这一共识,如何体现了中国共产党人对于肩负历史重任的深邃思考?

郑:一切不带偏见、尊重历史、尊重事实的人们都可以看到,中国特色社会主义使我们国家在新时期空前活跃起来,快速发展起来,日益繁荣富强起来,并在同那些或经历"城头变幻大王旗"变局,或深陷"山重水复疑无路"危机的种种"主义"的国际比较中,彰显了巨大优越性和强大生命力。历史证明,走中国特色社会主义道路,是通往中华民族伟大复兴锦绣前程的必由之路。

中国特色社会主义道路继承并体现了马克思主义的新觉醒:一是什么是马克思主义、怎样对待马克思主义。坚持马克思主义中国化,既不能丢掉马克思主义老祖宗,又反对任何对待马克思主义的教条化。二是什么是社会主义、怎样建设社会主义。中心点是从中国国情出发,建设中国特色社会主义,首先是社会主义初级阶段的中国特色社会主义。三是建设什么样的党、怎样建设党。中心点是"三个代表"重要思想,强调中国共产党是中国工人阶级先锋队,同时是中国人民和中华民族的先锋队,坚持立党为公、执政为民。四是实现什么样的发展、怎样发展。中心点是科学发展观,而不是无视人的全面发展、"吃祖宗饭、断子孙路"的掠夺式的不可持续的发展。

面对二十一世纪第二个十年,中国共产党人既不断推进历史大变动,又不断实现自身新觉醒。这里的关键是,解放思想与解放生产力相结合,党领导的伟大事业与党自身建设新的伟大工程相结合,加强党自身团结与

加强党和人民团结相结合。显然,离开中国实际和我们已经取得伟大成功的道路和理论体系,而去另外寻求或依傍别的什么主义和模式,没有前途,没有意义。

三、中国梦需要"知"和"行"的统一

记:习近平总书记强调,实干才能成就"中国梦"。请问,现阶段影响"中国梦"实现的因素具体有哪些?如何破解?

郑:"空谈误国,实干兴邦",是千百年来人们从历史经验教训中总结出来的治国理政的一个重要结论。面对上世纪九十年代初期出现姓"资"和姓"社"之类的争论,邓小平同志果断提出"不争论",其实就是担心空谈和争论会使中国错失发展的战略机遇。

要把中国梦变为现实,需要"知"和"行"的统一,需要凝聚力量、攻坚克难。首先是要"凝聚力量",即在社会主义市场经济条件下,在利益多元化和观念多元化条件下,在更广泛更深入参与经济全球化条件下,全党同志特别是各级领导干部,要努力做到思想统一、行动统一。在此基础上,把党内外一切可以团结的力量更广泛地团结起来,把国内外一切可以调动的积极因素更充分地调动起来。能否做到这一点,无疑是一项历史性的严峻考验。

至于"攻坚克难",实质上就是要求全党同志特别是各级领导干部,对于二十一世纪第二个十年的多方面问题的复杂性要充分准备、积极应对。这里的一个重要问题就是,一定要从社会主义初级阶段的国情出发,清醒面对一系列挑战。概括起来:一是资源能源的挑战;二是生态环境的挑战;三是经济社会发展不平衡的挑战;四是巨大规模自然灾害的挑战;五是国际经济、政治、科技、文化和军事的种种压力以及世界范围内可能出现的危机带来的挑战。

在严峻的挑战面前,我们坚持谋求"三个超越":一是超越西方大国近代以来依靠殖民主义掠夺世界资源完成工业化进程的老路;二是超越当年的德国、日本等军国主义依靠发动战争来重新瓜分世界的老路;三是超越霸权主义搞超级大国争霸和争夺势力范围的老路。我们深深懂得,即使到二○二○年全面建成了惠及十几亿人口的更高水平的小康社会,我国还是处在并且仍将相当长时期处在社会主义初级阶段。由此而来的多方面任务的两重性、复杂性,要求我们清醒地给以注意。正如党的十八大报告所要求的那样:既不妄自菲薄,也不妄自尊大,始终做到不动摇、不懈怠、不折腾,顽强奋斗、艰苦奋斗、不懈奋斗,我们就一定能在中国共产党成立一百年时全面建成小康社会,就一定能在新中国成立一百年时建成富强民主文明和谐的社会主义现代化国家。我们有信心,这样的"中国梦"必将成为时代强音。

Ⅲ

国际范围的利益汇合点和利益共同体

在国际范围内,利益汇合点积累越多,共同利益基础就越深厚,构建利益共同体就越具备条件,其空间无比巨大,其成效不可限量。

—— 郑必坚

让我们一起阔步向前[*]

关于战略互信,我以为这是中美关系中的一个薄弱环节。就中国方面而言,希望美国朋友理解:中国二十一世纪究竟要干什么。我们要干的,就是让十三到十五亿中国人过上好日子,这是至少三五代中国人的共同奋斗目标。为了达到这个目的,我们已经走上一条和平崛起的全新发展道路,而且还要继续走下去。

关于台湾问题,我讲三点。第一,首先要明确界定,这是中国的核心国家利益。至于这个问题对于美国,顶多不过是"边缘利益"。说句直白的话,为了核心国家利益,中国老百姓是愿意拼命的。我不知道为了"边缘利益",美国青年是否愿意拼命? 第二,台湾问题不同于当年的东西德和至今

---

[*] 这是作者于 2003 年 11 月 14 日在大西洋理事会座谈会上的答问要点。

的南北朝鲜,后者是二次世界大战和冷战的遗留问题,而台湾问题是中国内战的遗留问题。至于台湾地位,早在《开罗宣言》和后来的《波茨坦公告》中即已得到确认。第三,尽管有前述两条,中国基于和平崛起的道路,还是要努力争取和平统一。

关于"中美关系终归要好起来才行",这句话是邓小平先生对当年作为美国总统特使的斯考克罗夫特先生说的。实际上,中美关系的发展具有多方面内涵和广阔前景。而美国国内党派斗争中却把"中美关系"当做政治足球踢来踢去,这是很有害的。

不讲别的,仅就美国的建设和发展经验来说,就对我们改革开放有重大的借鉴意义,这可是一个大题目。而且,只要中美双方处理得当,中国未来几十年的发展与繁荣将成为美国未来几十年发展与繁荣的重要条件,反过来说也是一样。

说到这里,我想起爱因斯坦的一句名言:一切都在变,只有我们的思想方式没有变。如果真是这样,那就太遗憾了。

让我再引用丘吉尔的一句话来结束我的发言:"Let us go forward together"。让我们一起阔步向前。

以发展的眼光看待中日关系 *

正如大家所知,从上个世纪七十年代末开始,中国就在探索一条和平崛起的发展道路,实践证明已经取得巨大成果,它给中国自身和世界带来的重要影响倍受关注。那么,中国的和平崛起对中日关系又意味着什么呢?在中国和平崛起的背景下,中日两国应当如何相处,能够做些什么?应当怎样做呢?我本人作为中日友好二十一世纪委员会中方首席委员,这些问题经常引起我的思考。

中日互为重要近邻,有着漫长的友好交往史,两国关系的起伏变迁曾经对各自的国运兴衰产生过重大影响。经过双方共同努力和长期积累,我们两国已经并将日益成为密不可分的共同体,去年双边贸易额达一千八百

---

* 这是作者于 2005 年 9 月 28 日在清华大学"战后六十年的中日关系:回顾与展望"研讨会上的讲演。

四十四点五亿美元。如果包括香港,中国已取代美国成为日本最大的贸易伙伴。日本国内常讲的"中国特需"正在成为拉动日本经济增长的重要因素,特殊需求变为经常性需求。从民间交往看,人员往来去年达四百五十万人,平均每天有万余人穿梭于两国之间。地方友好城市达到二百二十八对,各种友好交流更是不计其数。从国际合作看,两国在东亚合作、朝核问题等地区和国际事务中保持着密切协作,在安全、能源、环保等领域合作方面进行着有益的尝试和探讨。透过这些数字和事实,我们看到的是中日关系取得的巨大进步和宝贵成果,前景广阔,前途光明。

事情发展存在两重性,中日关系就是如此。我们看到中日关系发展的同时,还看到问题与挑战、矛盾与摩擦。不少人将当前的中日关系形象地概括为"政冷经热",这样说是否全面姑且不论,但两国经济上相互依存不断加深,政治上摩擦反而上升,人员往来日益频繁,国民感情反而下降,这是双方不得不面对的现实。近年来,两国固有的老问题如历史、台湾等问题非常突出,新问题如东海油气资源纠纷、日本"入常"等问题相继出现,使两国关系呈现出邦交正常化以来从未有过的复杂局面。现在两国关系主要还是"政冷",但应该警惕的是,这个"政冷"已经持续近五年,正在越来越实质性地影响"经热"。如果不能及时加以遏制,很可能形成"政经双冷"的局面,而这样的苗头其实已经开始显现。

为什么会出现这种局面?我以为历史问题、台湾问题、领土争端、海洋权益纠纷等等都只是表象。究其根源,主要还在于国际大环境和两国各自的巨大发展变化,使彼此间的相互认识和定位出现了值得注意的变化。这当中的一个主导因素,就是日本如何看待中国和平崛起的问题。这个问题是最关键、也是最触及核心的问题。解决好这个问题很重要,那将能够对各自的战略思考、政策决策、行为方式产生好的影响,推动两国关系在正常轨道上不断向前发展。否则,目前两国关系的僵局就很难真正打开,双方的利益就会长时间地遭受损害,并有可能使两国关系走入歧途。这显然是我们双方应该竭尽全力加以避免的。

为了便于大家更好地理解我的这一论点,我想接着重点谈谈我个人关于中国发展问题的看法。我一向以为中国的发展道路是一条和平发展的道路,这是中国特有的国情和国际大势所决定的。我个人长期参与中国改革开放和现代化建设进程的经历和体验,足以让我坚定确信这个基本判断。

回顾历史,我们会发现,从上个世纪七十年代末以邓小平先生为核心的中国第二代领导集体决定实行改革开放的那一刻起,中国就已经作出了一个重大的战略抉择,那就是要走一条争取和平的国际环境来发展自己,又以自身的发展来维护世界和平的道路。这就是和平崛起的发展道路。现在中国在这条道路上已经走了二十六年,中国人民自己尝到了很多甜头,包括日本在内的国际社会也尝到了很多甜头。我们还要坚定不移地继续走下去,因为我们坚信今后还会得到更大的甜头。这个更大的甜头对我们来说就是到本世纪中叶基本实现现代化,达到中等发达国家的发展水平,对国际社会来说就是中国将成为更大、更成熟、更富有活力的市场,中国将有更大的能力为世界和平与发展事业作出更大的贡献。

当然,我们也清醒地认识到,摆在中国人民面前的这条道路并不平坦,拥有十多亿人口的中国要实现和平崛起,绝非易事。我以为我们在经济和社会发展领域正面临着三大挑战:一是资源特别是能源的挑战。中国的人均资源占有量在全世界排在后列,而制造业的单位和总量资源消耗却排在世界前列。二是发展环境特别是生态环境的挑战。中国在快速工业化和现代化过程中所出现的环境污染严重、生态状况恶化、资源耗费巨大而回收率低等问题,已成为中国经济保持可持续发展的瓶颈。三是经济与社会协调发展过程中一系列两难问题的挑战。比如既要使 GDP 持续快速增长,又要加快社会建设步伐;既要加快技术进步和产业升级,又要扩大社会就业;既要保持东部地区的强劲发展势头,又要促使东中西部共同发展。

解决这一系列两难问题,都不能只顾一头,不顾另一头,而是要求有一系列的统筹兼顾,实现又快又好的发展。

面对这三大挑战,我以为,中国只能也必须推行三大战略即三大超越:一是超越旧式工业化道路,继续推进新兴工业化。要走出一条科技含量高、经济效益好、资源消耗低、环境污染少、人力资源优势得到充分发挥的新型工业化道路。二是超越世界近代以来后兴大国传统的崛起之路和以意识形态划线的冷战思维,继续积极参与经济全球化。我们要继续通过学习、借鉴和引进人类文明的各种有益成果,独立自主地建设中国特色社会主义。三是超越不合时宜的社会治理模式,继续致力于构建社会主义和谐社会。归结起来,坚持这三大战略,就是要坚持对外和平,对内和谐。

这就是我所理解的中国和平崛起之路,也就是我们经常讲的中华民族伟大复兴之路。中国和平崛起的发展道路,绝不只是对外方针,而是对内对外方针的统一;绝不只是经济的增长,而是经济社会发展的统一;绝不只是科学技术的创新和经济体制的变革,而是市场经济、民主政治、科学文化包括人口素质变革的统一。或者再说得彻底一点,就是中国社会在二十一世纪上半叶的又一次伟大变革和伟大改造! 中国和平崛起所追求的绝不是成为一个争霸世界的军事大国,而是要建成一个市场大国、文明大国、在国际社会起建设性作用的负责任的大国。

中国迄今取得的发展成就从来就不是仅靠自己孤军奋斗取得的,我们得到了包括日本在内的世界各国人民的宝贵支持和帮助。今后我们更加需要加强与包括日本在内的世界各国人民的友好交流与互利合作。这是中国实现和平崛起的一个重要条件。

然而,正如我们在前面提到那样,现在中国的发展问题正在成为中日关系中必须解决的重大问题。中国如此快速发展,是日本百余年来在对华关系上第一次面对的重大外部变化。日本有不少人包括决策层中的一些人心理上出现微妙变化,越来越担心中国崛起威胁和挤压日本的发展空间。令人担忧的是,他们的这种心理已经并有可能越来越大地影响到了日本的对华政策和行动。

那么,中国崛起到底会不会威胁到日本的利益?我想通过了解中国走的是一条和平崛起的新道路,是一条区别于以前其他强国所走的由强到霸道路,我们能够得出答案。事实上,从长远的观点看,中国的和平崛起,中日两国综合国力的接近,不仅不会威胁日本,反而将为中日关系发展带来前所未有的机遇,有利于中日关系的均衡发展,有利于双方更好地形成合力。

第一个机遇来自两国在全球化时代背景下利益交融的加深和相互需求的扩大。两国经济结构和发展层次各有侧重,高度互补。中国拥有世界上最大的市场和世界上最丰富和优秀的人力资源,日本是世界第二大经济强国,具备雄厚的资金、先进的科技和成熟的市场经济运作体系以及现代化管理经验。在中国全面建设小康社会的过程中,中国东部沿海地区的进一步发展,西部大开发、振兴东北老工业基地以及中部崛起战略的相继实施,都需要包括日本在内的外国资本参与和技术产业支持。同时,在当前日本经济复苏的情况下,企业界扩大海外市场和加速产业升级的强烈愿望,也亟需中国广阔的商品和资本市场。两国经济业已形成相互渗透、相互依存的关系,并正在向更深厚、更广阔的方向发展。应当特别指出的是,你中有我、我中有你的利益关系,将对两国政治关系起到越来越大的调节作用。

第二个机遇来自两国共同推进东亚合作与亚洲一体化的使命感和责任感。东亚和亚洲是中日两国赖以实现长远发展的共同战略依托,积极推动并共同搞好发展中的区域合作,是新时期双方战略利益的重要交汇点。中国和日本是本地区的大国,两国国民生产总值(GDP)占东亚的83%,人口占东亚的70%,对东亚和亚洲合作的前景和未来具有举足轻重的影响。现在亚洲各国团结自强的意识日益增强,各种形式的区域合作蓬勃发展,有关各国都希望中日作为本地区最具影响力的国家能够携手合作,共同为亚洲的繁荣振兴作出应有的贡献。我们也完全应当将亚洲合作视为双方在多边领域拓展共同利益的首选目标,充分发挥各自所长,从不同角度共同促进亚洲的繁荣和发展。中日之间不存在更不需要什么"主导权"之争,中国尊重和欢迎日本发挥积极作用。在亚洲合作的框架内,中日可以在自贸区建设、能源、环保展开多种形式、多个层次的交流与合作。

第三个机遇来自两国共同维护地区和世界和平与安全的需要。中国的和平崛起需要一个和平稳定的周边环境,主张建立公正合理的国际政治经济新秩序,国家间应相互信任,共同维护和树立互信、互利、平等和协作的新安全观。日本战后六十年坚持走和平发展道路,维护日本和亚洲的和平是绝大多数日本人民的愿望。中日两国在国际地区事务中保持协调与合作,是维护亚太地区繁荣与稳定的重要因素。目前,恐怖主义、大规模杀伤性武器扩散等非传统安全威胁成为我们共同的主要威胁和凶恶敌人。两国地缘相近、战略通道趋同,在地区安全热点问题有着广泛的共同利益。两国已就朝核问题开展合作,也完全有条件在其他地区和国际问题上开展合作。

中日两国都是亚洲和世界上有重要影响的国家,中日关系对两国都是最重要的双边关系之一。中国高度珍视同日本在漫长交往中结下的深厚历史文化渊源和传统友谊,始终把日本人民视为自己的朋友。面对当前两国关系面临的困难局面,中国领导人一再强调以大局为重,在不同场合多次阐述对日政策,明确发展中日关系的原则、方针和目标,充分体现了中国政府和人民发展中日世代友好的诚意。胡锦涛主席在去年九月三日中国人民抗日战争暨世界反法西斯战争胜利六十周年纪念大会讲话中再次强调,中国政府发展中日友好合作关系的方针没有改变,我们将严格遵守《中日联合声明》、《中日和平友好条约》、《中日联合宣言》三个政治文件,坚持通过对话、平等协商,妥善处理中日之间的分歧,加强两国在广泛领域的交流合作,加强民间友好往来,增进相互了解,扩大共同利益,以实际行动致力于发展二十一世纪的中日友好合作关系,使中日关系健康稳定地向前发展,使中日两国人民世世代代友好下去。

我们注意到,日本社会各界有许许多多有识之士正在以各种不同的方式,为维护中日友好大局作出积极的努力。我们热切希望中日关系能够在两国政府和人民的共同努力下,尽快克服困难,走上正常发展的轨道。

关于目前的中日政治关系,我不想挑起孰是孰非的辩论,只想借此机会强调三点:

第一,双方要精心维护和严格遵守中日邦交正常化的基础和原则,特别是信守曾经做过的承诺和表态,理解和尊重对方的关切。日方在历史问题上要尊重受害国人民的感情,这是一个最起码的道义问题,没有什么其他的道理可讲。日本领导人应停止参拜供奉有甲级战犯的靖国神社,这是中日关系改善和发展的必要条件。

第二,双方要从长远和战略的高度、以发展的眼光来看待中日关系。两国面临的问题是发展过程中出现的问题,也应当用发展的办法加以解决。具体来说,就是增强互信和理解,互相视为合作伙伴、发展机遇而不是利益威胁,不断加强合作,扩大交流。

第三,双方要始终坚信发展中日友好,符合我们两国的根本和长远利益,符合两国绝大多数人民的意愿。我们有充分的理由相信中日友好的生命力,也有充分的信心实现中日共同发展的美好前景。不管遇到什么困难,我们都要勇于化解矛盾,迎接挑战。

做到以上几点,我认为我们完全可以推动两国最终建立政治上友好互信、经济上互利合作、文化上相互借鉴、国际事务上彼此协调的新型中日关系。

最后,我想引用中国两位伟人的话。一位是新中国的缔造者毛泽东,他在上个世纪五十年代说过:"中国会变成一个大强国而又使人可亲。"一位是中国改革开放的总设计师邓小平,他在上世纪八十年代说过,我们应该"把中日关系放在长远的角度来考虑,来发展。第一步放到二十一世纪,还要发展到二十二世纪、二十三世纪,要永远友好下去,这件事超过了我们之间一切问题的重要性。"相信在不远的将来,我们一定能够看到一个带给两国人民更大福祉的和平共处、世代友好、互利合作、共同发展的中日关系。

中日关系政治基础的一个核心问题是维护历史共识[*]

中日友好为什么强调需要政治基础呢？因为两国关系发展并不是一帆风顺的。中日有两千年的关系史，可以说一千九百五十年以上都是友好史，但在一八九四年至一九四五年之间，中日之间血流成河。这个严酷的事实，要求我们必须探究其中的原因。两千年的历史表明，在中国强过日本的那一千九百多年中，中国从来没有侵略过日本；而只是到了十九世纪后期日本实现工业化后，日本强过中国就要骑到中国人民和亚洲人民的头上。这种情况已经成为历史，但并不遥远，对中国人民来说依然有现实性很强的切肤之痛。所以正确对待这段历史，是一个重大的现实政治问题。解决这个政治问题的方法只能是：以史为鉴，开辟未来。中日两国领导人

---

[*] 这是作者于 2006 年 3 月在日本接受中外媒体集体采访时的谈话节录。

曾就此达成了若干共识,但在实行过程中有曲折,而当前的曲折使两国关系陷入了人们不愿看到的境地。

日本的小泉首相连续五次参拜供奉着对中国人民犯下了滔天罪行的甲级战犯的靖国神社。虽经中方多次交涉,却完全置之不顾,在中日历史的巨大创伤上不断撒盐,完全不尊重中国人作为受害方的感情。胡锦涛主席在去年二战胜利六十周年纪念会上讲话指出:中国人以史为鉴,不是为了延续仇恨,而是为了得到教训和借鉴后方能开创未来——这就是中日友好政治基础的核心问题。

目前,中日关系虽然冷却,但中国对日友好的基本方针没有改变,依然在鼓励发展,促进友好,这就是顾全两国关系的大局。中国政府对于国内的任何过激行动是不赞成的,并给予合理处置,这与日本政府形成了鲜明对比。今后,中方依然重视发展中日友好关系,关键在于日本政府能否改弦更张,改变错误的对待历史问题的态度,抓住新机遇,开辟新未来。

我想在此再提一个观点:我们希望看到的,是中日两家都发展、都兴旺的局面。目前,中日正处在一个极好的千载难逢的新机遇面前,是否能把中日关系同东亚、东南亚、亚洲、亚太地区的发展联系起来,形成亚太共同和平发展繁荣的局面?如果中日两国能抓住机遇,这当然是可能的。这里一个关键问题,就是在中日关系政治基础的核心问题上,维护历史共识,日本的首相和政府领导人停止参拜,这是对历史负责,也对未来负责。这个问题解决好,中日关系全盘都活了。

本届新中日友好二十一世纪委员会把政治基础作为中心话题,委员们本身就是好的表率,将求大同存小异,为改善两国关系提出积极建议。我们还要做一个中长期的展望,扩大交流领域,推进合作进程。我们还赞成双方互办"中国文化年"和"日本文化年",二〇〇七年日本主办世界华商大会,还会联系一个"中国年",目的都是为了增进中日社会各界的相互了解。

中国和平发展道路和中印关系 *

　　我们很高兴也很荣幸,能够参加新加坡内阁资政李光耀先生倡议的,在新加坡举行的这次中印高层战略对话,我首先要对东道主表示感谢。

　　中印朋友聚首对话,就共同关心的问题交换意见,沟通思想,重要而有益。同时,相信这也将为两国社会各界加强交流合作,开辟新的渠道。

一

　　中印关系源远流长,而当前亚太地区最重大最迫切的问题之一就是二十一世纪上半叶的中印关系问题。这个问题之所以重大,是因为中印都是

---

　　*　这是作者于 2006 年 3 月 16 日在新加坡举行的中印高层战略对话会上的主旨讲演。

亚太地区乃至世界上的重要国家。中印两国人口二十多亿,占世界人口的三分之一。据联合国统计,中印两国十五岁至二十四岁的人口占全球这一年龄段人口的 40％,如果不算那些尚未真正融入世界经济的国家,这一人口比例将近 60％。而且中印又是近邻,都有好的发展势头。在这种情况下,摆在我们两国面前的一个基本问题,就是能否在新的时代条件下,利用当前和今后有利时机发展起来,并在发展进程中加强合作。这是举世关注的问题,不仅关系中印两国的利益,而且关系到亚太地区,乃至世界的和平发展。

二

进入二十一世纪,中印两国都出现了迅猛崛起的良好势头,因而两国关系正处在一个战略性的转折期,一个前所未有的战略机遇期。尤其是从现在起的未来十五至二十年,两国关系状况如何,对两国发展至关重要。我们高兴地看到,在双方的共同努力下,中印关系正在进入全面发展的新阶段。两国高层交往频繁,经贸合作快速发展。两国边界问题特别代表已举行四次会晤,就解决边界问题的政治指导原则进行有益的讨论。两国在国际事务中保持良好协调与配合,双方互利合作显示出广阔的前景。我认为应当毫不夸大地说,中印两国战略机遇期的基本吻合,使两国在国际政治、国际安全和国际经济合作等方面有许多相同或相似的核心利益和共同责任。

首先,从战略上看。中印之所以成为今年达沃斯世界经济论坛关注的焦点,根本原因在于中印作为世界上两个人口最多的发展中大国,在当今世界格局中的战略地位。两国构筑和发展和睦友好关系,不仅为实现各自的国家战略所必需,而且对世界多极化结构将产生重要影响。两国在建立冷战后国际政治经济新秩序、南北关系、反恐、人权、环境保护等问题上,有很多共同语言。两国在上述重大问题上相互支持,就可以在国际事务中增加双方的战略选择余地,为两国的发展创造一个比较有利的地区和国际环境。

其次,从经济上看。中印两国的经济规模都相当可观,经济合作的互补性又很强。比如作为南亚大国的印度,科技队伍的数量和质量在世界上名列前茅,在计算机软件技术、遗传工程技术、和平利用核能技术等领域,已为世人称道。而中国的空间技术、石油勘探技术、水电技术、农业技术以及中国的机电产品、医药产品、化工产品、纺织产品等在印度市场很受欢迎。中国作为制造大国和印度作为新兴的世界服务中心,不仅需要而且可能实现互补结合。再比如,在地缘经济方面,印度有开发东北地区的设想,中国有西部大开发,特别是云南、西藏等西南地区的开发建设,还可以相互结合起来,利用山水相连的地缘优势,加强经济合作,对中印双方将大有裨益。

第三,从文明上看。作为两大文明古国,中印两国文明交流至少已有两千多年历史。而中印文明在二十一世纪的伟大复兴,又要求两国更加自觉地加强文化交往,实现文化对接。我认为这本身就是我们两国对当代人类文明发展的新贡献。

总之,无论战略合作、经济交流还是文明发展,中印两国都必须而且理应扩大交往,增强互信,抓住机遇,携手共进,实现共同发展与繁荣。

邓小平先生曾说,要把中印共同发展问题"提到全人类的高度来认识","中印两国不发展起来就不是亚洲世纪"。他还说,"既不存在中国对印度的威胁,也不存在印度对中国的威胁,无非就是一个边界的问题","你们让一点,我们让一点,就解决了嘛"。中国总理温家宝去年访印时指出:"有人把中国和印度两个经济发展较快的亚洲邻国看成竞争对手,而事实并非如此"。"中印双方是友好邻邦和合作伙伴,不是对手,更不是敌手。"印度现任总理辛格则说:"世界非常大,足以让印中两国共同发展。我并不认为同美国关系好就意味着同中国是对手。"我认为,这些简单却深刻的道理,是中印两国建立"面向和平与繁荣的战略合作伙伴关系"时所不应该忘记的。

我相信,只要我们高瞻远瞩,把握大局,妥善处理历史遗留问题,彻底超越冷战思维,那就一定能够使中印两国的互利合作的关系在二十一世纪上半叶大大发展起来,并且世世代代传下去。

最后,我想强调一点,中国为解决和平发展中的一系列难题,需要向印度及东南亚国家学习。我们所理解的开放,不仅是发展国际间的交往,而且要吸收国际经验。中国改革开放以来,就向亚洲和世界各国学习,并学到了许多经验。这种学习当然没有完结。随着中国拓宽和平发展道路,我们愈益感到印度和东南亚经验的重要性。即以印度经验来说,你们公司治理和金融法规在内的制度基础;你们对"软环境"的重视以及对民营资本的法律保护,造就了一批有生命力的本土公司;你们制造业向产业链的上下游扩展因而附加值高;还有你们发展科学教育的多方面经验,等等,确实都是值得中国认真学习和借鉴的。

国际社会正关注中印崛起对亚洲和世界的影响。我要说,在这个问题上,新加坡领导者的睿智实在值得称道。从新加坡老一辈领导人李光耀先生和吴作栋先生,到现任总统纳丹先生,总理李显龙先生,还有外长杨荣文先生,为此提出了许多宝贵的看法和建议。李光耀先生在李光耀公共政策学院开幕式上,在以《中国和印度即将震动世界》为题的内容丰富的讲演中提出,这个学院可以为中国、印度、本区域和世界提供一个中立交流平台。李显龙总理在去年六月的一篇讲演中强调指出,如何在保持地区平衡和稳定的同时,在不断演变的地区体系中使中印这两个崛起的大国协调发展,是一个重大课题。杨荣文外长还在去年的一篇讲演中说,东盟的定位是充当中印之间的缓冲区,既要借助"龙象升腾"发展本地区经济,又要促使"龙象和谐共舞"。

今年是中印建交五十五周年。我们愿同印方及新加坡等各国一道,以应有的智慧和战略胆识,进一步保持和推进当前中印关系的良好势头,为亚太地区和世界的和平发展做出贡献。

从五方面下功夫塑造中美关系的未来[*]

中国和平崛起发展道路,受到了美国战略界和决策层的高度重视和一定认同。多方面事实说明,中美关系在逐步走向成熟。

布什总统曾经期待美中关系成为坦诚的(Candid)、建设性的(Constructive)、合作的(Cooperative)关系即所谓"3C"。我对此表示赞赏。不过,最近美国对华政策的某些做法,却使我想起了另外三个"C",那就是Complex(复杂的)、Contradictory(自相矛盾的)、Confusion(令人困惑的)。比如,一方面,美国部分认同了中国和平发展的承诺和已经走过的历程,

---

* 这是作者于 2006 年 4 月 19 日在美国西雅图举办的"中国和平发展道路和中美关系的未来"圆桌会议上的讲话节录,发表于 2006 年 5 月 11 日《人民日报》海外版。这次圆桌会议是时任国家主席胡锦涛访美的第一场正式活动,由作者担任理事长的中国改革开放论坛筹划主办,基辛格、布热津斯基、斯考克罗夫特等三十多位美国战略界的代表人士从美国各地来到西雅图参加会议。胡主席出席开幕式并发表了简短的重要讲话。

但另一方面,却对中国能否持续坚持走这条道路仍然抱有根本怀疑的态度,并且作出种种不应有的干扰。

为此,我愿提出另外四个"C",期待中美共同努力,以交流(Communi-cation)、互补(Complementary)、协调(Coordination)、合作(Cooperation)的精神,在五个方面下功夫,塑造两国关系的未来:

一是在战略问题上,加强彼此间的交流和沟通,以增信释疑,减少误判。佐利克先生和戴秉国先生开启的中美战略对话就是一个非常好的交流平台,这样的沟通机会真是多多益善。作为当今世界上唯一的超级大国和在国际舞台上发挥越来越重要作用的后兴大国,美国和中国在战略问题上注定应当时时沟通、不断交流。

二是在经贸和能源问题上,进一步挖掘两国间的互补优势,多取长补短,少恶意拆台。要想真正克服两国经贸摩擦,首先必须坚持不把经贸问题政治化,尊重彼此国情和发展阶段,双方共同努力而不是单方面努力。能源合作攸关两国在二十一世纪的可持续发展,美国先进的能源技术与中国巨大的能源技术需求正好互补,美国国家能源发展政策的好的经验也可为中国制定更科学合理的能源战略提供借鉴。

三是在地区问题上,加强协调,规避冲突,实现双赢。美国有人认为中国正在规划所谓"亚洲版门罗主义",要把美国挤出"亚太"。这种猜疑如果任其蔓延,结果只能是陷入"安全困境"不能自拔,导致零和结局。化解这种疑虑的最好办法就是彼此协调,事先打招呼、事后搞通报、平时多联系。中美在亚太地区如能实现长期和平共处,对中美两国是福,对亚太地区更是福。

四是在非传统安全领域上深化合作,拓展中美关系的战略基础。中美两国在这个领域的合作最为成功,也最少障碍。非传统安全的合作不仅有助于化解传统安全领域的猜忌和防范,而且将给两国在其他领域的合作提供有益的经验、创建更宽厚的平台。

五是在更深刻的意义上,放宽眼界,求同存异,促进不同文明的沟通。

总之,中美关系在既往政治合作、安全合作、经贸合作的基础上,进一步超越冷战思维,扩展战略合作、能源合作、区域合作、非传统安全合作和文明沟通,中美关系的未来将有更广阔也更光明的空间。

中美清洁能源务实合作的战略意义[＊]

各位朋友,女士们、先生们:

在联合国气候变化峰会之后,在中美首脑高峰会谈和哥本哈根气候变化峰会之前,由中国战略与管理研究会和美国布鲁金斯学会联合举办的"中美清洁能源务实合作战略论坛"今天在北京隆重开幕。举办这个论坛,

---

＊ 这是作者于 2009 年 10 月 22 日在"第一届中美清洁能源务实合作战略论坛"上的主旨讲演。这个论坛由作者倡议,在中美两国政府的支持下,由两国的智库——中国战略与管理研究会与美国布鲁金斯学会于 2009 年 10 月 22 至 23 日在北京联合举办。论坛的宗旨是力求通过双方深入研讨,明晰中美双方在清洁能源领域内各自国家战略的轮廓,探寻双方清洁能源战略及利益的交汇点,并以此为契机,促进中美双方企业界、研究机构及城市和地区之间的务实合作。中美双方政府官员、专家学者和大型能源企业负责人共二百六十余人参加,就中美清洁能源合作的整体战略目标、两国在清洁能源领域的务实合作展开深入沟通和讨论。中国国务院总理温家宝会见以美国前副总统戈尔为首的美方全体代表,中国国务院副总理李克强出席开幕式并发表了题为"加强务实合作,促进可持续发展"的讲话。美国国务卿希拉里·克林顿、美国能源部部长朱棣文通过视频向论坛发来了主旨讲演。

是两国民间战略研究机构从能源战略角度对全球气候变化问题的积极参与,是地球安危匹夫有责的生动体现。我谨代表中方主办单位,向与会各位嘉宾表示热烈的欢迎和由衷的敬意!

本届论坛既属于战略研究层面,又具有务实合作特点。我们的宗旨,一是要进一步明晰中美两国清洁能源的战略构想;二是要进一步探寻双方清洁能源战略的交汇之点;三是致力于促进两国企业之间、地区之间和科研机构之间在清洁能源领域的务实合作。所谓"务实合作",包括展示一批合作项目,达成一批合作协议。因而可以说,把"知"与"行"统一起来,把"坐而论"与"起而行"结合起来,这就是本届论坛的鲜明特点。

本届论坛,得到中国政府总理温家宝的高度重视和关心指导,昨天他还亲切会见了与会主要代表。美国前副总统戈尔先生不远万里前来出席论坛,昨天晚上发表精彩讲演。今天,中国政府副总理李克强也到会发表重要讲话,向各位介绍中国今后一个时期能源发展战略和重要举措。中国政协副主席董建华先生也出席论坛,将发表午餐讲演。这足见我们论坛的重要性。

本届论坛,得到中美两国政府相关职能部门以及中国一些能源大省的鼎力支持。国务院副秘书长尤权,国家发改委副主任、国家能源局局长张国宝莅临论坛,中央财经领导小组办公室副主任刘鹤,国家能源局副局长吴吟以及美国能源部副部长庞曼等到会发言,甘肃省省委书记陆浩、吉林省省长韩长赋、海南省省长罗保铭也到会发言。这也足见我们论坛的重要性。

本届论坛,还有中美两国部分学界精英以及几十位相关领域重要企业高管的积极参与。他们将对宏观战略问题发表真知灼见,又将一起来探讨务实合作的途径、方法和具体项目。这同样足见我们论坛的重要性。

简而言之,我们这个论坛,是中美两国政界、学界、商界共同构筑的一个"知行统一"的高端平台。我相信,这样一个平台,一定能够为两国能源战略合作,起到一种富有活力的民间推动和务实有效的路径探索的作用。
下面,我想就有关中美清洁能源务实合作的战略思考,谈三点看法。

一、中美两国是在怎样的大背景下提出各自的清洁能源战略构想的

当今世界的一个热门话题,是和平发展与文明发展相统一的关系。各国有识之士在认真思考和平发展问题的同时,又都以不同立场和角度,认真思考文明发展问题,以及用什么样的文明理念、文明方式、文明手段来保障和推进世界的和平发展。这里无疑包含多方面的复杂问题。而其中一个从上世纪后期开始强调提出,本世纪进一步引动广大公众关注的问题,就是能否在二十一世纪上半叶启动并坚持推进一场同能源、环境和气候问题息息相关的,广度深度前所未有的生态文明建设。

这当然是一件关乎人类前途和命运的大事。应当说,它必将带来人类与自然关系的重大变革,并从而推进人类文明的巨大进步。同时,这又是对当代世界不同类型和不同发展水平各国的经济社会发展模式和发展战略的严峻考验。正是基于这样一个大背景,同时又基于各国能源安全保障和应对全球变暖挑战的迫切需要,清洁能源问题,以至整个能源、环境、气候变化问题,就不可避免地提到当今国际竞争与合作及国家发展战略的重心地位。

奥巴马就任美国总统以来,把能源和气候变化问题列为三大施政重点之一,并且为此而推进相关领域的立法,承诺温室气体减排的时间表和具体比例。这样的战略调整,反映了同世界和平发展、文明发展潮流相适应的积极动向。

新中国成立六十年来,特别是改革开放三十年来,中国在后发现代化进程中,愈益鲜明地把能源环境问题提到发展战略的突出位置。进入新世

纪,随着中国经济发展,资源环境压力加大,加快发展清洁能源更是中国实现和平发展的内生性要求。根据这一趋势,我们郑重地和有系统地相继提出了中国特色新型工业化道路和生产发展、生活富裕、生态良好的文明发展道路,提出了以人为本、全面协调可持续发展的科学发展观和建设生态文明的总体发展方针,并且为此而在优化产业结构、转变发展方式、改进消费模式等方面采取一系列战略举措。最近,在联合国气候变化峰会上,胡锦涛主席又向国际社会郑重阐明了中国建设生态文明的重大战略,宣布了中国减少温室气体排放强度、提高可再生能源比重和能源效率、提高森林覆盖率等庄严承诺。

总之,围绕清洁能源战略和整个生态文明建设,中美两国都确定了顺应和引领世界潮流的前进目标、方向和路径。而这首先就为中美两国之间能源合作向广度和深度发展,指明了方向。

二、中美两国在实施清洁能源战略过程中的利益交汇之点和务实合作切入之点

我有这样一个基本估计:中美两国虽然基本国情和发展阶段不同,能源结构和能源消费水平不同,但是两国面临的全球气候变化挑战相同,所处的国际能源资源环境相似,共同推进清洁能源战略的利益相近。因此我认为,中美之间超越能源、环境领域发展战略的差异和分歧,自觉展开相关战略合作和务实合作,这不仅是必要的,而且是可能的。当前和今后一个时期,至少可以在以下四个方面切实加强战略合作:

一是合作节能和提高能效。近年来,中美两国都提出了若干降低能耗的约束性指标,在发展超低能耗建筑物、高效节能交通工具、高效电网技术等方面都有重大投入。双方加强在这方面的战略合作,空间广阔。

二是合作开发和应用洁净煤技术。中美两国都是世界上最大的煤炭

消费国,中国正在努力推动和利用超临界发电、一体化煤炭气化燃气蒸汽联合发电(IGCC)、碳捕捉封存等技术。美国在洁净煤技术方面也有成功经验和长期研发投入。双方加强在这方面的战略合作,前景看好。

三是合作发展新能源和可再生能源。中美两国依据各自的宏伟战略目标,都对风电、太阳能以及先进的生物质能源利用技术投入巨大资金和研发力量。核能是中国新能源发展战略重点,而美国则拥有领先的核能技术。双方加强在这方面的战略合作,商机巨大。

四是合作维护国际能源市场安全。二十一世纪上半叶,特别是头二十年,中美两国即使都实现了各自的减排节能目标,但在相当长时期内仍将是世界上主要的油气进口国。因此,为了国际能源市场安全,推动建立稳定的国际能源价格体系,巩固能源安全保障体系,双方加强在这方面的战略合作,也是完全必要的。

很明显,以上四个方面,以及今后还会不断拓展和深化的战略利益交汇之点,如果能够一步一步地转化为中美清洁能源务实合作的切入之点,转化为一系列既有广阔市场、又能互利双赢的合作项目,那就可以断言:中美两国能源战略合作本身就是可持续的,因而是有生命力的。

三、从中国和平崛起发展道路和二十一世纪中美关系之新定位再来看本届论坛的重要意义

我在二〇〇二年访问美国时曾在多个场合一再说明,中国要实现和平崛起,必须克服资源(主要是能源)、环境(主要是生态环境)以及经济社会一系列矛盾这三大方面的挑战。而前两个方面的挑战,实际上同我们今天讨论的能源、生态、气候问题完全吻合。现在我还想进一步指出,在呵护地球家园、建设生态文明大背景下,中美两国围绕能源战略如何自处,如何相处,这是一个关乎中国和平崛起,关乎美国再图发展,也关乎世界和平发

展、文明发展的十分重大的课题。

　　人们可以看到,中国正在大力推行以能源技术创新和开发利用新能源为重点的低碳经济和绿色发展。对内不是无节制地消耗能源资源和污染生态环境,对外更不是通过掠夺甚至战争方式占有别国能源资源,而是坚持和平发展、文明发展,同时促进与世界各个国家与地区的全方位互利合作。这是二十一世纪上半叶中国应对能源和环境问题挑战的根本出路,也正是中国能够走通后兴大国和平崛起发展道路的一个根本保证。

　　人们还可以看到,中美之间,即世界最大发展中国家同世界最大发达国家之间,在能源领域的务实合作,正是"二十一世纪积极合作全面"的中美关系的一个极重要方面。加强和深化中美之间的能源务实合作,就一定能够为中美两国的互利共赢和共同发展,进而为推动建设持久和平、共同繁荣的和谐世界,提供源源不断的动力。

　　总而言之,中美之间,只有从战略高度把握全局,才能有真正的务实合作;另一方面,又只有不断深化和拓展务实合作,才能保证两国关系的战略全局得以扎扎实实地和持久地向前发展。

　　我认为,这就是我们这个论坛之所以突出标明"务实合作"而又同时突出标明"战略"的根本原因。

　　我还要说,这也正是我今天这个发言的主旨所在。

　　谢谢大家。

构建中美新的"利益汇合点"和"利益共同体"的十年展望*

尊敬的桑顿主席,

各位朋友,女士们,先生们:

今天我们大家都很高兴,能够在中国国家主席胡锦涛访问贵国的重要历史时刻,共同出席由中国国家创新与发展战略研究会和美国布鲁金斯学

---

* 这是作者于 2011 年 1 月 18 日在"第二届中美清洁能源务实合作战略论坛"上的主旨讲演。这一届论坛于 2011 年 1 月 18 至 19 日在美国华盛顿举办,时任中国国家主席胡锦涛和美国总统奥巴马分别致信祝贺。胡锦涛在贺信中指出:"2009 年首届中美清洁能源务实合作战略论坛在北京成功举办,为两国各界有识之士推进中美能源环境合作提供了献计献策的一个重要平台。相信本届论坛将为促进中美两国清洁能源合作和可持续发展发挥重要作用。"奥巴马在贺信中指出:"美中两国在气候变化和清洁能源领域的务实合作是必不可少的,唯有如此,两国才能加快转型步伐,打造低碳经济,实现能源安全。携手合作可以加快两国开发和利用清洁能源技术的步伐,使两国受益,并惠及全球。"中国全国政协副主席董建华,全国政协副主席、科技部部长万钢,美国驻华大使洪博培,美国能源部长朱棣文等二百余名中美政要、企业领袖、专家出席论坛。18 日上午,还举办了"中美清洁能源技术研究与合作专题会议"和"中美清洁能源研究中心成立仪式",两国能源部还签署了 18 份总额超过 130 亿美元的能源合作协议。

会,在华盛顿联合举办的"中美清洁能源务实合作战略论坛——未来十年中美关系"研讨会。

回顾中美关系正常化以来的历史,在两国关系发展的重要时刻,两国有识之士一再表现出可贵的大局观念、务实精神和政治智慧,联手克服各种困难,保持两国关系正常发展,给国际社会带来福音。在共同经历了国际金融危机严重冲击之后,我们更加需要记取成功的历史经验,更加需要以这种大局观念、务实精神和政治智慧,排除新的干扰,为二十一世纪第二个十年乃至今后更长时间的中美关系增添新的发展动力,构建新的共同利益基础。

此时此刻,我提出这样的问题,是因为,二〇〇八年下半年以来,伴随着国际金融危机,伴随中国国力增长,国际舆论出现某种焦虑和不安,对中国是否一以贯之地走"和平崛起的发展道路"产生怀疑和猜测,甚至认为"和平崛起"根本靠不住,"中国例外论"根本不存在。美国朝野也有相似的观点和声音。我认为,如果这些怀疑和猜测竟然形成舆论主流,甚至上升为国家战略判断,那就不仅会对中国发展方向形成严重误判,而且将对美国自身利益和中美共同利益造成严重损害。这是我们大家都不愿意看到的。令人欣慰的是,最近我们从美国战略界也听到了一些清醒、理智的声音和不乏睿智的建议,这表明我们大家对于"共同利益"和相互依存仍然具有较大的共识。

作为一个观察者、研究者,我在思考和阐明中国和平崛起发展道路的过程中,从二十一世纪初年即已多次提出,经济全球化成全了中国和平崛起,而中国和平崛起给世界持续带来的是机遇和市场,是互利和共赢!二〇〇四年以后,我又进一步提出,中国需要全方位地同周边国家和地区,同一切相关国家和地区,尤其是同美国,逐步构建利益共同体。正如二〇〇五年六月我先后在美中关系全国委员会和布鲁金斯学会的讲演中所说,中美双方能够形成轻易拆解不开的,多方面的不同领域、不同层次的利益共同体,这是来自经济全球化时代两国利益的深度捆绑和互有所求;来自随着非传统安全威胁上升所带来的"大国合作"的新安全观;来自重视处理地区热点问题和维护国际和平与安全的共同努力;还来自中美之间的人民往来与文化交流。

今天我想借这个机会,专门就未来十年构建中美新的"利益汇合点"和"利益共同体"问题谈几点看法。

第一点,关于中国在二十一世纪第二个十年的发展前景

讨论中美新的"利益汇合点"和"利益共同体"的前景,不能不首先向各位简要介绍一下中国在二十一世纪第二个十年的发展思路和发展目标。

二十一世纪整个头二十年,是中国集中力量"全面建设惠及十几亿人口的更高水平的小康社会"的关键阶段。中国在这个阶段发展重点是持续改善民生,全面提高人民生活质量;同时推动经济发展从量的增长向质的提升转型。现在这个相对完整、独立的发展阶段已过去一半,总体说来,中国在量的增长方面干得不错,但是质的提升还不尽如人意。这就是挑战。同时,也是机遇。因为中国和平崛起的发展道路符合世界历史潮流。当今世界,在经济全球化和相互依存的国际关系主导下,通过和平、合作、互利、共赢的方式,通过对话、磋商、协调、治理和改革,来解决既有的和新产生的矛盾,已成为代表人类发展前途的主流;机遇与挑战相互交织而机遇大于挑战,是世界发展大势的根本走向。

正因为这样,我愿在这里提请朋友们注意,如果说二十一世纪第一个十年,中国依靠和平崛起的发展道路,成为世界发展的重要组成部分,中美之间依靠大局观念、务实精神和政治智慧,形成共同利益的扎实基础;那么二十一世纪第二个十年,中国将更加依靠和平崛起的发展道路,而成为世界发展更加重要的一部分,中美之间也将更加依靠大局观念、务实精神和

政治智慧,形成更加系统和更可持续发展的共同利益。

而这也就从根本上决定了中国与世界、中国与美国的关系在今后十年乃至更长时间的发展走向。

第二点,关于中国和平崛起发展道路与全方位 构建"利益汇合点"、"利益共同体"

在二十一世纪第二个十年,中国的"和平崛起发展道路"与"构建和谐世界"总方针需要进一步具体化。而这方面的一个重要取向,就是"扩大和深化同各方利益的汇合点",全方位地与不同国家和地区建立和发展在不同领域和不同层次的"利益共同体"。如前所述,中国的国内发展需要这种取向,中美的共同发展需要这种取向,世界大势也允许、并需要这种取向。我们期望,对这样的取向,能在国际社会越来越大的范围内获得认同和共识。

这里,我愿进一步郑重地提请朋友们注意:扩大和深化"利益汇合点"、构建"利益共同体",已成为中国政府的明确方针。特别是"扩大和深化同各方利益的汇合点"已载入不久前公布的《中共中央关于制定国民经济和社会发展第十二个五年规划的建议》。温家宝总理不久前在第八届亚欧首脑会议开幕式上的致辞也明确强调,亚欧会议成员国,应当"真正成为一个紧密相联的利益共同体"。胡锦涛主席前不久在与奥巴马总统的通话中,进一步提出了"如何在更高水平上推进积极合作全面的中美关系,在符合双方共同利益的领域开展伙伴合作关系,是摆在我们面前的重大课题"。

我还要说,实际上,中美之间的"利益汇合点"已是一种客观存在。让我们简略回顾一下吧。二〇〇八年以来,中美两国合作应对国际金融危机的冲击,就是当时特定条件下双方利益的最大汇合点。现在,中美之间又需要相互适应、相互调整,共同应对后国际金融危机时期的世界变化和各自国内结构调整,这又应成为双方新的利益汇合点。这方面,一个很值得注意的动向,就是中美经济的互补和相互依存正在由贸易领域向着投资领域扩展。正如桑顿先生所提议的,中国投资美国的基础设施项目和南部、西部中小企业,将有利于美国经济复苏和增加就业,这也是中美共同利益从战略宏观层面向企业微观层面的推进和深化。

今明两天,我们除了就中美两国的战略关系进行对话以外,还将在有关清洁能源的几个重要领域,探讨中美如何具体发展利益汇合点和利益共同体。我相信,这不但有益于全球共同应对气候变化的挑战,而且有助于推动各自的低碳发展和能源安全,还可以为双方创造更多的商机。中美清洁能源的务实合作完全有可能扩大和深化同多方利益的汇合点,也完全有可能成为构建"利益共同体"的一个重要组成部分。

总之,在共同经历了国际金融危机冲击之后,在促进各自国内结构调整和加强中美在气候变化问题以及清洁能源方面务实合作的新的发展进程中,中美之间的"利益汇合点"较之以前是更多而不是更少了;中美在不同领域、不同层次上构建"利益共同体"的条件是更加充分而不是更为欠缺了。

即使在双方关系的敏感领域,中国同样以大局为重,以稳定为前提,在互相尊重对方核心利益和重大关切的条件下,争取扩大同各方利益的汇合点。比如,在朝鲜半岛问题上,我们明确反对任何一方导致半岛紧张的挑衅行为,也反对朝鲜半岛核武器化的任何努力。在台湾问题上,我们以"和解、和平、和谐"的方针,促进两岸人民的共同利益。在军事现代化问题上,我们坚持战略防御的方针,不搞军事扩张。在海上安全问题上,我们同有关国家加强合作,共同维护国际航行安全,等等。

总之,在二十一世纪第二个十年,超越意识形态和社会制度差异,超越封闭式排他式狭隘眼界,而以大局观念、务实精神和政治智慧来共同致力于扩大和深化双边和多边的、不同层次和不同领域的"利益汇合点"、构建

"利益共同体",不仅是必要的,也是可行的。利益汇合点积累越多,共同利益基础就越深厚,构建利益共同体就越具备条件,其空间无比巨大,其成效不可限量。

结束语:中国在世界大变动中与别国的相处之道和自处之道

女士们、先生们、朋友们!

当今世界和中美关系正处在一个重要的历史关头。我们回过头来看,在二十一世纪第一个十年,中美关系也曾遇到一系列风险和危机。但是当时两国领导人和战略界能够把握方向,而不是随波逐流,无所作为,其结果就是中美关系总体上历时十年的稳定发展。那么,今后十年怎么样?无疑还会遇到种种可以预料和难以预料的新的风险和危机。但是我坚信,只要我们双方都能吸取前十年的有益经验,都能秉持大局观念、务实精神和政治智慧,都能保持冷静,处变不惊,妥善应对,那就没有什么解决不了的问题。

说到这里,我想引用邓小平先生在一九八九年十二月中美关系严重困难时刻,对今天在座的、当时的美国总统特使斯考克罗夫特将军所说的一段话:"中美两国之间尽管有些纠葛,有这样那样的问题和分歧,但归根到底中美关系是要好起来才行。这是世界和平和稳定的需要。"我认为,我们今天仍然应当记得他的话。

今天,中美两国政治家、战略家,仍然需要秉持这样的政治胸怀和战略眼光,来观察和处理中美双边关系问题,包括观察和处理全方位构建"利益汇合点"和"利益共同体"的问题。

我还要说,在更广泛的意义上,归根到底,这也正是中国在世界大变动中的自处之道及与别国的相处之道!

谢谢大家。

关于中美"利益汇合点"和
"利益共同体"的几点思考*
——二十一世纪第二个十年的中国发展
和中美关系的前景展望

尊敬的佩里博士,

各位朋友,女士们,先生们:

今天我们大家都很高兴,能够在美国西海岸、通往太平洋和亚洲的最重要城市旧金山,同美国最著名的学府之一——斯坦福大学的学者和战略家们一起,探讨这个极其重要的课题。在胡锦涛主席刚刚访问贵国后不久,这样的讨论就显得更有意义。

胡锦涛主席对美国的国事访问取得了圆满成功,这是下一个十年中美两国关系的新起点。中美《联合声明》的核心概念就是中美"共同利益"。其中明确提到"共同利益"和"双方根本利益"就有八处,这在中美关系史上是前所未有的。借此机会,我想对中美两国的"共同利益",两国的"利益汇

---

* 这是作者于 2011 年 1 月 26 日在美国斯坦福大学讲演的主体部分。

合点"和"利益共同体"的内涵和意义稍加展开,讲五点思考。

一

回顾四十年来,在两国关系发展的重要时刻,两国有识之士一再表现出可贵的大局观念、务实精神和政治智慧,联手克服各种困难,保持两国关系正常发展,给国际社会带来稳定和发展。在共同经历了国际金融危机严重冲击之后,我们更加需要记取历史经验,排除新的干扰,为二十一世纪第二个十年乃至今后更长时间的中美关系增添新的发展动力,构建新的共同利益基础。

此时此刻,我提出这样的问题,是因为,二〇〇八年下半年以来,伴随着国际金融危机,伴随中国国力增长,国际舆论出现某种焦虑和不安,对中国是否一以贯之地走"和平崛起的发展道路"产生怀疑和猜测,甚至认为"和平崛起"根本靠不住,甚至断言中国将重复二十世纪上半叶德国和日本、二十世纪下半叶苏联走过的老路。美国朝野也有相似的观点和声音。我认为,如果这些怀疑和猜测竟然形成舆论主流,甚至上升为国家战略判断,那就不仅会对中国发展方向形成严重误判,而且将对美国自身利益和中美共同利益造成严重损害。这是我们大家都不愿意看到的。令人欣慰的是,最近我们从美国战略界也听到了一些清醒、理智的声音和不乏睿智的建议,这表明我们大家对于"共同利益"和相互依存仍然具有的共识。

作为一个观察者、研究者,我在思考和阐明中国和平崛起发展道路的过程中,从二十一世纪初年即已多次提出,经济全球化是中国和平崛起的根本条件,而中国和平崛起给世界持续带来的是机遇和市场,是互利和共赢! 二〇〇四年以后,我又进一步提出,中国需要全方位地同周边国家和地区,同一切相关国家和地区,尤其是同美国,逐步构建"利益共同体"。二〇〇五年六月我在美中关系全国委员会和布鲁金斯学会的讲演中提出,中美双方能够形成轻易拆解不开的,多方面的不同领域、不同层次的利益共同体,这是来自经济全球化时代两国利益的深度捆绑和互有所求;来自随着非传统安全威胁上升所带来的"大国合作"的新安全观;来自重视处理地区热点问题和维护国际和平与安全的共同努力;还来自中美之间的人民往来与文化交流。

二

讨论中美新的"利益汇合点"和"利益共同体"的前景,不能不首先向各位简要介绍一下中国在二十一世纪第二个十年的发展思路和发展目标。

二十一世纪整个头二十年,是中国集中力量"全面建设惠及十几亿人口的更高水平的小康社会"的关键阶段。中国在这个阶段发展重点是持续改善民生,全面提高人民生活质量;同时推动经济发展从量的增长向质的提升转型。现在这个发展阶段已过去一半。剩下的一半,即迈入二十一世纪第二个十年,中国的发展依然面临一系列挑战:这里有经济增长受到资源与环境约束的挑战;有经济社会发展不平衡的挑战,如投资与消费、城市与农村、东部与西部不平衡发展的挑战;有产业结构转型艰难和科技研发能力不足的挑战;有人力资源和社会就业结构不相衔接的挑战;有收入分配不够均衡和利益结构面临重新调整的挑战;有社会治理相对滞后、社会矛盾明显增多的挑战;还有可以预料和难以预料的种种严重自然灾害的挑战,等等。

为了应对这些挑战,中国在二十一世纪第二个十年的努力,集中到一点,就是要加快转变经济发展方式,保障和改善民生,促进经济长期平稳较快发展与社会和谐稳定,全面建成小康社会。由此而来的,就是要由主要依靠外需拉动转入以内需拉动为主的阶段,加快产业结构的转型和消费结构升级,从中等偏下收入国家迈向中等偏上收入国家。同样由此而来的,将是中国更加致力于国内发展,更加致力于提高全民族文明素质和精神追求,从而使中国社会既充满活力又和谐安定,使中华民族既实现和平崛起又达致文明复兴!毫无疑问,这样的中国,必将为世界提供更巨大的市场需求和更广阔的发展机遇。

中国和平发展的未来愿景只是基于中国国情、解决中国问题的"中国梦",而绝不是别的什么梦。比如在能源消耗上,我们就做不起人均年消费二十五桶石油的"美国梦",中国在人均年消费石油不到1.5桶的情况下,还在强调"十一五"期间即到二○一○年要把单位国内生产总值的能源消费降低20%。又比如,在人口流动上,我们也不会做那种在近代以来历史上曾经以六千多万人口向海外移民、到处建立殖民地来实现自身发展的"欧洲梦",我们只是脚踏实地地在自己的国土上,依靠自己的力量去解决自身庞大的农村人口转移问题。又比如,在增强综合国力上,我们也绝不做"苏联梦",勃列日涅夫时期的苏联一股劲地搞军备竞赛、对外"输出革命",而我们只输出商品、资本和市场,不输出革命。

这样的"中国梦",从根本上说一是要维护国家主权和领土完整,二是要用和平的方式、文明的方式实现国家发展和现代化。因此,中国和平崛起的发展道路既符合中国人民的长远理想,又符合世界历史潮流。

如果说二十一世纪第一个十年,中国依靠和平崛起的发展道路,成为世界发展的重要组成部分,中美之间形成了共同利益的扎实基础;那么二十一世纪第二个十年,中国将更加依靠和平崛起的发展道路,而成为世界发展更加重要的一部分,中美之间也将形成更加系统和更可持续发展的共同利益。这也就从根本上决定了中国与世界、中国与美国的关系在今后十年乃至更长时间的发展走向。

三

今后十年,全球治理体系和国际分工体系将进入一个渐进的、和平的转型期,这对于中美两国又都是发展的新的战略机遇。这种机遇和挑战都是前所未有的。对此,我提出八点估计。

第一,在世界多极化、经济全球化条件下,各国相互依存不断加深,你中有我,我中有你,大家谁也离不开谁。

第二,大国关系出现重大调整,相互合作和竞争更加明显。二十国集团峰会表明了各大国必须在合作中求发展,又在竞争中谋优势。

第三,包括中国在内的发展中大国整体和平崛起的势头显著。今后十年是其发展和崛起的关键时期。

第四,国际金融危机催生了世界范围社会生产力的结构大变革。一个以"绿色、智能、可持续"为重要特征的新技术革命和产业革命日益展露其锋芒。

第五,在后国际金融危机时期,气候、能源、资源、粮食、金融安全等全球性问题更加突出,全球治理问题也紧迫地提到议事日程上来了。

第六,各大国经济发展方式将发生重大变动,由此将决定各大国相对地位的变化。

第七,各种形式的剧烈动荡或地缘政治冲突,以至传统形式的战争危险仍然存在。人们对此既不必惊慌失措,也不能掉以轻心。

第八,无论对中国还是世界,仍将呈现机遇与挑战相交织,而机遇大于挑战的根本走向。我们对未来十年中国的和平发展仍然充满信心。

以上八点,就是我所观察到的当今以至未来十年的世界发展大势。

对美国前国务卿基辛格的谈话[*]

　　我今天要谈的,有一个总题目,就是"从'两个大局'着眼,推进中美之间'利益汇合点'和'利益利害共同体'的构建"。

　　这里所说的"两个大局",是指国内大局和国际大局,而且是指中美两国各自面临的国内大局和国际大局。我之所以把"两个大局"摆在总题目的前头,原因是在于,我认为此时此刻,在二十一世纪第一个十年刚刚过去,第二个十年刚刚开头之际,中美两国各自的"两个大局"都出现了一系列紧迫而亟待解决的新问题。对这一系列紧迫问题的应对和处置是否得

---

　　* 这是作者于 2011 年 6 月 26 日在北京同来访的美国前国务卿基辛格的谈话要点。基辛格当场回应说:"我是搞了一辈子'均势'的人,现在看来,在 21 世纪搞均势是不行了。还是郑必坚先生提出的办法好,'扩大利益汇合点,构建利益共同体'。"2011 年 7 月 12 日,基辛格又给作者专门来信说:"郑必坚先生就构建中美'利益汇合点'及'利益—利害共同体'所提出的'十点思考'深刻而敏锐,鞭辟入里、独具匠心,是对我们共同愿望的有力践行。"

当,对各自面临的国内国际"两个大局"的把握是否得当,不但关系两国自身,而且关系两国关系,以至于关系二十一世纪第二个十年整个亚洲太平洋地区和整个世界的形势发展。

正是围绕这样一个总题目,我愿陈述以下十点思考:

一、中美两国在"两个大局"方面的共同之点,是都需要相当程度集中精力做好各自国内的事情。而这就需要稳定的外部环境,需要渐进的国际体系改革,需要温和的全球治理方式。在这样的大背景下,如果中美都把保持对方稳定和保持国际体系稳定作为双方共同利益的最大公倍数,则中美之间的"利益汇合点"和"利益—利害共同体"的构建就有了广泛而牢固的前提和基础。

二、对于美方领导人提出的美国无力也无意颠覆中国政府和遏制中国,我们愿意相信这是真诚的而不是外交辞令。另一方面,中国同样无意挑战和颠覆历史形成的美国在世界事务和亚太事务中的地位,美方也应当相信这是真诚的而不是外交辞令。只要中美双方都能言必信、行必果地认真坚持这样做,那么中美在二十一世纪的共同利益就有长远的稳定的保证。

三、美国目前最紧迫而又亟待解决的问题不是什么应对安全挑战,而是应对严峻的经济挑战。包括巨大的债务和预算不平衡问题,经济增长不稳定问题,投资不足和失业率居高不下问题,以及美元信用受到怀疑问题,等等。至于中国,目前最紧迫和亟待解决的问题仍然是发展和稳定。就眼前说,存在通胀和汇率压力,收入差距拉大,以及房地产泡沫问题,等等。而就长远来说,科技教育滞后,经济结构调整不力和社会治理亟待强化和优化,则是更带根本性的三大课题。还要估计到,中美各自面临的经济问题,同时又已成为影响对方发展的重要因素。因此,宏观经济政策协调和部门经济互补,已经作为双边合作的最重要内容提上对话和互动日程。

四、在中东、中亚和南亚问题上,中美有着很大的合作空间。特别是保持波斯湾、红海、苏伊士运河及周围国家的稳定,既对全球石油供应具有关键意义,也符合中美共同利益;保持对这个地区恐怖主义势力的高强度打压,仍然是中美双方的长期安全使命。

当然,在提出上述考虑的同时,无疑需要充分估计到中东、中亚和南亚地区的复杂性。历史和现实反复说明,这一大片地区民族、部落、宗教等多方面利益盘根错节,外力干预很难收到预期效果。长期化的地区动荡必将不可避免地对全球能源安全、反恐、防止核扩散等,进一步带来重大负面影响。

五、东亚安全(包括东北亚和东南亚)问题,是中美双方利益交汇最密集,也是双方利益竞争最突出的问题。关键是如何强化利益汇合点,弱化利益冲突点。中美双方不能回避这个问题,更不能被一些外部和内部的干扰因素牵着鼻子走。防止朝鲜半岛出现意外事件引发的严重危机,中美之间还有许多事情可做。台湾和海峡局势应继续保持稳定,中美在这方面的相关合作还远远不够。对台军售问题对双方都具有高度敏感性,不应让此问题破坏两国的全面合作。目前,最突出的是亚洲海上安全问题,此问题实际上又可细分为南海—东海岛屿争端、海上航行自由和美军在中国近海侦察这样三个问题,需要分别加以适当处理。不人为激化矛盾,避免使问题复杂化,应成为中美在此地区构建"利益汇合点"和"利益—利害共同体"的着眼点和切入点。在东亚合作问题上,中国持开发包容态度和友好合作方针,欢迎美、俄加入东亚峰会。

六、亚太地区经济多边合作,对于中美"利益—利害共同体"或基辛格博士所说的"太平洋共同体"具有关键意义。中国在 10＋X 框架中推进"开放的区域主义",欢迎美国参与东亚地区合作机制。美国也应当在 TPP 机制(跨太平洋战略经济伙伴协定)构建过程中对中国开放。APEC 对于本地区的利益融合有一定作用,但是流于松散,因此需要中美更多磋商。中美应通过亚太区域合作,既促进解决区域问题,又有助于解决双边经济问题,其中包括汇率、贸易、技术转移、投资等问题。

七、中美在全球治理领域有更大的合作空间。二十国集团的形成就是由中美首先倡议的。在气候和能源问题上,中美之间比在其他领域更具有共同利益。中美都是最大的能源消费国、原油进口国、碳排放国,两国之间在排放标准和能源供求问题上的共性大于差异。另一个重要领域是金融和货币领域。美元汇率变化对中国利益关系极大,中国持有美国国债对美国财政平衡也关系极大。中美应当对未来全球货币体系和金融监管机制保持紧密磋商,在对双方利益损害最小的情况下,共同推进这些制度建设。

八、在网络、太空、极地、海洋和其他公共空间的安全合作领域,虽然中美目前似乎竞争大于合作,但实际上这又正是中美合作可以获得巨大发展的空间。黑客袭击对双方都造成潜在威胁和利益损害,因此网络安全是中美双方都需要的。太空、极地、海洋等安全问题,实际上都关系到人类安全。无论美国和中国都应当为逐步建立能为各相关国家共同认可的公共规则和运行方式而不懈努力。

九、中美在其他领域展开非传统安全合作的可能性也非常之大。例如,核能利用安全、生态危机和环境保护、灾难救助、查缉毒品运输、防治流行疾病、反洗钱活动、打击人口走私和国际犯罪组织等等。随着中美之间人口流动和经济往来越来越密切,任何一方的非传统安全问题都会像"蝴蝶效应"那样传递到另一方。因此,需要更好地和更有系统地运用信息通报、协助解决、共同防范等方式,加强合作。成功地帮助了另一方,就是在支持自己这一方。

十、在民主、自由、人权、制度等问题上,谁也不应简单地把对方看成是对手。简单地用意识形态和冷战思维来裁判文化和制度问题,不仅会严重妨害中美之间更加广泛的共同利益构建,而且从根本上说,也不符合事实和社会发展规律。

　　以上"十点思考",当然并非全是新的提法。其中不少问题,在中美两国政府对话和实际事务中已多有涉及。这里的考虑,是为中美两国面对二十一世纪第二个十年,发展两国战略关系所需处理的重大战略性问题提供一个总体的把握,并且是放在构建"利益汇合点"和"利益—利害共同体"这样一个总题目下来加以把握。

　　愿意听到基辛格博士的指教。

关于中澳之间的利益交汇[*]

作为一个观察者、研究者,我在思考和阐明中国和平崛起发展道路的过程中,在本世纪初即已多次提出,中国和平崛起给世界带来的是机遇和市场,是互利和共赢。从二〇〇四年起,联系于中国和平崛起的发展道路,我明确提出了中国需要全方位地同周边国家和地区,同一切相关国家和地区,逐步构建"利益共同体"。二〇〇五年六月我又进一步强调中国在和平崛起进程中,一定要做到而且也一定能够做到同相关各方形成轻易拆解不开的,多方面的和不同领域、不同层次的利益共同体。今年一月在美国斯坦福大学讲演时,我又说,在二十一世纪第二个十年,中国"和平崛起发展

---

* 这是作者于 2011 年 9 月 1 日在中澳经贸友好交流会议上的讲演。这次会议由作者担任会长的国家创新与发展战略研究会和中国人民对外友好协会、澳大利亚霍克办公室共同在中国广东从化举办。霍克本人出席这次会议。

道路"需要进一步具体化,这方面的一个重要取向就是"扩大和深化同各方利益的汇合点",全方位地与不同国家和地区建立和发展不同领域和不同层次的"利益共同体"。

实际上,我还要说,这已经成为中国政府的重大方针,这一点,我在昨天下午的主旨演讲中已作了说明。尤其在经历了二〇〇八年国际金融危机冲击之后,中国与世界的"利益汇合点"较之以前是更多而不是更少了;中国与世界在不同领域、不同层次上构建"利益共同体"的条件是更加充分而不是更为欠缺了。

中国和澳大利亚都是亚太地区的大国,两国间没有历史遗留问题,也没有根本利害冲突,在维护和促进地区稳定和发展方面拥有广泛的共同利益,都希望此地区共同繁荣、发展、稳定、和平。在二十一世纪第二个十年,如何进一步提升中澳关系,实现两国更深刻的利益交汇,我愿提出以下几点思考:

第一,中国和澳大利亚在经济上互补性很强,相互依存度高,互相成为对方发展的重要条件。澳大利亚依赖中国的市场,中国已成为澳第一大贸易伙伴、第一大进口来源地、第一大出口市场。中国对澳大利亚资源、能源、高科技、人力资源的依存度高(对铁矿石的依存是独一无二的),澳大利亚是中国第八大贸易伙伴、第七大进口来源地。中澳应在相互依存关系上增加新的推动力,例如扩大澳大利亚对华技术转让、放宽限制,中方则进一步开放服务领域市场。

第二,澳大利亚是积极推动亚太经济一体化的国家,积极参与 APEC 等亚太合作机制,中国也同样积极参与并推动亚洲地区的合作机制,因此,两国在地区合作机制方面有很多共同语言。比如,澳大利亚与东盟有深厚的传统联系,中国与东盟也有 10 + 1 的市场一体化机制,东盟的稳定、繁荣对中澳均有利。所以,中澳都积极参与东盟 10 + 6 对话机制,共同加强与东盟的市场一体化,积极增进东亚地区国家信任和合作,也是完全能够做到的。

第三，在清洁能源、环境、气候变化方面，澳大利亚是亚太地区新的环境保护、气候变化的积极倡导者，其清洁能源技术和节能减排技术处于全球领先地位，中国在这些领域也是重要的新规则制定的参与者，同时又是全球最大的潜在市场。因此，中澳在资源、低碳、能源、生态方面可以开展大量合作。

第四，在金融货币领域，澳元最近升值迅猛，已超过人民币的升值速度，与人民币一样都是货币体系中的上升货币。因此，中澳在国际货币体系改革方向上有共同点，都需要共同预防老的、大的重要货币的不稳定性给本国经济造成巨大损害。在金融服务方面，中澳可以加快洽谈货币互换或本币结算的安排，这样可以避免美元结算带来的高风险和高成本，从而进一步确保中澳贸易的稳定增长。

第五，在网络、极地、海洋和其他公共空间的安全合作领域，中澳都是合作大于竞争。中澳双方都需要网络安全。极地、海洋等安全问题，实际上关系到人类安全，中澳应合作推动建立新的公域规则和运行方式。中澳都希望看到和平的、稳定的、共同安全的南中国海、马六甲海峡、南太平洋、印度洋地区，中澳应当共同维护这些地区的海洋安全。

第六，中澳在其他非传统安全领域开展合作的可能性也非常大。比如，反恐、防止核扩散、防治流行疾病、反洗钱、打击走私贩毒和非法移民，以及灾难救助等等。随着中澳之间人口流动越来越密切，任何一方的非传统安全问题都会传递到另一方。因此，中澳之间，通过信息通报、协助解决、共同防范等等方式，加强合作，帮助另一方，就是在帮助自己。

最后，特别讲一下，在加强中澳关系、构建中澳利益共同体的进程中如何看待美国因素。今年一月，胡锦涛主席对美国成功国事访问，中美发表联合声明，重申致力于建设"二十一世纪积极合作全面的中美关系"，从而确立了未来十年中美关系的基本格局。几天前，习近平副主席会见来访的美国副总统拜登,就进一步发展中美合作伙伴关系提出四点意见,指出中美共同利益远大于分歧,要牢牢把握中美合作伙伴关系不动摇,要尊重彼此的核心利益。台湾、西藏问题属于中国的核心利益,必须谨慎、妥善处理,避免中美关系受到干扰和损害。由此可见,虽然中美之间存在一些分歧和摩擦,但中美关系的主流和未来趋势不是对抗,而是合作,是更紧密、更全面的合作。在这样的大背景下,澳大利亚与中国加强合作,促进中澳关系,这同中美关系及澳美关系的发展,总方向是完全一致的。这不仅对中国有好处,对美国也有好处,更对澳大利亚有好处,符合澳大利亚的根本利益。

对美国前国务卿基辛格的
又一次谈话[*]

　　首先我要说明,关于中国"同各国各地区建立并发展不同领域不同层次的利益共同体"的命题,是我在二○○二年就已提出,并且是同中国"和平崛起"的命题联在一起,作为实现"和平崛起"的现实途径提出来的。二○一一年一月十八日和二十六日,在华盛顿举行的"中美清洁能源务实合作战略论坛"和在斯坦福大学的两次演讲中,我又对这个问题作了进一步阐发。

　　其次我要说明,今年六月同基辛格博士交谈中,我就构建中美之间的"利益汇合点"和"利益共同体"所提出的"十点思考",是基于对二十一世纪第二个十年的较长远展望提出来的。当时博士和我都认为,中美双方在这

---

　　* 这是作者于 2011 年 10 月 17 日同基辛格的谈话要点。当时作者率团访美,应基辛格之邀,同他在纽约进行了长达四个小时的交谈。

个问题上还需要从眼前做起,即认真思考从现在起到二〇一二年秋冬,大约一年半左右的这个时间段,我们能够为推进中美关系做几件什么事。人们都清楚,二〇一二年秋冬和二〇一三年春天,中国将先后召开中国共产党十八大和全国人大、政协"两会",进行党和国家领导人的换届;美国也将进行总统大选,决定总统连任或更替的问题。这当然是一个重要的背景。那么在这一年半左右的特殊时间段内,是任由种种冷战思维来恶化中美关系呢,还是审时度势、登高望远,在一些方面推进务实双赢的合作,从而为稳定和发展中美各自的"两个大局",稳定和发展中美关系,做几件实实在在的事情呢? 我想,这应当是我们今天对话双方都要认真思考和回答的。

在作了以上两点必要的说明后,我愿意着重就今后一年半中美可能在哪些方面为扩大、深化"利益汇合点"及构建"利益共同体"做一些努力的问题,讲讲我的考虑。

一共有五个方面。

一、投资领域及其他经济、技术合作

中美投资领域的合作已经讲了很长时间了,并且也有进展。但是这种进展还不够显著,不足以吸引公众的注意。

从美国方面来说,目前最大的经济问题也是政治问题,就是就业问题。美国的失业率高达 9.1%,失业和半失业人口高达二千五百万。所谓"占领华尔街"、"占领华盛顿"运动,正是在此种困境下发生的,占领运动波及美国及世界一千多个城市,应当引起深刻的注意。看来美国确有必要将公共政策的重点从保护银行转向扶持全面就业,我相信奥巴马政府会拿出办法来的。我们对此乐观其成而决无幸灾乐祸之心,因为在国际金融危机阴霾笼罩之下,"家家有本难念的经"。

从中国方面来说,我们有三万两千亿美元的外汇储备,大部分是美元资产。如果放在那里不动,听任其随着美元贬值,我们的资产就会缩水。因此,如何使中国的外汇储备能够保值、增值,对我们来说是一个利益攸关、刻不容缓的问题。

今年八月拜登副总统访华时,温总理曾向拜登副总统提出,双方可加强合作,把用于购买美国国债的资金转化为增加对美投资,尤其是基础设施领域的投资。我认为,中国加大对美国投资是互利双赢的事。一方面,有利于推动美国经济复苏,增加美国就业。另一方面,也有利于中国的美元资产保值、增值。

今年年初,美方曾表示,要修改有关规定,吸引中国到美国来投资。但是迄今为止,"雷声大,雨点小",没有多少实际行动。设想美国政府马上拿出多少重大行动也许不一定现实,但是可以考虑采取一些做起来相对比较容易,但影响较大的行动来打破僵局,以便让喧哗和骚动的人心稳定下来,并有利于遏制贸易和投资保护主义。

比如,加州是美国经济最发达、人口最多的州。二〇一〇年加州的GDP 为一万九千亿美元,占美国 GDP 总量的七分之一。目前,加州经济十分困难。在加州有个长远考虑委员会(Think Long Committee),舒尔茨、赖斯、劳拉·泰森等两党重要人物都在这个委员会里。据说,他们想在加州搞一个经济特区(Pre-permission Zone),以吸引外国投资,特别是吸引来自中国的资金。先行到那里投资,不需要经过繁琐的审批程序。如果成功,就可以复制推广到美国其他地方。中国搞经济特区已有三十多年历史,我们有比较成熟的经验和比较熟练的人才。如果美国搞这个特区,那一定能够有利于吸引中国的投资,也可以比较快地见效。

目前美国各州都需要外国投资,如果一些州能采取类似措施,一定能为中美投资合作领域打开一个崭新的局面。这可以说是中美经济领域的一个潜力巨大的利益汇合点。

再比如,双方可分别在多边和双边两个层面加强宏观经济政策协调。从多边看,双方可加强在 G20 等平台的沟通与合作,共同稳步推动全球经济金融体系改革,提振市场信心,抑制贸易和投资保护主义抬头,促进世界经济稳健复苏,防止经济出现长期不景气。从双边看,双方可加强财政、货币政策协调,以便开展更大规模的经济、财政、金融合作。

具体操作层面,中美可以组成宏观经济形势分析的联合专家小组,对两国的利率、汇率、经济景气以及全球经济前景等宏观经济问题,进行合作推演,并共同提出应对措施。这样可以缩短两国宏观政策的差距,防止各自刺激增长的措施效果被相互抵消。

二、清洁能源领域

我最近在中国参观了一些新能源企业,特别是民营的新能源企业,了解到中国清洁能源发展的形势是令人鼓舞的。我的感觉是,清洁能源的发展,特别是利用太阳能发电已接近临界点。正在建设的中国杭州铁路东站(杭州是一九七二年基辛格博士陪同尼克松访华时参观过的城市,这个城市正在建设铁路东站),将会利用屋顶和周围的幕墙,建一个十兆瓦(10 MW)的光伏电站。预计建成后,每年可发电九百一十八万度,减少八千零九十五吨二氧化碳的排放。此外,光伏电站的原料硅的价格也正下降到以往价格的十分之一,这对于减少发电成本十分有利。

太阳能发电的前景是喜人的,发展太阳能发电,需要改造现有的建筑和电网,这也可以创造大量的就业机会。中美两国如果能在这个领域开展互利双赢的合作,那就会立即吸引人们的注意力,并使公众舆论发生有利于中美合作的变化。

在应对气候变化方面,中美都主张不能仅仅强调绝对减排,还应不断探索应对气候变化的新技术,尤其是新能源和清洁能源技术,这就为双方合作提供了广阔的空间。中美在新能源和清洁能源领域各有优势,进一步加强在可再生能源与可替代清洁能源、清洁化石燃料、电网与电力市场、页岩气开发等方面的合作,既有利于促进两国经济共同发展,引领国际社会应对能源安全和气候变化的努力,也有利于化解两国因排放问题受到的国际压力。

我们还准备在明年春夏之交召开第三届"中美清洁能源务实合作战略论坛",相信这将进一步推动两国能源企业的务实合作。

三、朝鲜半岛和南中国海安全

现在,东亚的朝鲜半岛、南中国海地区,都存在一些不稳定因素。今后一年多时间,对于中国和美国来说,都是政治上的敏感期,我们两家谁都不希望在这个地区出大事。我们两家进行合作,保持这个地方的平稳,显得至关重要。两家真正合作了,就能使这个地区的局势平稳下来。

去年,朝鲜半岛发生的事情就证明了这一点。二〇一〇年半岛局势一度非常紧张,但是中美两家联手合作,局势就比较快地平稳下来。对于朝鲜半岛中美两家可以采取一些措施,比如推动重启朝鲜半岛问题六方会谈。我想强调一点,中方对任何旨在和平解决朝鲜半岛局势的有益探讨,都持积极的开放态度。虽然六方会谈未能按我们希望的速度向前推进,但是迄今还找不到一个比它更好的渠道。中美应共同努力,推动各方早日重启六方会谈,为维护地区稳定作出贡献。

关于南中国海地区,我想强调的是,美方部分人士宣称所谓"关切南海航行自由与安全",这是缺乏根据的。南海出现围绕部分岛礁及其周边水域的主权争议三十多年来,从未出现过一次因主权争议而危及航行自由与安全的状况。以所谓"南海航行自由与安全"作为理由,是很牵强的。美国插手南海问题,只会使局势更加复杂化。

四、售台武器问题

前不久,美国又宣布向台湾出售武器。毫无疑问,这会给中美关系带来冲击。美方有些人认为,对台售武能达到三个目标,一是继续以台湾问题遏制中国的发展;二是显示美国对亚太盟友的承诺不变;三是刺激美军工企业发展,创造就业。我认为,这种如意算盘打错了。首先,以为通过售台武器等就能遏制中国的发展,是不现实的。过去三十多年的历史已证明了这一点。其次,固守冷战旧理念也不符合当今亚太发展现实。美国的亚太盟友当前最需要的恐怕是务实合作、发展经济而不是强化军事同盟。第三,中美两国贸易额已接近每年四千亿美元,这恐怕远远大于美售台武器的价值。哪个是西瓜、哪个是芝麻,哪个为美国创造的就业机会多,相信美国政府很清楚。美国政府为什么还要一而再、再而三地干这种"捡了芝麻,丢了西瓜"的不智之举呢?

在我看来,美售台武器不仅达不到美方一些人所希望的效果,而且会妨害中美战略与经济合作向更高层次、更高水平发展。因为美方一再损害中方的核心利益,不仅削弱了中国政府对美方的战略信任,影响了中国政府更深层次与美方开展战略性合作的决心,也伤害了中国人民的感情。

把美售台武器问题处理好,也是双方共同利益所在。关键在于美方能否正确处理。

五、中东和南亚地区稳定问题

今年六月,基辛格博士在北京对我说,中东地区动荡好像一部"五幕剧",现在只是第一幕,这种动荡的局势会长期延续下去。这个看法有见地。保持该地区稳定,不仅对中美双方,而且对整个世界也都大有好处。

阿富汗—巴基斯坦地区的局势也极为复杂,反恐、防扩散、战后重建等战略任务将长期存在。中美两国也应当在这个地区的稳定性方面进行战略磋商。

最后,我愿回到今天我们对话的中心之点上,再来着重强调一点,即在全球变局下,中国愿"同各国各地区建立并发展不同领域不同层次的利益共同体"的构想,已经确定地成为中国共产党和中国政府的重大战略方针。胡锦涛主席和温家宝总理多次在国际场合郑重强调了这一点。中共中央关于中国第十二个五年规划的建议和今年九月六日发布的《中国和平发展道路》白皮书,也都明确宣告了这一点。

而在这当中,中美两国之间,能否在今后一年半左右时间段内,在这方面有所进展甚至重要进展,而不是停滞,更不是倒退,实在关系重大,实在值得中美两国战略界有识之士深思。

关于"利益汇合点"和"利益共同体"的几点思考[*]

——二十一世纪第二个十年中国发展和对中国—欧盟关系的展望

尊敬的贝格鲁恩先生,

各位朋友,女士们,先生们:

今天我很高兴能与大家相聚在这里,就"全球治理以及二十国集团的角色与作用"这一重要课题交换意见。在二十国峰会即将召开的前夕,进

---

　　[*] 这是作者于 2011 年 10 月 26 日在"二十一世纪理事会"巴黎论坛上的主旨讲演。二十一世纪理事会成立于 2011 年,致力于推动二十国集团(G20)在全球治理中发挥积极作用。二十一世纪理事会认为二十国集团的兴起反映了全球地缘政治的变化,是应对当今世界所面临的挑战的有效机制。因此,二十一世纪理事会也以"影子 G20"自诩。其核心成员包括法国前总统萨科齐、德国前总理施罗德、英国前首相布朗、巴西前总统卡多佐、西班牙前首相冈萨雷斯、墨西哥前总统塞迪略、巴基斯坦前总理阿齐兹、美国前财长萨莫斯、世贸组织总干事拉米、诺贝尔经济学奖得主斯蒂格里兹、斯宾塞、诺贝尔化学奖得主泽维尔等。二十一世纪理事会特邀作者出任"创始理事"并出席其 2011 年 10 月下旬在巴黎举行的高峰论坛。作者在巴黎论坛上以本文作讲演,论述二十一世纪第二个十年的中国发展,展望中国与欧盟关系的前景。作者关于扩大和深化"利益汇合点"、构建"利益共同体"的战略构想被与会各方一致赞同并写入巴黎论坛的最后声明,提交 G20 首脑峰会,被评价为"二十一世纪理事会的指导观念"。

行这样的讨论是必要的、有益的。

我今天讲演的题目是"关于'利益汇合点'和'利益共同体'的几点思考"。讲五点，以就教于各位。

一

作为一个观察者、研究者，我在思考和阐明中国和平崛起发展道路的过程中，从二十一世纪初年即已多次提出，经济全球化成全了中国和平崛起，而中国和平崛起给世界持续带来的是机遇和市场，是互利和共赢。从二〇〇四年起，联系于中国和平崛起的发展道路，我进一步明确提出了中国需要全方位地同周边国家和地区，同一切相关国家和地区，逐步构建"利益汇合点"和"利益共同体"。二〇〇五年六月我又提出中国在和平崛起进程中，一定要做到，而且也一定能够做到同相关各方形成轻易拆解不开的，多方面的和不同领域、不同层次的利益共同体。那时我还说，这件事来自经济全球化时代各方利益的深度捆绑和互有所求；来自随着非传统安全威胁上升所带来的"大国合作"的新安全观；来自重视处理地区热点问题和维护国际和平与安全的共同努力；还来自各方之间的人民往来与文化交流。在二十一世纪第二个十年的开头，即二〇一一年初，我又于一月十八日在华盛顿举行的"中美清洁能源务实合作战略论坛"开幕式，以及一月二十六日在美国斯坦福大学的讲演中，对这个问题作了更为深入的阐发。

二

关于全方位扩大和深化同相关各方的"利益汇合点"，构建"利益共同体"的战略构想，当然首先是基于中国本身在二十一世纪第二个十年的发展思路和发展目标。

二十一世纪整个头二十年,是中国集中力量"全面建设惠及十几亿人口的更高水平的小康社会"的关键阶段。中国在这个阶段的发展重点是持续改善民生,全面提高人民生活质量;同时推动经济发展从量的增长向质的提升转型。现在这个发展阶段已过去一半,总体说来,在量的增长方面干得不错,但是质的提升还不尽如人意。

迈入二十一世纪第二个十年,中国的发展面临一系列新的挑战。这里有经济增长受到资源与环境约束的挑战;有经济社会发展不平衡,包括投资与消费、"引进来"与"走出去"、城市与农村、东部与西部等等方面不平衡的挑战;有产业结构转型艰难和科技研发能力不足的挑战;有人力资源和社会就业结构不相衔接的挑战;有收入分配不够均衡和利益结构面临重新调整的挑战;社会矛盾明显增多、有社会治理相对滞后的挑战;还有可以预料和难以预料的种种严重自然灾害的挑战,等等。

为了应对这些挑战,中国在二十一世纪第二个十年的努力,集中到一点,就是要加快转变经济发展方式,保障和改善民生,促进经济长期平稳较快发展与社会和谐稳定,全面建成小康社会。由此而来的,就是增长方式由主要依靠外需拉动转入以内需拉动为主的阶段,对外开放由出口和吸收外资为主转向进口和出口、吸收外资和对外投资并重的阶段,加快产业结构的转型和消费结构升级,从中等偏下收入国家迈向中等偏上收入国家。同样由此而来的,将是中国更加致力于国内发展,更加致力于提高全民族文明素质和精神追求,从而使中国社会既充满活力又和谐安定,使中华民族既实现和平崛起又达致文明复兴。毫无疑问,这样的中国,必将为世界提供更巨大的市场需求和更广阔的发展机遇。

如果说在二十一世纪第一个十年,中国坚持走和平崛起发展道路,成为世界发展的重要组成部分,中国与世界形成了共同利益的扎实基础;那么在二十一世纪第二个十年,中国将继续坚定不移地走和平崛起发展道路,而成为世界发展更加重要的一部分,中国与世界也将形成更加系统和更可持续发展的共同利益。这也就从根本上决定了中国与世界的关系在今后十年乃至更长时间的发展走向。

三

当然,中国和平崛起的未来愿景,同时也是基于世界大势。

那么二十一世纪第二个十年的世界大势,将会怎样?这里,我愿从九个方面谈谈我的估计。

第一,在世界多极化、经济全球化条件下,各国相互依存不断加深,你中有我,我中有你,大家谁也离不开谁。

第二,大国关系出现重大调整,相互竞争和合作更加明显。二十国集团峰会表明了各大国必须在合作中求发展,又在竞争中谋优势。控制竞争,发展合作就成为了一种必然的要求。

第三,包括中国在内的发展中大国整体和平崛起的势头日益明显,今后十年是其发展和崛起的关键时期。以今年四月成功举行的金砖国家三亚会议为标志,进一步显示了新兴发展中大国和平崛起的自觉和势头难以阻挡。

第四,国际金融危机催生了世界范围社会生产力的结构大变革。一个以"绿色、低碳、可持续"为重要特征的新技术革命和产业革命日益展露其锋芒。

第五,国际金融危机深层次影响仍未根本消除,世界经济复苏存在不确定因素。在后国际金融危机时期,气候、能源、资源、粮食、金融等全球性安全问题更加突出,全球治理问题也紧迫地提到议事日程上来了。

第六,各大国经济发展方式将发生重大变动,由此又将决定各大国相对地位和利益关系的进一步变化。

第七,世界是复杂的,正面的东西在发展,负面的东西也在发展,各种形式的剧烈动荡或地缘政治冲突,以至传统形式的战争危险仍然存在。西亚北非的变局说明,人们对此既不必惊慌失措,也不能掉以轻心。民主是世界潮流,但不能由外部强加,不能以动乱为代价,应由本国人民选择符合本国国情的人权、民主与法治建设之路。

第八,无论世界变局怎样发展,人类仍将在一个很长时期内处于主权国家主导国际关系的历史阶段。说到这里,我要特别引用金砖国家三亚宣言的一句话:"我们主张,应尊重每一个国家的独立、主权、统一和领土完整。"

第九,综观天下大势,无论对中国还是世界,仍将呈现机遇与挑战相交织,而机遇大于挑战的根本走向。我们对未来十年中国的和平发展仍然充满信心,而决不会因为这样那样的事变和突发事件就轻易动摇。

以上九点,就是我所观察到的当今以至未来十年的世界发展大势。

四

正是基于对中国在二十一世纪第二个十年的发展思路和发展目标的分析,以及对世界发展大势的估计,我愿提出扩大深化利益汇合点、构建利益共同体的战略构想。

以中国和欧盟关系为例。二〇〇八年金融危机爆发以来,尤其进入二十一世纪第二个十年,中国、欧盟都面临来自内部的巨大挑战,远远超过外部的安全威胁。

就中国而言,最紧迫和亟待解决的问题仍然是发展和稳定。就眼前说,存在通胀预期和汇率压力,收入差距拉大,以及房地产泡沫问题等。而就长远来说,经济结构调整,科技教育滞后,还有社会治理亟待强化和优化,则是更带根本性的三大课题。

就欧盟而言,最严峻的挑战不是来自欧盟以外的国家,而是来自于内部的调整与改革。欧盟的当务之急是平衡预算、清偿债务、恢复增长、提高国际竞争力。

为应对各自的挑战,我们都需要稳定的外部环境,都需要渐进的国际体系改革,都需要温和的全球治理方式。这就是我们的共同利益。如果中国、欧盟都把保持对方稳定和保持国际体系稳定作为双方最大的共同利益,则我们之间的"利益汇合点"和"利益共同体"的构建就有了广泛而牢固的基础。

中国是欧盟的主要贸易伙伴,我们的经济相互依存度很高。减少甚至消除贸易和投资壁垒,促进中国企业在欧洲投资,就可以为欧盟国家创造很多就业机会。同样,欧洲的企业到中国投资也有很大的空间。此外,加强未来全球货币体制和金融监管机制的磋商,推进这些机制的改革对世界经济平衡发展将起重要作用。这也是中欧的共同利益。

中欧在其他领域的利益汇合点也很多。气候和能源是最有合作潜力的领域。中国是当今世界最大的能源消费国、原油进口国、碳排放国之一。欧洲也高度依赖能源进口,到二〇三〇年,其能源进口依赖度将达到70%。清洁能源方面的合作将能促进双方的经济发展、科技创新。其他领域的利益汇合点包括网络、太空、海洋安全等。这些实际上都关系到全人类的安全,应将其视为"公地",建立起能为各相关国家共同认可的公共规则和运行方式是极为必要的。

在非传统安全领域,以及保持中东、中亚、南亚等地区的稳定,反对恐怖主义等方面,我们也都有共同利益。

构建利益共同体的前提是谨慎处理对方敏感问题。应该保持台湾海峡局势稳定,以及两岸关系和平发展的势头。中欧在这个问题上不存在直接的战略分歧,但是也有一定的间接影响,如欧盟迄未对中国售武解禁,据说就有台湾因素。欧盟国家对台湾售武的阴影也还存在。

构建利益共同体需要长期的努力,在这过程中,中国与欧盟之间可能出现这样那样的争论和分歧,但未来十年促进中欧关系大发展的基本要素和动力依然存在。这就要求我们以扩大和深化"利益汇合点"、构建"利益共同体"的新观念,更加自觉地寻找推动双边和多边关系发展新的增长点,以实现各得其所、互利共赢。

我还要特别说明一点,中国扩大和深化同相关各方的"利益汇合点",构建"利益共同体",乃是一个全方位的战略构想,而不是排他性的。除了上面说到的中国与欧盟,还包括中国与美国、中国与亚洲其他国家、中国与非洲、中国与拉美等等。总而言之,就是要把中国人民的利益同世界各国人民的共同利益结合起来,扩大同各方利益的汇合点,同各国各地区建立并发展不同领域不同层次的利益共同体,推动实现全人类共同利益,共享人类文明进步成果。

五

最后我愿再次强调,关于"扩大和深化同各方利益的汇合点","同各国各地区建立并发展不同领域不同层次的利益共同体"的构想,已经确定地成为中国共产党和中国政府的重大战略方针。中国的胡锦涛主席和温家宝总理多次在国际场合郑重强调了这一点。中共中央关于中国第十二个五年规划的建议和今年九月六日发布的《中国和平发展道路》白皮书,也都明确宣告了这一点。

当前,欧盟的部分成员国正面临严峻的债务危机。我们认为,这既是挑战,又是欧盟走向深度一体化的重大机遇,这也是中欧扩大共同利益的一个重要机遇。历史告诉我们,欧盟在每次危机后都推进了一体化进程。希望这次也不例外。中国与欧盟的共同利益,要求我们"同舟共济",携手度过这个困难时期。

我认为,在二十一世纪第二个十年,这将是中国把"和平崛起发展道路"进一步具体化的重要取向。

我期望并且确信,这样的取向,一定能在国际社会越来越大的范围内获得共识。

谢谢大家!

着眼"两个大局",构建中欧"利益共同体"*

在二十一世纪第一个十年,中国与欧盟之间形成广泛而深刻的共同利益,中欧全面战略伙伴关系框架基本确立,中欧关系客观上已是你中有我、我中有你,谁也离不开谁。二〇〇八年国际金融危机爆发以来,世界经济和国际政治格局出现新的变化。中欧之间相互依存关系更加深刻,面临着新的历史机遇和重大挑战。这就更加需要我们双方冷静思考,科学谋划,在二十一世纪第二个十年,着眼"两个大局",构建中欧"利益共同体",以能抓住共同机遇,应对共同挑战。

围绕这样一个总题目,我在这里提出十点思考,请各位指教:

一、中国和欧盟都面临着"两个大局"的问题。所谓"两个大局",就是

---

* 这是作者于 2011 年 10 月 31 日在首届中德思想交流会议上的讲演。

各自内部和外部所面临的一系列全局性战略问题。欧盟需要认真应对主权债务和深度一体化的挑战,中国需要认真解决结构转型和平衡发展的问题。在应对这两个内部挑战过程中,我们双方也都需要集中精力办好各自内部的事情,都需要稳定的内部环境与和平的外部环境,都需要统筹"两个大局",构建稳定的中欧关系。双方也都需要用有更强的大局观与同舟共济的意识,推进中欧战略伙伴关系打开新的局面。在这样的大背景下,如果中欧都把保持对方稳定和保持国际体系稳定作为双方的共同利益,则中欧之间构建"利益汇合点"和"利益共同体"就会有更广泛而牢固的基础。

二、中国和欧洲共同面临内部结构调整与改革的挑战。欧洲的当务之急是平衡预算、清偿债务、恢复增长、保持国际竞争力。中国目前亟待解决的问题仍然是发展和稳定。就眼前说,存在通胀预期和汇率压力,国民收入差距拉大,以及房地产泡沫问题,等等。而就长远来说,则有经济结构调整,科技教育滞后,还有社会治理亟待强化和优化,这是更具有根本性的三大课题。还要看到,中欧各自面临的经济问题,同时又对对方的发展有不同程度的影响,并互为借鉴。宏观经济政策协调和部门经济互补,应作为双边合作的最重要内容提上对话日程。

三、如何引导经济全球化向积极的方向发展,避免或消除全球化带来的各种消极因素,是世界主要力量包括中国和欧洲所共同面临的重大机遇和挑战。中国和欧洲应当在 G20、联合国、IMF 等平台上建立有效的交流和协调机制,在保持相对稳定的前提下,在全球治理体系方面谋求共识和合作。区域化合作和治理是全球治理的重要补充。欧盟的区域化程度最高,区域合作经验最丰富,现在依然面临着区域一体化的新问题新挑战。中国和东亚需要吸取欧洲的有益经验,恰当地处理亚洲区域化合作进程中的新问题。我们之间已经建立了亚欧峰会、中国-欧盟峰会等机制。中欧还可以在区域合作机制方面共同研究、共享机遇。

四、欧盟是世界第一大经济集团,中国是世界第二大经济体,中欧双方在双向投资和贸易领域存在很大的提升空间。相对双方的经济总量而言，我们的相互投资比重还比较低。欧洲对华投资只占中国吸收外资总额的6％，欧洲对中国的投资也只占它对"金砖四国"投资总额的6％，中国对欧盟的投资只占全球对欧投资的2‰。欧盟企业可以从中国的"十二五规划"中获得巨大空间，中国企业也可以从欧盟二〇二〇战略中获得巨大投资和贸易潜力。双方应采取切实措施，消除误解和某些思想观念上的障碍，消除贸易、投资和法律壁垒以及人员交往方面的阻碍，促进共同繁荣。高新技术合作历来都是中欧合作伙伴关系的支柱，中欧双方有理由继续在航天航空、遥感测量、节能减排、可再生能源、绿色低碳城市等领域加强共同研发与合作，加快提升"中欧科技伙伴计划"合作机制的战略影响力。

五、中国和欧盟应当尽快结束多哈回合谈判，推动新规则的制定和发展。欧盟是多哈世贸谈判的主要倡导者之一。在全球复苏乏力的背景下，目前更需要强化WTO现行规则，促进发展中国家全面参与多边进程，尽快融入世界经济体系。发达国家应主动摒弃对新兴国家的歧视和疑虑，改变保护主义传统思维，以双方相互市场的更大开放来提振自身竞争力与活力，避免世界经济的"二次衰退"。坦率地说，欧盟有责任尽快承认中国的完全市场经济地位。中国作为欧盟最大的贸易伙伴之一，至今在欧盟的市场歧视仍不能摆脱，又何论要求中国支持欧盟摆脱债务危机？很明显，承认中国的市场经济地位，对欧盟而言既是一个政治决断，也是一个经济问题，因为解决好这一问题，无疑会改善中欧经贸合作的氛围。

六、如何有效改革现存国际货币和金融体系，又努力降低全球金融风险，中欧之间应展开战略磋商。现存的国际货币体系是二战以来国际格局演变的产物，也是美元主导下的汇率机制和世界财富分配方式。这个体系有其历史背景，但不合理性也日益明显，同时激进变革可能带来的震荡难以预测。在目前的金融形势下，中欧双方更有必要加强金融合作，就国际货币体系改革等问题加强沟通，探讨人民币国际化进程并巩固欧元的国际地位。同时,联合培养高级金融人才、加强金融联合监管。

七、中欧在气候变化、极地开发、能源安全、食品安全、网络安全等方面的合作具有重要的战略意义。能源对外依存度高是中国和欧洲的共同特点。欧盟的能源进口到二〇三〇年将达到70%,而中国原油的对外依存度已经超过55%。中国和欧洲都需要实行能源来源多元化战略,双方不存在所谓能源战略竞争关系。如果中欧在各自具有的优势地区进行合作开发,将不仅有利于缓解石油供求紧张,而且有可能在新能源技术方面有所突破。欧洲拥有新能源开发的技术优势,中国具有制造业竞争力和巨大市场,这就使中欧在新能源开发方面具有很强的互补性。欧洲在食品安全、网络安全等方面也富有经验和技术,值得中国学习和借鉴。

八、中欧在非洲发展问题上加强合作仍大有可为。中国和欧盟都承诺帮助非洲发展,在非洲发展问题上,中国和欧盟没有根本的利益冲突。但是双方援助非洲的方式和重点不同,成效也各有千秋。双方应相互尊重,友好交流,各尽所能发挥特长。批评指责对方不利于中欧关系,也不利于非洲的长期稳定发展。中国和欧盟具有不同的文化背景,处于不同的发展阶段,这些差异并不妨碍双方援助非洲发展。

九、中国和欧盟应共同成为维护世界和平与稳定的重要力量。当今世界热点问题和局部冲突频发,这些问题不是单靠军事干预可以解决的。伊拉克和阿富汗至今也没有真正走上和平发展的轨道,中东地区动荡正趋于长期化。中国和欧盟在地缘政治领域并不存在战略利益冲突,各自的军力发展也不对另一方构成威胁。中欧应当在应对地区冲突、反恐和防扩散等问题上加强沟通与协调,特别是在联合国安理会就重大安全问题展开沟通与合作。欧盟与中国能否提高战略安全互信,其标志就在于欧盟是否尽早改变早已过时的对中国的高技术和武器出口限制。取消限制并不会影响欧盟与其西方盟国的关系,保持限制却对中欧共同利益的全面推进带来阴影。这一点值得欧盟战略界认真权衡、作出理性抉择。

　　十、在民主、人权和法治等问题上,中国和欧盟政治制度和价值观不同,存在这样那样分歧是正常的,但不应因此而成为对手。中国在改革开放和现代化建设进程中,注重借鉴欧洲的制度和经验,今后还会继续学习借鉴。欧盟则需要更加全面、长远地认识中国。中国有自己的国情,对民主、人权和法治有自己的理解和关注重点,对中国人的实际感受和中国的发展道路给予更多理解是很有必要的。中国的孔夫子说得好:"三人行必有我师",如果与此相反,采取"三人行,我必为师"的态度,那就错了。中国和欧洲都有悠久的历史和伟大的文明,在相互依存度越来越高的今天,需要更多相互沟通和相互学习,这样才符合时代潮流和社会发展规律。

　　总之,中欧共同利益是一个巨大的客观存在。能否将这些共同利益巩固、深化、发展为"利益共同体",需要我们着眼"两个大局",为此付出极大的努力。或许十年、二十年后,人们会把这个概念作为理所当然的常识,但是迈出最初的几步却需要很大的勇气。

任凭风浪起,稳坐钓鱼船*

今天我们在这里,可以说是"岁尾年头话大局"。你看,我们现在是站在二〇一一年之尾,展望二〇一二年;又是站在二十一世纪第一个十年之尾,展望第二个十年。特别是明年将召开党的第十八次全国代表大会,而十八大能够开出新水平的重要表征之一,就是面对二十一世纪第二个十年国际国内两个大局新变动,我们党要在调查研究和深入思考的基础上,作出新的深刻观察,理论和战略的深刻观察,包括国际关系和周边关系问题的理论和战略的深刻观察。这当然是一件大事。而这件大事,同我们今天在座各位的研究工作是紧密联系在一起的。也正是在这个意义上,我认为应当说,二〇一二年乃是一个"战略年"——"战略规划年",或者叫"战略设

---

　　* 这是作者于 2011 年 12 月 17 日在《环球时报》年会上的主旨讲演的节录,原题《关于中国战略和"利益汇合点"、"利益共同体"问题的几点思考》。

计年"。附带说一下，你看当今世界，各大国的战略界，不也都是在为二十一世纪第二个"十年"的战略走向而议论纷纷、谋篇布局吗！这也是一种特定时代条件下的世界范围的"诸子百家"呀！因此我认为又可以说，二〇一二年，在国际范围也是一个"战略年"——"战略规划年"、"战略设计年"。而这就要求我们大家，在座各位进一步下苦功，拿出体现我们长期积累、厚积薄发水平的新的研究成果，拿出实实在在、系统周密，而且富有创意的新的研究成果，贡献于党的十八大的准备工作。

我还要说，"战略规划年"、"战略设计年"的课题无疑是众多的，而中心的课题只有一个，就是怎样看我国在二十一世纪第二个十年新的战略机遇期。这当然又是一个关系全局的重大问题。围绕这个问题，我愿先来简要回溯一下十一届三中全会以来三十年中我们怎样把握机遇的历史。是否可以这样说，十一届三中全会以来三十年，大体每一个十年都是一个大段落，而这三大段落有一个共同特点，就是开头都碰到巨大麻烦、挑战以至于危机。请看吧：第一个十年，七十年代末八十年代初，我们国内倒霉到极点。"文革"灾难使国民经济濒于崩溃，人民温饱都成问题，政治动荡积重难返。但是十一届三中全会，在邓小平同志带领下，我们走出来了，并且进而开辟了战略机遇期的起点。第二个十年，开头是八九年政治风波，随后是苏联垮台、东欧剧变，我们外部受到西方制裁，内部出现改革开放可能倒退的危险，中国向何处去成为一个极大尖锐问题。而我们党在邓小平南方谈话精神指引下，不但扭转危局，而且全面推进改革开放，把整个理论、路线、方针提高到一个崭新层次。一九九二年，可以说是中国特色社会主义理论体系的奠基之年。第三个十年，世纪之交，风云变幻，炸馆、撞机，再加上面临加入世贸组织问题上的战略抉择，国内又是众说纷纭、莫衷一是。而我们党沉着应对，因势利导，又打开了第三个十年更大发展的新局面。三个十年的历史经验，证明我们党的战略道路从根本上符合中国和世界的实际状况，符合时代的发展趋势，同时在具体政策、策略和"度"的把握上又因应得宜,因而就能够在每一次克服巨大困难之后,都迎来一个巨大的发展机遇。

现在我们正进入第四个十年,面对的是二〇〇八至二〇〇九年世界金融危机后的世界大变局。变动的深刻复杂程度超出预计,而其重大特点之一则是变动的两重性。一方面,随着经济全球化,各国间相互联系加深了,而另方面,矛盾、困难和冲突更多了;一方面,西方大国陷入空前困境,而另方面,却对我们施加更大压力;一方面,周边国家高度依赖中国的发展,而另方面,却对我们更深疑虑;一方面,我们的国力空前增长,而另方面,如何在国际范围更好地加以运用,却显得并不完全得心应手;如此等等。那么究竟应当如何对待这些矛盾、困难和冲突呢? 从国际动向来看,归根到底,无非三种作为:一是继续冷战思维,二是发动局部热战,三是谋求共同发展,互利共赢,构建利益汇合点和利益共同体。对于前两种作为,我们一反对、二不怕,认为那是没有前途的,而且我们也都成功地经受过那两种作为的压力和考验。我们坚持的是第三种,即在经济全球化条件下,在努力搞好自身力量建设包括国防建设的基础上,走和平崛起的发展道路,全方位地与世界一切相关国家和地区发展"利益汇合点",构建不同内容不同层次的"利益共同体"。

说到这里,我还有一个观点,愿意提供各位考虑。这就是:在和平与发展仍然是时代主题的大背景下,在二十一世纪第二个十年我国国力已有更大增强的新条件下,关于我国发展新的战略机遇期的诸因素中,我们自身的发展将成为一个越来越重要甚至是决定性的因素。也就是说,中国大发展,并且继续大发展,这本身就是我们能够获得新的战略机遇期的最重要基础! 我们要充分重视这一条,并且以此为根本立脚点,而决不能看轻,更不能淡忘这一条。这也就是邓小平同志所说"埋头实干,做好一件事,我们自己的事",其深刻战略意义之所在。

中国有一句老话:任凭风浪起,稳坐钓鱼船。我本人很喜欢这句话。

出路在于构建"新型大国关系"*

我们很高兴在这里聚集一堂,为不远万里来到中国的美国朋友们接风洗尘。在此,我代表中方主办者并以我个人名义,向各位朋友的到来表示热烈欢迎,为这次中美关系对话的举行表示真诚祝贺。

这是一次高规格的重要对话。中美双方参与者,都是多年来从事中美关系和战略研究的高层次专家。各位朋友确定在各自紧张的日程安排中挤出两天时间,对中美关系近期和远期的一系列重大问题展开认真讨论,这件事本身就表明,我们双方都有增进理解、取得共识、化解分歧、扩大合作的强烈意愿,我们的对话有希望取得积极成果。

这次对话的议题众多。其中包括:中美共同利益汇合点,中美在亚太

---

* 这是作者于 2012 年 7 月 12 日在北京举办的第二次中美关系对话会欢迎宴会上的讲演。

地区的彼此利益关切,中美军事互信机制,南海与海上安全,中美经济关系,朝鲜半岛局势以及其他重大问题。这样一系列议题的重要性、战略性,不言而喻。再加上当前我们两国都处于国内政治的关键时刻,中国共产党十八大和美国大选都将在几个月之后举行,因而我们这次对话就显得更有意义。

对于中美关系的前景,历来都有乐观和悲观两种观点。为什么会有分歧,因为中美关系太复杂了,免不了见仁见智。为什么要寻求共识,因为中美关系太重要了,谁也承受不了这个关系严重恶化乃至对抗的后果。我想,在座朋友们都是为了争取中美关系好起来的前景而到这里来的。我本人对这样的前景具有信心。为此,我愿就未来十年中国的发展以及中美关系的走势,以尽可能简略的方式谈谈自己的看法。

就中国动向而言,我认为根本一条,就是在二十一世纪第二个十年,我们将集中力量,使中国社会生产力实现新飞跃。这是一切问题的中心。围绕这个中心,中国人第一要使中国的科技和教育事业再上一个大台阶,第二要使中国的经济结构、产业结构再来一个大转型(扩大内需和国内市场),第三还要下大功夫把中国的社会治理提高到一个新水平(更加活跃、更加有序,从而更加和谐),第四则是要在对外关系上,全方位地同周边国家和地区,同一切相关国家和地区,逐步构建不同层次和内涵的"利益汇合点"和"利益共同体"。

说到这里,我还要强调一点:关于构建"利益汇合点"、"利益共同体"的理念,已经确定地成为中国共产党和中国政府的重大战略方针。胡锦涛主席和温家宝总理多次在国际场合郑重强调了这一点。中共中央关于中国第十二个五年规划的建议和二〇一一年九月六日发布的《中国和平发展道路》白皮书,也都明确宣告了这一点。

实际上,中国与国际社会的"利益汇合点"已是一种客观存在。二〇〇八年以来,中国与世界各国,尤其是二十国集团成员国家和经济体,携手应对国际金融危机的冲击,就是特定条件下各方利益的最大汇合点。现在,中国与美国、欧盟等主要经济体之间又需要相互适应、相互调整,共同应对国际金融危机后的世界变化和各自国内结构调整。这又应成为各方新的利益汇合点。

以上说的是中国动向。再就中美关系而言,我有一个观点:中美关系,乃是世界近代以来,甚至整个人类历史上从未有过的极为特殊的大国关系。你看,中美两国经济合作基础之深厚,合作领域之广泛,从未有过,这是第一。两国关系之复杂、之难办,矛盾摩擦之多,从未有过,这是第二。两国关系发展余地之大和前景之广阔,也从未有过,这是第三。而归根到底,归结到一点,美国是超级大国,是当代世界最大的资本主义大国,中国则是共产党领导的当代最大的发展中国家,走的是一条中国特色社会主义的中国式改革开放道路,且在经济总量方面已居世界第二。这样两个大国之间相互需要而又有种种矛盾摩擦的奇特局面,难道不是世界近代历史上从未有过的,甚至还可说在人类历史上也从未有过的吗?这无疑是对我们的挑战,但同时又是我们的机遇。面对这种局面,我认为,中美双方都应承认自己没有经验,都需要经过摸索、碰撞和对话来发展共同利益,而不要设想依靠短浅的"智谋"和招数就可以压倒对方,更不要企图以武力手段压倒对方。

总之,中国"和平崛起"发展道路在二十一世纪第二个十年不必也确实不应该改变。这一点在中国朝野具有广泛共识。至于国内的不同声音,那是在改革开放条件下必然会有的,今后也还会有。有人说,"我们要崛起了,怎么能保持和平?"也有人说,"我们要和平,如何能崛起?"国外也有种种疑问。但中国就是既要和平,又要崛起。这就叫做"任凭风浪起,稳坐钓鱼船"。

那么,中国这样一条和平崛起的发展道路,在二十一世纪第二个"十年"的新条件下,是否仍然具有现实可能呢?我本人确信这一点,因为事情的发展越来越取决于国内大局,而国内条件是充分具备的。当然,还有国际条件,包括中美关系问题。过去三十年,总体而言,中美关系发展与中国走和平崛起发展道路并行不悖。两国几代领导人在多次转折关头化险为夷,使双边关系一步步走到今天这样的高度。今后我们两国仍应坚持这么做,而且也只能这么做。尽管由于战略环境变化和美国大选年政治干扰,中美关系的消极因素有所上升。但双方求稳合作应仍是主要方面。尽管出现这样那样的干扰,但是双方在一些敏感问题和涉及第三国问题上,基本上保持克制,力求稳妥的处理方式。两国高层领导人的多次峰会交流,更为中美关系稳定发展提供了重要保证。

我们同时还看到,中美关系的共同利益基础还将不断扩大。特别是在经济领域的相互依存关系,已经把两国结构性地联结在一起。中美双边贸易二〇一一年达到四千四百亿美元,美国对华出口增幅明显快于中国对美出口。在美国需要大量投资的情况下,中国二〇一一年对美直接投资增长27%。大部分在华美国公司仍然把中国作为海外投资的首选,并继续把地区总部和研发中心移往中国。两国文化交流和人民往来达到历史上从未有过的深度和广度。大量中国学生和美国学生在对方的大学甚至中小学留学,大量美国人和中国人在对方国家旅游甚至定居,双方的文化体育活动在对方国家也都受到极大欢迎。凡此种种,都是在几十年前、甚至几年前不可想象的。

当然,在指出这些乐观因素的同时,并不否认中美关系还存在许许多多的问题。例如,美国在亚洲的"再平衡"战略调整,可能对中美在亚太地区的合作机制造成不确定性。坦率地说,这种"均势"地缘战略实际上是以二十世纪的思维方式来处理二十一世纪上半叶的大国格局,其效果可能适得其反。又如,从意识形态和社会制度的对抗出发(而不是超越这种分歧)来处理战略关系,也是属于冷战思维的范畴,实际上也难以奏效。再如,中美双方都出现某种保护主义倾向,这种倾向若与安全领域的战略猜忌相结合,将严重削弱中美关系的共同利益基础。仅从以上几个例子就可以看出,我们双方面临的挑战是共同的,不可能通过单方面努力甚至一方压制另一方的方式来解决。我们面临的挑战又是全新的,不可能用二十世纪甚至是十九世纪的旧思维旧战略来解决。

那么,出路何在? 这就需要构建一种"新型大国关系"。从总体上看,中美构建"新型大国关系"的内涵,应是两国相互依存不断加深,两国对话磋商不断密切,两国相互包容不断拓宽,两国共同利益不断提升。此外,还有一个重要方面,就是两国对分歧的管控应当日趋有效。总之,我们需要把"二十一世纪新型大国关系"进一步具体化,即在扩大和深化中美现有利益汇合点的基础上,不断发现和创造新的利益汇合点,在各个领域构建不同形式、不同内涵的利益共同体,从而推动两国利益的良性互动。

当然,中美关系同时还越来越多地受到两国之外其他因素的影响。欧盟债务危机,中东政治变动,一些国家领导人更替,以及全球治理问题,等等因素,涉及并影响到中美两国各自国内国际"两个大局"以及这两个"两个大局"之间的关系。

世界正在发生深刻变化,但是变局中有不变。我的基本观察是,和平与发展仍是时代主题,二十一世纪第二个十年以至更长时间不会发生世界大战。这里好有一比:你看太平洋上到处是风浪,但从大处着眼,整体而言,太平洋是太平的。中国和美国都是世界大国,应当经得起小风浪。处理得当,小风浪就不会影响和破坏大局。

最后我要强调一点:维护中美关系的稳定,推进中美关系的发展,需要清醒的战略眼光,同时需要一批具有这种眼光的战略界人士。我们在座各位,难道不应当承担起这样共同的历史使命吗? 正因为这样,我们的对话,应当是积极、坦诚而富有建设性的,我们应当为未来十年中美两国的共同利益而有所作为。

机遇不是等来的，是共同创造出来的 *

很荣幸有机会参加"中德建交四十年企业座谈会"，很高兴与在座的德国跨国公司代表们就中德两国之间扩大"利益汇合点"和构建"利益共同体"的话题进行讨论。

我们知道，一九七二年十月十一日中德建交。再过两个多月，就将迎来中德建交四十周年。中国有句古话——"四十而不惑"，也就是说人到了四十岁，就能明辨事理而不摇摆困惑了。我认为，中德两国关系正日趋走向成熟稳定，恰好印证了中国这句老话。

四十年来，中德两国关系总体上保持着平稳发展的态势。而进入二十一世纪后，中德两国高层频繁互往，政治互信得到不断加强，有力地推动了

---

* 这是作者于 2012 年 7 月 12 日在北京举办的中德建交四十年企业座谈会上的讲演。

双边关系全面发展。二○一○年,中德两国发布了《中德关于全面推进战略伙伴关系的联合公报》。公报的核心就是要加强两国在各个领域的互利合作,全面推进中德战略伙伴关系发展。二○一一年六月,温家宝总理对德国进行正式访问,与默克尔总理共同启动了两国政府磋商机制,把中德关系提升到了一个更高的水平,这将强有力地推进中德两国各领域的务实合作。

我以为,在这样的大背景下,中德两国进一步加强合作,就是要不断扩大两国的"利益汇合点";中德两国全面推进战略伙伴关系的发展,就是要全方位地构建不同领域、不同层次的"利益共同体"。

从政治上看,中德没有根本的利害冲突,没有悬而未决的历史问题,这是中德间寻找利益共同点的重要基础。中德经济互补性强,这为两国经济合作提供了广阔空间。在基础设施建设、提高工业生产能效、原材料、钢铁、汽车、医药、生物技术、能源和环境技术、化学、信息通信技术等领域也都有广阔的合作前景。

在共同经历了国际金融危机冲击之后,中国与德国的"利益汇合点"较之以前是更多而不是更少了;中国与德国在不同领域、不同层次上构建"利益共同体"的条件是更加充分而不是更为欠缺了。

德国又是欧洲最重要的国家之一,中德深化合作,可以率先建立起多全方位的、不同领域的、多层次的"利益共同体"。这还可以在欧洲范围内实现示范效应,从而促进中国与欧盟关系更好的发展。

中德跨国公司是中德间扩大"利益汇合点"和构建"利益共同体"的重要平台和载体,要积极推动两国企业国际投资合作。

中德建交四十多年来,德国企业在中国持续不断地加大投资,德国成为对华输出技术最多的国家之一。作为东道国,我们引进了资金、技术、管理,带动发展方式转变;我们也引进全球意识、市场观念;也改善国际收支状况。德国跨国公司在中国投资也促进了德国自身的发展和经济的繁荣。

　　这些年来,更多的中国企业开始加大力度对外投资,在德国市场上也会出现一批中国跨国公司,将会有力地推进中德经济合作。近年来,中国企业在德国投资不乏成功的例子,这些跨国公司将中国和德国的比较优势有机地结合起来,成为互利共赢的范例,同时也为德国增加了就业。

　　中德两国跨国公司的发展,在增进中德友好关系方面,在为中国营造和平发展的国际环境、发展互利共赢的开放型经济方面,已经并将继续发挥重要作用。而保持中德关系友好地发展,对中德跨国公司有利,对两国有利,对欧盟有利,对世界有利。

　　我们看到,金融危机以来,中国市场在德国跨国公司全球战略中的地位大大提升,在欧盟对中国贸易长期赤字的条件下,德国对中国贸易却保持了出超。在投资方面,多数大型的德国跨国公司都加大了在华投资,并进一步强化其在华战略布局。中国公司也加快了对外投资的步伐,一些公司积极在德国投资。中国企业投资德国不仅有利于中国企业发展,也有利于德国企业保持和增强活力,有利于德国经济的振兴和繁荣。

　　我们认为,新时期中德两国企业合作发展的新趋势,是扩大两国"利益汇合点"的具体体现。特别是中国跨国公司投资德国。促进中国企业投资德国主要依靠企业的活力和市场的开放,但是也需要中国政府的努力和德国政府的支持。我们希望德国有关方面进一步采取措施,为中国企业投资德国创造更好的环境。

　　回顾过去,中德建交四十年来,中德企业合作成果显著。两国企业的互利合作扩大了两国的"利益汇合点",构建了两国"利益共同体"的基础。展望未来,我们相信,新时期中德两国企业的进一步合作,必将进一步扩大两国"利益汇合点",强化两国"利益共同体"的基础,实现双赢的结果。

　　最后,我想提请各位先生注意:机遇不是等来的,是共同创造出来的!

论中欧之间的共同利益*

中欧经济的相互依赖性是双边关系进一步深化的最重要动因。

中国要走一条和平崛起的道路。经济全球化使中国的和平崛起成为可能,而中国的和平崛起则已经为并将继续为世界提供机遇,提供一个互利共赢的广大市场。

中国需要逐步扩大同邻国和周边地区,以及与所有国家和地区的"利益交汇点",构建"利益共同体"。在和平崛起进程中,中国必须也一定能够同不同国家和地区建立和发展在不同领域和不同层次的、牢固的"利益共同体"。

在全球化时代,我们双方的利益深深地交织在一起,相互依赖。非

---

　　* 这是作者于 2012 年 8 月 27 日在《中国日报》和瑞士贯通基金会联合举办中欧对话期间,同西班牙前首相费利佩·冈萨雷斯的谈话要点。

传统安全威胁的凸显导致了以大国合作为基础的新安全观的形成；国际社会已逐渐认识到通过共同努力解决地区热点问题、保持和平和安全的必要性；民间文化交流和联系的增多也加深了不同国家和地区的相互了解。

自从二〇〇八年金融危机爆发以来，尤其是在二十一世纪第二个十年，中欧均面临着比外部安全威胁更为严重和巨大的内部挑战。为了应对这些挑战，我提出了扩大和深化"利益交汇点"和构建"利益共同体"的战略概念。

对于中国而言，维持发展和稳定仍是最重要的议题。目前，人民币升值外部压力加大、收入差距日益扩大、房地产泡沫等问题都亟须解决。长远来讲，经济结构调整、科学技术和教育的进步以及社会治理的改善是我们必须完成的三大根本性任务。

欧盟面临的最大挑战并非来自外部，而是来自内部——欧盟需要进行内部调整和实施改革。欧盟的当务之急是要平衡预算、偿还债务、恢复增长和提升国际竞争力。

为了应对我们各自的挑战，我们都需要一个稳定的外部环境，需要对国际体系进行逐渐改革，并通过一种渐进方式实现全球治理，这就是我们的共同利益。基于这一点，如果中欧都把维持对方和国际社会的稳定视为共同利益，双方深化和扩大"利益交汇点"以及构建"利益共同体"，中欧之间就会拥有越来越广阔而稳固的基础。

中国是欧盟的一个主要贸易伙伴。目前，我们在经济上已经高度相互依赖。如果你们能削减和消除贸易和投资壁垒，为中国公司到欧洲投资提供便利，这些公司将为被投资国创造许多就业机会。同样的，欧盟国家的公司也拥有大量来华投资的机会。双方在构建未来全球货币体系和金融监管机制上加强磋商，并在这些领域合作推进改革，对于促进全球经济更均衡发展大有裨益，这就是我们的共同利益。

中欧还在其他领域拥有许多共同利益。中国是世界上最大的能源消费国之一、石油进口国之一和碳排放国之一。欧盟也是一个大的石油进口地区。到二〇三〇年，欧盟进口石油预计会占到石油总消费的70%。在清洁能源领域展开合作，将促进中欧双方经济发展和科技创新。

中欧还在网络安全、外太空和海洋安全等领域具有"利益交汇点"。这些领域均与人的安全有关，应当被视作"共同点"，极其有必要建立所有国家都可接受的公共规则和运作程序。

在非传统安全领域，我们在维持中东、中亚和南亚等地区稳定及打击恐怖主义方面也具有共同利益。

构建"利益共同体"是一个长期任务。在构建过程中，中欧之间仍会出现争议和分歧。例如，中国和欧盟在民主、人权和法治问题上仍存在不同看法。这很正常，因为我们有着不同的政治体制和价值观。民主是世界潮流，但它不能从外部强加，不能搞单一模式，更不能在动荡中实现。一个国家的人民应根据他们国家的国情决定他们实现人权、民主和法治的方式。

推动中欧关系深化和发展的基本要素和动力在未来十年都是存在的，而且会继续发展。这需要我们秉持扩展和深化"利益交汇点"、构建"利益共同体"的理念，在双边和多边关系中寻求新的增长点，这对各方都是有益的。

IV

大变动　新觉醒　两重性

我们所说的"马克思主义新觉醒",乃是在坚持马克思主义立场、观点、方法基础上,把自己的思想从对马克思主义的教条化理解的束缚中解放出来的新觉醒;是坚持以中国问题为中心学习研究和应用马克思主义,并根据大变动中的世界和中国的实际而使马克思主义理论与时俱进的新觉醒;是党的指导思想真正能够解决中华民族面临的各项历史性课题,使中国人民的生产力不断获得新解放并给人民带来实实在在的利益和福祉的新觉醒。

—— 郑必坚

大变动　新觉醒
——从九十年波澜壮阔的历史大变动看中国共产党的马克思主义新觉醒[*]

一、大变动和新觉醒问题的由来

从一九二一年到二〇一一年，中国共产党走过的波澜壮阔的九十年，既是世界历史大变动的九十年，也是中国历史大变动的九十年。与世界历史大变动紧密相联的中国历史大变动在其广度、深度上，在由此引起的冲击力、震撼力上，实为中华民族几千年历史所仅有，也为世界历史所罕见。

请看看中国在这九十年一头一尾的鲜明对比吧。开头是深陷于半殖民地半封建社会困境，今天则是昂首阔步走在中国特色社会主义大道上；开头是国家瓜分豆剖，人民积贫积弱，今天则是国家团结凝聚，人民充满希

---

* 这是作者为中国共产党成立九十周年而作，发表于 2011 年 6 月 20 日《人民日报》。

望;开头是饱受列强蹂躏,任人争夺宰割,今天则是独立自主,和平崛起,巍然屹立于世界民族之林,并展现中华民族伟大复兴的光明灿烂的发展前景。

再请看看中国在这九十年大变动进程中相继实现的三大历史性转变吧。一是从半殖民地半封建社会到民族独立、人民当家作主新社会的历史性转变,二是从新民主主义革命到社会主义革命和建设的历史性转变,三是从高度集中的计划经济体制到充满活力的社会主义市场经济体制、从封闭半封闭到全方位开放的历史性转变。

虽然今天的中国仍未从根本上摆脱不发达状态,要使中国这样一个十三亿以至十五亿人口的发展中大国整体进入工业化、城镇化、现代化国家行列所面临的困难仍然甚大,矛盾仍然甚多。但是过去九十年间中国已经实现的如此广泛深刻的历史大变动,作为确定无疑的基本事实,作为这九十年中国历史发展的基本方面,则已成为今天绝大多数中国人的高度共识。

中国这九十年历史大变动由何而来? 主观因素和客观因素,国内因素和国际因素,无疑是众多的。而综观全局,起根本的决定性作用的因素,就在于有了一个以马克思主义武装起来,并且一以贯之地把马克思主义基本原理作为自己行动指南的领导核心;有了一个坚持把马克思主义同中国实际相结合,能够依据世情、国情、党情的不断变化和亿万人民伟大实践的不断深入而持续获得马克思主义新觉醒,从而形成并不断发展中国化马克思主义理论、路线、方针、政策的主心骨和领路人。这个领导核心,这个主心骨和领路人,就是中国共产党。

事情就是这样:九十年间,正是世界大变动、中国大变动的历史要求,启动了中国共产党的成立和"倒逼"着要求它的马克思主义新觉醒;而中国共产党所实现的马克思主义新觉醒,又反过来持续启动和引导了中国一波又一波的历史大变动。

二、从九十年历史大变动的总体把握，
看中国共产党的马克思主义新觉醒

我们所说的"马克思主义新觉醒"，乃是在坚持马克思主义立场、观点、方法基础上，把自己的思想从对马克思主义的教条化理解的束缚中解放出来的新觉醒；是坚持以中国问题为中心学习研究和应用马克思主义，并根据大变动中的世界和中国的实际而使马克思主义理论与时俱进的新觉醒；是党的指导思想真正能够解决中华民族面临的各项历史性课题，使中国人民的生产力不断获得新解放并给人民带来实实在在的利益和福祉的新觉醒。

回溯九十年波澜壮阔的历史进程，中国共产党总体上获得了哪些真正能够救国救民、富国富民的马克思主义新觉醒呢？

第一，艰难地独创性地深入分析中国社会经济政治和阶级状况，对一八四〇年后的中国半殖民地半封建社会性质和特点作出科学判断，尖锐提出了必须把马克思主义基本原理同中国这个具有极特殊国情的东方大国的具体实际相结合，而不能把马克思主义教条化，把共产国际决议和苏联经验神圣化。

第二，艰难地独创性地提出，鉴于中国特殊国情以及世界进入帝国主义和无产阶级革命时代的历史条件，中国革命必须分两步走，即首先经过民主革命，尔后才能进入社会主义革命的根本战略观念。在此基础上，搞清楚了中国新民主主义革命和旧民主主义革命的区别，确立了中国新民主主义革命必须是也只能是由中国工人阶级（通过中国共产党）领导的和以社会主义为前途的根本战略方针。

第三，艰难地独创性地提出，中国新民主主义革命的对象是帝国主义、封建主义、官僚资本主义，而中国资产阶级则分为大资产阶级和民族资产

阶级两部分,由此又创造性地提出了联合民族资产阶级的统一战线政策。抗日战争时期还实行对一部分抗日的大资产阶级也加以联合的,更广泛的统一战线政策。

第四,艰难地独创性地提出,中国的新民主主义革命只能是以农民为主力军,以武装斗争为主要形式,走农村包围城市道路的人民大革命。与此同时,进一步独创性地提出了"枪杆子里面出政权";提出了人民军队必须实行"支部建在连上",必须绝对服从党的领导,实行"党指挥枪"而不能"枪指挥党"。

第五,艰难地独创性地提出,适应中国新民主主义革命阶段和农村环境下建设马克思主义革命政党的特殊艰巨性,需要进行"党的建设的伟大工程"。同时独创性地提出了统一战线、武装斗争和党的建设这三项,乃是中国新民主主义革命克敌制胜的"三大法宝"。

第六,经过艰苦卓绝的实践检验和延安整风这样的马克思主义中国化教育运动,统一了全党思想,确立了毛泽东思想在全党的领导地位。毛泽东思想,是以毛泽东为代表的中国共产党人把马克思主义中国化的第一次历史性飞跃的伟大成果。

第七,新中国成立后,党又独创性地有步骤分阶段地成功实现了从新民主主义革命到社会主义革命的转变。特别是在"过渡时期总路线"指引下,经过空前规模的对农业、手工业和资本主义工商业的社会主义改造,在中国建立起亘古未有的社会主义制度。

第八,进入社会主义社会后,党独创性地运用辩证唯物主义和历史唯物主义世界观,深刻指出我国依然存在着生产关系与生产力、上层建筑与经济基础之间的矛盾。特别是独创性地提出正确区分和处理两类不同性质的社会矛盾的问题,人民内部矛盾成为国内政治生活的主题。

第九,党的十一届三中全会后,经过真理标准问题大讨论,经过从指导思想到具体工作路线、工作方针上的拨乱反正,党认真总结建国以来种种严重失误特别是"文革"教训,进一步确认建设和发展社会主义必须摒弃"以阶级斗争为纲",而坚持以经济建设为中心。与此同时,独创性地提出了坚持四项基本原则、坚持改革开放,即坚持党的"一个中心、两个基本点"的基本路线。

第十,在解放思想、实事求是、与时俱进地对社会主义再认识中,党独创性地提出了"走自己的道路,建设有中国特色社会主义"这样一个马克思主义中国化的目标性纲领性的基本命题。与此相联系,确认"马克思主义最重视发展生产力",确认"社会主义的本质,是解放生产力,发展生产力,消灭剥削,消除两极分化,最终达到共同富裕",并且确认直到二十一世纪中叶即二〇五〇年以前,中国都将处于"社会主义初级阶段",而"社会主义初级阶段的最根本任务就是发展生产力"。

第十一,在深化改革、扩大开放过程中,党独创性地提出改革开放是前无古人的伟大创举,"革命是解放生产力,改革也是解放生产力","改革是中国的第二次革命"。改革从农村开始,进而发展为以经济体制为重点的全面改革,经济体制改革的目标是建立社会主义市场经济。尔后又独创性地提出,确立"以公有制为主体、多种所有制经济共同发展的基本经济制度";在发展社会主义市场经济过程中产生的"新的社会阶层",也是中国特色社会主义事业的建设者。

第十二,在改革开放和社会主义现代化建设实践中,立足时代特点和基本国情,党独创性地提出我国在社会主义初级阶段分三步走,即依次经过解决温饱问题、奔小康、达到中等发达国家水平,以实现社会主义现代化的战略步骤。尔后又把从二十一世纪初中国进入"小康"后,到二〇二〇年的这二十年,作为"全面建设小康社会"的一个相对独立的发展阶段。

第十三,面对二十一世纪全球性挑战和经济社会全面发展需要,党独创性地提出了"以人为本"和"全面协调可持续发展"的"科学发展观"。强调加快转变经济发展方式,同时统筹协调城乡、区域、经济社会、人与自然、国际国内的发展,从而形成了以经济建设为中心,物质文明、政治文明、精神文明、社会文明和生态文明"五大文明建设"协调推进的中国特色社会主义事业的总体布局。

第十四,通过把国内大局同国际大局结合起来,把国情意识同世界眼光结合起来,清醒估量二十世纪后期和二十一世纪前期国际形势的深刻变化,党独创性地提出和平与发展是当今世界的时代主题。世纪之交,面对风云变幻的国际局势,提出"冷静观察、沉着应付、韬光养晦、决不当头、有所作为"的方针。进入二十一世纪后,进一步强调清醒把握中国所处的"历史方位"和面对的必须紧紧抓住而又可以大有作为的"战略机遇期",始终不渝地坚持走和平发展道路,并且全方位地拓展和深化同各方利益的汇合点,构建利益共同体,与世界各国一道推动建设"和谐世界"。

第十五,联系于中国特色社会主义伟大事业,党独创性地提出全面建设好新时期"党的建设新的伟大工程"。明确指出我们党历经革命、建设、改革,已经从领导人民为夺取全国政权而奋斗的党,成为领导人民掌握全国政权并长期执政的党;已经从受到外部封锁和实行计划经济条件下领导国家建设的党,成为对外开放和发展社会主义市场经济条件下领导国家建设的党。党要始终做到"三个代表",使自己既是中国工人阶级先锋队,又是中国人民和中华民族先锋队。与此同时,以加强党的执政能力建设和先进性建设为主线,全面推进党的思想建设、组织建设、制度建设、作风建设和反腐倡廉建设,强调坚持不懈地从源头上治理腐败。

第十六,继马克思主义中国化第一次飞跃的伟大理论成果——毛泽东思想之后,党又在新的历史条件下独创性地形成了包括邓小平理论、"三个代表"重要思想以及科学发展观等重大战略思想在内的"中国特色社会主义理论体系"。这是马克思主义中国化第二次飞跃的伟大理论成果。"中国特色社会主义理论体系"的确立,表明我们对共产党执政规律、社会主义建设规律、人类社会发展规律的认识达到新高度,开辟了马克思主义中国化的新境界。

以上这十六点,归结起来,集中表明了中国共产党在九十年波澜壮阔的伟大历史变动中,获得了在以下五个根本性问题上的马克思主义新觉醒。一是什么是马克思主义、怎样对待马克思主义。中心之点是坚持马克思主义基本原理与中国实际相结合,坚持马克思主义中国化,而不能丢掉马克思主义老祖宗,同时反对任何对待马克思主义的教条化。二是进行什么样的中国革命、怎样进行中国革命。中心之点是中国共产党领导的新民主主义人民大革命和从新民主主义革命到社会主义革命和社会主义建设的伟大转变,而不是脱离中国实际的所谓"民主革命只能靠资产阶级领导"的陈腐公式,和混淆革命阶段的所谓"毕其功于一役"的"革命"妄想。三是什么是社会主义、怎样建设社会主义。中心之点是从国情出发,建设中国特色社会主义,首先是社会主义初级阶段的中国特色社会主义。四是建设什么样的党、怎样建设党。中心之点是"三个代表",中国共产党既是中国工人阶级先锋队,同时又是中国人民、中华民族先锋队,坚持立党为公、执政为民。五是实现什么样的发展、怎样发展。中心之点是以人为本、全面协调可持续的"科学发展观",而不是无视人的全面发展、吃祖宗饭断子孙路的掠夺式的不可持续的发展。

三、再着重就十一届三中全会以来三十多年的成功实践, 看中国共产党在改革开放新时期的马克思主义新觉醒

在这里,让我们联系前述五大新觉醒的后三条,再作进一步的思考和论列。

一是关于"什么是社会主义、怎样建设社会主义"。改革开放历史新时期的思想解放,关键就是在这个问题上的解放。拨乱反正,全面改革,从以阶级斗争为纲到以经济建设为中心,从封闭半封闭到对内对外开放,从计

划经济到社会主义市场经济,直到提出构建社会主义和谐社会,等等,都是属于逐渐搞清楚这个根本问题并随实践发展而不断深化的伟大觉醒过程。在这个过程中首先创立的,具有从根本上奠定基础性质的邓小平理论,特别是其所包含的社会主义社会根本任务论、社会主义初级阶段论、社会主义市场经济论、社会主义精神文明论、社会主义本质论和党在社会主义初级阶段"一个中心、两个基本点"的基本路线,以及后来的社会主义政治文明论和中国和平发展道路论等,正确界定了我国现实社会的历史方位和主要矛盾。在这个过程中,明确提出了党在社会主义初级阶段的兴国之要、立国之本、强国之路这一系列带根本性的问题。

二是关于"建设什么样的党、怎样建设党"。从新时期一开始,我们党就启动了这一方面的探索和回答,确立了新时期党的思想路线、政治路线、组织路线,进一步明确了要把党建设成为领导社会主义物质文明和精神文明建设的马克思主义执政党。以江泽民同志为核心的党中央领导集体集中全党智慧创立"三个代表"重要思想为标志,世纪之交的中国共产党人深刻认识和把握新的历史条件下深刻变化的世情、国情、党情,在进一步回答"什么是社会主义、怎样建设社会主义"问题的同时,提出了"党的建设新的伟大工程"。强调提高党的领导水平和执政水平,强调保持和发展党的先进性,并从而创造性地回答了"建设什么样的党、怎样建设党"的问题,进一步明确界定了党本身在新时期的历史方位,从新的历史高度来认识自己、完善自己、全面加强自己。在这个过程中,明确提出了立党之本、执政之基、力量之源这一系列带根本性的问题。

三是关于"实现什么样的发展、怎样发展"。同样从新时期一开始,我们党就明确提出了"社会主义的根本任务是发展生产力",确定了"以经济建设为中心"、"中国式的现代化"和"三步走"的战略部署。围绕这个部署,关于农业和农村发展的"两次飞跃",关于区域发展战略的"两个大局",关于"科教兴国"、"依法治国"、"可持续发展"及"西部大开发"等一系列重大战略方针,再到新世纪新阶段的"全面建设小康社会",统筹城乡经济社会发展,坚持"新型工业化道路"和以"生产发展、生活富裕、生态良好"为特征的"文明发展道路",等等,都属于在发展问题上不断探索和深化的实践和认识过程。党的十六大以后,以胡锦涛同志为总书记的党中央在继承党的三代中央领导集体关于发展的重要思想的基础上,先后提出"科学发展观"和"社会主义和谐社会"等重大战略思想,进一步明确了我国仍处于并将长期处于社会主义初级阶段而又进到新的历史起点的发展方位,并把发展问题提到体现以人为本,体现社会公平正义,体现人的全面发展和社会的全面发展以及资源环境的可持续发展的高度。既着眼于把握发展规律、创新发展理念、转变发展方式、破解发展难题,又着力于推进党的执政方式和社会治理方式的转变。在这个过程中,明确提出了发展之本、发展方式、发展规律等一系列带根本性的问题。

可以看得清楚,上述这三大方面马克思主义新觉醒之每一方面,都是从改革开放新时期一开始即明确提出,在实践中不断展开和深化,并且总是与三十多年各个具体阶段上党的总体战略布局相联系而构成统一整体。中国共产党在新时期从实践到理论、再从理论到实践的一系列卓有成效的创新和创造,归根到底,都同这三大方面的马克思主义新觉醒分不开。

正是在这样的进程中,中国共产党坚持贯彻"一个中心、两个基本点"的基本路线,排除"左"、右干扰,思想解放不断上台阶,有力带动了改革开放和生产力解放不断上台阶;反过来,改革开放和生产力解放又有力促进了思想的再解放。

也正是在这样的进程中,党指导的解放思想同实事求是、一切从实际出发相一致,而不是相背离;党领导的改革开放同坚持四项基本原则相结合,而不是相悖反;党推动的经济体制改革同政治体制、社会体制及其他方面体制的改革相联系,而不是相割裂;党坚持的实践标准、生产力标准、人民最大利益标准和以人为本相统一,而不是相对立。

直到党的十七大,达到对中国特色社会主义的"三个一"的统一认识,这就是:一面旗帜——中国特色社会主义伟大旗帜,一条道路——中国特色社会主义道路,一个理论体系——中国特色社会主义理论体系。这是中国共产党对中国特色社会主义伟大事业和党的建设新的伟大工程的规律性认识进一步深化和系统化的鲜明体现和最新成果,并从而打开了更加广阔的实践和认识道路。

当然,我们同时清醒看到,在这三十多年中,中国不是没有曲折、起伏以至于失误,也不是没有种种失衡、失范、腐败、阴暗面以至于"乱象",更不是没有困难、风险甚至很大困难和很大风险。

我们还清醒看到,中国的社会主义现代化事业远未完成,中国还远未摆脱不发达状态,还需要在二十一世纪第二个十年开头的新的历史起点上再艰苦奋斗近四十年,才能达到中等发达国家水平。中国人能不能干成这番事业,世界上许多人还在看。再加上今天世界范围的综合国力竞争、不同思潮激荡,比起过去任何时代都要复杂得多。这种情况,必然会给党领导的伟大事业和党的建设新的伟大工程带来多方面复杂深刻的影响。

至于从更加长远来看,我们大家都记得,一九九二年春天邓小平在视察南方重要谈话中说过:"我们搞社会主义才几十年,还处于初级阶段,巩固和发展社会主义制度,还需要一个很长的历史阶段,需要我们几代人、十几代人,甚至几十代人坚持不懈地努力奋斗,决不能掉以轻心。"我理解,邓小平之所以把我国社会主义制度的巩固和发展看得那么长,不仅是因为我国社会生产力的发展不能不经历一个由低到高的长过程,短了不行;也不仅是因为我国社会主义生产关系和上层建筑的发展不能不经历一个由不那么健全到更加健全的长过程,短了不行;而且是因为,我们对社会主义制度巩固和发展规律的掌握也不能不经历一个长过程,短了也是不行的。

总之,面对二十一世纪第二个十年,中国共产党清醒估量困难方面,同时清醒坚定地把握历史方位、历史机遇和历史进程之主流和主导方面,把信心建立在自己力量的基点上,既不断推进历史大变动又不断实现自身新觉醒。

这里的关键就在于:解放思想与解放生产力相结合之始终一贯,党领导的伟大事业与党自身建设新的伟大工程相结合之始终一贯,加强党自身团结与加强党和人民团结相结合之始终一贯。我们真正是这样做了,那么,中国的和平崛起、伟大复兴就是不可阻挡的,是可以计日程功的。

四、结 束 语

中国共产党九十年历史经验,集中到一点,就是持续推进马克思主义中国化。而这恰是当年苏联共产党、东欧许多党所不理解甚至公开反对的。

经过九十年的奋斗和磨练,今天的中国共产党,已经成长为可以担当起引领世界上最大社会主义国家和最大发展中国家继续前进的重任,并且始终保持生机和活力的马克思主义伟大政党。

在中国共产党人看来,马克思主义的基本原理只有与中国实际和时代条件相结合,才能成功,才能胜利;科学社会主义的理想信念只有赋予其中国特色和时代内涵,才能成功,才能胜利;离开中国实际和时代特征来谈马克思主义,没有前途,没有意义;离开中国实际和我们已经取得伟大成功的道路和理论体系,而去另外寻求和依傍别的什么主义和模式,没有前途,没有意义。

有九十年英勇奋斗历史的中国共产党,经过开创改革开放新时期的艰苦努力,在世界风云变幻中抓住机遇、应对挑战,形成了这样一套在社会主义基础上面向现代化、面向世界、面向未来,使社会主义能够生气勃勃地不断前进,并经长期奋斗以实现中华民族伟大复兴的中国特色社会主义伟大旗帜、道路和理论体系。这实在是党之大幸,国家之大幸,人民之大幸,中华民族之大幸!

　　这又一次有力地表明,中国共产党在新的历史关节,仍然能够以自己经过艰苦努力而获得的马克思主义新觉醒和中国化马克思主义,来代表我们国家和民族的伟大前途。并且一定能够在我们国家和民族的未来发展中,继续经过艰苦努力而获得更多马克思主义新觉醒和马克思主义中国化的新成果,从而凝聚越来越多的志士仁人,依靠十三亿到十五亿中国人共同奋斗,来持续代表这个伟大前途。

　　正如胡锦涛同志在党的十七大报告中深刻阐明的那样:"在当代中国,坚持中国特色社会主义道路,就是真正坚持社会主义。""坚持中国特色社会主义理论体系,就是真正坚持马克思主义。"应当说,归根结底,这就是中国共产党在今天最大最根本的马克思主义新觉醒。

对美国前国家安全事务助理
布热津斯基的谈话[*]

一、开 头 的 话

热烈欢迎阁下到访我们"中国国家创新与发展战略研究会"。您是中国人民的老朋友,是中美关系发展史上的有功之臣,为中美建交做出过特殊贡献。您此次访华,时机很好。"习奥会"本月初成功举行,两国元首增进了相互了解和信任,达成了一系列共识,为今后四年乃至更长时期的中美关系,开了一个好头。但中美关系能否开拓一个新局面,保持长期健康、

---

* 这是作者于 2013 年 6 月 28 日在北京同来访的美国前国家安全事务助理布热津斯基的谈话要点。布热津斯基曾经在 2011 年与作者在美国战略与国际问题研究中心会晤时这样回应作者提出的关于构建"利益汇合点"和"利益共同体"思想:"郑会长的和平崛起理论反映出中国在走一条与世界历史上大国崛起不同的道路。回顾过去 100 年世界历史,大国冲突导致了第一次世界大战、第二次世界大战和冷战。郑会长的理念可能使中美关系避免重蹈大国冲突覆辙。"

稳定发展,还将面临许多严峻挑战甚至重大考验。在这一重要时刻,更加需要保持经常联系,就中美关系及其他全球、地区战略问题进行富有成效的沟通和对话。

二、我多年思考的主线——"大变动、新觉醒、两重性"

回想起来,我多年一贯,直到今天的全部思考,有一条主线,就是一句话,叫做"大变动、新觉醒"。说的完全一点,就是以中国和平崛起为主题的中国大变动、新觉醒,和以世界和平发展为主题的世界大变动、新觉醒。从世界历史的角度来看,是否可以说,这乃是一个前所未有的,破天荒第一次出现的伟大进程。这个进程,大体而言,中国从一九七八年党的十一届三中全会就开始了,国际范围则从二十世纪七十年代越南战争结束后,就开始启动了。也正因此,这样历史内涵的"大变动、新觉醒",就成为贯穿我三十多年全部思考的一条主线。

当然,事情是复杂的,不是只有一面。你说和平发展,但是正如布热津斯基先生指出的,第二次世界大战之后六十年间,美国在亚洲就打了四场大战!这两年,美国刚刚从阿富汗、利比亚两场战争脱身,但紧接着又开始了以军事布局为突出重点的所谓"重返亚太"和"再平衡"。

所以,事情是复杂的,不是只有一面。这样的二重性,乃是三十多年发展进程的又一重大特点,只能冷静对待。说得完全一点,大概也可以叫做"大变动、新觉醒、两重性"吧。

三、中美"两家"都有各自的"两个大局"问题,
　　"国内大局"分量更重

中国三十多年的突出发展出乎意料。不仅出乎外国人预料,也出乎中

国人自己的意料。尽管问题成堆，但是中国经济总量已经成为世界格局的重大因素之一，您对此是作了认真估量的。至于美国，本来就是老大，进入二十一世纪仍是超级大国，具有多方面优胜条件。您对此也是作了认真估量的。

这里需要补充强调的一点是，千万不可把中国估计过高。一个基本实情是"两个最大"——美国还是"最大的发达国家"，而中国则还是"最大的发展中国家"。也正因此，恕我直言，我本人未敢苟同您曾经强调提出的"中美共治世界"。

现在的新情况是，一个又老又新的"两个大局"即"国内大局"和"国际大局"问题，以全新形式的挑战，分别提到中美两国面前。能否清醒认识和成功应对这"两个大局"，能否具备对内处理能力和对外处理能力，这对中国是新的严峻考验，对美国恐怕也是新的严峻考验。还有一点，国际问题的处理能力，越来越取决于对国内问题的处理能力。我历来强调这一点，您也讲到过这一点，我们想到一起了。

这就叫做"家家有一本难念的经"。各有难处，各有自己的"赤字"和"资产负债表"。这就要求对自己的成就不必过于陶醉，对别人的倒霉不必过于幸灾乐祸，而应当增强和深化借鉴和学习外国的眼光和能力。

这里一个重要问题就是防止骄傲。毛泽东曾经深刻警醒我们全党，指出中国共产党在历史上四次大的骄傲都是吃了大亏的。上世纪七十年代末以来，中国人打开眼界，包括向外国学习，有了一些新的成就，进一大步地发展起来，那么是不是又会忘了防止骄傲这一条教训呢？总之要求清醒，否则要吃大亏。即使是超级大国，骄傲了也在劫难逃。

四、谈谈中国人在二十一世纪第二个十年打算怎么干

在这里我首先要明确断言，中国人在二十一世纪上半叶不可能赶上和

超过美国。因为这不简单是 GDP 指标问题,而是基本国力和基本国情的全面战略估计。请看,中国人自己作出的估量,包括所谓中国是最大发展中国家,所谓中国仍处在社会主义初级阶段,还有所谓中国建成全面小康之后还要再经过三十到四十年奋斗,才能实现现代化,这三项最重大提法,都是由基本国情和基本国力的全面战略估计而来的。

与此同时,中国人还认为自己二十一世纪上半叶能够成功实现发展目标的一个极重要的不可或缺的条件就是全方面、多层次地发展国际合作,包括大国合作和周边合作,尤其是中美合作。为什么?理由就在两个"最大":一个是最大发达国家,一个是最大发展中国家。

顺便说一下,还有一个历史比较。今天中国和平崛起困难之多之大,远远超过当年美国。

五、再谈中国人在二十一世纪第二个十年打算怎么干

当前,我们的领导层正在谋划"全面深化改革"问题。这是在我国改革开放已经走过三十五个年头,改革与发展已经取得举世瞩目成就这样的历史新起点上进行的。三十五年来,改革在某些方面、某个时期确有快一点或者慢一点、力度大一点或者小一点的情况,但总体上并不存在中国改革在哪个方面改了、哪个方面没有改的问题。问题的实质是改什么、不改什么。必须改的领域和问题,难度再大也要坚决改;有些不能改的,再过多长时间也是不改,不能把这说成是不改革,也不能由此断定中国的改革是跛足的改革、不均衡的改革。

我们有这样一个基本的判断:经过三十五年的实践,中国的改革已从点到面、由浅入深,进入攻坚期和深水区。所谓攻坚期,就是需要解决的问题分外艰巨,面临的都是难啃的硬骨头,都需要攻克体制机制上的顽瘴痼疾,就好像战场上要攻克最后的坚固堡垒一样。所谓深水区,就是下一步

深化改革将不可避免地触及深层次的社会关系和利益矛盾,牵动利益格局深刻调整,就好像航船在越来越深的水中前行,浪头必然越来越大。

中国共产党是在一个十几亿人口的大国领导改革开放,因此,肩负任务的艰巨性和复杂性世所罕见。许多中国特色,都源自这个最基本的国情、最根本的特点。但是我们的领导层清醒理解:没有退路!不管遇到什么风险、困难、挑战,都只能坚定不移地把改革开放引向深入。当然不是蛮干盲干,而是要拿出勇气和智慧,敢于啃硬骨头,敢于涉险滩,既勇于冲破思想观念的障碍,又勇于突破利益固化的樊篱。

六、三谈中国人在二十一世纪第二个十年打算怎么干

中国全面深化改革,要按照中共十八大确定的"两个一百年"奋斗目标(一个是建党一百年,即从一九二一年起到二○二一年;又一个是建国一百年,即从一九四九年到二○四九年),首先集中全力在二十一世纪第二个十年,实现国内生产总值和城乡居民人均收入比二○一○年再翻一番,同时要为中国顺利跨越"中等收入陷阱"、进入世界高收入国家行列扫除各方面体制机制障碍。为此,我们要按照促进工业化、信息化、城镇化、农业现代化同步发展的方针,全面深化五大体制(即经济、政治、文化、社会、生态体制)改革,使中国现行制度体系得到全面优化,为全面建成惠及中国十几亿人口的更高水平的小康社会奠定制度基础。

归根结底,一个中心,就是解放发展中国人民的生产力,解放和发展中国人民的创新活力、创业活力和抵御风险的能力和活力。

七、关于反华包围圈

这个问题上,您的观点睿智清醒,我深为钦佩。我认为这里必须掌握

的基本一点，就是亚太形势不是二战之前，也不是一战之前的形势，更不是满清末年的形势。把中国比作满清不行，把中国比作一战、二战中的德国或者日本也不行，走扶日反华的老路更不行。总之，反华包围圈是搞不成的，应当承认、确认一个新东方出现了。

这里我还要特别提到，您的一个观点很好很重要，这就是美国对自己在亚太的作为要有清醒的界定。什么是清醒界定呢？正如您所指出的，一是不卷入区域对抗，二是不试图统治这个地区，三是不能仅靠同日本的结盟，四是建立在中美合作制度化的基础之上。只有这样，才能如您所说，美国对亚太事务的参与是"有效参与"，是真正"有建设性"的参与。

愿意听到您的指教。

大变动、新觉醒的时代，
大文章还在后头*

今天很高兴再次相聚，举行第三次中美关系对话会。在这里，我代表中方主办者，对各位贵宾的到来表示热烈欢迎和衷心感谢！

我们这次对话，恰好是在"习奥会"之后不久，又是在中美战略经济对话之前不久，可以说时机很好。大家都看到，"习奥会"的成功，为今后四年乃至更长时期的中美关系开了一个好头。但中美关系能否真正打开一个长期健康、稳定发展的新局面，还将面临许多严峻挑战甚至重大考验。在新机遇和新挑战并存的这一重要关头，今天在座各位长期关注和支持中美关系发展、具有历史视野和战略高度的专家学者共聚一堂，就进一步发展中美关系，举行这样小范围、高层次的对话，无疑具有独特的重要意义。

---

* 这是作者于 2013 年 7 月 1 日在北京举办的第三次"中美关系对话"欢迎晚宴上的致辞。

大变动　新觉醒　两重性

经过共同商定的议程已经送给各位,这里我只想作为开场白,简要陈述以下四点看法。

第一点:我们当今所处时代的一个重要特点,就是"大变动、新觉醒"。

朋友们,就我本人来说,多年一贯、直到今天的全部思考,如果用一句话来概括,就是中文六个字——"大变动、新觉醒"。说完全一点,就是"以中国和平崛起为主题的中国大变动、新觉醒",和"以世界和平发展为主题的世界大变动、新觉醒"。从近代以来的中国和世界历史角度来看,这样一种"大变动、新觉醒",乃是一个前所未有的伟大进程。而这个进程,就中国来说,从一九七八年中国共产党的十一届三中全会就开始了;就国际范围来说,从二十世纪七十年代越南战争结束之后就开始启动了。从那时到现在,不到四十年,中国和世界都发生了新的巨大变动。这种变动,看来还将持续下去。也许可以说,真正大文章还在后头。也正因此,这样一个"大变动、新觉醒",就成为贯穿我本人三十多年全部思考的一条主线。

当然,事情是复杂的,不是只有一面。你说和平发展,但是,二次大战后六十年间,美国在亚洲就打了四场大战! 这两年,美国刚刚从阿富汗、伊拉克两场战争脱身,但是紧接着就开始了以军事布局为突出重点的所谓"重返亚太"。所以,事情是复杂的,不是也不可能是只有一面。

这就叫做二重性。你看,蓬勃发展是一方面,一片混乱是又一方面。围绕和平发展的大变动、新觉醒是一方面,继续冷战思维以至局部热战是又一方面。

那么怎么办? 只能冷静对待,并且尽一切可能为以和平发展为主题的大变动、新觉醒开辟道路。

这大概也可以叫做"大变动、新觉醒"的题中必有之义吧。

第二点:中美两家都有各自的"两个大局"问题,而"国内大局"分量更重。

中国三十多年的突出发展出乎人们意料。不仅出乎外国人意料,也出

214

乎中国人自己意料。尽管问题成堆，但是中国经济总量已经成为世界格局的重大因素之一。至于美国，本来就是老大，进入二十一世纪仍是超级大国，具有多方面有利条件。

这里需要补充强调的一点是，中国人决不把自己估计过高。基本实情是"两个最大"——美国仍是"最大的发达国家"，而中国仍是"最大的发展中国家"。

现在一个突出的新情况是"两个大局"，即"国内大局"和"国际大局"以全新形式的挑战，分别提到中美两国面前。能否清醒把握和成功应对这"两个大局"，能否具备合格的对内处理能力和对外处理能力，这对中国是新的严峻考验，对美国恐怕也是新的严峻考验。还有一点，对国际问题的处理能力，越来越取决于对国内问题的处理能力。

这就叫做"家家有一本难念的经"。各有难处，各有自己的"资产负债表"和"赤字"。这就要求中美两国，对自己的成就不必过于陶醉，对别人的倒霉不必过于幸灾乐祸。

总之一句话：防止骄傲。

第三点：中国人在二十一世纪第二个十年打算怎么干。

中国人的基本目标，是要集中全力在二十一世纪第二个十年，在生产力再上新的大台阶基础上实现国内生产总值和城乡居民人均收入比二〇一〇年翻一番（我们叫"两个翻一番"）。同时要为中国顺利跨越"中等收入陷阱"、进入世界高收入国家行列扫除各方面体制机制障碍。为此，我们要按照促进工业化、信息化、城镇化、农业现代化同步发展的方针，全面深化五大体制改革（即经济、政治、文化、社会、生态体制改革），使中国现行制度体系得到全面优化，为全面建成惠及中国十几亿人口的更高水平的小康社会奠定制度基础。

说得具体一点，我们全面深化改革有四个着力点：

一是要以更大范围、更加健康的市场化促进形成我国公平竞争的市场环境、全国统一的市场体系,使中国经济更有效率、更加公平、更可持续发展。

二是要以更大决心、更大力度打破各方面体制机制的僵化,打破社会阶层和既得利益的固化,进一步解放和发展社会生产力,继续充分释放全社会创造活力。

三是要以更加完备、更具操作性的各方面具体制度解决当前中国多个领域产能过剩、同时又有多个领域制度供应匮乏的现状,促使中国各方面治理方式更加优化。

四是要以更加完善、更具活力的开放型经济体系扩大同各国各地区的利益汇合、互利共赢,实现既要让中国自身过得好、也让别人过得好的国际社会共生发展。

更具体的方案还在设计过程中,那就要且听下回分解了。

说到这里,我要明确强调一点:即使达到这个目标,中国仍然处在并将长期处在社会主义的初级阶段。真正实现现代化,还有很长一段路要走。因为这不简单是 GDP 指标问题,而是基本国力和基本国情的全面战略估量问题。我们历来所说的"最大发展中国家",历来所说的"社会主义初级阶段",历来所说的从现在起到二○二○年只能是"全面建成小康社会",尔后还要再经过三十年奋斗才能基本实现现代化,这三项关于中国的最重大提法,都是由基本国情和基本国力的全面战略估量而来的。

还要强调一点,就是中国人还认为自己在二十一世纪上半叶能够成功实现发展目标的一个极重要的不可或缺的条件,就是全方位、多层次地发展国际合作,包括大国合作和周边合作,尤其是中美合作。为什么如此看重中美合作? 理由还是那个"两个最大":美国是最大发达国家,中国是最大发展中国家。

顺便说一下,还有一个历史比较。今天中国和平崛起面临困难之多之大,远远超过当年美国开始崛起之时。上帝偏袒美国,这不公平,但是难道想去找上帝评理吗？

第四点：中美之间的利益汇合点和危机管控机制。

我完全赞成这次对话的五项议程，这里我只想着重就其中的三项谈一点看法。

第一项议程的实质，是中美新型大国关系的具体化。即在扩大和深化中美现有利益汇合点的基础上，不断发现和创造新的利益汇合点，在各个领域构建不同形式和内涵的利益共同体；同时又共同构建危机管控机制。从这样两个方面着手，就把中美关系的"两重性"都估计到了，都覆盖了。

我还要说，这样的"两重性"既不同于美英之间在二战前后的盟国关系，也不同于美苏之间在冷战时期的两霸关系。而是着眼于全球范围的、地区范围的、双边范围的各种利益利害关系，凡属能够合作的领域，中美之间就应尽量建立合作机制，把合作落到实处；凡属需要妥协的领域，中美之间就应坦率地提出妥协的条件和达成交易的路径；凡属可能发生冲突的领域，中美之间就应认真地建立危机管控机制，把潜在危机控制在可以管理的范围内。

第二项议程是关于一系列"新疆域"。当前情况是，随着人类科技水平的不断突破，许多过去人类难以进入的领域现正成为各大国纷纷进入并展开竞争的"新疆域"。但是这些"新疆域"，并不属于任何一个大国的私有领地，而且没有既定规则。同时，各种"非政府、非国家"因素在这些领域异常活跃，而网络黑客、网络威胁更是没有国界的。网络治理本应在联合国框架内构建相关机制，但在这种治理机制形成之前，中美两国理应承担各自的、也是共同的责任。与此同时，还应当力求在"新疆域"有关各个领域逐步达成共识，建立新的规则雏形。

第三项议程即两军关系，可以说这是中美两国关系的试金石，而且目前还是双边关系的"短板"。由于战略互信严重不足，两军之间很需要深入交流，所以我们特邀中国人民解放军原常务副总参谋长葛振峰上将、空军原副司令陈小工中将、海军信息化专家委员会主任尹卓少将，三位将军与会。相信这将大有益于我们这次对话各项议程，尤其是第三项议程的深化。我认为，经过持续努力，相向而行，中美两军关系将有可能成为世界上最有特点且最重要的军事合作关系。

另外，我还要强调指出，中美两国发展投资合作潜力巨大，这是一个巨大的利益汇合点。干好了，将把中美经贸合作提升到一个崭新阶段。这方面也还有许多障碍，需要我们共同去克服。

最后我还要说，今晚在座各位，都是中美两国间共同利益、利益汇合点的构建者、推进者和维护者。希望通过大家的共同努力，持续推进我们之间的交流合作。

"读懂中国"这个主题好[*]

尊敬的塞迪略理事长①，

尊敬的各位贵宾，

女士们、先生们，朋友们：

晚上好！

首先请允许我代表二十一世纪理事会北京会议的中方主办者，并且以我个人的名义，对在座各位，特别是远道而来的外国朋友表示诚挚的欢迎！同时，对本次会议的召开表示热烈的祝贺！

---

* 这是作者于 2013 年 11 月 1 日在二十一世纪理事会北京会议开幕晚宴上的致辞。这次会议，系由二十一世纪理事会，同中国国家创新与发展战略研究会、中国人民外交学会，于 2013 年 11 月 1 日至 3 日在北京联合召开。会议以"读懂中国"为主题，共办了 7 场专题研讨。四十多位外国前政要、中国政府官员、中国人民解放军高级将领、中外企业家以及专家、学者在为期三天的闭门会议中，就新的全球架构、社交媒体及治理、中国经济能否持久繁荣、中国国防政策、中国决策过程、中国人的世（转下页）

　　此次二十一世纪理事会北京会议的主题是"读懂中国",大家都已经清楚地知晓了。两个英文单词,四个中文大字,醒目地写在我身后的展板上。我以为这个主题确实重大,它的实质内涵不是基于概念,而是基于实践。基于什么样的实践呢? 用一句话来说,就是基于中国人要在二〇二〇年全面建成小康社会,进而到本世纪中叶基本实现现代化这样的实践。这可不是普通的实践,而应当是大写的实践,是中国十三亿人,再往后十五亿人,在二十一世纪前五十年时间里全国动员、全民奋起的伟大实践。

　　既然会议的主题是这样,那就需要我们从事实出发,而不是从概念出发。在此基础上,我相信我们的研讨一定能够随着时间的推移而向着越来越实际、越来越活跃的方向走。

　　也许还应当说,从事实出发而不是从概念出发,才是我们这个研讨会的生命线。

　　最后,预祝本次会议圆满成功! 祝愿各位贵宾在北京过得充实、愉快!

　　谢谢!

(接上页)界观和国际责任、如何构建全方位的利益共同体等问题,进行了坦诚而深入的研讨。中共中央总书记、国家主席、中央军委主席习近平会见了与会的外方代表,同他们进行了亲切交谈。习近平认为,这次会议以"读懂中国"为主题,有助于增进中外相互了解。中国人民正在努力实现"两个一百年"的奋斗目标和中华民族伟大复兴的中国梦。中国梦与中国人民追求美好生活的梦想是相连的,也是与各国人民追求和平与发展的美好梦想相通的。要实现中国梦,我们必须坚持走中国特色社会主义道路,这是一条中国人民经过长期艰苦探索后找到的正确道路。中共中央政治局常委、国务院总理李克强出席开幕式,并在题为《变化世界中的中国》的开幕讲演中说,读懂中国、理解中国,就要走进中国。中国是一个有十三亿多人口的大国,实现现代化在人类历史上没有先例可循,会遇到许多难题,解决这些难题需要和平的国际环境和稳定的周边环境。中国把自己的事情办好,本身就是对世界的贡献。

①　塞迪略,墨西哥前总统。

大变动·新觉醒·两重性[*]
——从经济全球化历史发展看二十一世纪
第二个十年中国的基本走向

  围绕"读懂中国"这个本次会议的主题,今天我讲演的题目是《大变动·新觉醒·两重性——从经济全球化历史发展看二十一世纪第二个十年中国的基本走向》。下面我说几点意见。

  (一) 我多年一贯的全部思考,如果用一句话来概括,就是中文六个字——"大变动、新觉醒"。具体一点说,就是"以中国和平发展为主题的中国大变动、新觉醒"和"以世界和平发展为主题的世界大变动、新觉醒"。从近代以来中国和世界历史发展的角度来看,这样一种"大变动、新觉醒"乃是一个前所未有的伟大进程。而这个进程,可以说,中国从一九七八年中国共产党的十一届三中全会就开始了,世界从上世纪七十年代越南战争结

---

 * 这是作者于 2013 年 11 月 2 日在二十一世纪理事会北京会议上的主旨讲演。

束以后,就逐步启动了。从那时到现在,不到四十年,中国和世界都发生了新的巨大变动,这个大变动看起来还将持续下去,也许可以说,真正大文章还在后头。

（二）为了说明这个观点,请允许我先来回溯一下历史。什么历史呢?就是联系近代以来三轮经济全球化的发展历程,看中国人是怎么走过来的。

事情要从十九世纪中叶鸦片战争说起,要从那时以来,几代中国人的两大历史性追求说起。这两大历史性追求就是:一要求得民族独立和人民解放,二要实现国家繁荣、富强和人民富裕。简而言之,一要救亡图存,二要振兴发展。正因为近代以来历史上我们这个民族多灾多难,所以这两大历史性追求,就成为对整个中华民族,包括对中华民族的各个阶级、各个政党及其领导者的最大考验,从而也就成为鸦片战争以来多少代中国人为之前赴后继、不懈奋斗的最深层动力和最崇高目标。直到上世纪五十年代,一九五六年,毛泽东还这样说,中国如果不能把自己建设成为伟大的社会主义国家,那就要从地球上被开除球籍! 时至今日,也许我们还应当说,如果我们不能在二十一世纪上半叶跨越中等收入陷阱,成功实现工业化进而实现现代化,实现中华文明的伟大复兴,我们恐怕还是会在第三次产业革命的全球化浪潮中面临被开除球籍的危险! 所以,近两个世纪以来,先进的中国人在内忧外患中产生的"救亡图存"和"振兴发展"的共同理念,这就是当代中国人的"中国梦"的最根本的逻辑起点和历史起点。

鸦片战争以后这一百七十三年,中国经历了大变动,世界也经历了大变动,而这两方面大变动又是紧密相连的。如果要问这种历史关联的内在脉络是什么,我认为一个最简要的回答就是:世界范围发生的三轮经济全球化和中国国家命运的三次大转折。

大体而言,第一轮经济全球化开始时即一七五〇年前后,那时正处于落日辉煌之中的中国清朝乾隆皇帝,他的"天朝大国梦"做得正香。而英国,却从一七五〇年起开始了产业革命。到一八四〇年,英国国内铁路网建成,标志着产业革命基本完成。又恰恰在这一年,英国人打了一场对中国的鸦片战争,一巴掌把中国打入半殖民地!可见这个一八四〇年,对中英两国都是很要紧的年份。它是英国兴旺的标志年,又是中国沦为半殖民地的起始年。从此以后,中国人的"救亡图存"和"振兴发展"之梦就开始了。由此激发旧民主主义革命一浪接一浪,一直到孙中山领导推翻帝制,建立民国。中国民主革命的先行者孙中山首先喊出"振兴中华"的口号,开创了完全意义上的近代民族民主革命,但是辛亥革命未能改变旧中国的社会性质,国势继续衰败。整个说来,在十八世纪中叶到十九世纪末叶这一轮经济全球化一百多年的历史进程中,中国人不但没有抓住机遇,反而被打入谷底,成为经济全球化和资本殖民主义的最大受害者。

这就是第一轮经济全球化与中国之命运。

那么,第二轮经济全球化又是什么情景呢?十九世纪末、二十世纪初,西方资本主义国家进入了金融资本统治阶段即帝国主义阶段。由于后起资本帝国主义国家重新瓜分世界,两次世界大战使得第二轮经济全球化中断了,断裂了,逆转了。与此同时,战争引起革命。两次世界大战,先后在资本帝国主义统治的薄弱环节引发了两次大革命,先是俄国十月革命,后是毛泽东和中国共产党领导的中国人民大革命,以至中华人民共和国的建立。与第一轮经济全球化的时代完全不同,这一回,中国人抓住了第二轮经济全球化断裂的时机,起来革命,由此获得了真正的国家独立和人民解放,打开了实现近代以来中国人历史追求和历史进步的大门。

这就是第二轮经济全球化与中国之命运。

那么,第三轮经济全球化又是什么情景呢?二次大战后,经过一个过渡时期,包括美国打越南战争失败和苏联打阿富汗战争失败以后,有资格打世界大战的两个超级大国的全球战略部署先后遭受重大挫折。大体从二十世纪七十年代中期到八十年代中期起,世界一步一步进入以和平与发展为时代主题的历史新阶段。新科技革命和第三轮经济全球化起来了,在这第三轮经济全球化潮流当中,搞大国争霸和僵化社会主义模式的苏共和苏联垮台了,而中国人呢? 却如同在第二轮经济全球化进程中抓住时机起来革命一样,又抓住新的时机,自我改革,自我完善,使中国摆脱封闭、僵化,加快发展起来。从一九七八年中国共产党的十一届三中全会开始,确定一个方针,以经济建设为中心,实行改革开放,开创了一条在同经济全球化相联系而不是相脱离的进程中独立自主地建设中国特色社会主义的道路。这条道路,从统筹国内国际两个大局的角度来说,也就是和平发展的道路。

这就是第三轮经济全球化与中国之命运,至今走过了三十五年。

我在一开头说过,不到四十年,中国和世界都发生了新的大变动,看来这样的大变动还将持续下去。

以上是我从"读懂中国"的角度所做的粗线条的论述,至于世界范围的大变动、新觉醒,由于我们这次会议的发言时间限制,而且主题是"读懂中国",所以我就不多展开论说了。

这是我要说的第二点。

(三)当然,世界上的事情是复杂的,是由多方面因素决定的,而且无论是中国的还是世界的大变动,往往呈现令人眼花缭乱的"两重性"发展。即以当前的大国动向而论,一方面,和平发展是主流,各国利益相互依存日益广泛深入;另一方面,霸权主义、强权政治仍然是个别大国的行为特征。新型大国关系和传统大国关系并存,而前者还处于新生态势,较为脆弱。后者则盘根错节,相当顽固。在这样一种大背景下,人类社会无非三种选择,三种作为:一是固守冷战思维,搞各种形式的冷战。二是世界大战虽然打不起来,却搞局部热战。三是走新路,构建国家之间、地区之间各种形式的利益汇合点和利益共同体,谋求共同发展。对于前两种作为,中国人都领教过,而且都成功地应对过,我们的态度是第一反对,第二不怕。我们主张的是第三种选择,第三种作为,就是在经济全球化条件下,在努力办好自己国家事情,包括必要的国防建设、国家安全的基础上,坚定不移走和平发展道路,同世界一切相关国家和地区,首先是周边国家和地区,构建和发展利益汇合点、利益共同体。

总而言之,二十一世纪第二个十年,世界范围大变动、新觉醒的伟大进程,无疑将充满"两重性"相交织的复杂形势,而其复杂深刻程度,甚至将远远超出基于经验和常规的判断。但即便如此,我仍然坚信,大变动、新觉醒是主流,是大势,不可阻挡。

再重复我在开头说过的一句话:中国大变动、新觉醒和世界大变动、新觉醒的真正大文章,还在后头。

说到这里,我想也许还可以在我开头所说的中文六个字——"大变动、新觉醒"之后,再加三个字——"两重性",一共九个字,以此作为我全部思考的概括。

(四)最后我还要特别说到一点:中国有句老话,叫做"人之相知,贵相知心。"中国国家创新与发展战略研究会、中国人民外交学会同二十一世纪理事会的合作,时间不长,但是已经形成一系列共识,这就叫做"相知心"。一系列共识中,最主要的就是大家都认为,当今世界各国之间在拓展"利益汇合点"基础上形成"利益共同体",这反映了时代潮流、发展趋势,应当成为二十一世纪国际关系的核心特征。与此同时,我们大家又都预期,中国坚持走和平崛起发展道路是不可改变的战略抉择,是当代世界和平发展的最重要动力之一。有了这两点主要共识,中国与世界的关系,大轮廓就清晰了。

朋友们:我们大家的心是相通的。这也就决定了二十一世纪理事会北京会议一定能够取得圆满成功!

谢谢!

我们是在共同创造历史*

尊敬的塞迪略理事长,

尊敬的各位贵宾,

女士们、先生们、朋友们:

　　此时此刻,在我们这个会议即将结束的时候,我要说我们大家是干成了一件重要事情,这就是经过共同努力,举办了一个很成功的研讨会。会议规模不是很大,却开得有效率,很活跃,有深度,有份量,值得我们大家高兴,并且值得尔后在适当时候继续举办。这是我要说的第一点。

　　第二点,承蒙大家看得起,来中国举办这样一个叫做"读懂中国"的研讨会,我倍感高兴。这件事有什么意义呢? 我认为意义就在于富有开创

---

　*　这是作者于 2013 年 11 月 3 日在二十一世纪理事会北京会议闭幕式上的致辞。

性——开创了历史。这可不简单！在座各位都是有分量的人,都是有着丰富政治经验和广泛国际影响的精英人物。大家能够一起到这里来开这样一个"读懂中国"的会,好得很。

说到创造历史,我认为只要我们的作为有意义,对人民有好处,对我们这个地球有好处,那就是在创造历史。我们今天是不是在创造历史呢？我以为是的。

第三点,具体地说,我们的会议做了哪几件事情呢？简而言之,一是我们邀请到了中国最主要的领导人,习近平总书记,还有李克强总理,参与了我们的会,同我们深入地交换意见。二是中国各领域的一部分重要负责人,包括主管外事工作的国务委员杨洁篪,以及中央部门和省市的一部分负责人,向大家详细介绍了中国的有关情况和政策走向,相当有透明度。三是各位外国前政要、国内外著名专家学者共聚一堂,畅所欲言,各抒己见,内容实在,对中国人很有教益。

第四点,大家一起讨论的议题叫做"读懂中国",而实际上是两个"读懂"。一个是"读懂中国",另一个是"读懂世界",是外国朋友"读懂中国"同中国人"读懂世界"的互动。这是我们真正的实质的主题。这个主题有生命力,有强大的生命力,有历史赋予的生命力。

最后一点,请允许我以中国国家创新与发展战略研究会的名义,对各位贵宾不远万里,百忙之中,来到北京,来到这里,再一次表示衷心的感谢！同时,我还要向我们的合作伙伴二十一世纪理事会和中国人民外交学会,表示衷心的感谢！另外,我还要衷心感谢国内的同仁,感谢在会议筹备和组织工作中不辞辛劳、兢兢业业的工作人员。国创会是一个小而又小的民间组织。会议筹备期间,各位工作人员都是每天晚上干到凌晨两三点钟。还有志愿者,许多年轻人,都是大学生,给我们提供各种服务,做得很出色。还有翻译人员,翻译水准是很高的。最后,我还要专门提到一位"志愿者"——傅莹女士,她原来是外交部副部长,现在是我们全国人大外事委员会主任,这次我们大家都看到她是何等积极地参与到我们这个民间组织来,而且直接主持一部分讨论。对于她,我们也要表示特别的感谢!

　　祝各位一路顺风,我们大家的友谊长存!

对美国前国家安全事务助理
哈德利的谈话[*]

（一）二〇一四年，就中国来说，既是"布局之年"，也是"大坎之年"。

"布局之年"意味着，经过二〇一二年十八大和二〇一三年十八届三中全会的全面部署，二〇一四年中国内外新局一一展开。

"大坎之年"则又意味着，中国现在面临的难题众多，能否顺利处理，是一个重大考验。

对中美关系而言，二〇一四年，或许延伸到二〇一五年，是一个关键时刻。要抓紧做事，机会易逝。我们对中美两国合作的前景持积极态度，这个积极态度是基于对中美关系的深刻观察，即认为中美关系终归要好起来

＊ 这是 2014 年 6 月 20 日作者在北京同来访的美国前国家安全事务助理史蒂芬·哈德利的谈话要点。哈德利在会谈结束时这样说："这次对话堪称典范，战略对话就应该这样，把问题摆到桌面上，谈深谈透，而不是照本宣科，这才是真正的战略沟通。"

才行。"中美关系终归要好起来才行"是邓小平的判断,它完全符合中美两国的根本利益。我认为,中国的领导层没有改变这个根本的估计。

(二)发展中美关系的重要性、有益性和可行性是现实存在的,不是虚构的。现实的根据有三点:一是总体而言,中美两国都不想发生激烈对抗或是严重冲突;二是中美两国利益高度交融,首当其冲是经济合作,此点显而易见;三是想要搅乱大局的势力虽然存在,但他们实力不足,而且也没有准备好。基于上述判断,对中美来说,关键还是要清醒、有定力、有作为。不清醒要倒霉,没有定力要倒霉,清醒、有定力但没有作为也要倒霉。

(三)对天下大势要有更深、更广、更实际的观察。我们需要的是真正的战略眼光,而不是目光短浅一味追求利己的盘算。美国有人说要围堵中国,要多大的力量能把中国围堵住? 海上围堵,充其量只能堵一半,如此而已。陆上,中国背后是西伯利亚、中亚,以至于俄罗斯、欧洲。所以,围堵中国是一个不可能实现的意图,这种构想的弱点是不言自明的。中美最现实的还是要靠拢一点比较好,靠打压、围堵是行不通的。

现在中俄关系比较好,一些美国人非常担心。我要说,中俄关系好,这同中美关系好并不排斥,相反恰好是互为促进。我相信,在中国领导人的日程上,没有抹掉"同美国做好朋友"。认为有前者就要抹掉后者,这种观察太肤浅了。

(四)目前中美关系最要紧的问题是西太平洋问题。美国亚太战略之要害所在,是奥巴马公然宣称且正着力部署的以美日军盟为"基石"。突出表现为支持日本解禁集体自卫权,及对钓鱼岛"国有化"。

我认为应该以历史的、辩证的角度看待事情的发展。美日军盟由来已久,但有一个曲折发展过程。如实地说,美日军盟的当初原意是要管住日本,当然也要管住亚太;冷战时期主要针对苏联;现在"重返亚太",又转为主要针对中国。又因美国国力不济,而要利用日本,由管控日本转为支持日本"解禁集体自卫权",支持日本对钓鱼岛"国有化",而且与日本一道拒绝中国的正当主权。

我要向美国朋友鲜明指出：大概无需太长时间就会证明，依靠美日军盟围堵中国并放纵安倍，将反过来成为美国负担。不仅在政治、道义上，且在实际利害上，都将成为美国的负担以至沉重负担。

（五）从根本上说，站在"太平洋足够大"和中美"新型大国关系"的历史、战略和道义的制高点上，中美合作为主轴，亚太地区共同发展，防止重蹈美苏冷战覆辙，才是亚太安全的根本出路。

具体地说，当前和今后（第一步到二〇二〇年）中美应共同致力于构建三个领域的"利益汇合点"和"利益共同体"：

——经济上，构建互利共赢的中美利益汇合点、共同体；

——安全上，构建和平合作的中美安全汇合点、共同体；

——全球治理上，构建责权均衡的中美命运汇合点、共同体。

对日本前众议院议长
河野洋平的谈话*

　　老朋友，我们之间的每一次会面都是坦诚友好的讨论。您刚才谈到国际形势的变化，很有启发。现在我想着重说到的一点，就是二〇一四年，大变动中的天下大势。

　　什么样的大变动呢？我认为最突出的，就是"三大块"，即"乌克兰危机"下的东欧板块，伊拉克、叙利亚、巴以、伊朗等乱局下的大中东板块，以及因美国"重返"而搅乱的亚太板块。围绕此"三大块"，各大力量复杂互动，深刻博弈，已经发生并将继续发生多方面的深刻变动。这是第一点。

　　第二点，"三大块"里面，中美俄三角关系之变动又似乎最为引人注目。

---

　　* 这是 2014 年 10 月 17 日作者在北京同来访的河野洋平谈话的摘要。河野洋平是日本著名政治家，是中国人民的老朋友，曾担任日本自民党总裁、日本政府副首相、外交大臣、内阁官房长官及众议院长等职。1993 年 8 月 4 日，时任日本内阁官房长官的河野洋平就"慰安妇"问题调查结果发表谈话，首次承认日本在二战期间对亚洲等受害国人民犯下强征慰安妇的严重罪行。

而且这个三角关系的成因和内涵,与冷战时期的中美苏那种"大三角"很不相同,姑且称之为"新三角"吧。这个"新三角"的特点之一,就是俄国在某种程度上向东走。而俄国之所以这样做,又是美国西方把它逼的,叫做被逼无奈。至于中国,没有理由拒绝俄国这样做。既然人家被逼无奈,谋求合作,互利共赢,有什么理由要拒绝呢? 由此而来的,就是一种全新情况的中美俄"新三角"。

第三点,就中国的国际环境而言,正是由于前面所说两点大变动而来的又一个变动,就是"两条线",即北边一条线和南边一条线。您看,北边这条线:中国与俄罗斯关系发展了,中国同中亚的关系发展了,上合组织发展了,中国同欧洲的关系也发展了。这两天李克强总理在欧洲,同德国、意大利、俄罗斯签了多少合作协议啊! 所以,欧亚大陆是一个广阔的天地。这好不好呢? 我以为是好的。不仅对中国,对世界也是好的。好在什么地方? 就是市场扩大了,就是经济、文化、科学合作的内涵扩大了。这是不是意味着战争危险? 我认为不是。这是一个很积极的、健全的、向上的发展。这是北线。北线当然还有很多问题,包括恐怖主义,三股势力,有什么办法呢? 只能认真对付,并且准备着长期对付。这也包括中国的新疆。一些新疆恐怖分子同中亚等许多地区恐怖势力是有联系的。这种问题我们清楚,我们沉着应对,而总的趋势是我们控制了局面,不是失控。说到这里,我还要重复强调一点,就是中俄关系也好,上合组织也好,既不是华约,也不是北约,而是开放的、不排它的新型合作关系。中国人早已看穿,华约、北约那类组织,到头来只能是害人害己。

第四点,再来专门讨论一下南边一条线。这是很麻烦的一条线,这里就包括中日关系、中菲关系、中越关系,而根本的问题在于美国"重返亚太"。这就是以美国同日本的军事同盟为依托为"基石",并且以解禁日本"集体自卫权"为抓手的"重返亚太"。日本一些人说这是由于中国人在挑衅。那么我要问,钓鱼岛问题是中国人挑起来的? 那是日本上一届内阁搞

"国有化"制造出来的问题嘛！南海问题是中国挑起的？实际上中国人是主张协商的，而越南、菲律宾越界海上打油井采了多少油啊？中国人在南海一口油井都没有！中国人所历来主张的"搁置争议、共同开发"，完全成了空话。没有办法！美国人倒是有办法，就是用美日军盟来管控、围堵中国！南线我们也主张海上丝绸之路，但这种丝绸之路受到美日军盟的干扰。

第五点，话又说回来，南线的局势是不是完全没有希望了呢？我不这样看。我认为，局势将是"两重性"的发展。美日军盟为核心的军事布局围堵中国，这是"一重性"。但是事情还有另一方面，就是经济的、贸易的、金融的、科技的、教育的合作又是实际需要。中美之间的经济合作，已经是很大规模，甚至可说是举世无双的。这种合作已经成型，并且还在发展和深化。这难道不是"两重性"？同样道理，中日之间也要深化合作。

第六点，所以，这种"两重性"的发展乃是个大趋势，而且可能成为主流。为什么可能成为主流？因为老百姓需要。最广大的人们不需要打仗，而需要上述五个方面的合作。有鉴于此，我们两国的政治家就有特别的责任，要采取清醒的路线，坚定不移地发展这五个方面的合作，而坚决抵制美日军盟的恶性膨胀。如果采取这样的清醒路线，这就叫做新时代的"新觉醒"。有这种"新觉醒"还是没有这种"新觉醒"，结果根本不同。有这种"新觉醒"，努力去做，那就意味着富裕、繁荣、发展，前景越来越好。反之，采取美日军盟路线，那是死路一条。所以，在"两重性"复杂局面下的"新觉醒"，才是我们中日两国老百姓的真正希望所在。

总而言之，我所陈述的估量，就是："三大块"、"新三角"、"两条线"，再加上"大变动"、"新觉醒"、"两重性"，总共六个概念。

而这六个概念，又是同我在本世纪初提出的"中国和平崛起"、"一大批发展中国家共同和平崛起"及"国际范围利益汇合点、利益共同体"，紧密相联的。

我是一个谨慎的乐观主义者，我确信光明在前。亚太局势包括中日两国关系积极发展的"真正大文章"，还在后头。

对美国驻华大使鲍克斯的谈话[*]

　　很高兴大使来访。您肩上的担子不轻,关系到在当前复杂形势下中美关系究竟如何发展。无非三种可能。第一种是倒退;第二种是停滞,麻烦不断;第三种是向前。

　　中美两国关系经历了长久的过程,而且曲曲折折。这无需多说,今天时间也不允许。我只讲一句,尽管曲曲折折,但是在发展,同时中美两国领导人都重视,这也是个基本事实。至于二十一世纪第二个十年,实际上从现在算起也就是六年时间,应该怎么看待和处理两国关系呢? 作为一个观察者、研究者,我仍然愿意用最简洁的表达,用一句话来说,我认为现在应当是我们两国领导人对两国关系做出"大决断"的时候了。既然叫"大决

---

　　* 这是 2015 年 2 月 27 日作者在北京同来访的美国驻华大使鲍克斯的谈话要点。

断",那就不应是拖拖拉拉,不应是枝枝节节,不应是遮遮掩掩,更不应是当面一套、背后一套,而应当是立足现实而又放眼长远,把握全局而不拘泥于细节的战略判断和战略决心。

至于"大决断"的具体内涵,我举三条。第一就是应当对中美关系的重要性有明确的战略定位,有明确共识和语言。第二就是我们两国之间已经达成的一系列重要协定,包括经贸关系和两军关系,以及气候协定等等,要真正落实。第三就是还应当考虑就两国关系及两国对亚太地区问题以至全球性问题的态度,发表共同宣言。

当然,事情又有两重性。就亚太变局而论,美国一方面说美日军盟是亚太安全的"基石",另一方面又说美中合作是亚太安全的"核心"。而且这两种说法,都正式出自美国总统奥巴马的嘴巴。试问这两种说法,能够一致吗? 再问这两种说法,美国在二〇一五年还打算继续下去吗? 实际上,问题已经逼到眼前。四月份安倍访美,你们打算怎么说? 而九月份中国习近平主席访美,你们又打算怎么说呢?

至于说大使和我今后做点什么来发展我们之间的合作,我倒是赞成大使所提出的"睁大眼睛看中国"。这个提法,和我的想法一致。例如,前年十一月份我们这个研究会和中国人民外交学会,同美国"二十一世纪理事会",共同在北京举行的"读懂中国"国际论坛,就很成功。几十位外国有分量的政界、战略界、学界和新闻界的朋友来到北京,中国习近平主席到会同外方代表会见并座谈,李克强总理在开幕式上致词,十几位中国党政军负责人士到会交流。这也就是欢迎和鼓励外国朋友"睁大眼睛看中国"嘛。

最后我愿以朋友身份,再赠送给您两句话。一句是"两个大局",即国内大局和国际大局。我们处理中美关系,一定要有这样的大局观念。这是因为,种种分歧,要想不分巨细、一一搞清爽是不可能的。只有把握大局,才能抓住大方向。再一句话,就是邓小平说过的,"中美关系终归要好起来才行"。我认为这已经成为中国领导层确认的方针,不会因为国际上这样那样的变动就轻易改变。当然,我刚刚说过"事情的两重性",即是说世界上的事情是复杂的,是由多方面因素决定的。看问题要从多方面看,不能只从单方面看。我们愿意努力争取中美关系向前发展,不要停滞,更不要倒退。至于究竟如何,且看奥巴马怎样动作吧。

对美国耶鲁大学教授葛维宝的谈话[*]

我们面临着二〇一五年国际关系特别是中美关系走向的估量问题。而这个估量，同刚刚过去的二〇一四年的形势变动紧密相连。这里首先就有一个我说过的"三大块"、"两条线"和南线的局势变动，以及这些变动究竟是由谁造成的问题。

来看一看"三大块"。一是欧洲一大块的乌克兰变局。这同中国人毫不相干，那么是俄国人造成的吗？似乎有点像，西方舆论大肆炒作这一点。但是实际上，是北约东扩要席卷乌克兰，直逼俄罗斯大门口而造成的。这件事的背后大老板就是美国。二是中东这一大块的变局又是谁造成的。是"伊斯兰国"及其他极端势力？看起来似乎也有点像，但实际上是美国十

---

*　这是 2015 年 3 月 18 日作者在北京同来访的美国耶鲁大学教授葛维宝的谈话要点。

几年来在中东发动两场战争的必然后果。打烂了，又不收拾，又继续插手搞代理人战争，有什么办法?! 那么其三，南边这条线，就是说亚太，今天从东海到南海这种复杂局面又是谁造成的呢？美国说是中国造成的，而实际上美国在东海纵容日本强占钓鱼岛，在南海纵容菲律宾，根子还在于美国的所谓"重返亚太"。说是"重返"，实际上美国从来就没有离开过嘛。那么什么叫"重返"呢？说穿了，就是以美日军盟为支柱，支持日本往外走。不仅支持日本安倍解禁集体自卫权，而且要扩大它的军事行动范围。扩大到什么程度呢？最直接的就是"欢迎"日本到南海进行海空巡逻，这是美国太平洋海军司令公开声明了的。所以说，南线即亚太复杂局面的根子，也在美国。

当然，事情又有两重性。就亚太变局而论，美国一方面说美日军盟是亚太安全的"基石"，另一方面又说美中合作是亚太安全的"核心"。而且这两种说法，都正式出自美国总统奥巴马的嘴巴。试问这两种说法，能够一致吗？再问这两种说法，美国在二〇一五年还打算继续下去吗？实际上，问题已经逼到眼前。四月份安倍访美，你们打算怎么说？而九月份中国习近平主席访美，你们又打算怎么说呢？

这是我要讲的第一点——关于形势。

第二点，关于中国动向。我们有意愿、有诚心同美国进一步改善关系，叫做"新型大国关系"。这个方针没有变，不会变，包括也不会因为俄国人向我们走近一点就改变。这是非常清楚的。但是又面对着我在前面刚刚谈到的两重性复杂情况。这就逼着我们不得不作两重的分析和两手的准备。好在安倍访美在前，习主席访美在后。且看安倍同奥巴马，四月份怎样动作吧。

这是我要说的第二点。

说到这里，作为归结，也就是第三点，希望我们两国的领导者把握住二〇一五年九月再次会晤这个极重要时机，在冷静分析形势的基础上，对中美关系在当代世界上的地位、意义及其发展前景,作出一个"大决断"。什么样的"大决断"呢? 我有三点建言。也就是我在上次同哈德利先生和您对话中提到的:第一,中美两国关系的战略定位首先应当明确,是亚太和平稳定的"压舱石"和"核心"。这也就是说,不能承认,美日军盟是亚太和平稳定的"基石"。再具体点说,不能允许在所谓"解禁集体自卫权"的名义下,让日本海空军事力量到南中国海来"巡逻"。第二,已经达成的中美合作的一系列具体协议要积极落实。第三,基于上述两点,进一步联系到天下大势尤其是亚太大势,达成一个中美共同宣言。如果不是这样,而只是说一些不着边际的空话,或者仅谈一些琐细问题,没有用。这就是我所理解的"大决断"。

　　总之,我作为一个观察者、研究者,要在葛维宝先生刚才引用我说过的"大变动、新觉醒、两重性、大文章还在后头"那几句话之后,再加一句话,就是中美关系需要一个"大决断"。

V

难忘教益　难忘情谊

古往今来一切为中华民族历史发展作了这一
或那一方面杰出贡献的人们，都应当永远地得到
中国人民的尊重和纪念。

　　　　　　　　　　　　　　　　—— 郑必坚

小平同志本人怎样评价
"邓选"第三卷[*]

在纪念邓小平同志百年诞辰的日子里,我深情地想起在小平同志指导下编《邓小平文选》第三卷的情景。

有幸直接参加这项工作,回忆起来确实有特殊的亲切感。很兴奋,又很严肃,富有教益。虽然已经过去了十一年,却仍然新鲜如昨。

我这里只就小平同志本人是怎样评价"邓选"第三卷的,作一点回忆。小平同志自己的评价,就体现在他指导编"邓选"第三卷时说过的许多意见当中。这些意见言简意赅,但是涉及总体评价,寓意深刻,对深入把握"邓选"第三卷具有重要意义,使我深受教育。仅举三例。

---

[*] 为纪念邓小平诞辰 100 周年,本文作者和龚育之、逄先知一起,接受上海《解放日报》记者专访,形成《在小平同志指导下编邓选》一文,发表于 2004 年 8 月 20 日上海《解放日报》。之后,本文作者又将该文中的部分段落予以改写,形成《在小平同志指导下编邓选第三卷的一点回忆》,发表于 2004 年第 9 期《党建》杂志。今次收入本书,又有新的增补。

第一个例子,关于"邓选"第三卷的开卷篇和终卷篇的确定。

十二大开幕词第一次向全世界郑重宣告:"走自己的路,建设有中国特色的社会主义。"小平同志同意把这一篇移过来,作为第三卷的开卷篇,这实质上是鲜明地提示了第三卷的特殊重要性,就在于这一卷所反映的,是在我们党全面开创建设有中国特色社会主义事业的新局面的阶段上,小平同志的理论和战略思考的最新发展和最新成果。至于第三卷的终卷篇确定为南方谈话,也有重要涵义。这篇谈话,在国际国内政治风波严峻考验的重大历史关头,坚持十一届三中全会以来的理论和路线,深刻回答了长期束缚人们思想的许多重大认识问题。正如十五大所指出,南方谈话是继小平同志一九七八年所作的《解放思想,实事求是,团结一致向前看》的著名讲话之后的,把改革开放和现代化建设推到新阶段的又一个解放思想、实事求是的宣言书。实际上,小平同志在南方谈话之后还曾有几次重要谈话并已公开报道,这个情况我们向他报告了;但他经过考虑,还是确定:"编到南方谈话为止。"并且说:"这样好,段落比较清楚。"所以,第三卷的这一头一尾的确定,非同寻常,应当说是表达了小平同志本人对第三卷的历史定位和历史评价。

第二个例子,小平同志说,在"邓选"第三卷里,"不管对现在还是对未来,我讲的东西都不是从小角度讲的,而是从大局讲的"。小平同志这段话,实质上可以说是从战略思维和精神境界的高度,对"邓选"第三卷的重要评价。通观第三卷,小平同志反复强调一定要着眼大局。什么大局呢?两个大局:国际大局和国内大局。从国际大局的分析,得出了和平和发展是当代世界真正大的带全球性的战略问题。从国内大局的分析,得出了我国处在社会主义初级阶段和改革开放、集中力量搞社会主义现代化建设的道路。这两方面的分析当然又是联系在一起的。正是在关于这两个大局的分析的基础上,小平同志大大深化了关于抓住机遇的战略思想,大大深化了对社会主义的科学理解。鲜明指出中国特色的社会主义,是不断发展生产力的社会主义,又是主张和平的社会主义。鲜明指出中国现在是维护世界和平和稳定的力量,不是破坏力量,中国越强大,世界和平越靠得住。并且在同外宾谈话时鲜明指出,我们要利用机遇把中国发展起来,中华人民共和国在不长的时间内将会成为一个经济大国,现在已经是一个政治大国了。可见这个大局观念,贯穿理论和战略,贯穿对内和对外,贯穿对现在和对未来,真正是贯穿全篇啊!

我还有这样一点体会,小平同志关于不是从小的角度而是从大局着眼的提示,实际上是他毕生立身行事和精神境界的一个提炼和概括,一个极朴实极深刻极富有教育意义的提炼和概括。

第三个例子,小平同志还说,"邓选"第三卷"有针对性,教育人民,现在正用得着","实际上,这是个政治交代的东西","就是要坚持,不能改变这条路线,特别是不能使之不知不觉地动摇,变为事实"。我们大家都会清楚理解,小平同志之所以如此重视第三卷,中心意思就在这里。

在小平同志指导下编"邓选"第三卷的亲历,还使我想到,像小平同志这样一位代表了时代的伟大人物,以八十九岁的高龄,在伏暑盛夏,亲身投入编审工作,而且抓得那样紧,那样细致,终于完成了一部具有重大现实和长远的战略意义的理论著作,把它作为"政治交代"献给党,献给祖国和人民。这种情形,古往今来,恐怕也是罕见的吧!

以史为镜，坚苦精深*

　　龚育之同志的《党史札记二集》出版了，这是一件很有意义的事情。作为同他共事、交往长达半个世纪的老友，我由衷地为他高兴，向他祝贺！

　　从二十世纪五十年代开始，老龚先后在党的理论宣传部门、党的文献及党史研究部门和党的干部教育部门工作。几十年时间里，他在马克思主义理论包括自然辩证法的研究方面，在中国共产党的历史、理论，特别是毛泽东思想、邓小平理论、"三个代表"重要思想和建设中国特色社会主义的历史经验的研究方面，以及在党的文献编辑和宣传教育工作方面，都发表和出版了相当可观的文章和著作。他的许多研究成果，在国内学术理论界乃至国际上都产生了影响，对党的思想理论建设作出了重要贡献。我还要

---

　　*　原题为《在龚育之〈党史札记二集〉出版座谈会上的发言》，2004年12月25日。

特别说到,在新时期这二十几年来,老龚参加了中央一系列重要文件的起草工作,还有《邓小平文选》的编辑工作,为新时期党的理论、路线、方针、政策的形成和发展直接作出了贡献。大家都知道,这本刚刚出版的《党史札记二集》和两年前出版的《党史札记》,都是他从领导岗位退下来以后的作品。他在身体不算很好的情况下仍然这样勤奋著述,表现出一位党的理论工作者对事业的执著,这种高尚精神和气概,真是令人感动!

老龚是学问家,他的知识之广博渊深是我所深知的。但他从来不是做那种书斋式"纯学术"的学问,而是始终从党的事业这个大局出发来做研究的。当然,纯粹的书斋里的研究不是没有价值;但是把自己的研究同党、同国家、同民族的事业发展兴旺紧密联系起来,这样的研究工作,无疑就会显出更加深刻的意义。毛泽东说过,总结和继承历史遗产,对于指导当前的伟大的运动是有重要的帮助的。总结历史,借鉴前人,借以指导当前和开创未来,这正是我们党历经风雨而挺立、屡遭挫折而奋进的一条宝贵经验,也是我们党的建设的一个重要内容。"以史为镜,可以知兴替",古有明训,何况今天的共产党人呢?这样来看,我开头说老龚这本书的出版是很有意义的事情,就不是一句套话了。

我们大家都了解,从宏观角度区分,研究党的历史和理论可以有两种方法。一种是科学的态度和方法,另一种是非科学或反科学的态度和方法。用我们党的话语来表述,前者就是解放思想、实事求是,后者则是主观主义、脱离实际。我认为,事实表明,老龚的研究持前者而弃后者,鲜明地体现了科学态度和科学方法。当然,我并不敢说他的一切分析、判断和结论全都是对的,皆无疑义;而是说他有一种追求科学的自觉和意识,并且扎扎实实取得了有科学价值的重要成果。他的札记(以及他的其他党史著述和理论著述),努力"既实事求是地讲出历史的本然,又实事求是地讲出历史的所以然",站在历史的视角和时代的高度,总结经验,反思过去,从历史中汲取对今天和将来有益的智慧。我想,老龚的作品受到大家的关注和欢迎,这是根本原因之一。

我们民族是有严谨治学的良好传统的。史学大家范文澜同志说过一句话:"板凳坐得十年冷,文章不写一句空。"老龚研究党史,就有这样一种精神。很多人都称道他对史料的熟悉和史实的考证,称道他文章的精湛和文字的考究。学问做到他这样的程度,除了阅历的原因外,更重要的还在于他治学严谨,博学多闻。史料考订的细密,史实判断的准确,问题分析的透彻,理论阐释的深刻,无一不体现出他深厚的学术功力。而这种功力,是他坚持不懈、经年累月积累起来的。而且应当说,是基于一种对党和人民高度负责的精神和气概,不畏艰苦、精益求精、深思熟虑、经年累月积累起来的。说到这里,我想用四个字来概括:"坚苦精深"。我认为,老龚的这种坚苦精深的治学态度和功夫,确实是值得我们大家好好学习的。

今天的会是座谈老龚的大作,而明天恰是老龚七十五岁寿辰。古话说"人生七十古来稀",如今七十五岁已不算是高龄了,何况前人还说过:"莫道桑榆晚,微霞尚满天"。依我对老龚的了解,他是不会在这个年纪停笔的。不过,还是希望他在保重身体的前提下写作。借着这个机会,向他祝寿,祝他身体健康,愿他学问常青!

他的真诚,让我永生难忘*

　　育之同志去世,使我万分悲痛。我是六月十四日访日归来,才获悉他已于十二日去世消息的。当时我原以为他病情虽重,但尚属稳定,怎么就走了呢! 说实在话,我还打算同他商量,办一件重要事情呐! 这件事就是有关同志曾提议,希望我和育之一起来回忆一下,新时期中央一系列重要文件起草的过程和情况,作为材料保存下来。这件很有意义的事情还没有做,他怎么就走了呢!

　　我和育之同志相识相交,已过半个世纪。从五十年代起我们就一起在中宣部科学处工作。"文化大革命"中,我们一起到宁夏中宣部"五七"干校劳动,后来我们又一起被借调到小平同志复出后成立的国务院政治研究

　　＊　这是作者为深切悼念益友良师龚育之而作,成文于 2007 年 7 月 7 日。

室。粉碎"四人帮"后,我们又一起调到中央毛泽东著作编辑委员会,这就是后来的中央文献研究室。十一届三中全会后,一九八〇年我调到中央书记处研究室,在那以后,一直到我一九九七年调任中央党校常务副校长之前,我们没有在一个部门共事。但是实际上应当说,恰恰是十一届三中全会后的近三十年当中,我们在一起合作一起工作的时间是更多了。这主要是因为,我们一起参加了中央一系列重要文件的起草工作,参加了《邓小平文选》第三卷的编辑工作。而且,在中央文件起草工作中,我们又总是在同一小组工作。现在回想起和育之同志同心戮力,共同工作战斗的日日夜夜,他的音容笑貌,真是如在眼前,他对我的启迪、帮助和教益,我是永远不会忘记的。

育之同志走了,但我深深感到,他对马克思主义理论研究、党史研究和教育工作所作出的杰出贡献,将永存世间。经中组部审定的"龚育之同志生平",评价他是"中国共产党的优秀党员、忠诚的共产主义战士、著名的马克思主义理论家和中共党史学家、教育家",我认为是准确的。育之同志的贡献,确实是多方面的。

一是在马克思主义的自然辩证法研究方面,应当说他在新中国是这方面工作的开拓者之一。在中宣部科学处工作时,他在于光远同志领导下,为传播和研究自然辩证法,制定中国的科技政策,作了大量开拓性的工作。"文化大革命"后,他还在北京大学担任自然辩证法的博士生导师,担任过中国科协的重要工作。这几年还带头反对伪科学,提倡科学精神。这方面情况我虽然不熟悉,但我知道他是花了很多心血的。

二是在马克思主义中国化研究方面。他对毛泽东思想、邓小平理论、"三个代表"重要思想和十六大以来党中央提出的一系列重大战略思想,对党领导人民建设中国特色社会主义所积累的经验,是倾注了真诚和忠心的。我到党校工作,提出编写"三基本"、"五当代"教材("三基本",即"马列主义基本问题、毛泽东思想基本问题、邓小平理论基本问题";"五当代",即当代世界经济、政治、文化、军事、科技五个方面），他不但从马克思主义中国化的高度鼎力支持，而且亲身参加多次讨论，给予许多指教。他对马克思主义中国化问题发表的一系列重要观点，包括他去年发表的关于马克思主义中国化的重要意见，旗帜鲜明，思想深刻，我认为都将发生长远的影响。顺便说一下，他在参与"三基本"、"五当代"研讨时，身体还好，而在后来参与我们关于"中国和平崛起发展道路"的研讨时，可就是挂着拐杖来的了！

三是在中共党史研究方面。他的贡献主要表现在文献编辑和党史通史的研究上。他对毛泽东等党和国家领导人著作的选编、注释是下了大工夫的。在我们编辑《邓小平文选》第三卷的时候，他的严谨、细致、认真的态度和知识之渊博是第一等的，为编辑工作提供了重要保证。我在党校创办《学习时报》后，他开辟的《党史札记》专栏成为报纸的有名品牌之一，发表了一大批深受读者欢迎、影响超过大部头党史著作的杰出论文。

四是在中央文件的起草上。从党的十一届六中全会开始，到党的十六届四中全会，他参与了中央历次党代表大会和一些中央全会文件的起草工作。去年十一月二十五日，党校等有关部门为我的《郑必坚论集》召开座谈会，他的发言讲了我在中央文件起草上所做的工作。他说："《郑必坚论集》三卷并不是郑必坚在理论方面的全部成果，只是他成果中以个人著述表现出来的部分。他的主要贡献是在他参与制定的党的文献当中。"事前我并不知道他要讲什么，事后听说他曾向有的同志这样说，这些事大家不知道，这次不讲没有机会了。他的那次发言，不仅是挂着拐杖来的，而且是已经重病住院当中特地赶来的，而且可说是他生前出席会议并作郑重发言的最后一次！他的真诚，实在让我永生难忘。其实，他自己就是这样做工作的，他的著作只是他研究成果的一部分，他的主要贡献是在他参与制定的党的文献和参与编辑的领导人著作之中。

谈到育之同志，除了要讲他的理论贡献，还要讲他的做人和治学态度。

他留给我们的精神遗产很多,而就做人和治学方面,以我个人体会,最本质最中心最崇高的东西,一是在对党和人民的事业上,顾全大局,淡泊名利;二是在治学态度上,艰苦精深,朴素求实;三是在对待同志和朋友上,平等待人,谦和真诚。所有这一切,他是真正做到了!

在育之同志遗体告别仪式上,我作了这样一副挽联:

半世纪益友良师,一朝永诀,音容宛在,哀思长留心底;

三十年伟业共襄,而今难再,文运绵长,情寄流水高山。

谨以这副挽联,表达我的哀思。

一本能在书架上长久
立得住的好书[*]

《思念依然无尽——回忆父亲胡耀邦》是一部内容翔实感人、富有历史价值的优秀图书。作者满妹以女儿的视角,讲述了父亲为中国革命、建设和改革事业不懈奋斗、鞠躬尽瘁的一生及其所经历的心路历程,特别是比较客观地展现了胡耀邦同志在改革开放之初那段艰辛备尝的日子所作出的贡献和留下的遗憾。这对于我们研究中共党史,特别是研究我国十年"文革"史、改革开放史,具有独特而重要的意义。

由于耀邦同志曾经在党内担任过党的主席、总书记职务,且又有特殊经历,此书之难写是可以理解的。但经过作者努力,此书既有一般传记的严谨客观,又有女儿充满亲情的无尽思念,我们从中不仅读到感人至深的

---

* 这是作者为推荐满妹新书《思念依然无尽——回忆父亲胡耀邦》参加评选"中国出版政府奖"而作,成文于 2007 年 8 月 18 日。

故事,而且了解到了一些鲜为人知的史实。尤为难能可贵的是,作品不仅真实生动地展示了耀邦同志的人格情操和领袖风范,且能持论公允,完全符合中央对耀邦同志的评价与结论。在所有纪念耀邦同志的图书中,此书独树一帜,具有不可替代的价值,因而出版后广获赞誉。

据我所知,满妹为写此书做了大量采访,收集并核实了大量资料,坚持做到言出有据,十分严肃认真。这些核实过的资料,加之她所撰写的鲜为人知的一手材料,为读者,也为研究者提供了宝贵的史料。我认为这是一部了解耀邦同志的必读佳作,也相信这是一本能在书架上立得住的好书。

特推荐参评"中国出版政府奖"。

他的人格不朽，他的精神不死 *

一

耀邦同志诞辰九十五周年，逝世二十一周年了。作为耀邦同志曾经的身边工作人员，我在准备今天这个发言稿时，以深深的崇敬和缅怀之情，回顾了当年有幸在他直接领导下工作、学习和战斗过的日日夜夜。耀邦同志的可亲形象，音容笑貌，尤其是他那无私无畏、锲而不舍的伟大革命精神，真是历历在目、永生难忘！

※ 这是作者于 2010 年 11 月 20 日在纪念胡耀邦诞辰九十五周年座谈会上的发言。

二

我在想，今天人们纪念耀邦、缅怀耀邦，表明他的思想、业绩、精神、人格都感人至深，表明他仍然实实在在地活在党和人民心中。尤为难得的是，他今天仍然活在广大青年人心中！

我又在想，能够达到这样的境界，究竟是什么原因呢？我认为，归根到底，是耀邦同志人格的魅力，精神的魅力。他的人格不朽，他的精神不死啊！他从革命队伍中的红小鬼到伟大的无产阶级革命家、政治家，到长期担任党的重要职务的卓越领导人，整整六十年的革命生涯，历经十年内战，二万五千里长征，抗日战争，解放战争，建国后多个时期，直到改革开放历史新时期。如果说耀邦同志波澜壮阔的一生有什么一以贯之的东西，我体会就是他有毛泽东同志当年倡导的那么一股劲，那么一种无私无畏，锲而不舍，愈挫愈奋，甚至可以说是虽九死而不悔的，伟大的、不朽的革命战斗精神。

三

耀邦同志的业绩和贡献是长时期的，多方面的。而当他进入以邓小平同志为核心的党的第二代领导集体之后，在开辟中国改革开放和社会主义现代化历史新时期的伟大事业中，他真正是作出了具有战略全局性和时代开创性的杰出贡献。

这种贡献，集中起来，就是在党和人民一举粉碎"四人帮"之后，进一步冲破"两个凡是"的严重束缚，发起新时期的思想解放运动；就是推进拨乱反正和全面改革，启动生机勃发的中国特色社会主义伟大事业；就是为十一届三中全会以来党的基本理论、基本路线、基本纲领、基本经验的形成和发展；以及党在新时期廉洁奉公、光明磊落、团结和谐、爱民亲民、坚持革命传统而又勇于开拓创新的革命风格的形成和发展,作出了不可磨灭的巨大贡献。

四

这样的贡献,表现在他先后担任中共中央党校副校长、中共中央组织部部长、中共中央秘书长兼中共中央宣传部部长、中共中央总书记和中国共产党中央委员会主席的卓越领导工作之中,表现在他亲自主持制定的具有开拓性、创新性的一系列中央文件之中,表现在他充满战斗激情而又富于政治智慧的多方面政治、社会活动之中,也表现在他本人的坚持真理、修正错误、严于自律、一身正气而又生动活跃、使人极为可亲的人格魅力、精神魅力之中。

五

这里,我愿以自己从一九八一年到一九八六年担任耀邦同志政治秘书期间,在他直接领导下,参与新时期我们党的实践创新和理论创新的战斗历程中若干次中央重要文件的起草工作,特别是以下四篇堪称新时期我们党的经典文献的起草实践为例。

第一篇是,一九八一年七月一日,耀邦同志在庆祝中国共产党成立六十周年大会上的讲话。耀邦同志对起草这篇讲话稿极为重视。为了调动各方面同志的智慧,当时他采取了一个很有创意的办法,就是在中央党校、人民日报、共青团中央和我所在的中共中央书记处研究室,组成四个很精干的小班子,在他提出的统一要求和明确思路之下,分别进行同步同题起草,以资比较。

我记得,耀邦同志在这篇讲话中,开宗明义,把庆祝中国共产党成立六十周年同拨乱反正、继往开来结合起来,深刻指出,十一届三中全会的巨大意义，就在于它真正开始了全面的、坚决的、依靠群众和深思熟虑的拨乱反正，从根本上扭转了"左"倾错误方向，并且根据新的历史条件，逐步确立一条适合中国情况的社会主义现代化建设的正确道路。这个精辟概括，后来成为十二大报告的核心观念。

我记得，耀邦同志在阐述新时期要完成以经济建设为中心的社会主义现代化建设宏伟任务关键就在于我们党时，以警醒的语言这样说：我们党能否驾驶中国革命这条航船，乘风破浪，使我们的农业、工业、国防、科学技术的现代化建设比较顺利地进行，不要经历过去那么大的曲折，不要付出过去那么高的代价，而取得使人民满意、为后人称道的成绩，这完全取决于我们全党同志在今后十几年、二十年的努力。我们一定不要辜负人民的期望。他这个话，真是内涵深刻、寓意深远啊！

我还记得，耀邦同志在这篇讲话的末尾，在阐述拨乱反正的任务尚未完成，全面改革和现代化建设还要走一段相当长的艰难路程时这样说：好比登泰山，已经到了"中天门"，前面还有一段要费很大气力的路——三个"十八盘"。要爬过这一段路，才能到达"南天门"。由"南天门"再往前，就可以比较顺利地向着最高峰"玉皇顶"挺进了，到了那里就好比我们实现了社会主义现代化建设的宏伟任务。他当时还打破常规，确定在发给纪念大会与会者的讲话文本中，附上一张三个"十八盘"的登山路径图，刻意把登山路径之艰难曲折形象直观地描画出来。他说，要准备走曲折的路，就是要给大家留下这个印象！

第二篇是，一九八三年三月，在中共中央召开的卡尔·马克思逝世一百周年纪念大会上的报告《马克思主义伟大真理的光芒照耀我们前进》。耀邦同志亲自确定，这篇重要讲话主要阐述两大观念。一个是，强调马克思主义发展历史的根本经验，就是各国党要根据自己的实际、自己所处的国际地位和国内情况，自己决定自己的路线和政策，革命也好，建设也好，才能取得成功。另一个是，强调正确对待知识和知识分子，指出这是把马克思主义普遍真理同中国社会主义现代化建设实践很好结合起来的一个重大而迫切的问题。他号召全党一定要反对把马克思主义同人类文化成果割裂开来、对立起来的错误倾向,确立尊重科学文化知识的正确观念,努力掌握现代科学文化知识;一定要反对把知识分子同工人阶级割裂开来、对立起来,看成"异己力量"的错误倾向,确立知识分子是工人阶级一部分的正确观念,百倍地加强工人、农民和知识分子的团结;一定要反对把坚持党的领导同实行内行领导割裂开来、对立起来的错误倾向,确立要领导就必须内行的正确观念,大力加强干部队伍在革命化前提下的知识化、专业化。

我深感,这些极关重大、至关重要的观念,直到今天,乃至长远未来,都将以其"伟大真理的光芒照耀我们前进"!

第三篇是,一九八四年十月,耀邦同志参与主持制订的《中共中央关于经济体制改革的决定》。这个纲领性文件的最大亮点,就是从理论上尖锐指出"长期以来在对社会主义的理解上形成了若干不适合实际情况的固定观念",尖锐指出必须"从根本上改变束缚生产力发展的经济体制",尖锐指出"必须吸收和借鉴当今世界各国包括资本主义发达国家的一切反映现代社会化生产规律的先进经营管理方法",尖锐指出必须"把是否有利于发展社会生产力作为检验一切改革得失成败的最主要标准",还尖锐指出必须"起用一代新人,造就一支社会主义经济管理干部的宏大队伍"。

我记得,在党的十二届三中全会通过这个决定之后,耀邦同志和万里同志一道,立即驱车去山东、江苏考察。途中在汽车上得到中办传来的信息,邓小平同志在中顾委第三次全会上讲话,又一次强调了他在中央全会通过经济体制改革决定时所作的评价:"我的印象是写出了一个政治经济学的初稿,是马克思主义基本原理和中国社会主义实践相结合的政治经济学。"当时大家听了都很受鼓舞,车厢里回荡着开心的笑声。

第四篇是,一九八六年九月,耀邦同志主持起草的《中共中央关于社会主义精神文明建设指导方针的决议》。这是我党历史上第一个关于精神文明建设的指导性文件,同样充满创新的思想亮点。一是首次提出了我国社会主义现代化建设的总体布局是:以经济建设为中心,坚定不移地进行经济体制改革,坚定不移地进行政治体制改革,坚定不移地加强精神文明建设,并且使这几个方面互相配合、互相促进。二是首次提出了社会主义精神文明建设必须是推动社会主义现代化建设的精神文明建设,必须是促进全面改革和实行对外开放的精神文明建设,必须是坚持四项基本原则的精神文明建设,这样的基本指导方针。三是首次提出了加强精神文明建设要牢记历史教训,坚持一切着眼于建设。四是首次提出了建设有中国特色社会主义是现阶段我国各族人民的共同理想,为建设有中国特色社会主义而奋斗,就是为实现党的最高理想而奋斗。五是首次提出了在道德建设上要鼓励先进、照顾多数,把先进性要求同广泛性要求结合起来,形成亿万人民的强大力量。六是首次提出了我国社会主义发展中的主要历史教训,一是没有集中力量发展经济,二是没有切实建设民主政治,要加强社会主义民主、法制、纪律的教育,等等。

还有一点,就是这个决议从历次征求意见稿直到最后定稿,始终坚持明确指出"搞资产阶级自由化,即否定社会主义制度,主张资本主义制度,是根本违背人民利益和历史潮流,为广大人民所坚决反对的"。

我还记得,在十二届六中全会通过这个决议之后,耀邦同志在同决议起草小组同志们共进午餐时高兴地说:我们这次,好处就是不动摇!他还以警醒的语气强调说:政治体制改革问题现在议论纷纷,有人把西方民主讲得天花乱坠。不要让那些人到处造风潮!

六

当然,以上所述这四篇文件的起草工作仅是我直接参与的一小部分,而耀邦同志在领导工作中为开辟各方面新局面而主持制订的中央重要文件远不止此。这里特别应当提到的，就是从一九八二年起，在他提议和主持下，中共中央颁发了关于农村工作的几个"一号文件"。杜润生同志参与了起草工作，他在一篇回忆文章中说，一九八二年中央一号文件下发后，耀邦同志听到农村干部群众反映良好，高兴地说："农村工作方面，每年搞一个战略性文件，下次还要排一号。"果然，连续五年，中央每年一号文件都是关于农村问题的。这个重大举措，是何等富有成效地解放了思想、解放了生产力，我国八亿农民由此而创造出何等样的奇迹，已经为历史所证明。记得八十年代前期，耀邦同志很喜欢《在希望的田野上》这首歌，当时我们随他到农村考察时，看到他以少年般的纯真热情同农村青少年们一起唱响这首歌的感人情景，至今难忘。

七

耀邦同志不仅高度重视抓文件的制定，而且高度重视抓好文件精神的落实。这方面的一个突出事例，就是他在一九八四年至一九八五年开展的整党工作中，亲自主持中央书记处会议听取中央党政一系列部门有关整党工作的汇报。他强调指出，在完成整党任务特别是第一期整党任务中要注意突出重点，解决好端正业务工作指导思想问题。这在当时确实是一个事关全局的重大问题。在党的工作重心开始转移、社会主义现代化建设布局正在展开的重大转折关头，整党工作必须同这个大转折相结合而不是相脱离。事实证明，突出解决好这个问题，对各地区各部门开创工作新局面起到了至关重要的推动作用。

八

耀邦同志在领导工作中还有一个极为务实管用的创举，就是持之以恒地抽出时间,亲自批阅大量群众来信。他强调提出:"每个领导干部平均每天都要看一两封有典型意义的群众来信,首长的秘书不能借口爱护首长而任意扣压。"耀邦同志真正是身体力行,不论是在出访之前,还是在中央重要会议的间隙,乃至在下基层视察的飞机和火车上,他都要挤出时间来批阅人民来信。据中央信访部门统计,耀邦同志从一九七九年担任中央秘书长至一九八五年的六年多时间里,共批阅人民来信二千多封。耀邦同志还要求相关地方和部门,及时报告人民来信的查实情况和处理结果,如果来信所述与事实不符,也应据实说明。

正是通过批阅人民来信,使耀邦同志从一个重要渠道及时了解到党内和社会上存在的重要问题,并帮助老百姓解决疾苦。而人民群众则通过耀邦同志以及各级领导干部对他们写信所反映问题的高度重视和积极解决,感受到了党的关怀和党组织的温暖。

九

尤为难能可贵的是,耀邦同志在总书记任上还经常风尘仆仆,奔走祖国各地,特别是革命老区、少数民族地区、边境地区、贫穷落后地区,即"老少边穷"地区。我在他身边工作时,就曾多次陪同他分别到过当年他在长征途中经过的川康地区以及江西共青城、浙江大陈岛等地。一九八六年春节前夕,耀邦同志在前往黔西北、滇东南、桂西北贫困地区慰问考察时,先后来到三省交界处的罗平县、贵州省西南的布依族苗族自治州首府兴义、黔西南布依族山寨乌拉村等,同苗族、彝族、布依族等少数民族群众举行春节联欢,吃团圆年饭,并看望春节期间在重点建设工程工地上坚持施工的工人和武警部队官兵。大年初一渡过乌江,经遵义抵达贵阳时,耀邦同志累得感冒发烧了,但他仍然抱病坚持深入到少数民族家中,同群众一起欢度新春佳节。

我还记得,一九八四年十二月,耀邦同志回到阔别二十九年的江西德安时,特意亲切看望了在这里的共青垦殖场坚持垦荒将近三十个春秋的老青年团员。一九八五年底,他再次在考察浙江宁波时特意登上东海大陈岛,亲切看望了一九五六年自愿来到岛上的青年垦荒队员们。返航途中,舰艇在风浪里剧烈颠簸,已严重晕船的耀邦同志仍然打起精神,同水兵们照相,还风趣、幽默地挥毫题词:"风浪越大越精神!"

十

耀邦同志是党的优良传统和作风的模范继承者、践行者,他不仅学风、思想作风、领导作风、生活作风好,而且文风也好。耀邦同志善于讲话,也善于写文章。他本人的讲话、报告都十分生动有力,既有充满激情的鼓动性,又善于比喻,而且不输文采。这里我要特别提到,耀邦同志对重大问题的概括提炼,既生动传神,又击中要害。比如在深圳特区初创时,他提出的"新事新办,特事特办,立场不变,方法全新"。比如党在新时期对待各民主党派的方针,他在原先的"长期共存,互相监督"这八个字之后,又增加了"肝胆相照,荣辱与共"。比如在对外开放问题上,他提出的"两个市场,两种资源"。如此等等,都已经成为党的重大方针政策中既脍炙人口又很有色彩和力度的重要组成部分。

耀邦同志担任总书记期间还亲自制定了有关领导同志讲话、文章"不要秘书代劳"的决定。他的文章和讲话稿许多都是自己动手。耀邦同志的作风和文风,也深深教育、感染和影响了我。

十一

从根本上说,耀邦同志在领导工作中所体现的那种奋力开拓进取而毫不墨守成规、一贯生动活跃而毫不死板僵化的领导风格和精神面貌,实实在在是根源于他对毛泽东同志和邓小平同志领导风格和精神气质的由衷景仰并努力向他们学习。他经常对我们这些身边工作人员提到,当年在延安时,毛泽东同志对他的耳提面命、启发教育。比如他多次讲到,毛主席曾经考问他,什么是"马克思主义的政治",毛主席给出的答案就是"把敌人搞得少少的,把朋友搞得多多的"。

十二

最后,我还愿借此机会再郑重地提一次建议,就是建议中央尽快组织力量编辑出版《胡耀邦选集》。

我们党是一个老党大党,编辑出版党中央已逝的和高龄的重要领导人的选集、文集、专题论集,研究他们的思想和生平,是我们党承前继往、与时俱进的一个重要条件和优良传统。胡耀邦同志作为我们党的一位重要领导人,从一九八〇年二月被选为党的总书记,到一九八一年六月被选为党的主席,再到一九八七年辞去总书记职务,前后长达七年之久。辞去总书记职务后,他仍然担任中央政治局常委,直到逝世时仍担任中央政治局委员。中央在胡耀邦同志悼词中,对他在党的历史上的贡献,特别是在以十一届三中全会为标志的党的历史伟大转折中的重大贡献,作了充分评价。因此,也应当像对别的许多重要领导人那样,由党的正式机构组织力量,为他编选集、写传记。鉴于传记的编写难度较大,而选集的编选相对容易,我建议中央可以考虑先指定机构从编辑选集着手。相信如果这样做,一定会受到党内同志和社会各界朋友的欢迎。

以上就是我在耀邦同志诞辰九十五周年、逝世二十一周年之际的几点发自内心的回顾和感言。

永远的思念*

　　我们今天在这里追思于光远同志，心情非常沉重、悲痛；回忆与他相识、相交、相知的过程，又倍感亲切。

　　二〇一三年九月二十六日凌晨，勤奋一生、探索一生、学习一生、思考一生、笔耕一生的于光远同志与世长辞。这位百科全书式的大学者留下的近百部著作，约两千余万字，堪称一座内容丰富的学术思想宝库。广泛的学术兴趣和丰富的人生阅历，使他的学术思想内容十分丰富。光远同志的一生就是一部展开的百科全书。他兼革命者与学者于一身，他的学术研究与中国革命和社会主义建设，特别是改革开放事业紧密联系在一起。

　　光远同志在清华大学物理系读书时期，参加了"一二·九"学生爱国救

---

　　* 这是作者于 2013 年 10 月 19 日在北京"于光远追思会暨于光远经济理论研讨会"上的发言。

亡运动，一九三七年加入中国共产党，在北平、广州、太原、武汉、粤北等国民党统治区从事党的地下工作，一九三九年调往延安。那时的光远同志，作为清华大学物理系毕业生，他是抱着为革命事业学习的志向来研究社会科学的。他讲过：因为革命需要社会科学，我对社会科学才产生了强烈的兴趣；我也相信，在革命中学习社会科学，才能学到对革命有重大意义的社会科学真理。

我与光远同志相识于一九五五年，当时我刚从中国人民大学马列主义研究班毕业留校作教员，他去人大挑选干部，就把我选到他任处长的中共中央宣传部科学处工作。当时在科学处工作的都是他选来的毕业不久的青年学生和青年教师，学自然科学的居多，有龚育之、罗劲柏、李佩珊、何祚庥等。他认为，从事党的理论政策研究的人，一定要把握好政治方向，加强马克思主义理论素养，同时又要具有一门自然科学或社会科学的专业知识。当时，中宣部科学处既联系自然科学部门，又联系社会科学部门，光远同志受过良好严格的自然科学训练，又有广博的社会科学知识，对工作充满激情，加上他开朗的性格和平易近人的工作作风，他在联系自然科学和社会科学界的过程中真是如鱼得水，游刃有余。相当多的著名专家和学者都成为他推心置腹的挚友。一九五六年，在中央领导同志主持下，光远同志具体组织领导了一大批著名科学家和学者编制了《全国十二年(一九五六——一九六七)科学发展远景规划纲要》，还提议并主持指导了哲学社会科学规划的编制。一九五七年光远同志又组织召开了青岛遗传学会议，摆脱了苏联的影响，纠正了在遗传学领域只允许研究米丘林学派而压制摩尔根学派的错误倾向，对认真贯彻党的百家争鸣方针政策起了推动作用。

光远同志是科学处的领导，更是当时我们这些青年的良师益友。他与胡绳、王惠德等同志在五十年代初合著出版的《中国革命读本》、《社会科学基础知识讲座》、《政治经济学讲座》和《政治常识读本》等著作成为广大干部、知识界和青年学生学习马克思主义的热门读物。这些读物在五十年代对普及马克思主义理论起过重要作用,产生了良好广泛的社会影响。光远同志又是中国科学院第一批学部委员。但他从来不摆架子,对我们当时科学处里的年轻人十分热情,耐心指导。年轻人在他面前可以提出各种不同意见,而且他鼓励年轻人与他争论,他倡导"独立思考,只服从真理"。他强调要用科学的态度对待工作,要把党的路线、方针、政策与社会实践结合起来,作为科学深入地研究。他强调个人的业务学习要与党的工作需要结合起来,在干中学。他放手并创造条件让我们年轻人参加重要工作,开阔视野,增长才干,得到学习和提高。记得当时毛主席提倡读《政治经济学教科书》,他带着我去参加中宣部部长陆定一和常务副部长张子意主持的宣传文教口领导同志的学习组。他还带我参加薄一波副总理主持的国务院财经各部领导同志的学习组,为我们提供接触一些重大活动的机会。他勤奋工作、严谨治学、思想活跃、视野开阔的治学精神,对我们当时的这些年轻人来说,实在堪称楷模。他一天到晚无时不刻地思考问题,一有心得马上就记下来,在他的床头也总是放着铅笔头和纸。

二十世纪六十年代初,中央曾委托光远同志主持编写政治经济学教科书,资本主义部分很快编写并出版了,成为当时大学的教材;社会主义部分,他从一九六一年至一九六五年组织了一批经济学家,刚刚完成了《社会主义经济问题》的初稿,由于"文化大革命"而被迫中断工作。文革中,光远同志坦然面对对他的各种形式的批斗会,他甚至还能与批斗他的"红卫兵"开玩笑,始终保持着革命的乐观主义精神。在"五七"干校劳动时期,光远同志在劳动之余,仍手不释卷,研读马恩全集。

一九七五年光远同志恢复工作,任邓小平同志直接领导下的国务院研究室的负责人之一,积极投入对"四人帮"的斗争。当时,我也被调入国务院研究室。粉碎"四人帮"后,在思想理论上拨乱反正、正本清源的工作方面,光远同志作出很多贡献。他组织学术界对许多经济学和哲学的重大问题展开了一系列理论研讨,这些研讨打破了长期形成的思想禁锢,推动了思想解放,有利于学术繁荣。他曾参与了邓小平同志十一届三中全会讲话的起草,列席了十一届三中全会。他曾任中国社会科学院副院长,国家计委经济研究所第一任所长,第十二、十三届中央顾问委员会委员。他是我国改革开放重大历史决策的重要亲历者、参与者和见证人。我国经济建设和改革开放中的一些重大理论问题,是他率先探索或较早提出的,他是较早主张在中国实行社会主义市场经济体制的学者之一。二○○八年在纪念中国改革开放三十周年之际,他被评选为"中国改革开放三十年三十名杰出人物"之一(中国经济体制改革研究会主办)。

光远同志不仅在学术思想上勇于创新,而且在学术事业上热心开拓。他不仅在哲学和经济学方面作出了重要贡献,而且对我国诸多交叉学科的建立和发展也作出了重要贡献。为了凝聚研究力量,培养人才,促进新学科的发展,他先后发起成立了中国自然辩证法(科学技术哲学)研究会、国土经济学研究会、生产力经济学、技术经济与数量经济学、科学学与科技政策、未来学、休闲学等研究会。他的这种积极发起和倡导创新学术活动的精神,社会上传为美谈。当时他家住北京东四史家胡同的电话号码后四位是8787,人们昵称为"发起发起"。

我们虽然再也不能亲见光远同志的音容笑貌,但他留下了卷帙浩繁的著作,人们可以从中汲取智慧。光远同志的宽阔视野、深邃的洞察力、深切的现实关怀、学术志趣、创新能力和开拓精神将启发和引领我们深入关切中国改革开放中出现的重大理论难题和实践经验,并激励我们为解决这些难题和总结实践经验,努力探索并作出应有的学术贡献。光远同志的精神是永存的。

VI

我们是在二十一世纪的历史新起点上

中国共产党在九十多年历史征程上之所以能够历经磨难而不衰、千锤百炼更坚强，一靠路线正确，二靠政策对头，第三就是靠脚踏实地、勇于创新这样一种实事求是的革命风格。

　　　　　　　　　　　　　　　　—— 郑必坚

党的十六大和中国特色社会主义
在新世纪的根本走向*

一、向全世界郑重宣告中国特色社会主义
在新世纪根本走向的一次大会

（一）中国共产党这个全世界最伟大的马克思主义党，在人类社会进入二十一世纪的时候，在我们事业进入新的发展阶段的时候，开了一个很好很成功的全国代表大会——第十六次全国代表大会。这是一次团结的大会，胜利的大会，奋进的大会，如果再加一句，那就是继往开来的大会。真正叫做大有希望！真正叫做兴旺气象！这是在我们党的历史上具有伟

＊ 这是作者对中国共产党第十六次全国代表大会主题的体会，曾以《中国特色社会主义在新世纪的根本走向》为题发表于 2002 年 11 月 21 日《人民日报》，收录于人民出版社 2002 年 11 月版《十六大报告辅导读本》。

大、深远意义的一次大会。

（二）具体来说，党的十六大有什么重要意义呢？

第一，这次大会实现了我们党在指导思想上的与时俱进，把"三个代表"重要思想同马克思列宁主义、毛泽东思想、邓小平理论一道，确立为我们党必须长期坚持的指导思想。这对于我们党的建设和整个社会主义现代化建设的全局，都具有极为重大的现实和长远的理论意义和实践意义。

第二，这次大会科学地总结了党领导人民建设中国特色社会主义伟大事业的基本经验。总结了十条基本经验，同党的基本理论、基本路线、基本纲领一样，标志着我们党对共产党执政规律、社会主义建设规律和人类社会发展规律的认识的进一步深化和提高。

第三，这次大会勇敢而又谨慎地规划未来，提出了新世纪新阶段全面建设小康社会的奋斗目标和行动纲领。这就为我们党，为我们的国家和人民，进一步指明了前进的方向。

第四，这次大会和随后召开的十六届一中全会选举产生了新一届中央委员会和中央领导机构，党的中央领导集体实现了在制度化基础上平稳有序的整体性新老交替。这本身就是社会主义政治文明的直接体现，对于党和国家事业的继往开来、长治久安和社会主义政治文明建设，必将产生重大而深远的影响。

第五，这次大会还对党章作了修改，从而使党的根本大法更加完善。这就为新世纪新阶段党的建设和党的工作，为党组织在新的历史条件下更加朝气蓬勃，提供了明确的规范和科学有力的指导。

正因为这样，党的十六大，就成为鲜明回答在新世纪新阶段，我们党坚持举什么旗、走什么路、实现什么目标的一次大会；成为集中表达中国人民在新的历史条件下的基本要求，关系全中国十几亿人民命运的一次大会；成为我们党向全世界郑重宣告中国特色社会主义在二十一世纪前期，主要是前二十年的根本走向的一次大会。新世纪的中国向何处去，中国特色社会主义向何处去,清清楚楚,郑重宣告了!

这就是十六大的意义。

(三)十六大的精神,博大精深,如果用一整句话来概括,就是江泽民同志在十六大报告中开宗明义指出的这次"大会的主题"。这是十六大的主题,也是今后一个很长时期全党各项工作的主题。

二、大会主题与根本走向

(四)江泽民同志这样说:这次"大会的主题是:高举邓小平理论伟大旗帜,全面贯彻'三个代表'重要思想,继往开来,与时俱进,全面建设小康社会,加快推进社会主义现代化,为开创中国特色社会主义事业新局面而奋斗。"

主题是贯穿报告全篇的一条红线。正是这个主题,包含这样几层:一是以"高举邓小平理论伟大旗帜,全面贯彻'三个代表'重要思想"的要求,明确规定了我们党在新世纪要坚持举什么旗。

二是以"为开创中国特色社会主义事业新局面而奋斗"的要求,明确规定了我们党在新世纪要坚持走什么路。

三是以"全面建设小康社会,加快推进社会主义现代化"的要求,明确规定了我们党在新世纪前期的中心任务。

四是还以"继往开来,与时俱进"的要求,明确规定了我们党要以什么样的战斗姿态和精神面貌,为实现新世纪新阶段的历史使命而奋斗。

因此,应当说,十六大的这个主题,实质上是鲜明表达了新世纪我们党的指导思想、发展道路、奋斗目标和党所应取的精神状态的全部基本要求。

(五)或者更展开一点和更深一层来理解,那就可以说,十六大的主题的特点还在于,它是以最简练的语言,体现了十一届三中全会以来特别是十三届四中全会以来我们党的伟大实践过程和认识过程的历史经验(也就是新世纪中国特色社会主义从何而来),界定了党在新世纪所处的历史方

273

位(也就是新世纪中国特色社会主义现在何处),把握了新的国内国际条件下党所面临的历史机遇(也就是中国特色社会主义在新世纪前期的历史机遇中怎样作为,即向何处去),从而科学地指明了中国特色社会主义在新世纪前期的根本走向。

这正是我们党的代表大会应该承担的历史任务。而十六大是很好地承担起来了,而且是在一个非同寻常的历史时刻很好地承担起来了。

(六) 实际上,我们党的历次全国代表大会,远的不讲,十四大,十五大,十六大,虽然各有历史特点,各有特殊的历史重要性,但是共同的一点,就是都很好地承担起了各自应该承担的指明根本走向的历史任务。

比如十四大,当时的国内政治风波,七国制裁,苏东剧变,极复杂极尖锐的历史时刻,可以说是黑云压城吧。但我们党在邓小平南方谈话之后,十四大开得很成功。为什么成功,就因为解决好了这个根本走向问题,全党高度统一,昂首向前。那个根本走向何等响亮啊! 一下子就打开了新局面。应当说,我们国家九十年代的高速发展,就是从那里起步的。

又比如十五大,一九九七年初邓小平同志逝世,从年初起江泽民同志就说,我们高举邓小平理论伟大旗帜坚定不移,这叫做"我自岿然不动",不管有什么风波,有什么议论,"我自岿然不动"! 结果是中央常委会高度一致,中央全会高度一致,全国代表大会高度一致,全党全国高度一致,天下大定,没有辜负小平同志的期望!

再看这次十六大,历史条件又不同了,进入新世纪,进入新阶段,而且要有领导层的整体性更新换代。正是在这样一个极端重要的历史时刻,十六大又为我们全党全国指明了根本走向,系统地说明了从何而来,现在何处,向何处去,指导思想非常明确,达到了新的高度统一!

三、历史经验与根本走向

(七) 历史经验,从何而来,对新时期二十三年特别是近十三年来我们党伟大实践和认识的历史经验的科学总结,这是十六大报告全部立论的一个重要基础。"历史经验",包含实践过程的历史经验,以及在实践基础上的认识过程的历史经验这样两个方面。所谓认识过程的历史经验,是指在实践基础上取得了什么认识,怎么总结和提炼这个认识,以至于怎么形成理论,以至于理论的发展,还有就是在认识论和方法论上的前进。所以,实践过程和认识过程这两个方面,都需要认真总结历史经验。十六大报告很好地体现了这一点,而报告对新时期二十三年特别是近十三年我们党伟大实践过程和认识过程的历史经验所做的最新总结和科学概括,就成为决定中国特色社会主义在二十一世纪根本走向的实践依据和理论先导。

(八)首先是实践过程的历史经验。这就叫做事非经过不知难啊!我们大家都亲历了这十三年。这是何等艰难复杂、何等波澜壮阔的十三年啊!在这十三年中,我们党面临的国内外环境异常复杂,改革开放和现代化建设的任务十分繁重。可以说是外有压力、内有困难,风险不断、考验不断。不是讲考试吗?当年建国时毛泽东从西柏坡进城,说我们"赶考"去,"进京赶考"。这个语言,内涵丰富啊!老实说,我们党从来就是不断地"赶考"的。不是说考一次,考个优等,以后就年年优等了,没有那个事!接着考,没完没了!而且有许多重大问题还要经过历史来考验。这十三年也是如此,所以我们经历的事情就很多了。先是国内政治风波和苏联解体、东欧剧变,之后又有海湾战争、一九九一年华东水灾、"台独"势力加紧进行分裂祖国的活动、亚洲金融危机、一九九八年严重洪涝灾害、科索沃战争、美国轰炸我驻南使馆、中美撞机事件以至"九一一"事件、阿富汗战争等等一系列重大事件。这还是举其大者啊,每一个事件里面包含着多少细节呢?其间,还有一九九七年邓小平同志逝世,是我们的重大损失。

受命于国内外风云变幻特殊时刻的以江泽民同志为核心的党中央,面对二十世纪八十年代末、九十年代初极其复杂的政治形势,面对十三年一系列重大历史关节和事变,从容应对,强有力地团结和动员全党和全国人民,成功地经受住一次又一次严峻考验,引领着中国改革开放和现代化建设的航船始终沿着中国特色社会主义正确的方向破浪前进。这是讲实践过程。

(九) 再来看认识,看实践基础上的认识过程,看认识过程的历史经验。认识、认识过程、认识过程的历史经验,最重要的是什么呢? 最重要的有两句话。第一句,始终高举邓小平理论伟大旗帜不动摇。第二句,同时又始终坚持在实践基础上继续丰富和创造性地发展这个理论。这个大概念,是十五大提炼出来的,实际上呢,这十三年就是如此。这两句话,不能缺哪一句。所以,江泽民同志在十五大报告结束语中,强调这两句话说,"这是党中央领导集体和全党同志的庄严历史责任"。

(十) 那么再进一步说,再深一层说,这十三年实践基础上的认识过程的基本问题是什么呢? 就是两个,而且这两大基本问题是紧密联系在一起的。一个是"什么是社会主义、怎样建设社会主义",另一个是"建设什么样的党、怎样建设党"。可以说,正是这两大基本问题,构成我们全部实践基础上的认识过程的核心。第一个问题,是邓小平同志反复提出的要求全党认真弄明白的问题。第二个问题,"建设什么样的党、怎样建设党",也是邓小平同志一九八〇年就提出来的。当时他就说,"执政党应该是一个什么样的党,执政党的党员应该怎样才合格,党怎样才叫善于领导?"那时候就提出这个问题来了。后来到九十年代,邓小平同志作政治交代时,又语重心长地强调指出,"要聚精会神地抓党的建设"。现在回过头来看,我们这些年的全部实践和认识,这些年在实践基础上的认识过程,归根到底就是在做这两个问题的文章。这两个问题做好了,中国特色社会主义这篇文章就做好了,而这又从根本上保证了我们国家的发展。全国来讲、全党来讲是如此,一个地区、一个部门来讲也是如此。当领导,这两个问题是根本性的。

(十一) 以江泽民同志为核心的党中央,在这十三年中是紧紧把握住这两个基本问题的。这十三年,经过党的十四大和十五大,在坚持的基础上发展,在继承的前提下创新,抓住机遇而不丧失机遇,开拓进取而不因循守旧,归根到底也正是表现在这两个问题上,并且由此而展开为从经济、政治、文化、军事、对外关系和党的建设诸方面提出了一系列新的重大政策和理论观念,作出了一系列统率全局的重大部署,实现了一系列实践的和认识的重大突破。比如确立社会主义市场经济体制的改革目标和以社会主义公有制为主体、多种所有制经济共同发展的基本经济制度;比如确立依法治国、建设社会主义法治国家的基本方略和科教兴国战略、可持续发展战略;又比如确立党的建设新的伟大工程以及党的建设两大历史性课题,同时确立以保持党同人民群众联系为核心的执政党作风建设的指导思想和总体要求,等等。我们这十三年,两大基本问题,一系列重大突破,其结果就是我们国家的飞跃发展,并且为新的发展阶段准备了条件。

二〇〇一年底,江泽民同志在中央经济工作会议上明确指出,我们党和国家在这样的基础上,将进入新的阶段。当时他讲了三个"新阶段":一是"全面建设小康社会、加快推进社会主义现代化建设的新阶段",二是"对外开放的新阶段",三是"党的作风建设的新阶段"。这正是我们今天所说的"新阶段"的由来。

(十二) 另外,江泽民同志二〇〇一年"七一"讲话提出的要认真探索和把握的"三大规律",即人类社会发展规律、社会主义建设规律和共产党执政规律,也是紧密联系于这两大基本问题的。关于社会主义建设规律和人类社会发展规律的问题,实际上首先就是要弄清楚"什么是社会主义、怎样建设社会主义"。而关于共产党执政规律,那就是要回答"建设一个什么样的党、怎样建设党"。所以,我们在认识过程的历史经验问题上,是很丰富的,已经形成了相当一套,这一套当然还要继续发展。

(十三) 正是在这样的进程中,我们党从理论与实践的结合上,不断深化了对"什么是社会主义、怎样建设社会主义"和"建设什么样的党、怎样建设党"这两大基本问题的科学理解。并且也正是经过这么一个艰难的而又成功的实践和认识过程,走到了"三个代表"重要思想的提出,一直到十六大党章把"三个代表"重要思想同马列主义、毛泽东思想、邓小平理论一起确立为我们党的指导思想和行动指南。这个谈何容易呢? 这也是事非经过不知难啊! 如果没有这整个的实践和认识过程,特别是如果没有面对政治风波和种种考验而始终坚定不移地使我们党紧紧把握发展这个中心一条,紧紧把握代表先进生产力的发展要求、先进文化的前进方向,紧紧依靠最广大人民群众,从而做到对邓小平理论的坚持、丰富和发展,做到实践和理论的创新,我们能有这个结果吗?

(十四) 所以,"三个代表"重要思想绝不是凭空产生的,而是以江泽民同志为核心的党中央在艰辛探索中,在党和人民的集体奋斗中,以巨大的政治勇气和理论勇气,科学地坚持和发展邓小平理论,解放思想、实事求是,与时俱进、开拓创新的思想理论成果。

这里还应当专门联系到国际形势在上世纪八九十年代以来所经历的曲折变动这样一种历史背景。苏联解体、东欧剧变这种在历史上罕见的曲折,教训何在呢? 邓小平同志在南方谈话中已经尖锐指出了。他有一小段话,叫做"四个不":"不坚持社会主义,不改革开放,不发展经济,不改善人民生活,只能是死路一条"。邓小平同志在这里没有明指苏、东,但实际上是涵盖苏、东教训在内的一个非常到位、非常精辟的论断。这里的涵义有两个方面:一方面,指出僵化问题,就是"不改革开放,不发展经济,不改善人民生活",把群众脱离得光光的;另一方面,又指出"不坚持社会主义"、搞资产阶级自由化的问题。两个极端啊! 苏联是不是这样子啊? 长期僵化,脱离群众,脱离得光光的,后来又跳到另一个极端,搞资产阶级自由化,把党的领导和对社会主义的信心也丢得光光的! 两个极端,结果如何呢? 邓小平同志一句话,叫做"只能是死路一条"。这就是最根本的教训所在。当然,对苏、东教训还需要继续研究。但是可以说,邓小平同志这话讲到位了。就是两个极端,什么主义都有,惟独没有马克思主义! 所以,对这种教训的思考,就包含着对"什么是社会主义、怎样建设社会主义"的思考,包含着这种思考随着历史的曲折变动而不断深化。

而从"三个代表"重要思想集中地概括了坚持和发展社会主义的根本要求和党的建设的根本要求来说,当然也反映了这种由历史曲折变动而来的思考的深化。

"三个代表"重要思想,既同邓小平理论一样,论的都是中国特色社会主义这个历史性的主题,而又开拓了新的境界。它既是我们党这十三年全部实践和认识的新的历史经验的根本之点,又是对邓小平理论的坚持和发展,是马克思主义与当代中国实践相结合的新成果。这是我们党实践过程的历史经验的结晶,也是认识过程的历史经验的结晶。

(十五)再放长一些看,我们还应当认真铭记而决不应该忘记毛泽东在探索社会主义建设规律问题上的历史贡献。建设中国特色社会主义是一个不断探索和发展的历史长过程。而就我们已经经历的这一大段历史来说,以毛泽东为核心的党中央领导集体就开始了探索的过程。薄一波同志在一九九三年纪念毛泽东诞辰一百周年座谈会上,曾经说过一句名言:中国特色社会主义的探索,始于毛而成于邓。现在我们可以再加一句话:以江泽民同志为核心的党中央领导集体又有了进一步丰富发展并取得了新的巨大成功。

新世纪的中国特色社会主义就是由此而来的。

四、历史方位与根本走向

(十六)十六大把"三个代表"重要思想确立为党的指导思想,这是十六大的灵魂,是我们党面对新世纪,实现指导思想上与时俱进的鲜明体现,也是党对自身在新世纪所处历史方位的科学反映。正如江泽民同志在十六大报告中强调指出的:"'三个代表'重要思想,是在科学判断党的历史方位的基础上提出来的"。这句话实在很重要,很有分量!

清醒地认识和把握党自身所处的历史方位,清醒地认识和把握自己现在何处,可是一个十分重大的问题。重大到什么程度啊?重大到保证党的理论、路线、方针、政策和全部工作既不割断历史、又不迷失方向,既不落后于时代、又不超越阶段的一大关键,因而也是中国特色社会主义在二十一世纪根本走向的一大关键。

(十七) 我们党的全部历史经验证明,认清党自身所处的历史方位既至关重要,又决非容易。试看从新民主主义革命到社会主义革命和社会主义建设,再到改革开放和社会主义现代化建设,八十多年间,我们党的一切重大胜利和发展,其前提都离不开正确认识和把握历史方位;而一切重大迷误和失败,其症结也都同在历史方位问题上的偏差和错误密切相关。

事情就是这样:当着毛泽东同志科学地分析和清醒地把握了我们党作为无产阶级先锋队,而又是处在中国半殖民地半封建社会和农民占人口绝大多数的具体历史条件下,而且党的斗争又是在农村环境这个具体历史方位的时候,我们党具有伟大独创性的新民主主义革命理论、路线和道路就产生和发展起来了。而进入社会主义建设时期,当着对我们党自身所处历史方位的认识和把握发生偏差与迷误时,"以阶级斗争为纲"的失误就随之发生了,"大跃进"、"共产风"和"文化大革命"那样全局性的失误就接踵而至了。你要说不清醒,不是毛泽东一个人不清醒,邓小平同志就讲,他也有责任,他也是党中央的领导成员。历史的教训一再表明:方位不清则方向不明。最典型的莫过于"文化大革命"。明明自己已经成为执政党了,还在那里宣传"造反有理",其结果是"十年内乱",乱了自己。"造反有理"是党在夺取政权时期的理论和思维逻辑、行为逻辑。而"发展才是硬道理"、"发展是党执政兴国的第一要务",这才是执政党的理论和思维逻辑、行为逻辑。所以,认清执政党的历史方位,确立执政党的思维逻辑和行为逻辑极关重要。

（十八）失误和挫折的教训，使我们党十分痛切地懂得了科学地认识和把握自身所处的历史方位问题之重要。回想一下，邓小平建设中国特色社会主义理论的伟大创造，就是从廓清迷误、认清历史方位起步的。新时期一开始，邓小平就多少次地向全党提出认清国情，同时提出"什么是社会主义、怎样建设社会主义"这个基本问题，以及建设一个什么样的党的问题。他还不止一次地说过，"改革开放"、"中国式现代化"、"翻两番"、"三步走"、"两个大局"、"小康社会"、"初级阶段"、"市场经济"、"经济特区"、"让一部分人和一部分地区先富起来"等等，都是中国的新东西，新概念。如果没有这一条，还是束缚于"同旧社会差不多"或者"跑步进入共产主义"那样的迷误，我们有什么前途啊！还谈得到什么中国特色社会主义、什么当代中国的马克思主义啊？

（十九）如果说，邓小平同志关于中国社会主义发展阶段的理论，主要回答和解决的是我国社会发展的历史方位；"什么是社会主义、怎样建设社会主义"问题的提出，就是与这个社会发展历史方位问题相联系的。那么，"三个代表"重要思想，从最直接的意义上说，则首先是回答和解决现阶段我们党的历史方位；而"建设什么样的党、怎样建设党"问题的提出，就是同这个党自身发展的历史方位问题相联系的。当然，"三个代表"重要思想内涵还更丰富，但是它首先回答和解决的还是党的历史方位问题。江泽民同志在讲"三个代表"重要思想时，突出强调的是：只有做到"三个代表"，才能巩固党的执政地位，才有资格领导现代化。这也就是明白指出了党今天所处的历史方位了。

（二十）所以，我们也就能够更明白地理解江泽民同志所说的"三个代表"重要思想，"是在科学判断党的历史方位的基础上提出来的"这句话的分量了。

再展开一点理解，今天怎么判断党所处的历史方位呢？这里有三个层次。第一个层次是世界发生大转折,第二个层次是中国大发展,也可以叫做大转折,第三个层次则是党本身发生新变化。

前两个层次且不详说,只就第三个层次即党本身来说一下,就是在世界大转折和中国大发展背景之下我们党本身的变化。这就是江泽民同志在从"七一讲话"到十六大报告中,两次强调指出的一个重要论断。他这样说:我们党历经革命、建设和改革的长期奋斗,到今天已经发生了两大变化:一是"已经从领导人民为夺取全国政权而奋斗的党,成为领导人民掌握全国政权并长期执政的党";二是"已经从受到外部封锁和实行计划经济条件下领导国家建设的党,成为对外开放和发展社会主义市场经济条件下领导国家建设的党"。这两大变化,指明了从哪里变到哪里,可以说是纵向的变化。同时,这样的变化,又是在当代世界大转折和当代中国大发展背景之下,又可以说是横的变化。一纵一横,有了纵坐标、横坐标,这就是历史方位!

(二十一) 这两大变化,集中地反映了我们党八十多年历史发展所取得的全部胜利、成就和进步;另一方面,又集中地反映了我们党今天所面临的全部挑战和考验。两大变化,就要从两方面来理解。如果没有胜利、成就和进步,怎么会有这两大变化呢? 但是与此同时,这两大变化本身又包含着考验和新的挑战。这种考验和挑战,说到底,就是我们党能不能在新世纪,在前面所说的世界情况、中国情况和党的情况的历史方位上,真正代表中国先进生产力的发展要求,代表中国先进文化的前进方向,代表中国最广大人民的根本利益。这就是考验和挑战的最集中之点! 我们这样来理解"三个代表"和两大变化的关系,就不是简单地说如何如何好,而是说做到"三个代表"是应对两大变化所带来考验和挑战的必然结论! 由此而进一步要求我们不断推进理论创新、制度创新、科技创新、文化创新以及其他各方面的创新,不断发展社会主义市场经济、社会主义民主政治和社会主义先进文化,不断促进社会主义物质文明、政治文明、精神文明的协调发展。只有这样,才能团结和带领全国各族人民,抓住机遇,迎接挑战,胜利实现党在新世纪的三大历史任务,实现中华民族的伟大复兴。

所以,在新的历史条件下,新的历史性考验就集中在我们能不能真正做到"三个代表"。可以说,这就是在新的时代条件下,对中国共产党人的最重大历史性考题!

(二十二)正是在这样科学分析我们党今天所处历史方位的基础上,十六大报告明确提出了全面贯彻"三个代表"重要思想的"根本要求",这就是:"关键在坚持与时俱进,核心在坚持党的先进性,本质在坚持执政为民"。

(二十三)"关键在坚持与时俱进",提示了贯彻"三个代表"要求、使我们党的理论、党的领导、党的工作和党的建设始终坚持先进性的根本途径。先进生产力的发展要求、先进文化的前进方向、最广大人民的根本利益,在革命、建设和改革的不同历史阶段是不断发展变化的,永远不会停止在一个水平上。因此,党要真正成为名副其实的"三个代表",就必须不断地有所发现、有所发明、有所创造、有所前进。从这个意义上说,"三个代表"重要思想既是与时俱进的产物,又是不断推动党的理论、党的领导、党的工作、党的建设前进的武器,又是检验党的理论、领导、工作、建设是否保持活力而避免僵化的标准。因此,只有清醒把握历史方位,紧紧抓住与时俱进这个关键,才能深刻理解"三个代表"、自觉实践"三个代表"、坚定维护"三个代表"。

值得注意的是,十六大报告对什么是与时俱进下了一个明确的界定,叫做:与时俱进就是党的全部理论和工作要体现时代性,把握规律性,富于创造性。并且强调:能否始终做到这一点,决定着党和国家的前途命运。再进一步说,与时俱进,既是人类实践和认识的发展规律,也是马克思主义的发展规律。马克思主义本身就是与时俱进的科学理论。实践已经证明并将继续证明,坚持与时俱进的政党,才能永葆青春;体现与时俱进的理论,才能万古长青;反映与时俱进的事业,才能欣欣向荣。

(二十四)"核心在坚持党的先进性",提示了"三个代表"重要思想的真谛和精髓。先进性问题,从来就是党能不能生存和发展的根本依据,从来就是党能不能得到最广大人民群众信任和拥护的根本条件。一个政党为巩固自己的执政地位,可以拥有各种各样的手段和条件,但归根到底靠的是本身理论和实践的先进性。如果一旦失去了先进性,那么不论叫什么名称,也不论拥有何等强大的手段,终归站不住,终归要失败。

还需要深刻理解,先进性从来就是具体的、历史的,而不是什么抽象的一成不变的。党要在不同的历史阶段和历史方位上始终保持先进性,那也就还是需要与时俱进。在新世纪、新阶段,在全面建设小康社会、实现中华民族伟大复兴的历史任务面前,党的先进性、共产党员的先进性无疑应当包含新的时代要求。如果不同体现社会主义本质要求的先进的执政理念、执政能力相联系,不同先进生产力、先进文化和最广大人民的根本利益相联系,不同发展这个党执政兴国的第一要务相联系,党的先进性就无从谈起,党的执政地位也就无从巩固。

(二十五)"本质在坚持执政为民",揭示了"三个代表"要求的出发点和归宿,就在于我们党的全部理论和全部实践,都一定要始终以最广大人民群众支持和拥护为最高标准,始终体现人民群众的意志和利益,始终依靠人民群众的智慧和力量,始终与人民群众同呼吸、共命运、心连心。"三个代表"重要思想所包含的一个关系党的生死存亡的警示和告诫,就是:我们党的最大政治优势是密切联系群众,而党执政后的最大危险就是脱离群众,党在长期执政条件下最容易犯的错误就是以权谋私、与民争利,最容易失去民心的是腐败堕落,以至搞所谓"既得利益集团"。不从根本上解决立党为公、执政为民的问题,不是一以贯之地坚持为人民掌好权、用好权,就会影响民心向背,就会有自我毁灭、人亡政息的危险。

(二十六)总之,关键在坚持与时俱进、核心在坚持党的先进性、本质在坚持执政为民这"三句话"的提出,进一步表明,我们党是何等自觉而深刻地认识和把握自己所处的历史方位、时代任务,并由此而以"三个代表"重要思想和实践来保证党能始终站在时代潮流前列,永葆生机和活力。这里还有一个变与不变的问题。一方面,它从党在新世纪的历史方位出发,集中表达了新的历史条件对党的新要求;另一方面,又坚定不移地把我们党创立以来始终坚持的立党为公和全心全意为人民服务的根本立场和根本宗旨,集中贯穿。这样,就把我们党在新世纪新阶段需要自觉变化的方面,同坚持党的根本立场、根本宗旨的不变的方面,辩证地结合在一起。应当说,这也正是当代中国共产党人,在新的历史方位上,在进入新世纪世界大转折和中国大发展的重大历史关节,所应有的马克思主义的新境界、新觉醒。这个变与不变的重要思想方法,一定要在党的干部队伍中普遍树立起来。现实的情况是:一些党员干部,该变的、应变的,不肯变、不愿变、不敢变,一切因循守旧、一切率由旧章;而不该变的、不能变的、不许变的,反倒变得很快。这是我们在贯彻十六大精神,进行党的建设新的伟大工程中,需要着力解决的问题之一。十六大后胡锦涛同志强调全党要重温毛泽东关于"两个务必"的重要论述,重温邓小平、江泽民关于全党和全国人民要长期艰苦奋斗的一系列重要论述,结合新的实际坚持做到"两个务必",就是这个意思。

新世纪的中国特色社会主义,就是这样在新的历史方位上确定了自己的着眼点和立足点。

五、历史机遇与根本走向

(二十七)十六大报告关于全面建设小康社会的奋斗目标和宏伟蓝图,上接百多年来中华民族伟大复兴的历史要求,中继改革开放和现代化建设新时期的发展势头,下启二十一世纪头二十年的发展大局。可以说这又是中国特色社会主义在新世纪前期向何处去的一个集中表达。

那么,怎样分析和看待二十一世纪前期的战略全局和战略机遇呢?

(二十八) 关于二十一世纪前期的战略全局和战略机遇,十六大报告明确地指出了这一点,并且用"必须紧紧抓住"和"可以大有作为"这十二个字来说明这一战略机遇期的重要性。这当然是关系全局的重大判断。怎么理解? 我们八十年代利用大三角战略关系,美国、苏联争霸,我们不争霸,但可以利用美苏矛盾,抓住了机遇;现在形势变化了,还有多少机遇? 我认为,机遇期问题不能这样看。我们需要按照中央观察思考问题的观点方法来观察思考问题,冷静分析。八十年代讲机遇和现在讲机遇,很有一些不同。我们现在讲机遇问题,当然仍是要从国际国内条件的综合把握出发,但是有一点必须强调,就是我们国内条件本身的分量在加重。以八十年代而论,那时国内条件也有机遇的方面,但是与今天大不相同。这是因为,七十年代末、八十年代初是"文化大革命"结束,大灾难,倒霉到极点。当然那也可以说是机遇,因为倒霉到极点就要变,人心思变嘛。这就是机遇! 但那样的机遇,同我们今天,国内已经发展,很大地发展起来,还要继续很大地发展,而且举世瞩目,相当不相同啊? 很大的不同!

这也就是说,今天我们中国的发展本身,就已经成为举世瞩目的天下大势的一个重要部分,而且越往前走越是如此。尽管我们问题还很多,但是,中国在发展,中国在大发展,中国还要继续大发展,这一条,本身就是世界大势的一个重要因素! 因此,我认为,这就是我们将要获得新的战略机遇期的一个最重要基础! 说得完全一点,就是以中国发展、大发展,并且继续发展、继续大发展为最重要基础的,国内国际各方面条件之综合,才决定了我们在二十一世纪头二十年将要迎来一个新的战略机遇期。冷静观察,沉着应对,就要充分重视这一条,并且以此为根本立脚点,而决不能看轻,更不能忘掉这一条。这也就是邓小平所说:"埋头实干,做好一件事,我们自己的事。"

（二十九）与此同时，新世纪头二十年我国面临的国际和周边环境，总体上也相对有利。和平与发展仍是当今世界的主题，国际格局多极化和经济全球化趋势带来了新的机遇。这里要特别强调一点，就是我们党对"和平与发展的时代主题"这个大的战略判断是坚持的，而且可以说是坚定的。所谓坚定，就是决不因为出现这样那样的突发事件而轻易动摇。

（三十）当然，我们党同时也清醒地看到国内经济社会发展中的重大困难和挑战以及国际环境的不利方面。十六大报告讲我们自己的缺点和问题，主要是两块。一块是关于前五年，讲工作缺点和不足；另一块是关于全面建设小康社会，讲我国发展还有很多局限。

至于国际环境的问题方面，十六大报告同样作了冷静全面的分析。这也需要联系着我们党关于"战略机遇期"的判断，加以分析。

（三十一）关于美国动向，眼前最重大的现实变动就是"九一一"之后，美国把反恐、防止大规模杀伤性武器扩散和保证美国本土安全作为优先目标。实际上这是一种战略性调整，并非权宜之计。这件事反映了矛盾的发展，深层矛盾的暴露。关于矛盾发展，邓小平九十年代说过一段很精辟的话："世界上矛盾多得很，大得很"，"一些深刻的矛盾刚刚暴露出来。我们可利用的矛盾存在着，对我们有利的条件存在着，机遇存在着，问题是要善于把握"。他由此强调："对国际形势还要继续观察，总之不能看成一片漆黑"。所以，我们想起毛泽东在重庆谈判时说过的，世界上的事物是复杂的，是多方面因素决定的，不是只由一个方面所决定的。所以，让我们继续观察吧。这是一条。第二，让我们好好干吧。这样，我们又看又干，我们的本钱就会越来越多。而本钱多了，机遇就会更多。当然，同时要准备不测，而且要认真对待。对我们党来说，从来没有舒舒服服吃现成饭的机遇！历来如此。在我们的力量对比相对劣势没有根本改变的情况下，更加不可能有什么舒舒服服吃现成饭的机遇！

（三十二）关于全球化进程中包括美国在内的西方经济技术优势的巨

大压力。这里只想着重说到一点,就是除了刚才所说的国际矛盾新发展之外,还有中国发展本身就成为推动有利国际环境发展的重要因素。比如说,中国市场潜力之大。西方就是看到了的,甚至认为这是世界上最后一个潜力最大的市场。我们现在大体人均 GDP 一千美元,东部三千美元,而就珠江三角洲、长江三角洲和京津塘这三个大的城市圈来说,我们再干十年,恐怕人均六七千美元是完全可能的。这包含了多大购买力啊!比如说,劳动力优势。人多,当然也有麻烦,但是劳动力的优势,劳动力资源丰富,劳动力成本低,是许多外国企业羡慕的。另外,劳动力素质也在提高啊!这种优势要持续多少年呢?有一种估计,大概今后三十年或者更长时间内还会有这个优势。这很可能也是我们所独有的。所以,十六大报告在"工业化道路"里面,讲到"人力资源优势的充分发挥",这就是中国特点,是很大一个学问!再比如说,民间的投资。我们现在有八万亿到十万亿人民币民间储蓄,有一种估计,就是今后十年内,这种巨大的并且还会继续增长的巨大储蓄能量势必转化为巨大投资能量,这是多大力量啊!诸如此类的因素,只要利用得好,就会形成一个总体优势。那就意味着,我们有可能在全球市场资源(包括资金)重新配置和全球产业结构(包含传统产业和高技术产业)重新组合的大变动中,处在有利地位。从一九九三年起,我国连续九年成为吸收外商直接投资最多的国家。二〇〇二年我们引进外资五百三十亿美元,第一次超过美国。在世界贸易排名中,也由一九九〇年的第十六位上升到二〇〇二年的第五位!再进一步说,我们有一个发展战略,就是信息化带动工业化,这比传统意义上的工业化又往前走了。那么这个战略在发展对外经济关系,包括对美国的经济关系上意味着什么呢?可能意味着,美国在前十年信息革命中所积累的大量的资源,包括智力资源,现在得不到充分利用空间的情况下,有可能要到中国找到空间。这也就是说,在全球产业重组当中,我们不仅劳动密集型产业可以有机遇,技术密集型产业也可以有机遇。

总之,我们充分估计困难和压力,又清醒把握机遇。这就叫做:在改革开放中,在同经济全球化相联系而不是相脱离的进程中,独立自主地建设中国特色社会主义。

(三十三) 说到这里,我想围绕"全面建设小康社会"和紧紧抓住战略机遇期这个问题,对我们在新世纪建设中国特色社会主义的战略道路的历史特点,试作归结。

第一,我们这条战略道路的一个最重大和带根本性的历史特点,就是一切从中国实际出发,从不断变动着的中国实际出发。所以邓小平在十二大开幕词中明确指出,"走自己的路",就是我们党开创的这条中国特色社会主义道路。我们现在的改革开放政策,包括发展社会主义市场经济,公有制为主体、多种所有制经济共同发展,最广泛最充分地调动一切积极因素,等等,都是由此而来的。

(三十四) 第二,我们这条战略道路的又一个重大历史特点,就是在坚持社会主义方向的基础上,对社会主义长期性的充分确认和高度自觉。在十六大报告中,实际上是再次确认,而且更加强调了。大家知道,邓小平在总结历史经验的基础上,在马克思主义和社会主义历史上破天荒第一次提出了"几代人"、"十几代人"、"几十代人"的深刻观念。这是一个大的心胸、大的眼界,是根据长期经验和深刻观察所作的又一个大的战略判断。所以江泽民同志对此非常重视,多少次反复强调要注意领会,并在十六大报告和党章中都切实加以体现。

这就叫作横下一条心,我们中国共产党人要在很长很长的历史时期,就干社会主义,就干中国特色社会主义。共产主义的纲领,最高纲领,我们要坚持;但是建设共产主义社会,在很长很长历史时期内是不可能实施的。这个问题,江泽民同志又从"七一"讲话到十六大,反复地郑重地提到全党面前。"七一"讲话,强调了三点:一是强调"实现共产主义是一个非常漫长的历史过程";二是强调建设中国特色社会主义也是一个"很长历史过程";

三是强调"我国现在处于并将长期处于社会主义初级阶段"。

这次十六大,进一步把社会主义长期性问题落实到了"全面建设小康社会"上。重点强调了这样四点:一是经过改革开放二十多年的奋斗,我们才在总体上达到了小康水平,但是现在达到的小康还是低水平的,不全面的,发展很不平衡的小康;二是巩固和提高目前达到的小康水平,还需要进行长时期的艰苦奋斗;三是我们还需要经过二十年的努力奋斗,才能全面建设惠及十几亿人口的更高水平的小康社会,仍是属于社会主义初级阶段;四是在经过这个阶段后,再继续奋斗几十年,才能到本世纪中叶基本实现现代化。

如果我们从一九五六年三大改造完成算起,到二十一世纪中叶基本实现工业化这一百年,做成一件事。那么,这在中国整个社会主义的发展过程中,不过是头一个历史阶段。我们干社会主义,发展再发展,探索再探索,空间大得很,余地大得很!这也正是社会主义长期性论断的真正意义所在。

(三十五)第三,我们这条战略道路还有一个重大历史特点,就是在对外开放中,即在同经济全球化相联系而不是相脱离的进程中,独立自主地建设中国特色社会主义。这是我们党十一届三中全会以来,逐步开创出来的一条全新的战略道路。我们这条道路有这么几个依靠,即依靠致力于以经济建设为中心的自身发展,依靠社会主义市场经济包括市场对内对外开放,依靠制度的创新,依靠积极参与经济全球化并同相关国家互惠互利、达到双赢。因此,这是一条世界社会主义历史上从未有过的全新战略道路,又是一条世界近代历史上后来大国崛起所从未走过的全新战略道路。正因为这样,我们在对外方针上,支持世界多样化,顺应经济全球化,提倡国际关系民主化,寻求不同文明和制度竞争共存,倡导互信、互利、平等、协作的新安全观,逐步建立公正客观的国际政治经济新秩序。这样一整套理论和实践的新境界,就是必然的,不是临时的,是有深厚根基的,不是权宜之计。所以,中国的崛起是和平的崛起,这样的中国是维护世界和平、促进共同发展的坚定力量。这样的发展中大国的作用,也是中国特色!

如果再联系到世界经济史那么我国在一百年内(从上世纪中叶到本世纪中叶),则将有十五亿人口实现工业化、现代化,这实在是世界历史上破天荒最大规模的、深刻的社会转变!

(三十六) 总之,我们中国共产党领导下的中国特色社会主义,是不断发展社会生产力的社会主义,是主张和平的社会主义,是坚持改革开放、坚持四项基本原则的社会主义,是不断促进社会经济、政治、文化和人的全面发展的社会主义。

中国特色社会主义在新世纪头二十年向何处去,其发展前景就是如此。

六、精神状态与根本走向

(三十七) 中国特色社会主义在新世纪的根本走向,关键在党,在于按照"三个代表"重要思想,以改革和创新精神来加强和改进党的建设,不断为党的肌体注入新活力。党的活力体现在哪里?毫无疑问,首先是应该体现在思想理论上的不僵化,在于创新。十六大报告在论述全面贯彻"三个代表"重要思想、加强和改进党的建设等几个部分,从多侧面反复地论证了这一重大问题,并且指出一系列措施,体现了创新的精神和要求。

(三十八) 这里我要特别说到,十六大把"继往开来、与时俱进"列入主题,实质上也就是把对全党精神状态的明确要求列入主题。

"继往开来、与时俱进"首先是精神状态。这八个字的精神状态,对于我们这个有着八十多年历史,执政五十多年,改革开放已有二十多年的老党、大党来说,至关重要。之所以重要,就在于这八个字点明白了,一要继往,二要开来,这样才能科学地与时俱进。

还在十五届一中全会上,江泽民同志就强调指出,十五大提出的"抓住机遇而不可丧失机遇,开拓进取而不可因循守旧","讲的就是精神状态问题"。以后,江泽民同志又多次强调,建设中国特色社会主义的实践在继续前进,我们对中国特色社会主义的探索和认识也要不断继续下去,永远不能停滞。任何安于现状、因循守旧、不思进取、无所作为的思想,都不利于党和国家事业的发展。在十六大报告中,江泽民同志进一步指出,坚持党的思想路线,解放思想、实事求是、与时俱进,是我们党保持先进性和增强创造力的决定性因素。

尤其值得注意的是,十六大报告把这种精神状态提到"治党治国之道"的高度。十六大报告这样说:"通过理论创新推动制度创新、科技创新、文化创新以及其他各方面的创新,不断在实践中探索前进,永不自满,永不懈怠,这是我们要长期坚持的治党治国之道"。这就是说,十六大主题所强调的"继往开来,与时俱进",实质上是贯穿党的理论、党的领导、党的工作、党的建设的。

(三十九)当今的世界很不安宁,这使人们更加深感我国安定团结的局面之弥足珍贵。十六大报告的结束语突出强调增强忧患意识,强调三个"倍加",即倍加顾全大局,倍加珍视团结,倍加维护稳定。这也是精神状态问题,是问题的又一个侧面。

(四十)说到这里,我们还需要特别体会,十六大报告提出坚持和培育以爱国主义为核心的民族精神,这首先就是对我们全党的要求。回想我党八十多年,从第一天起,就是如此。创党的先烈,老一辈共产党人,首先都是为了挽救中华民族危亡起来奋斗,并且经过爱国主义的境界而达到马克思主义的。这正是中国共产党的一大特点,也正是中国共产党的一大优点! 所以,我们这个党,是中国工人阶级先锋队,同时又是中国人民和中华民族先锋队的伟大政党。这就要求我们必须始终保持共产党人的蓬勃朝气、昂扬锐气和浩然正气,始终保持昂扬向上的精神状态,以我们永远燃烧的激情和对人民的无限深情,对待我们的事业、我们的祖国、我们的伟大民族和人民。这当然同时也就是在尽我们的国际责任。

我认为,保证我们中国特色社会主义在新世纪的根本走向得以实现的精神条件的核心,就在这里。

治国理政的根本大计[*]

　　党的十六届四中全会是我们党历史上第一次专题研究执政能力建设的重要会议,全会作出的《中共中央关于加强党的执政能力建设的决定》是我们党历史上第一个全面的关于加强党的执政能力建设的纲领性文献。这次全会和这个《决定》,抓住了决定党和国家工作全局的重大战略课题,抓住了治国理政的根本。这对于我们党领导的伟大事业和党的建设新的伟大工程,都具有重大的现实意义和深远的历史意义。围绕这个问题,我着重从以下八个方面谈些初步体会。

---

　　* 这是作者对中国共产党十六届四中全会决定的体会,发表于 2004 年 10 月 12 日《人民日报》,原题为"决定全局的一项重大战略课题",收录于人民出版社 2004 年版《〈中共中央关于加强党的执政能力建设的决定〉辅导读本》。

（一）中央全会如此突出地提出并着重地致力于解决加强党的执政能力建设问题，这鲜明地体现出以胡锦涛同志为总书记的新一届中央领导集体善于在审时度势基础上把握全局，紧紧抓住推动全局发展的重要环节。这件事本身，就是一条重要的领导经验和执政经验。所谓审时度势，就是站在时代和战略的高度，全面分析形势和任务。我国的改革发展进入了关键时期，国际形势已经和正在发生深刻变化。我们党作为执政党，既面临着国内经济和社会发展层出不穷的新情况新问题的严峻挑战，又面临着国际上各种矛盾深化、战略格局变动和发达国家在经济、科技等方面占优势的种种压力。在这样的国内外条件下，党要全面贯彻"三个代表"重要思想，推进实现新世纪三大历史任务的进程，在全面建设小康社会的基础上实现中华民族伟大复兴，就必须大力加强执政能力建设。

所谓把握全局，就是把加强党的执政能力建设作为推动全局发展的决定环节紧紧抓住，从而把全局工作同党的建设更紧密地联系起来，既有力推动党的建设新的伟大工程的全局发展，又同时推动党领导的伟大事业的全局发展。只有这样，才能保证我们党在世界形势深刻变化的历史进程中始终走在时代前列，在应对国内外各种风险和考验的历史进程中始终成为全国人民的主心骨，在建设中国特色社会主义的历史进程中始终成为坚强的领导核心。

（二）全会强调抓住机遇、锐意进取，把党的执政能力建设提高到新水平，这个要求具有深刻含义。这是因为，在新世纪新阶段，我国经济社会发展进到一个新的历史关节，我们党的执政能力建设也必然相应地进到一个新的历史关节。我国当前的情况是，经过二十六年的改革开放和现代化建设，人民生活在总体上实现了从温饱到小康的历史性跨越，人均国内生产总值突破一千美元，正在向人均三千美元的新的台阶攀升。而国际经验表明，一国达到这样的发展水平，往往意味着经济社会发展进入到一个新的更为复杂的关键时期，对执政党的执政能力的考验也进入一个新的更为复杂的关键时期。在这种情势下,党的十六大提出的全面建设小康社会的二十年重要战略机遇期能否真正抓住,一个极其重要的甚至是决定性的因素,就在于党的执政能力建设能否进一步加强,党的领导水平、执政水平能否进一步提高。正因为这样,我国全面建设小康社会的重要战略机遇期,实质上同时就包含了把加强党的执政能力建设提到更加突出地位这样一个历史性的新要求。

也正因为这样,全会提出的"抓住机遇、锐意进取"的要求,就是极为重要的了。新的战略机遇期的有利条件,使我们能够获得比较充裕的时间和比较稳定的环境,有系统地提出和有步骤地进行党的执政能力建设。与此同时,种种可以预见和难以预见的风险和挑战,又要求我们必须把这件大事抓得很紧很紧而不能稍有松懈,坚持锐意进取而不能因循守旧。回顾我们党的历史,从来就没有什么舒舒服服地吃现成饭的机遇,而总是要在克服困难、战胜风险中才能抓住机遇、创造机遇,打开新的局面。党的历史经验表明,机遇与挑战的存在固然有国内国外各种因素共同在起作用,但是其中起决定性作用的因素始终只能是我们自己,始终取决于我们党的见识、胆略和作为。用这样的眼光来审视当前的国内外形势,我们就能够理解,挑战也好、压力也好、困难也好、风险也好,既考验党的执政能力,又锻炼和提高党的执政能力。这当然也就为我们党的执政能力建设的加强提供了难得的机遇。

(三)上述情况,既深刻体现在国内工作中,又生动反映在对外工作里。

从国内工作来说,过去四分之一个世纪,我国建设成就巨大,经济实力、综合国力和人民生活得到了实实在在的提高;而今天,我国正处在改革发展的关键时期,在发展势头依然强劲的同时,也面临资源、环境以及经济与社会协调发展等方面的严重挑战。可以说,这是一个"黄金发展期"与"矛盾凸显期"相交织的改革发展的关键时期。我们党已明确了应对挑战

的一整套方针,这就是:全面建设小康社会;坚持走新型工业化道路;坚持
"五个统筹",即统筹城乡发展,统筹区域发展,统筹经济社会发展,统筹人
与自然和谐发展,统筹国内发展和对外开放;坚持可持续发展。由此可见,
在新的考验面前,我们党的头脑是清醒的,方针是适时的、有力的。

从国际局势看,世界大转折和经济全球化对我们来说,既是机遇,又是
挑战。面对挑战,我们党应对的方针也已明确,这就是:在争取有利于我国
发展的和平国际环境的问题上,特别是在如何对待国际体系和国际秩序的
问题上,我们坚决摒弃那种依靠发动战争打破原有国际体系、依靠集团对
抗以争夺霸权的老路,而主张通过国际关系民主化的途径,逐步建立国际
政治经济新秩序这样一条新路。也就是不争霸、不称霸、不当头,也不当附
庸,争取和平的国际环境来发展自己,又以自身的发展来维护世界和平。
简而言之,就是走"和平发展道路"。可以说,这正是"中国特色社会主义"
的一个重要的"中国特色"。在二十一世纪上半叶风云变幻的世界大转折
中坚持这条道路,既考验我们党的执政能力,又锻炼和提高我们党的执政
能力。再加上祖国统一问题,国家主权和安全问题,其所包含的巨大挑战
和考验,同样既考验我们党的执政能力,又锻炼和提高我们党的执政能力。

(四)按照全会的分析,我们党的执政能力同党肩负的重任和使命总
体上是适应的。新中国成立五十五年特别是改革开放二十多年来,我们党
紧紧依靠人民群众、依靠全党共同努力而取得的举世瞩目的执政成就,已
经有力地证明了这一点。另一方面,正如全会所指出,面对新形势新任务,
党的执政能力建设也还存在一些亟待解决的突出问题。这些问题归结起
来,一个是不适应新形势新任务的要求,一个是不符合"三个代表"重要思
想和全面建设小康社会的要求。所谓"不适应新形势新任务的要求",既有
领导方式和执政方式、领导体制和工作机制的不适应,也有党员干部队伍
素质和能力水平的不适应,主要表现为一些领导干部和领导班子思想理论
水平不高、依法执政能力不强、解决复杂矛盾本领不大。所谓"不符合'三

个代表'重要思想和全面建设小康社会的要求",主要表现在一些党员干部思想作风不端正、工作作风不扎实、脱离群众等问题比较突出,一些地方党的基层组织软弱涣散、一些党员不能发挥先锋模范作用,腐败现象在一些地方和部门还比较严重,等等。这些问题都直接影响党的执政成效。还可以说,种种"不适应"的问题,是从"本领恐慌"方面影响党的执政成效;种种"不符合"的问题,则是从思想行为不端正以致损害党群关系和干群关系方面影响党的执政成效。《决定》尖锐地提出"不适应"、"不符合"的问题,就是要提醒全党同志增强对新的历史方位和执政使命的适应力,增强对各种消极腐败因素的免疫力;就是要引导全党同志特别是领导干部,从关系社会主义事业兴衰成败、关系中华民族前途命运、关系党的生死存亡和国家长治久安的高度,增强搞好执政能力建设的自觉性和坚定性。

(五)针对种种"不适应"、"不符合"的问题,针对新形势新任务,全会强调,我们党作为执政党必须认真面对和妥善处理好一系列"关系"。包括:与国家机关的关系,与民主党派的关系,与社会团体的关系,与经济文化活动的关系,以及党本身的执政能力建设与思想、组织、作风、制度等方面建设的关系。这些问题及其妥善处理,实质上都涉及现阶段我国生产力与生产关系、经济基础与上层建筑这两大社会基本矛盾运动;同时又都涉及现阶段我国经济社会发展中两大层次的协调:一个是要推进生产力与生产关系、经济基础与上层建筑相协调;一个是要推进经济、政治、文化建设的各个环节、各个方面相协调。归根到底,是要推进社会主义物质文明、政治文明和精神文明这三大文明建设的协调发展。加强党的执政能力建设,最根本的就是要解决好这个问题。

(六)《决定》所深刻总结的党执政五十五年来特别是党的十一届三中全会以来二十六年的主要执政经验,既要在新的历史条件下坚持和发扬,又要在实践中与时俱进,继续丰富和完善。经验总结是规律性认识的基础,也是领导能力和执政能力的体现。我们要紧紧围绕中国特色社会主义这个主题,学习领会党的主要执政经验,结合中国实际正确认识和自觉运用共产党执政规律以及社会主义建设规律和人类社会发展规律,这对我们党的发展壮大、对中国特色社会主义事业的兴旺发达具有决定性意义。同时,这也是社会主义政治文明建设的一个极重要的组成部分。

(七)把我们党在领导中国社会主义现代化伟大事业和党的自身建设新的伟大工程中取得的执政成就、执政经验,放到国际国内及其相互联系当中去观察,放到历史发展当中去观察,就可以清楚地看到,我们党在艰辛探索中开创的中国特色社会主义道路是一条全新的发展道路。这里有两大超越:一是超越那种旧式工业化必然导致世界范围争夺资源大拼杀的旧路,下决心通过和平方式和新型工业化道路的可持续发展走向崛起;二是超越那种因为社会制度和意识形态的差异就拒绝和平、发展、合作的冷战思维,下决心实行改革开放,即在同经济全球化相联系而不是相脱离的进程中,通过学习、借鉴乃至引进人类文明的各种有益成果,独立自主地建设中国特色社会主义并走向崛起。这样一条道路,在近代以来走向振兴的大国历史上前所未有,在世界社会主义历史上前所未有,在马克思主义发展历史上也前所未有。这条道路的成功开创,是党领导的结果,是党执政能力的集中体现;而这条道路在二十一世纪上半叶的坚持和发展,又要求把党的执政能力提高到新水平。由此可见,全会把进一步加强党的执政能力建设这个决定全局的重大战略课题提到全党面前,意义之重大、之深远。

(八)总之,党的十六届四中全会及其《决定》,是党的建设新的伟大工程的新拓展,是建设好这个伟大工程以推进党领导的伟大事业的新动员,标志着在邓小平理论和"三个代表"重要思想指引下,党为完成二十一世纪头二十年全面建设小康社会的宏伟任务而加强自己、完善自己的马克思主义新觉醒。

中国和平崛起和我们党的先进性*

一、主动参与，趋利避害，因势利导，乘势而起

叶孝慎（以下称叶）：八个月前，刚开完第三十届世界高峰年会，您从意大利回来，就在党校见我。谈了一上午。这一回，眼睛感染，不是太好，还见我，对不起。

郑必坚（以下称郑）：老朋友来了，只要有时间，还是要见一见、聊一聊的。

叶：我们正在做一部新的片子，新的电视片，电视理论文献纪录片，想要全面反映马克思主义的一脉相承、与时俱进，反映经济全球化背景下的

---

* 这是作者于 2005 年 5 月 30 日答作家、上海市中国特色社会主义理论体系研究中心研究员叶孝慎问。

马克思主义中国化,很想听听您的意见。

郑:经济全球化,不是突然冒出来的,而是经历了相当长久的世界经济发展进程和历史曲折的。这在马克思主义发展史上,从来就是一个重大问题,重大课题。马克思早就认识到这个事情,就说这是人类发展史上的新东西。你看《共产党宣言》,一八四八年二月的《共产党宣言》,那个他和恩格斯为共产主义者同盟第二次代表大会起草的纲领性文件,他是怎么说的? 他说:"资产阶级,由于开拓了世界市场,使一切国家的生产和消费都成为世界性的了。"他还说:"资产阶级挖掉了工业脚下的民族基础。古老的民族工业被消灭了,并且每天都还在被消灭。""过去那种地方的和民族的自给自足和闭关自守状态,被各民族的各方面的互相往来和各方面的互相依赖所代替了。"这话是什么意思? 这话的意思就是整个世界的生产交换都成了一个体系,连在了一起。由此而来的就是矛盾。矛盾也连在了一起。一方面,正如《共产党宣言》所说:"资产阶级在它的不到一百年的阶级统治中所创造的生产力,比过去一切世代创造的全部生产力还要多,还要大。"另一方面,"随着工业的发展,无产阶级不仅人数增加了,而且它结合成更大的集体,它的力量日益增长,它越来越感觉到自己的力量。"与此同时,"共产党人到处都支持一切反对现存的社会制度和政治制度的革命运动。""共产党人到处都努力争取全世界民主政党之间的团结和协调。"正是根据这样的经济全球化的新历史条件,马克思提出了一个伟大口号:"全世界无产者,联合起来!"如果没有经济全球化,怎么可能提出这样的口号呢?

当然,这只是第一轮经济全球化时的情景。实质上,这是自由竞争资本主义在全世界的扩张。它们运用暴力,运用炮舰,还有商品,进行扩张,打开市场,占领殖民地。马克思的世界眼光,由此而来。马克思主义的产生,与此相关。这就叫做:马克思主义应运而生。

至于说当时中国,由十八世纪中叶清朝乾隆极盛,到十九世纪中叶鸦片战争,再到十九世纪末叶甲午战争,这一个半世纪由极盛到危亡的剧变,正同西方工业革命的一个半世纪相对应,也正是在人类历史上第一轮经济全球化历史大背景下发生的。到了一八四〇年,英国派了几条军舰啊,没有几条,但他打了两次鸦片战争。然后是八国联军,大清帝国就被打趴下了,那么一个大帝国,被打趴下了,就成了半殖民地了。这些连局部战争都算不上。这个就是"欧洲梦",英国很典型。它不打世界大战,因为它不需要。它以少胜多,恃强凌弱,领土在对外殖民过程中扩展了111倍。那么,中国呢? 中国在做什么梦呢? 中国的皇帝做什么梦呢? 乾隆皇帝做的是天朝大国梦。他不是说"天朝无所不有"吗,意思就是说根本不需要外国,你来朝拜就行了,进贡就行了。这是他接见英国使者时亲口说的一句话。那个时候,一七五〇年,是中国的天朝大国梦。结果呢,给人家打趴下了,天朝大国梦变成了"救亡图存"梦。

到了十九世纪末、二十世纪初,经济全球化进到一个新的阶段,那就是第二轮经济全球化了。这一轮经济全球化的大背景,是工业资本与金融资本相结合的垄断资本主义——资本帝国主义占了统治地位,世界被大致瓜分完毕。这本身是第一轮经济全球化的高度发展,并有可能打开新一轮全球化。但是由于资本帝国主义占统治地位的条件下种种矛盾的激化,实际的结果,却是在生产力、科技和世界市场继续发展的同时,走向反面,资本帝国主义为重新瓜分世界,而在二十世纪上半叶的三四十年时间内,或者说整个二十世纪上半叶,接连打了两次世界大战。一个德国、一个日本,两个后起大国,在世界已经被瓜分完毕的情况下,还要挤进来,那就只能铤而走险,发动世界大战了。全球大血战,惨绝人寰,上亿人死于非命,还谈得到什么经济全球化?! 应当说,这是第一轮经济全球化进程的恶性发展,是第二轮经济全球化的逆转和中断。

而第二轮经济全球化的中断和四十年内两次世界大战的结果,却是战争引起革命。革命也是"逼"出来的。先是一次世界大战"逼"出了列宁、列宁主义及其所领导的十月社会主义革命,俄国走上社会主义道路。在那以后,第二次世界大战又"逼"出了毛泽东、毛泽东思想及其所领导的中国新民主主义人民大革命,中国走上社会主义道路。马克思主义的新发展,列宁主义和中国化的马克思主义——毛泽东思想,也是应运而生啊!

叶:所以邓小平会见意大利记者奥琳埃娜·法拉奇(Oriana Fallaci),说到毛泽东,他由衷说道,没有毛主席,至少我们中国人民还要在黑暗中摸索更长的时间。

郑:第二次世界大战结束,经过一个恢复期,从二十世纪七十年代中期开始,特别是八九十年代经济全球化浪潮的到来,形成了又一轮经济全球化,也就是第三轮经济全球化。毋庸讳言,这一轮经济全球化的推动,仍然来自资本主义社会所创造的生产力。这就是人类历史上从未达到过的,以信息技术和知识经济为标志的,通过强有力促进交通、通讯、金融、流通而使经济全球化迅猛发展的新生产力。

如果说第一、二轮经济全球化,是经过十八世纪中叶以后一个半世纪的发展,尔后转入大震荡,转入资本主义大危机,资本帝国主义瓜分和重新瓜分世界,四十年内两次世界大战,并从而导致一系列国家走上社会主义道路;那么第三轮经济全球化,则是由二十世纪下半叶起头,首先是八十、九十年代这二十年和平发展,特别是资本主义发达国家的再发展,所启动的生产力新飞跃、科学技术新飞跃、经济社会化新飞跃。

由此而带来资本主义世界市场的大扩展,又一轮大繁荣。同时,使得苏联东欧等社会主义国家在经济发展上相形见绌,以致最后分崩离析、土崩瓦解。

叶:那么怎么看第三轮经济全球化呢?

郑:第三轮经济全球化起来之际,正好是我们党的十一届三中全会召开前后。那个时候,苏联勃列日涅夫当政,出兵阿富汗,要从中亚往南走,这是它的意图,它实际上是想干这个。名为世界革命,实际上军事争霸。正是在此时此刻,我们中国共产党召开十一届三中全会,将工作重心从"阶级斗争为纲"转到以经济建设为中心上来。小平同志提出什么概念？他说现在的世界是开放的世界。这就是说，现在的世界不是封闭的，把自己封闭起来不会有好结果。与此同时，他又说，在世界范围内，一个伟大的科学技术革命正在兴起。在邓小平的语言里面，很少用"伟大"这个词，但是在这里，在说科学技术革命时，他用了。用了"伟大"，而且指的是世界范围内，而不仅仅是我们国家。这就是他对世界潮流的观察。

你看，世界是开放的世界，又是一个世界范围的伟大新科技革命正在兴起，我们怎么办？还能再闭关自守吗？当然不能。我们要不要同经济全球化相联系，而不是相脱离？我们要不要汲取世界范围内的新科技革命的成果？当然要。怎么可以不要？现在大家都在讲先进性。而这个先进性问题，从来就是党能不能存在和发展的根本依据，从来就是党能不能得到最广大人民群众信任和拥护的根本条件。事情就是这样：党可以拥有各种各样的手段和条件，但归根到底靠的是党本身的先进性。如果不先进，不正确，那么不论你拥有何等强大的手段，也不论你叫什么名称，终归站不住，终归要遭受曲折以至于失败。

那么怎样来看党的先进性呢？我们党是中国工人阶级的先锋队，因而是先进的。这样看无疑是正确的，但是还不够。党的先进性，最终要看它在推动历史前进中的实际作为。一个世界范围内的伟大的新科技革命正在兴起，我们抓住它，利用它，主动参与，趋利避害，因势利导，乘势而起，这还不是先进性？"满园春色关不住，一枝红杏出墙来"。我们选择了一条新的发展道路，走出了一条同世界近代以来历史上后兴大国崛起进程所走的道路完全不同的，全新的和平崛起的发展道路！我们这条道路，既不同于一战时的德国、二战时的德国和日本，那种通过发动侵略战争来重新瓜分世界的道路，也不同于前苏联勃列日涅夫时期，那种依靠军事集团和军备竞赛来同美国争夺世界霸权的道路。我们这条全新的道路，有这么"几个依靠"：依靠致力于自身的发展，依靠市场的开放，依靠制度的创新，依靠同经济全球化相联系而不是相脱离,依靠同相关国家的互惠互利、达到共赢。

总而言之,依靠"一个中心、两个基本点。"

二、这不是名人名言,这是我们自己的创新

叶:刚才您将党的先进性建设与世界范围内的新科技革命联系起来了,与中国和平崛起发展道路联系起来了,这很有意思,让人耳目一新,是否可以再展开说一说?

郑:什么叫保持和发展党的先进性? 保持和发展党的先进性始终是我们党生存、发展、壮大的根本性建设,是加强和改进党的建设的长期任务和永恒课题。既反映了我们党对自身历史方位和历史使命的自觉认识和科学把握,也是对邓小平理论和"三个代表"重要思想关于保持和发展党的先进性一系列论述的重要发展。

那么,邓小平是怎么说的? 邓小平说的是在世界范围的,一个伟大的新科技革命正在兴起。"三个代表"重要思想是怎么说的? 江泽民在中国科学院第十次院士大会、中国工程院第五次院士大会上说的是:"世界科学技术正在发生新的重大突破,以信息科技、生命科技为主要标志的现代科学技术突飞猛进,为世界生产力的发展打开了新的广阔前景。我们既面临着难得的发展机遇,也面临着严峻的挑战。在世界走向多极化、经济日趋全球化的条件下,我们要实现跨世纪发展的战略目标,必须加紧推进科技进步和创新,为社会主义现代化建设不断提供强大的科技支持。"这都触及到了要害,触及了问题的实质和核心。我们独立自主,不做谁的附庸,建设有中国特色社会主义,走和平崛起发展道路,这当然就是先进性。面对我们的人民,面对我们的祖国,按照国情的需要,我们坚持去做我们应该做的事情,这当然就是先进性。所以,我说,从根本路线上说,依靠自身发展,依靠市场开放,依靠制度创新,依靠同经济全球化相联系而不是相脱离,依靠

同相关国家的互惠互利、达到共赢,归根到底,依靠"一个中心、两个基本点",走和平崛起发展道路。这就是我们党始终保持先进性的生动体现。

总之,这个先进性是具体的,不是抽象的。当然要体现马克思主义的立场、观点、方法,但决非拘泥于过去哪一位马克思主义经典作家说过还是没有说过的话。这不是"名人名言",而应是我们自己的创新,我们自己的新实践,根据就是新的时代,新的情况。我们根据自己国家和人民的实际需要往前走,沿着邓小平在二十世纪七十年代末、八十年代初为我们所开创的战略道路,认准一个方向,昂首阔步,披荆斩棘,走出新的境界。这也就是在以和平与发展为主题的时代条件下,在同经济全球化相联系而不是相脱离的进程中,独立自主地建设有中国特色社会主义,使中国作为维护世界和平的坚定力量而实现和平崛起。

三、怎样看中国改革历史进程中的政治体制改革

叶:您在出席"纪念邓小平诞辰一百周年座谈会"时所提交的论文中将"从僵化半僵化转到全面改革"作为足以证明中国和平崛起发展道路是一条"全新"的战略道路的第一特点率先提出,这是为什么?请问您又是如何理解邓小平的改革思想的?

郑:小平同志的改革思想,是很深刻的思想。小平同志对于改革的考虑,以我的理解,一有政治勇气,二有理论勇气,很成熟,很深刻。怎么叫很深刻呢?那就不仅仅是一些具体措施,今年一个,明年一个,支离破碎,零打碎敲,互不相干。那不是他所要的。他要的是一个大的思路,一个完整的体系。所以,他早在党的十一届三中全会之前就说:"一句话,就是要革命,不要改良,不要修修补补。"后来,他又说:"改革是中国的第二次革命。""改革是全面的改革,包括经济体制改革、政治体制改革和相应的其他各个领域的改革。"这样的改革势必影响我们的生产方式、消费方式、交换方式、

分配方式。这还只是对于经济体制改革而言。那么,在经济基础的上面还有什么呢? 还有思维的方式、交往的方式,从而就涉及政治,涉及精神,涉及意识形态。这一些都是要涉及到的,回避不了的,无非一步一步往前走而已。这是一个循序渐进的长过程。

叶:有人说中国的政治体制改革严重滞后,一条腿长,一条腿短。

郑:我以为在中国的改革历史进程当中,经济体制改革和政治体制改革始终是交织在一起的。

为什么这么说呢? 你看党的十一届三中全会,以此作为中国改革开放起点的话,那么,三中全会本身就已经包含了解决个人迷信的问题,解决领导职务终身制的问题,这算不算政治体制改革? 再看中国农村当年实行包产到户,同时就取消农村人民公社制度,这算不算政治体制改革? 还有民主选举、民主管理和民主监督,包括民主制度化、法律化,使这种制度和法律不因领导人的改变而改变,不因领导人的看法和注意力的改变而改变,这算不算政治体制改革?

所以,我们不要简单化,不要把交织在一起的事情说成相互割裂。当然,再往前走,又要有新的结合。不同的阶段有不同的水平,这是一个长过程。经济体制改革,政治体制改革,当然还要有文化体制改革,还有思想观念上的转变,总是交织在一起的,并且总是随着中国经济建设和改革开放历史进程的发展而发展的。

叶:上一个月,我去了一趟江苏启东,亲眼看到镇乡综合配套改革把改革镇乡领导体制、改革镇乡领导干部选拔任用制度、改革镇乡机关机构、改革镇乡事业站所和改革"四办一所一中心"的用人制度放在了一起,通过"公推直选"等"草根民主",普遍实行包括选举、审议、票决、公示、协商、听证、论证、述职、评议、申报、质询、问责等制度和形式在内的民主决策、执行和监督制度,把老百姓"心里有一杆秤"变成了"手上有一杆秤",变成了一种实实在在的民主,一份人人都能看得见、摸得着、用得上的公共产品。

郑：这些都是好事，老百姓欢迎。越是切身，直接，透明，就越能符合他们的心愿，调动他们的积极性。

叶："公推直选"的时候，我见到了一位七十一岁的老党员。他因为股骨头坏死，装了假肢，平常不大出门。可是那天不仅去了，去得还挺早的。我问他怎么来的，他说一公里的路，走了大半个多小时。

郑：一九五○年土改剿匪反霸时我在广西农村做工作队员，很年轻。那时农会怎么选举的？就是几个候选人，在会场上一个个背对大家，每人背后放一个碗，一个大碗，村民排着队，每人手里抓一把豆子，从这几位候选人背后走过去。真的看上谁了，在他身后的碗里面投下一颗豆子。而对有的候选人却只做个样子，虚晃一枪，不是真投。这就是民主选举，也是无记名投票！当时我就觉得，这种选举对于农民来说，非常要紧。所以这个基层民主的深化和扩大，太重要了。只有民主制度化、法律化，我们的社会才有活力，我们的老百姓才心情舒畅。

四、节约型社会，学习型社会，也是从事实出发，从需要出发

叶：党的十六大提出了走新型工业化道路。坚持以信息化带动工业化，以工业化促进信息化，走出一条科技含量高、经济效益好、资源消耗低、环境污染少、人力资源优势得到充分发挥的新型工业化路子。全面、协调、可持续的科学发展观更是强调我们要走的工业化道路，不是简单重复发达国家的工业化过程。

郑：要想不牺牲下一代人的利益，就要有节制，就要节约。我们的提法就叫节约型社会。什么意思呢？就是我们整个社会，社会风气，社会氛围，都要倡导节约。我们坚决不走那种无节制消耗资源，甚至于浪费的道路。我们不走那种老路，那种世界上一些发达国家走过的道路。他们有他们当时的条件，我们现在的条件也不具备。十三亿人口，以前老是说地大物博，

其实资源并不丰富。只要作一道数学题,任你多大的一个资源,拿十三亿作分母一除,摊到每一个人头上,再丰富的资源也稀缺了!所以,一定要搞节约型社会。这个不也是一个社会的改造吗?

叶:这是一个社会改造。首先是转变观念。我们的人文精神里面缺这个东西,少这个东西,以前有的,还是有的。毛泽东说,贪污和浪费是极大的犯罪。是犯罪,还是极大的犯罪。可是,现在一些人,一小部分人,大肆挥霍,穷奢极欲。只管今世及时行乐,不管后世洪水滔天。还有就是片面追求政绩,搞政绩工程。一个小小县城,就建可以容纳几十万人的大广场,图个气派,也不知干什么用。

郑:生产方式,消费方式,以至于思维方式,都要在节约型社会里体现出来。

比如说,随着工业化、城市化的快速推进,大量农民要进城。而如果农民不培训、不学习就进城,又能干什么呢?所以问题的另一面,就是农民特别是进城务工的青年农民,要接受教育,要接受培训,接受职业培训。只有这样,我们农村劳动力的整体素质才能提高,劳动力资源的优势才能保持。这是不是一个了不起的社会改造啊?而这也就是学习型社会了。所以,节约型社会,学习型社会,不是从概念出发,而是从我们国家的基本事实出发,从我们的需要出发。我们要走一条新型工业化道路,可持续发展的道路,就要构建中国特色的节约型社会,中国特色的学习型社会。

五、关于没有出息的教条主义

叶:请问您对于世界社会主义的未来,对于马克思主义的前景,怎么看?二○○一年九月四日,您在中共中央党校学习七一讲话全校大会上的报告中说:"否认马克思主义的科学性,丢掉老祖宗,是错误的、有害的;教条化地对待马克思主义,拒绝与时俱进,拒绝有科学根据的新话,也是错误的、有害的。"现在您是否依然坚持这一立场、这一观点?

郑:马克思主义的历史,在社会人类思想发展史上,也算是长久的。而就其改造社会、改造世界,产生这么惊天动地的效果来说,那更应当说是罕见的。所以,马克思主义立场、观点、方法,它的总体的世界观,它提出的总体人类社会前进的方向和目标,这个就是我们要坚持的东西。这就是共产党之所以为共产党,不然就不是共产党了。当然,我们在每一阶段,每一个时期,怎样面对现实的状况,做出自己的应有的结论、战略、方针、政策、路线,那又是我们每一个时期、每一个阶段的共产党人的责任。既然马克思主义的发展是一个很长的历史,我们就不能要求前人为我们后人预先做出各种各样的结论。如果那样的话,后人就是没有出息的,就不是真正的马克思主义者。那样一种没有出息的教条主义的所谓马克思主义者,有什么用呢? 毛泽东不是早就尖锐指出这一点了吗? 所以,后人要尽自己的责任。面对人民,面对实践的发展和时代的发展,要探索,要创新,为此要努力奋斗。

还有就是全球范围内的思潮激荡。这种思潮激荡可以比喻为世界范围的"诸子百家"。我说过,我们今天面对的是中国历史上第三次意义重大的诸子百家。第一次是春秋战国时期,第二次是鸦片战争以后到中华人民共和国成立,第三次诸子百家则是现在以至于今后,也许要到二十一世纪中叶。而这个"第三次",是在世界范围内展开的,是世界范围内空前广阔、复杂的思潮激荡。

叶:您在论述中华文明伟大复兴时这样说过:"中国要在二十一世纪上半叶,要在同世界先进的文明成果相融汇的条件下,要在不断弘扬自主创新精神的过程中实现中华文明的伟大复兴"。您在这段话里,特别强调了三个"在"的重要性。您能再给我们概括说说这三个"在"之所以重要的理由吗?

郑:在中华文明复兴问题上,这里所说三个"在",似乎一个也不可少。

第一个"在"——"在二十一世纪上半叶",这是讲中国实现和平崛起与文明复兴的时代条件。第二个"在"——"在同世界先进的文明成果相融汇的条件下",这是讲中华文明的复兴不能只讲孔夫子,只讲老子,还要吸收世界文明的一切有益成果。第三个"在"——"在不断弘扬自主创新精神的过程中",这是讲中华文明复兴还要在建设创新型国家的过程中才能实现,就是要在社会主义物质文明、政治文明、精神文明、社会文明和生态文明这五大文明相统一的进程中,达到真正的文明复兴。

说到这里,我还要进一步强调一点:中华文明复兴,归根到底要落到以高度的自觉,不断推进十三亿至十五亿中国人的国民素质的自我改造,不断推进中国社会生活的自我改造,不断推进人与自然关系的改造。而这三项改造,又是在坚持走新型工业化道路的基础上进行的。所以合起来,也可以叫做新的"一化三改造"。这就是中国人在二十一世纪将要经历的极伟大、极深刻的自身改造和提高。这样的"一化三改造",无论就其规模和深度来说,都是人类历史上从未有过的。

总而言之,近代以来,从鸦片战争算起,中国人筚路蓝缕、风雨兼程、奋斗牺牲,走过了一百六十多年的曲折道路,今天终于打开了一条全面建设小康社会,进而实现现代化,实现中国和平崛起,实现中国梦的明确道路。

叶:谢谢您。您又给我们上了一课,很生动的一课,很深刻的一课。我们会好好记住的。

关于中国社会在二十一世纪
上半叶的伟大改造*

莫诺：很高兴获得机会，向阁下请教，可否请介绍中国改革开放论坛现在研究考虑的方向。

郑必坚(以下称郑)：我们这个论坛的主要方向，是面对中国改革开放的新问题，面对中国和平崛起与文明复兴的新问题。

中国人设想，物质文明、政治文明、精神文明、社会文明和生态文明这五大文明相结合，而和平崛起或和平发展的实质就是这五大文明的复兴。

当然，这样一种中华民族文明的复兴，又只能是在同当代世界各种先进文明的交汇中，在同世界上各种先进文明不断交汇而又能够自主创新的进程中，才能实现。

---

* 这是作者于 2006 年 10 月 25 日与法国总统希拉克首席政治顾问莫诺会谈的部分内容。

这里无疑就包括,向贵国这样具有悠久文明传统而又不断进步的国家学习和借鉴。

这些方面的问题,前不久召开的中共十六届六中全会作了专门的决议。

莫诺:您的如此精辟而又简练的介绍,使我感到钦佩。可否再请问,中国的发展形势和问题,应该怎么看?

郑:今年上半年的发展速度是10.9%,是在去年10.4%的基础上实现的,超过预计。整个经济没有出现过热现象。我这样说的根据是,一是没有严重通胀,零售物价上升一个百分点;二是电力及重要原材料没有严重短缺。经济发展平稳快速。当然还要小心谨慎,防止过热。

这里面还有人文因素。在教育方面,免除西部义务教育的学杂费;正在抓紧推进农村合作医疗;退休制度包括失业救济、最低生活保障,各地都在抓紧落实,标准按各地情况都有提高。同时,妥善应对老龄化问题,已经提上日程。

至于劳动力问题,两面的情况:一面是老龄化,另一面是年轻人的就业,每年二千万,农村还需要转移出来大量劳动力。

莫诺:农村人口转移到城市,还会有足够的劳动力和资金维持农村作为财富制造基地的作用吗?

郑:中国农村人口八亿,劳动力五亿多,仅农村劳动力就比整个欧洲人口还多。其中已有一亿二千万人进城务工,大概还会有二亿人左右进入城市。中国的城市化率可能由现在的40%提升到60%,这需要二十年或者更长一些时间。即便到那时,中国农村也还会有三亿人口,相当于现在美国的总人口。

说句极端的话,中国人什么都可以忘,就是吃饭问题不可忘。所以农业问题极关重大。中国已提出建设社会主义新农村,一是农村的基础设施建设;二是农民的职业教育;三是转移上亿农村人口,建设中小城市。

莫诺：如何避免超大城市的出现？

郑：中国要发展中小城市，但所面临的问题之规模比美国、法国大得多。要避免两个问题：一是超大城市的出现；二是如印度加尔各答那样的贫民窟。

中国城市布局要有一个新的展开，东部沿海已有三个城市群，还将逐步形成新的城市群，包括中西部的若干个城市群。

莫诺：普选对于中国社会、人文的发展而言是不是一个必要的选择？

郑：我们并不是简单地拒绝普选。一九八九年二月美国老布什总统访华，邓小平先生同他会见时说了这样一段话："我们是要发展社会主义民主，但匆匆忙忙地搞不行，搞西方那一套更不行。如果我们现在十亿人搞多党竞选，一定会出现'文化大革命'中那样'全面内战'的混乱局面。'内战'不一定都是用枪炮，动拳头、木棒也可以打得很凶。民主是我们的目标，但国家必须保持稳定。"

另一方面，在现有体制下，使社会更加和谐，添加润滑剂的工作也要多做。比如，选拔省级领导干部，公开登报征求意见，这种做法以前是没有的。

再比如，党内选举实行差额选举，这个范围非常大。

再比如，共产党的方针大计，征求民主党派意见。共产党是执政党，八大民主党派是参政党。在中国共产党的领导下，实行多党派的合作，这是我国具体历史条件和现实条件所决定的，也是我国政治制度中的一个特点和优点。我们热诚地希望各民主党派和工商联都以主人翁的姿态，关心国家大事，热心中国特色社会主义伟大事业，就国家的大政方针和各方面工作，坦诚地、负责地发表意见，提出建议和批评，做中国共产党的诤友，共同把国家的事情办好。

莫诺：同您的交谈，获益良多，深为感谢。

关系党和国家事业发展全局的
重大战略任务[*]

　　以研究构建社会主义和谐社会为主题的党的十六届六中全会胜利闭幕了,《中共中央关于构建社会主义和谐社会若干重大问题的决定》(以下简称《决定》)这一我党历史上第一个关于构建社会主义和谐社会的纲领性文件应运而生了。无论是在马克思主义发展史上,还是在中国特色社会主义建设史上,这都是值得大书一笔的重要事件。

　　构建社会主义和谐社会,是以胡锦涛同志为总书记的党中央,在高瞻远瞩、深谋远虑的基础上提出的重大战略任务。十六届六中全会《决定》把构建社会主义和谐社会提到确保党的事业兴旺发达和国家长治久安的战略高度来思考,放在中国特色社会主义事业总体布局中来谋划,作为全面

---

　　* 这是作者对中国共产党十六届六中全会决定的体会,发表于 2006 年 10 月 27 日《人民日报》,收录于人民出版社 2006 年版《党的十六届六中全会〈决定〉辅导读本》。

建设小康社会的重大现实课题来部署,适应了我国发展进入新世纪新阶段的要求,顺应了时代进步的潮流,反映了我们党对共产党执政规律、社会主义建设规律、人类社会发展规律认识的深化,体现了十几亿中国人民创造幸福生活和美好未来的共同愿望。

从理论和实践的结合上认真领会和贯彻落实好十六届六中全会《决定》,把构建社会主义和谐社会这一关系党和国家事业发展全局的重大战略任务抓紧抓好,对于切实解决我国经济社会发展面临的各种矛盾和问题,进一步动员全党全国各族人民更好地抓住本世纪头二十年的重要战略机遇期,推动社会主义经济建设、政治建设、文化建设、社会建设协调发展,具有重大现实意义和深远历史意义。

一、提出构建社会主义和谐社会这一
重大战略任务的根本依据

党的十六届六中全会的决定,围绕构建社会主义和谐社会这一重大战略任务,着重就为什么要构建社会主义和谐社会,现阶段构建什么样的社会主义和谐社会以及怎样构建社会主义和谐社会等一系列全局性问题,作了有充分科学根据、历史根据和现实根据的深刻阐述和重大部署。

首先来看提出这一重大战略任务的科学根据。大家知道,构建社会主义和谐社会属于社会建设范畴,而社会建设理论在马克思主义科学体系中从来就是一个极重要的组成部分。比如人们熟知的关于生产力高度发达基础上逐步消灭"三大差别"的理论,就是马克思主义在社会建设方面的一个极重要原理。党的十一届三中全会以来,我们党又经历了一个不断深化对共产党执政规律、社会主义建设规律和人类社会发展规律的认识和把握的过程。二〇〇〇年春天,江泽民同志在提出"三个代表"重要思想的同时,就提出了"充分认识和准确把握我国社会已经和正在发生的深刻变化,

对加强新时期党的建设具有重大意义"的重要论断。以后,他又多次强调,"要认真研究我国社会生活的新变化和群众工作的新特点,把制定和贯彻党的方针政策的基本着眼点,放到既代表最广大人民的根本利益,又正确反映和兼顾不同方面群众的利益诉求上来,使全体人民朝着共同富裕的方向前进"。二〇〇五年,胡锦涛同志在省部级主要领导干部提高构建社会主义和谐社会能力专题研讨班上的重要讲话中进一步明确提出:"随着我国经济社会的不断发展,中国特色社会主义事业的总体布局,更加明确地由社会主义经济建设、政治建设、文化建设三位一体发展为社会主义经济建设、政治建设、文化建设、社会建设四位一体。"这就告诉我们,以认识世界、改造世界为己任的中国共产党,在二十一世纪新的历史条件下,必须像重视研究经济建设那样,高度重视研究社会建设,自觉地把握我国"四个多样化"的社会现实,自觉地超越不合时宜的社会治理模式,自觉地把我们的社会建设推进到新的水平。

那么,在建设中国特色社会主义过程中加强社会建设的目标又是什么呢?我们党在实践中愈益深切地认识到,社会和谐是中国特色社会主义的本质属性,是国家富强、民族振兴、人民幸福的重要保证。因此,贯彻党的十六大精神,全面建设小康社会,"社会更加和谐"就成为一个重要目标。社会主义和谐社会,是在中国特色社会主义道路上,中国共产党领导全体人民共同建设、共同享有的和谐社会。提出构建社会主义和谐社会的重大战略任务,既是中国特色社会主义理论的丰富和发展,也是对马克思主义社会建设理论的继承和创新。

其次来看提出这一重大战略任务的历史根据。新中国成立后,我们党为促进社会和谐进行了艰辛探索,积累了正反两方面经验,取得了重要进展。比如建国之初,我们党领导召开的中国人民政治协商会议,就制定了具有丰富内容的维护全国各族人民大团结的共同纲领。进入社会主义社会以后,党又及时提出了"统筹兼顾、各得其所"和"百花齐放、百家争鸣"的方针,提出了正确处理社会主义建设"十大关系"和"正确处理人民内部矛盾"的方针。所有这些,都是要把党内党外、国内国外的一切积极因素,直接的、间接的积极因素全部调动起来,并努力化消极因素为积极因素,旨在促进社会和谐。十一届三中全会以后,党在坚持这一系列重大战略方针的同时,又深刻总结了从一九五七年下半年开始逐步发展起来的以阶级斗争为纲导致偏差和失误的严重教训,通过拨乱反正制定了"一个中心、两个基本点"的基本路线。在坚持以经济建设为中心的基础上,坚定不移地坚持四项基本原则,坚定不移地推进改革开放,坚定不移地推动经济和社会全面进步,并进而提出要正确处理改革发展稳定的关系,把改革的力度、发展的速度同社会可承受的程度有机地统一起来。这样就在促进社会和谐的进程中,逐步打开了中国特色社会主义理论和实践的新境界。

特别是党的十六大以来,党对构建社会主义和谐社会的认识又有新的深化和拓展。十六大在论述"三个代表"重要思想的科学内涵时,针对改革开放以来我国社会阶层结构变动的新情况,提出要形成"全体人民各尽所能、各得其所而又和谐相处的局面";在阐述全面建设小康社会的宏伟目标时,把"社会更加和谐"作为一个重要目标鲜明地提到全党全社会面前;在论述政治建设和政治体制改革的任务时,提出要"巩固和发展民主团结、生动活泼、安定和谐的政治局面"。这在党的历次代表大会报告中还是第一次。在这以后,十六届四中全会进一步向全党提出,要适应我国社会的深刻变化,提高构建社会主义和谐社会的能力。中央政治局进行了关于构建社会主义和谐社会的专题集体学习,中央举办了省部级主要领导干部提高构建社会主义社会能力的专题研讨班。胡锦涛同志在研讨班上的长篇重要讲话,从理论与实践的结合上阐明了构建社会主义和谐社会在中国特色社会主义事业总体布局中的地位,同时强调要加强对构建社会主义和谐社会一系列实际问题和重大理论问题的调查研究,全面把握各地社会建设和社会管理的发展趋势,为制定政策、抓好和谐社会建设的布局和规划奠定坚实的基础。十六届五中全会关于国民经济和社会发展"十一五"规划的建议,也对和谐社会建设作出了相应的规划和安排。按照中央的要求,全国性的调查研究开展起来,一些省市先后出台了一批构建和谐社会的重要举措,形成了构建社会主义和谐社会的舆论氛围,促进了相关政策的制定和落实。党的十六届六中全会《决定》,就是我们党长期以来特别是十六大以来在这个事关全局的重大问题上,实践和认识的科学总结与经验结晶。

再次来看提出这一重大战略任务的现实根据。当前,我国正进入二十一世纪上半叶改革发展的关键时期,经济体制深刻变革,社会结构深刻变动,利益格局深刻调整,思想观念深刻变化,这给我国发展进步带来巨大活力,同时也必然带来这样那样的矛盾和问题。在这种形势下,我国社会主义和谐社会建设任务提出的现实根据,可以说就是基于两个方面的基本事实:

一个方面的基本事实是,经过改革开放以来二十八年的持续快速发展,我国社会主义市场经济体制日趋完善,社会活力极大释放,国民经济迅速发展,综合国力大幅度提高,人民生活显著改善,特别是贫困人口已经从两亿五千万减少到两千三百万;社会主义物质文明、政治文明、精神文明建设和党的建设不断加强,社会主义民主法制不断发展,政党、民族、宗教、阶层之间和海内外同胞之间更加团结,社会政治长期保持稳定。对于这一方面的基本事实,必须充分估计。正是这一方面的基本事实,决定了提出构建社会主义和谐社会这一重大战略任务是有充分把握的,是完全能够逐步实现的。

另一个方面的基本事实,则是我国仍处于社会主义初级阶段,人民日益增长的物质文化需要同落后的社会生产之间的矛盾仍然是我国社会的主要矛盾,城乡、区域、经济社会发展很不平衡,人口资源环境压力加大;就业、社会保障、收入分配、教育、医疗、住房、安全生产、社会治安等方面关系群众切身利益的问题比较突出,体制机制尚不完善,民主法制还不健全;一些社会成员诚信缺失、道德失范，一些领导干部的素质、能力和作风与新形势新任务的要求还不适应；一些领域的腐败现象仍然比较严重；敌对势力的渗透破坏活动危及国家安全和社会稳定。对于这另一个方面的基本事实，也必须清醒认识。正是这一方面的基本事实，决定了构建社会主义和谐社会的任务是紧迫的，是必须提上重要议事日程抓紧抓好的。

总之，正确认识和全面把握这两个方面的基本事实，就是十六届六中全会《决定》所指出的，"新世纪新阶段，我们面临的发展机遇前所未有，面对的挑战也前所未有"。

同时，这也就是《决定》所指出的，我们党要带领人民抓住机遇、应对挑战，就必须坚持以经济建设为中心，把构建社会主义和谐社会摆在更加突出的地位。

二、提出构建社会主义和谐社会这一重大战略任务的重大意义

坚持以经济建设为中心，把构建社会主义和谐社会摆在更加突出的地位，作为贯穿中国特色社会主义事业全过程的长期历史任务和全面建设小康社会的重大现实课题抓紧抓好，无论在理论上还是在实践上，都具有重大现实意义和深远历史意义。

首先，提出构建社会主义和谐社会这一重大战略任务，进一步完善了中国特色社会主义理论，确立了我们党在整个中国特色社会主义发展过程中必须始终坚持的治国理政的核心理念和奋斗目标。党的十一届三中全会以来，我们党在总结历史经验和新鲜经验的基础上，围绕什么是社会主义、怎样建设社会主义这一首要的基本理论问题，先后提出了中国特色社会主义应当是以经济建设为中心和坚持四项基本原则和坚持改革开放的充满活力的社会主义；应当是在发展社会主义市场经济过程中解放和发展

生产力的社会主义;应当是发展社会主义民主、健全社会主义法制的社会主义;应当是物质文明、政治文明、精神文明协调发展的社会主义;应当是消灭剥削、消除两极分化、最终达到共同富裕的社会主义;应当是维护世界和平、促进共同发展、永不称霸的社会主义。这些年的实践又使我们进一步认识到,中国特色社会主义还应当是和谐的社会主义。

回顾我们党如此生动丰富的实践和认识过程,可以看到,十六届六中全会《决定》在党的十六大和十六届四中全会基础上提出的社会主义和谐社会理论,实在可以说是堪与社会主义初级阶段理论、社会主义市场经济理论相媲美的又一重大理论成果。如果说社会主义初级阶段理论是科学地界定了我国现阶段社会的历史方位;社会主义市场经济理论是科学地界定了我国经济体制改革的目标取向,那么,社会主义和谐社会理论则是对整个中国特色社会主义的社会建设的一个总体定位。

其次,提出构建社会主义和谐社会这一重大战略任务,进一步深化了我们党关于改革、发展、稳定相统一的基本方针,为实现全面建设小康社会的奋斗目标提供了根本保证。十六大提出,要紧紧抓住本世纪头二十年的重要战略机遇期,全面建设小康社会。所谓"全面建设小康社会",不仅是指建设成果要惠及十几亿人口这样的共同建设、共同享有之"全面";而且还包括要实现物质文明、政治文明、精神文明、社会文明和生态文明这五大文明协调发展之"全面"。也就是说,要努力做到十六大报告所要求的"经济更加发展、民主更加健全、科教更加进步、文化更加繁荣、社会更加和谐、人民生活更加殷实"这"六个更加"。可以说,实现这"五大文明"、"六个更加"才是真正的小康社会建设之"全面",也才是真正的和谐社会建设之"全面"。十六届六中全会《决定》确立的社会主义和谐社会的指导思想、目标任务和原则以及各项政策和制度规定,就充分体现了这一点。而这一点,就其实质而言,就是要求我们在中国特色社会主义道路上,以高度的自觉不断推进十几亿中国人的国民素质的自我改造,不断推进中国社会治理方式的自我改造,不断推进人与自然关系的自我改造。这将是当代中国在二十一世纪所要经历的极伟大极深刻的改造和提高。

与此同时,还需要清醒认识,构建社会主义和谐社会,必然要面对一系列突出的矛盾和问题,必然会触及多方面利益关系连同人与自然关系的整合与调整,因而也就必然关系到改革、发展、稳定相统一这个大局。因此,只有通过加强社会事业建设,加大社会保障力度,完善社会管理,妥善处理社会矛盾,切实解决人民群众最关心、最直接、最现实的利益问题,才能不断维护和促进社会稳定和社会和谐,在和谐的氛围中稳步实现全面建设小康社会的奋斗目标。

第三,提出构建社会主义和谐社会这一重大战略任务,进一步明确了制度建设是根本性建设的战略思想,向着邓小平同志提出的使中国特色社会主义在各方面更加"定型化"的目标迈出了实质性步伐。新时期以来,我们党在解放思想、实事求是,拨乱反正、全面改革的历史进程中,果断结束了以阶级斗争为纲,坚决把全党工作的重点转到以经济建设为中心的轨道上来,在此基础上致力于建设中国特色社会主义。党先后着重从经济、政治、文化等方面明确界定了中国特色社会主义的涵义。在此基础上,以胡锦涛同志为总书记的党中央,进一步从包括经济、政治、文化诸方面以及人与自然关系在内的更宽广角度,对中国特色社会主义作出更完善、更带整体性的鲜明概括,郑重提出要在中国特色社会主义道路上,努力建设一个以"民主法治、公平正义、诚信友爱、充满活力、安定有序、人与自然和谐相处"为总要求的社会主义和谐社会。这就进一步从全面把握社会关系、系统加强制度建设的层面,推进了关于中国特色社会主义的认识和实践,从而大有利于我们党坚持科学执政、民主执政、依法执政,进一步发挥党的领导核心作用,维护人民群众的主体地位,团结一切可以团结的力量,调动一切积极因素,形成促进社会和谐的强大合力。

还要看到,十六届六中全会《决定》在保障社会公平正义、巩固人民当家作主的政治地位、夯实社会和谐的法治基础、加强社会和谐的司法保障、逐步实现基本公共服务均等化、规范收入分配秩序、完善社会保障等方面作了一系列制度性规定,既是实践基础上的制度创新,也是实实在在的制度建设。所有这些,对于落实邓小平同志关于使中国特色社会主义在各方面更加"定型化"的要求,显然具有重大意义。

第四,提出构建社会主义和谐社会这一重大战略任务,进一步深化了党要提高抵御各种风险考验能力的战略思想,为巩固党的执政地位,确保人民安居乐业、社会安定有序、国家长治久安,奠定了科学的思路和机制。我们党清醒地意识到,伴随着国内诸方面社会关系的急剧变动,伴随着国际交往和经贸摩擦的日益增多,以及"西化"、"分化"问题的长期存在,我国的改革开放和现代化建设将会遇到来自国内的和国际的,可预料的和不可预料的,经济的、政治的和文化的等各种风险的考验。提出构建社会主义和谐社会这一重大战略思想和重大战略任务,通过统筹兼顾、适当安排的稳健改革和体制创新、科技创新,来妥善处理各方面社会矛盾,保持和发展社会和谐,将能够使我们党在领导中国由不发达国家到中等发达国家的历史性大飞跃中,有必要的精神准备,有一系列应对和化解诸多矛盾、问题和风险的战略思考及切实措施,同时能够更有力地防止和克服在社会大变动中发生的各种"左"的和右的错误倾向。因此,这就不仅大有利于党和国家各方面工作协调发展及对社会意识行为的引导,而且大有利于党和国家更紧密地团结和联系各方面群众,更广泛更充分地调动一切积极因素,更能经受住各种风险的考验而立于不败之地。

总之,构建社会主义和谐社会这一重大战略任务所蕴涵的至关重大的理论意义和实践意义,必将随着我们认识和实践的发展而日益深刻地体现出来。

三、完成构建社会主义和谐社会这一
重大战略任务需要长期奋斗

十六届六中全会《决定》通篇强调了一个非常重要的思想,这就是关于社会主义和谐社会建设的长期性问题。一方面,《决定》指出,经过长期努力,我们拥有了构建社会主义和谐社会的各种有利条件;另一方面,《决定》又一再强调,构建社会主义和谐社会是"贯穿中国特色社会主义事业全过程的长期历史任务","是一个不断化解社会矛盾的持续过程"。《决定》还要求全党同志,"要坚持解放思想、实事求是、与时俱进,一切从实际出发,自觉地按规律办事,立足当前、着眼长远,量力而行、尽力而为,有重点分步骤地持续推进"社会主义和谐社会建设。

我们知道,建设社会主义和谐社会是比全面建设小康社会艰巨得多的社会发育、社会建设、社会整合和社会治理过程。虽然党的十六大报告关于全面建设小康社会"六个更加"的标志性要求,已经内在地包含了"社会更加和谐"的要求,但构建社会主义和谐社会却是比全面建设小康社会的要求更高、时间更长、任务更重的奋斗目标。这次全会制定了到二○二○年的社会主义和谐社会建设的奋斗目标和任务,我们到二○二○年完成了全面建设小康社会和现在制定的社会主义和谐社会奋斗目标的各项任务之后,还要为构建更加和谐的社会主义社会继续长期奋斗。

认识和把握建设社会主义和谐社会的长期性,首先就是要求全党同志特别是各级领导干部始终保持清醒头脑,真正懂得构建社会主义和谐社会是具体的历史的,是分阶段、有层次的,而决不是也不可能是一蹴而就的。对于构建社会主义和谐社会,我们既要看到诸多有利条件,从而坚定信心,积极推进;又要看到我国正处于并将在今后几十年内仍然处于社会主义初级阶段,决不可急于求成,更不能随意提脱离实际的口号和不负责任的承诺。要坚持一步一个脚印,扎扎实实地加以推进。

认识和把握建设社会主义和谐社会的长期性,其次就是要求全党同志特别是各级领导干部正确认识和对待我们面临的各种矛盾和问题。应当看到,任何社会都不可能没有矛盾,人类社会总是在矛盾运动中发展进步的。构建社会主义和谐社会,本身就是一个不断化解矛盾而又不断面对新的矛盾的持续过程。问题不是在于有无矛盾和有多少矛盾,而是在于当今我国社会的矛盾情况以及我们党解决矛盾的方针、思路发生了变化,在于我们可以通过构建社会主义和谐社会,形成一种不断化解矛盾和解决问题的机制,包括顺畅的社会流动机制、合理的利益协调机制、安全的社会保障机制、有效的矛盾疏导机制,从而有利于我们更加积极主动地正视矛盾、化解矛盾,不断促进社会和谐。

认识和把握建设社会主义和谐社会的长期性,还要求我们充分发挥党的领导核心作用,提高各级领导班子和领导干部领导社会主义和谐社会建设的本领,坚持以党的执政能力建设和先进性建设推动社会主义和谐社会建设。党的先进性怎么体现?体现在领导经济和社会发展中,就是要做到科学发展、统筹发展、协调发展;体现在执政活动中,就是要做到科学执政、民主执政、依法执政。而这一切,都是构建社会主义和谐社会所不可或缺的。只有坚持科学执政,自觉顺应规律,坚持发展为了人民、发展依靠人民、发展成果由人民共享,促进人的全面发展,才能使构建社会主义和谐社会的实践建立在更加科学的基础之上。只有坚持民主执政,通过毫不动摇地深化改革、扩大开放,通过坚持为人民执政、靠人民执政,充分调动人民群众的积极性、主动性和创造性,使整个社会充满生机和活力,才能使构建社会主义和谐社会的实践建立在支持和保证人民当家作主的基础之上。只有坚持依法执政,不断推进国家经济、政治、文化、社会生活的法制化、规范化,才能使构建社会主义和谐社会的实践建立在切实贯彻依法治国基本方略的基础之上。

我们党从来具有重视学习和善于学习的优良传统。在二十一世纪新的历史条件下,在今后领导社会主义和谐社会建设的长期实践中,我们各级领导班子和领导干部将学得诸多方面的新本领,包括把管理社会事务、协调利益关系、开展群众工作、激发社会活力、处理人民内部矛盾、维护社会稳定等方面的能力不断提高到新水平的本领。中国构建社会主义和谐社会这个极其光荣伟大的事业,必将在中国共产党人和全体中国人民的共同学习和共同奋斗中获得成功。

高举中国特色社会主义伟大旗帜[*]

一、新的历史起点上统一认识统一行动的历史性重大决策

（一）在我国改革发展关键阶段召开的中国共产党第十七次全国代表大会,作出了一项历史性的重大决策,这就是:郑重地鲜明地完整地提出了高举中国特色社会主义伟大旗帜,坚持中国特色社会主义道路、坚持中国特色社会主义理论体系,以此作为我们全党在新的历史起点上统一认识、统一行动、夺取全面建设小康社会新胜利、开创中国特色社会主义新局面的根本。这一关系全局、关系长远的战略决策,必将进一步凝聚党心民心,必将引导我们的伟大事业更加顺利地向前发展,因而这也将是十七大的一

---

　　* 这是作者对中国共产党第十七次全国代表大会报告的体会,发表于 2007 年 10 月 31 日《人民日报》,收录于人民出版社 2007 年 10 月版《十七大报告辅导读本》。

项历史性的重大贡献。

（二）十二大提出"走自己的道路,建设有中国特色的社会主义"以来,党的十三大、十四大、十五大、十六大,都是一以贯之地紧紧抓住和体现这个主题的。可以说,这是新时期以来,我们党历次全国代表大会报告的共通的主题词、核心词和关键词、高频词。既然这样,十七大报告围绕"高举中国特色社会主义伟大旗帜"所作的系统论述,这样一篇"旗帜论",其新意究竟在哪里呢?

我们领会,十七大报告的这篇"旗帜论",其最大特点和突出贡献,就是在关于我们党的"伟大旗帜"即指导思想、共同理想、前进道路和奋斗目标的问题上,第一次把新时期近三十年来,党的理论创新与实践创新相结合的全部伟大成果集中起来,把党经历的新考验、获得的新经验、引发的新觉醒集中起来,科学地揭示了党在旗帜问题上承前继往而又赶上时代、与时俱进的深刻联系,进而第一次阐明了高举中国特色社会主义伟大旗帜的内涵,"最根本的"就是要坚持中国特色社会主义道路和中国特色社会主义理论体系。

正是在这样深刻认识的基础上,十七大报告开宗明义地在"大会的主题"中强调提出了"高举中国特色社会主义伟大旗帜",并在论述这一主题时明确指出,这面旗帜"是当代中国发展进步的旗帜,是全党全国各族人民团结奋斗的旗帜"。

（三）这里实际上有"三个统一"。一是,十七大高高举起了中国特色社会主义这面统一的旗帜。二是,十七大明确界定了中国特色社会主义伟大旗帜统一的内涵。三是,十七大还把始终不渝地高举这面伟大旗帜,同"四个坚定不移"即坚定不移地继续解放思想、推进改革开放、推动科学发展和促进社会和谐、夺取全面建设小康社会新胜利,作为统一的主题。

本文开头所说的在新的历史起点上统一认识、统一行动的根本,其要义,就集中于这"三个统一"。

（四）先说统一的旗帜。大家知道,新时期以来,我们党对旗帜问题的提法,是有一个发展过程的。最早的表述,应当追溯到一九八二年的十二大开幕词。这个开幕词是邓小平同志作的。他联系我们党领导的革命和建设正反两方面经验,语重心长地告诫全党同志:"我们的现代化建设,必须从中国的实际出发。无论是革命还是建设,都要注意学习和借鉴外国经验。但是,照抄照搬别国经验、别国模式,从来不能得到成功。这方面我们有过不少教训。把马克思主义的普遍真理同我国的具体实际结合起来,走自己的道路,建设有中国特色的社会主义,这就是我们总结长期历史经验得出的基本结论。"

可以清楚地看出,这个"基本结论",既是我们党在新时期的理论主题和实践主题,也是我们党在新时期凝聚全国各族人民团结奋斗的前进旗帜,不断开拓符合我国国情的发展道路的前进旗帜。应当说,十一届三中全会开辟了改革开放历史新时期,而十二大则第一次明确提出了"有中国特色的社会主义",首先举起了建设有中国特色社会主义这面伟大旗帜。

一九八七年召开的十三大,比较系统地论述了我国社会主义初级阶段理论,概括和阐发了党的"一个中心、两个基本点"的基本路线。十三大还高度评价十一届三中全会以来党开始找到建设有中国特色社会主义道路的伟大意义,明确提出,有中国特色的社会主义是扎根于当代中国的科学社会主义,是指引我们事业前进的伟大旗帜。

到一九九二年,在邓小平同志视察南方并发表重要谈话之后召开的十四大,提出了"邓小平同志建设有中国特色社会主义理论"的概念,系统论述了中国特色社会主义理论的主要内容、科学体系,并提出了用这个理论武装全党的任务,从而更高地举起了建设有中国特色社会主义的伟大旗帜。

一九九七年,在邓小平同志逝世以后召开的十五大,开宗明义提出高举邓小平理论伟大旗帜,把建设有中国特色社会主义事业全面推向二十一世纪。

到了世纪之交,二〇〇二年召开的十六大,又进一步强调提出了高举邓小平理论伟大旗帜,全面贯彻"三个代表"重要思想,继往开来,与时俱进,全面建设小康社会,加快推进社会主义现代化,为开创中国特色社会主义事业新局面而奋斗。十六大后的五年中,我们党高举邓小平理论和"三个代表"重要思想伟大旗帜,开创了中国特色社会主义事业新局面,开拓了马克思主义中国化新境界。

十七大报告在全景式、大跨度回顾总结改革开放近三十年历史进程和宝贵经验的基础上,对我们党在新时期以来建设、捍卫、发展中国特色社会主义的创新实践中,相继形成的马克思主义中国化的理论成果,作了一个完整、统一而又鲜明、准确的大整合。这就是:把邓小平理论、"三个代表"重要思想以及科学发展观等重大战略思想,统称为中国特色社会主义理论体系;相应地,把我们党在新时期以来高举的旗帜,统称为中国特色社会主义伟大旗帜。这样的科学的整合,充分体现了我们党在新时期的实践创新和理论创新既是一以贯之、薪火相传、接力推进的,又是充满创造活力、决不停滞僵化、不断向前发展的。

更深入地看,不仅邓小平理论、"三个代表"重要思想以及科学发展观等重大战略思想是一面统一的旗帜,而且十七大高高举起的这面旗帜,同高举马克思列宁主义、毛泽东思想伟大旗帜也是统一的。正如十七大报告科学阐明的那样:中国特色社会主义理论体系,坚持和发展了马克思列宁主义、毛泽东思想,熔铸了几代中国共产党人带领人民不懈探索和实践的智慧和心血。因此,在当代中国,高举中国特色社会主义伟大旗帜,就是真正高举马克思列宁主义、毛泽东思想的伟大旗帜。

(五)再说统一的内涵。如前所说,把中国特色社会主义伟大旗帜的内涵,明确界定为中国特色社会主义道路和中国特色社会主义理论体系,这是十七大首次提出来的。而对这条道路进行科学界定,同时对新时期党的理论创新成果进行科学整合，也是十七大的重大理论贡献。这样，在十七大报告中，中国特色社会主义的一面旗帜、一条道路、一个理论体系这三者，就成为完整的统一体。它们共同鲜明地回答了党在新时期指导思想的理论基础和我们的发展道路、奋斗目标、共同理想及当代中国的社会制度问题。

（六）再说统一的主题。十七大的"主题"，首先是"一个始终不渝"，就是对于中国特色社会主义伟大旗帜、伟大道路和理论体系，要按照胡锦涛同志六月二十五日在中央党校省部级干部进修班讲话中所说的，"始终不渝"地加以坚持和发展。这是十七大主题的灵魂。还有"四个坚定不移"，就是：坚定不移地继续解放思想，这是党的思想路线的本质要求，也是我们不断开创中国特色社会主义事业新局面的一大法宝；坚定不移地推进改革开放，这是解放和发展社会生产力、不断创新充满活力的体制机制的必然要求，也是发展中国特色社会主义的强大动力；坚定不移地推动科学发展、促进社会和谐，这是实现我国经济社会又好又快发展的内在需要，也是发展中国特色社会主义的基本要求；坚定不移地全面建设小康社会，则是党和国家到二〇二〇年的奋斗目标，也是发展中国特色社会主义在现阶段的中心任务。

应当说，这样的统一的主题，把我们党所坚持的最重要最关键之点都提炼和揭示出来了。只有坚持"一个始终不渝"，"四个坚定不移"才能保持正确方向；只有全面做到"四个坚定不移"，才能真正坚持和发展中国特色社会主义。这就是十七大主题的内在逻辑，也是十七大后我们党全部理论和实践的内在逻辑。

（七）还需要强调一点，十七大报告在这"三个统一"基础上所体现的鲜明的坚定性，尤其应当引起我们的深刻注意。十一届三中全会以来，中国特色社会主义事业能够不断开创新局面，当代中国马克思主义能够不断进入新境界，最根本的是对党的理论、路线的坚定不移，而且是几代党中央领导集体一以贯之的坚定不移,是全党全国各族人民的坚定不移。

十七大报告以高度自觉,把这种坚定性继承下来并发扬光大了。报告从回顾伟大历程、总结宝贵经验的战略高度,从回应二十一世纪上半叶党和国家面临的新机遇新挑战,以及回击国内外种种错误思潮干扰的全局高度,进一步表达和宣示了这种坚定性。请看吧,报告这样指出:"在当代中国,坚持中国特色社会主义道路,就是真正坚持社会主义";"在当代中国,坚持中国特色社会主义理论体系,就是真正坚持马克思主义";"不为任何风险所惧,不被任何干扰所惑,使中国特色社会主义道路越走越宽广,让当代中国马克思主义放射出更加灿烂的真理光芒"。如此铿锵有力的宣示,正是我们党理论和实践的坚定性的集中体现。

毫无疑问,十七大报告的这种坚定性,在我们党的领导干部从上到下实行又一轮新老交替的此时此刻,对于引导全党特别是各级领导干部坚定不移地把中国特色社会主义作为战无不胜的伟大旗帜来高举,作为当代中国唯一正确的理论体系来把握,作为中华民族伟大复兴的必由之路来坚持,作为全党全民族的共同理想来实践,具有极重大的意义;对于进一步抓住二十一世纪上半叶前所未有的新机遇和应对前所未有的新挑战,排除各种"左"的和右的错误思潮、错误倾向的干扰,进一步引领中国特色社会主义伟大事业的航船乘风破浪、乘胜前进,具有极重大的意义。

二、新时期近三十年党的伟大觉醒和创造历程的最精辟总结

(八)中国特色社会主义伟大旗帜、伟大道路和理论体系的形成、发展和完善,是我们党在新时期近三十年的生动实践中,不断解放思想、实事求是、与时俱进,艰难地但是成功地实现认识上和实践上新的伟大觉醒的结果;是坚持创造性与连贯性有机结合,从而不断深化认识和把握规律,不断推进思想、理论、制度等各方面创新的结果。一句话,是在新的实践中坚持

和发展马克思主义的结果。

（九）党在新时期的实践中,实现了哪些方面新的伟大觉醒呢？十七大报告这样说:我们党坚持马克思主义的思想路线,不断探索和回答什么是社会主义、怎样建设社会主义,建设什么样的党、怎样建设党,实现什么样的发展、怎样发展等重大理论和实际问题,不断推进马克思主义中国化,坚持并丰富党的基本理论、基本路线、基本纲领、基本经验。其结果,就使社会主义和马克思主义在中国大地上焕发出勃勃生机,给人民带来更多福祉,使中华民族大踏步赶上时代前进的潮流、迎来伟大复兴的光明前景。

这里明确指出的是三大基本理论和实际问题。我们党在新时期从实践到理论、再从理论到实践的一系列卓有成效的创造性,都是紧紧围绕这三大基本问题展开的,都是在一以贯之地推进马克思主义中国化的进程中,通过思想理论上这三个方面了不起的伟大觉醒实现的。正如胡锦涛同志指出的那样:中国共产党人在新的时代条件下的伟大觉醒,"孕育了从理论到实践的伟大创造"。

（十）第一个方面的伟大觉醒,是不断探索和回答"什么是社会主义、怎样建设社会主义"的问题。这是我们党从新时期启动拨乱反正进而全面改革开始,从困境中重新奋起,勇敢地全面开创社会主义现代化建设新局面,并且随着实践发展而不断深化的伟大觉醒。在这个过程中创立的邓小平理论,特别是其所包含的社会主义初级阶段论、社会主义市场经济论、社会主义本质论和党在社会主义初级阶段"一个中心、两个基本点"的基本路线,正确界定了我国现实社会的历史方位和主要矛盾。在这个过程中,明确提出了党在社会主义初级阶段的兴国之要、立国之本、强国之路这一系列带根本性的问题。

第二个方面的伟大觉醒,是不断探索和回答"建设什么样的党、怎样建设党"的问题。同样从新时期一开始,我们党就启动了这一方面的探索和回答,并随着实践的发展而不断深化。以江泽民同志集中全党智慧创立

"三个代表"重要思想为标志,世纪之交的中国共产党人,深刻认识和把握新的历史条件下变化了的世情、国情和党情,在进一步回答"什么是社会主义、怎样建设社会主义"问题的同时,又创造性地回答了"建设什么样的党、怎样建设党"的问题,从而正确界定了我们党的历史方位,并从代表中国先进生产力的发展要求、先进文化的前进方向和中国最广大人民根本利益的高度,提出了坚持和发展党的先进性、提高党的执政能力的时代课题。这就反映了我们党更加自觉地进入了从新的历史高度来认识自己、完善自己、全面加强自己这样一种马克思主义新境界。在这个过程中,明确提出了立党之本、执政之基、力量之源这一系列带根本性的问题。

第三个方面的伟大觉醒,则是不断探索和回答"实现什么样的发展、怎样发展"的问题。从十一届三中全会后的"中国式的现代化",到"三步走"的战略部署,到区域发展战略的"两个大局",让人民共享经济繁荣成果,再到新世纪新阶段的全面小康,统筹城乡经济社会发展,新型工业化道路,坚持走生产发展、生活富裕、生态良好的文明发展道路,就是一个不断探索和深化的实践和认识过程。十六大后,党中央在继承党的三代中央领导集体关于发展的重要思想的基础上提出科学发展观等重大战略思想,进一步明确了我国仍然处于并将长期处于社会主义初级阶段而又进到新的历史起点的发展方位,并把发展问题提到体现以人为本,体现社会公平正义,体现人的全面发展和社会的全面发展以及资源环境的可持续发展的高度。既着眼于把握发展规律、创新发展理念、转变发展方式、破解发展难题,又着力于推进党的执政方式和社会管理方式的转变。在这个过程中,明确提出了发展之本、发展方式、发展规律等一系列带根本性的问题。

(十一)十七大报告不但科学地阐明了党在新时期理论和实践的创造性,同时强调指出了这当中一以贯之的连贯性。这种连贯性,主要体现在以下三个方面:

一是体现在对社会主义初级阶段基本国情的科学认识和自觉把握上。

从十三大到十七大,党的历次全国代表大会都一再强调并不断深化了关于我国社会主义初级阶段的认识和把握。这是因为,基本国情是我国的最大实际,认清我国的社会发展阶段,是正确提出和贯彻党的理论、路线和方针政策的根本立足点。十一届三中全会以前,我国社会主义建设出现严重失误的根本原因之一,就是提出的一些任务和政策超越了社会主义初级阶段;而改革开放以来我们取得成功的根本原因之一,就是既自觉纠正了那些超越阶段的错误观念和政策措施,又坚决抵制了抛弃社会主义基本制度的错误主张。十七大和党的历次全国代表大会,一再强调牢记社会主义初级阶段基本国情,就是要帮助全党各级干部认清巩固和发展我国社会主义制度的长期性,增强聚精会神搞建设、一心一意谋发展的坚定性,提高想问题、办事情决不可脱离实际的自觉性。

二是体现在对社会主义初级阶段基本路线的全面认识和坚定贯彻上。新时期以来近三十年的伟大实践表明,坚持党的基本路线,最根本的是坚持"一个中心、两个基本点"。十五大报告把坚持"两个基本点"即坚持四项基本原则和坚持改革开放,分别概括为立国之本、强国之路,十七大报告又把坚持"一个中心"概括为兴国之要。我们可以这样体会,一个中心、两个基本点,即兴国之要、立国之本、强国之路这三个方面,如同毛泽东同志在新民主主义革命中所概括的党的领导、统一战线、武装斗争那三大法宝一样,都是须臾不可偏离和不可偏废的。我们对于党的基本路线,对于这条关系党和国家前途命运的生命线,要始终做到紧紧扭住经济建设这个中心不放松;要始终做到把坚持四项基本原则和坚持改革开放统一于发展中国特色社会主义的伟大实践不动摇。

三是体现在对改革开放"十个结合"宝贵经验的科学总结和运用上。十七大报告总结的"十个结合"的宝贵经验,具有极重大的政治分量和理论含量,是新时期党的历次全国代表大会对改革开放经验总结中的一次极为重要的总概括。这"十个结合",集中阐明了我们党在改革开放历史进程中,是如何坚持和发展马克思主义,如何坚持和发展社会主义,如何加强和改善党的领导,如何在四位一体的中国特色社会主义事业总体布局及其每一个方面体现党的基本理论、基本路线、基本纲领、基本经验,如何统筹国内国际两个大局,如何协调推进中国特色社会主义伟大事业和党的建设新的伟大工程,等等。这一切,在新时期近三十年伟大实践中始终保持着连贯性,并且也都是需要今后继续下苦功深入探索的重大课题。

(十二)总之,新时期我们党创立邓小平理论、"三个代表"重要思想以及科学发展观等重大战略思想的历程,是一个伟大觉醒和创造的历程。在这个过程中,中国特色社会主义主题反复出现、内容不断展开、思想不断深化、体系日趋完善。发展到今天,我们党对共产党执政规律、社会主义建设规律、人类社会发展规律的认识和实践,同开始提出中国特色社会主义命题时相比,是大大丰富和大大深化了。其结果,就是我们党在实践中艰难地但是成功地认识和把握客观规律,同时能够避免僵化,而在应对新挑战中不断发展,不断开辟认识客观真理的道路。这样一种创造性、连贯性的有机结合及其所体现的规律性、开放性,正是中国特色社会主义理论构成科学思想体系的突出表现。

胡锦涛同志关于党的伟大觉醒孕育理论和实践的伟大创造这一论断,道出了我们党在新时期相继创立的邓小平理论、"三个代表"重要思想以及科学发展观等重大战略思想,我们党的中国特色社会主义理论体系,正是这种伟大觉醒、伟大创造的产物。相对于毛泽东思想而言,这是马克思主义中国化的最新成果,代表了马克思主义中国化的新境界,是当代中国发展着的马克思主义。

我们由此进一步体会到,十七大报告关于党的旗帜问题的系统论述,实质上是关于新时期近三十年党的伟大觉醒和创造历程的最精辟总结,同时又为我们党今后更长远征途上的实践创新和理论创新开拓了更加广阔的空间。

三、贯穿党的历史的马克思主义中国化光荣传统的最鲜明体现

（十三）把中国特色社会主义伟大旗帜作为我们党在新时期发展进步、团结奋斗的伟大旗帜，这是我们党从创党起就具有的独立自主地走自己的路和把马克思主义中国化这样一个光荣传统，在当代中国的最鲜明体现。

深深扎根于中华民族之中的中国共产党，既是中国工人阶级先锋队，同时是中国人民和中华民族先锋队。当年创立中国共产党的伟大革命家们，首先都是最忠诚的爱国志士。为了寻求救国救民的真理，他们经历千难万险，找到了马克思主义，并且坚持不懈地努力把马克思主义中国化，把信奉马克思主义、追求科学社会主义，同勇敢地承担起带领中国人民创造幸福生活、实现中华民族伟大复兴的历史使命紧紧联结在一起。应当说，我们党这样的特点和优点，从创党那一天起，就内在地蕴涵在党的肌体和灵魂之中了。

中国共产党就是因为有这么一个无比深厚的民族根基而具有了追求理论和实践的中国特色的"基因"。也正因为这样，在八十多年艰苦曲折的战斗道路上，我们党才能够克服国际共运中把马克思主义教条化的错误倾向对于中国革命的影响，才有了独立开辟农村包围城市战略道路的大智大勇，才有了反对苏联大国沙文主义的大智大勇，也才有了十一届三中全会以后开辟中国特色社会主义道路的大智大勇。这样的把马克思主义中国化的事业，不但表现了中国共产党和中国人民的革命气魄和求实精神，而且表现了中华民族的文化力量和政治智慧。这也就是十七大报告深刻指出的："中国特色社会主义道路之所以完全正确，之所以能够引领中国发展进步，关键就在于我们既坚持了科学社会主义基本原则，又根据我国实际和时代特征赋予其鲜明的中国特色。"

纵观新时期近三十年，"中国特色"体现和展开于我们党领导的社会主义现代化建设之一切领域、一切方面，并从而取得层出不穷的创造和成功。我们说中国特色社会主义道路是具有巨大优越性的，说到底就是因为，我们在这条道路上所创造的各方面事业和各项工作的一系列中国特色，是具有强大生命力的。请看十七大报告本身，在总体论述中国特色社会主义之后，又着力阐明了中国特色自主创新道路、中国特色新型工业化道路、中国特色农业现代化道路、中国特色城镇化道路、中国特色社会主义政治发展道路。此外，当然还有实践中已经提出并在继续探索的其他一系列重要方面，包括中国特色社会主义和谐社会、中国特色节约型社会和环境友好型社会、中国特色学习型社会、中国特色社会主义精神文明，等等。

（十四）当然，中国作为后发现代化国家，要在社会主义初级阶段完成工业化和现代化的双重使命，不可或缺的一个重要条件，就是要以世界眼光和战略思维，把握时代特征，研究和借鉴国际经验，包括研究和借鉴一切反映现代社会化生产规律的经营方式和管理方法。

新时期近三十年来，我们就是这样做的：既解放思想、全面改革；又打开国门、全面开放，科学研究和借鉴了世界上一切相关国家和地区工业化和现代化建设正反两方面经验，从而取得了巨大成功，从理论到实践都打开了新的境界。

所以，对中国特色的高度自觉，本身就包含了要以高度自觉向外国学习。而学习外国，归根结底是为了形成和创造自己的特色。有特色才有生命力，有特色才有竞争力。毫无疑问，对国际经验，我们还要继续老老实实地学习和借鉴下去；对中国特色，我们还要一以贯之地体现和坚持下去。这也算是一条规律性认识吧。

（十五）总之，在中国共产党人看来，马克思主义只有与中国实际和时代特征相结合，才能成功，才能胜利；科学社会主义基本原则只有赋予中国特色和时代特征，才能成功，才能胜利；离开中国实际和时代特征来谈马克思主义,没有前途,没有意义;离开中国实际和我们已经取得伟大成功的道路和理论体系,而去另外寻找别的什么主义和模式,没有前途,没有意义。

（十六）说到这里,可以作如下的归结:中国特色社会主义,作为贯穿新时期近三十年的一条红线,表明了中国共产党在新的时代条件下,一以贯之地保持了从创党开始就具有的独立自主的可贵品质。中国特色社会主义道路,是在同经济全球化相联系而不是相脱离的进程中,独立自主地建设社会主义现代化的道路。这样一条道路,在马克思主义发展史上是前所未有的,在世界社会主义发展史上是前所未有的,在世界近代以来一切后兴大国崛起的历史上也是前所未有的。从统筹对内对外两个大局的角度来说,这条道路也可以叫作中国和平崛起即和平发展的道路。

十七大报告的结束语气势磅礴地宣告:"我们党正在带领全国各族人民进行的改革开放和社会主义现代化建设,是新中国成立以后我国社会主义建设伟大事业的继承和发展,是近代以来中国人民争取民族独立、实现国家富强伟大事业的继承和发展。"我们有充分的根据进一步断言:中华民族必将在中国特色社会主义基础上再造辉煌,社会主义必将在中华民族伟大复兴的进程中再造辉煌。社会主义的振兴与中华民族的振兴,就是这样在中国共产党坚强领导下,在中国特色社会主义伟大旗帜指引下,在今后长期奋斗中,紧紧地联结在一起。而这一切,又将成为维护和促进世界和平与发展的重大积极因素和坚定力量。

我们体会,党的十七大关于高举中国特色社会主义伟大旗帜这一历史性的重大决策,它的政治和理论意义、现实和长远意义,归根到底就在这里。

改革开放三十年的根本历史经验
是解放思想、解放生产力[*]

一

一九七八年党的十一届三中全会以来这三十年,我国最鲜明的特点是改革开放。在这个伟大历史进程中,我们党领导人民开拓进取,创造和积累了多方面的宝贵经验。党的十七大报告概括的"十个结合",是这些经验的完整综合和总结。而所有这些经验,从根本上说,就是解放思想、解放生产力。解放思想,是党的实事求是思想路线的本质要求;解放生产力,是党

---

[*] 这是作者以"改革开放三十年的根本历史经验"为总标题,包括四篇文章的系列论文之一,发表于 2008 年 10 月 16 日《求是》杂志。作者的另三篇文章是《"天下大势"和中国改革开放三十年的历史地位》、《当前经济社会发展中某些深层次矛盾和中国社会主义初级阶段的"双重使命"》、《我们今天继续解放思想的中心课题仍然必须是"解放生产力"》。这四篇文章,还曾以《关于改革开放三十年根本经验的若干思考》为总标题,集中发表于 2008 年 10 月 27 日、11 月 3 日《学习时报》。

的"一个中心、两个基本点"的基本路线的中心任务。正因为我们党一以贯之、旗帜鲜明地坚持解放思想、解放生产力,才推动我们国家在改革开放和社会主义现代化建设历史新时期,经济社会持续发展和进步。

一九九二年邓小平同志在南方谈话中,开宗明义,有一个极关重要的概括:"革命是解放生产力,改革也是解放生产力。"在同一篇谈话中,他还把"解放生产力,发展生产力"引人注目地放到关于"社会主义本质"的极重要概括的起首地位。这真可谓是一语中的、一言兴邦!

围绕解放思想、解放生产力来聚焦思考中国改革开放三十年的根本历史经验,来深化对于中国特色社会主义伟大事业和党的建设新的伟大工程的认识和理解——这就是本文的主旨。

二

让我们先从改革开放三十年引发的历史巨变说起吧。

三十年历史巨变,当然可以从多方面,用多视角来观察。而其中最突出的一条,或者说最使十几亿中国人受惠的一条,就是中国在新时期,从根本上改变了封闭僵化的颓势和万马齐喑的沉闷,真正充满希望地活跃起来了。

邓小平同志在一九八七年五月这样说过:"'文化大革命'期间,那时'四人帮'当权横行,人民心情沉闷,甚至可以说是在忧虑之中,整个社会处于停滞状态。'文化大革命'结束以后,还有两年徘徊。中国真正活跃起来,真正集中力量做人民所希望做的事情,还是在一九七八年底党的十一届三中全会以后。"

邓小平同志在这里,从总结历史教训的高度,把中国共产党十一届三中全会之前和之后党和国家的状况、人民群众精神面貌的状况,作了尖锐鲜明的对照,而把问题集中到究竟是要"沉闷停滞",还是要"中国真正活跃起来,真正集中力量做人民所希望做的事情"。

这样具有思想穿透力的体察和眼光,实在发人深省!

实际上,从新时期一开始,到二十一世纪头八年,中国共产党三十年贯串始终、最为重视的就是这个"活跃起来"的问题,就是中国经济和社会发展之有无活力的问题,就是人民群众精神状态是沉闷还是活跃的问题!

事情就是这样。到今天,中国经济社会发展的强大活力,已成为举世瞩目的重大现象。

请看吧,我们这样一个十三亿人口的发展中大国,一个社会主义的后发现代化国家,在改革开放推动下,实现了世界近代以来大国发展历史上从未有过的持续三十年年均增长速度接近10%的高速发展。国内生产总值由一九七八年的三千六百四十五亿元,增长到二〇〇七年的二十四万六千六百多亿元。经济总量由世界第十位,跃升到世界第四位。粮食、棉花、肉类、钢铁、煤炭、化肥、水泥等主要农产品和工业产品产量,居于世界首位。数以亿计长期束缚在有限土地上的农村劳动人口,总体有序地转入非农产业。数以百万计的摆脱了指令性计划束缚并拥有自主权的工商企业,蓬勃发展和活跃起来。城镇居民人均可支配收入由三百四十三元增长到一万三千七百多元,农民人均纯收入由一百三十三元增长到四千一百多元。两亿几千万人摆脱绝对贫困,全社会总体进入小康。进出口贸易总额从二百亿美元提高到二万一千七百亿美元,成为世界第三大贸易国,外汇储备也高居世界首位,并从而对世界经济发生愈益强劲的"引擎"作用。还有累计一百二十万人的出国留学生,每年三四千万人次的出国旅游大军,数以亿计的网民、手机用户和居于世界前列的报业市场。再加上中国社会本身和谐发展和文明复兴正日益成为新的亮点,如此等等。显然,这样一种世所罕见的"井喷式"发展势头还将长时期持续下去。

要问这样的活力究竟从何而来?当然是由改革开放所开启的实践基础上的理论创新、制度创新、科技创新和文化创新而来。

归根到底,是由解放思想、解放生产力而来,是由中国共产党始终一贯地把解放思想同解放生产力紧紧联在一起而来,是由中国共产党始终一贯地把解放生产力作为解放思想、改革开放和我们全部工作的根本出发点和落脚点而来。

三

请再来看一看三十年波澜壮阔的历史进程吧。

中国改革开放三十年历史进程的思想启动,是关于"实践是检验真理的唯一标准"的大讨论。这一点大家已耳熟能详。这里应当要特别强调的是,在改革开放三十年中,中国共产党坚持实事求是思想路线的一个最大特色,就是把实践这个检验真理的唯一标准,坚决、彻底、鲜明地集中到生产力的进一步解放和发展要求上来,集中到生产力标准上来。

大家知道,马克思主义的历史唯物主义主义从来认为,人们的社会实践,包括生产活动、阶级斗争和科学实验这三项,而生产活动是最基本的实践活动,是决定其他一切活动的东西。因此,作为人们生产实践能力的结果即生产力(马克思),就成为一切社会发展的最终决定力量。在社会主义现代化建设历史新时期,这一点尤其具有特殊重大的直接决定意义。

正因为这样,我们党从新时期一开始,在重新确立实践标准的同时,又坚决、彻底、鲜明地把经济建设确定为党在新时期"根本政治路线"的中心任务,并且把对社会主义现代化建设是有利还是有害作为"衡量一切工作的最根本的是非标准"。

也正因为这样,邓小平同志还把问题提到究竟什么才是社会主义和马克思主义的高度。他这样说:"什么叫社会主义,什么叫马克思主义?我们过去对这个问题的认识不是完全清醒的。马克思主义最注重发展生产力。……社会主义阶段的最根本任务就是发展生产力,社会主义的优越性归根到底要体现在它的生产力比资本主义发展得更快一些、更高一些……如果说我们建国以后有缺点，那就是对发展生产力有某种忽略。社会主义要消灭贫穷。贫穷不是社会主义，更不是共产主义。"

这就是中国共产党在改革开放和社会主义现代化建设历史新时期，坚持实事求是思想路线的聚焦点。

这就是中国共产党以巨大政治勇气和理论勇气对社会主义再认识的突破口。

实际上，这也就是中国改革开放三十年的思想起点、逻辑起点和历史起点。由这样的起点，中国共产党在新时期的开创性实践中，一步一步地推进和展开了波澜壮阔的改革开放伟大历史进程。

对于如此丰富生动和复杂深刻的历史进程，我在这里不可能也不需要作编年史式的详细描述，而只打算围绕解放思想、解放生产力这条主线，把这段历史粗略概括为头四年、中间两个十年和最近六年，这样四个大段落：

第一大段落，新时期头四年。一九七八年党的十一届三中全会之后，为了实现全党工作重心由阶级斗争到社会主义现代化建设的战略转移，在真理标准讨论推动下，大刀阔斧的拨乱反正、平反冤假错案，首先在思想领域、政治领域和中国共产党的党内生活获得突破。由此带动全社会，特别是农村改革和对外开放的特区试点，加上这之前不久召开的全国科学大会和随后的恢复高考、开放留学。实质上，这就是以党的思想路线和政治路线的根本性转变，来启动各方面人们思想的活跃性和积极性，启动政治、经济和教育、科技等方面改革，从而开始解放农村生产力，解放科技生产力，同时开始调动国外境外资本、技术、人才的积极因素和生产要素。直到一九八一年十一届六中全会总结建国以来党的历史，彻底否定"文化大革命"。

概括言之，这第一大段落，从一九七八年到一九八二年，乃是"拨乱反正和改革起步的四年"。

其在"解放生产力"上的显著成效,就是农村经济活跃起来,短短三到四年就初步解决了中国人的温饱问题!

第二大段落,新时期中间头一个十年。一九八二年党的十二大,邓小平同志在开幕词中第一次郑重提出"走自己的道路,建设有中国特色的社会主义",从而向全世界昭告了新时期社会主义中国的根本走向。改革开放的实践,则由广大农村的率先突破向着城市推进,由几个特区试点向着沿海沿江和内地推进。改革目标的探索,又经历了由"计划经济为主,市场调节为辅"(十二大),到"有计划的商品经济"(十二届三中全会),再到"计划与市场内在统一的体制"(十三大),又到"计划经济与市场调节相结合的经济体制和运行机制"(十三届四中全会)。一九八七年党的十三大,在总结拨乱反正、全面改革的成功实践并系统论述中国社会主义初级阶段理论的基础上,确定了党在社会主义初级阶段"一个中心、两个基本点"的基本路线,提出了"三步走"的社会主义现代化发展战略。

概括言之,这第二大段落,从一九八二年到上世纪九十年代初,乃是"开始全面改革,确立中国特色社会主义根本道路、基本路线并大胆探索改革目标的十年"。

其在"解放生产力"上的显著成效,就是出现了"隔几年上一个台阶"式的加速发展时期,城市经济活跃起来,对外开放由点到线再到面,乡镇企业异军突起。

第三大段落,新时期中间又一个十年。一九九二年,在我们党领导人民反对资产阶级自由化,保持稳定,成功地经受住八十年代末、九十年代初国际国内政治风波严峻考验的新形势下,按照"三步走"发展战略有力地推动了"奔小康"的发展势头。特别是邓小平同志南方谈话和党的十四大,科学总结了十一届三中全会以来党的基本实践和基本经验,明确回答了困扰和束缚我们思想的许多重大认识问题,强调基本路线要管一百年、动摇不得,并且第一次明确提出了"我国经济体制改革的目标是建立社会主义市场经济体制,以利于进一步解放和发展生产力",从而使改革开放进入一个着力构建社会主义市场经济体制基本框架的新阶段。到一九九七年党的十五大,在十四大关于"建设有中国特色社会主义的理论"的论述基础上,进一步确立"邓小平理论"是我们党的指导理论,同时提出了党在社会主义初级阶段的基本纲领和我国跨世纪发展的奋斗目标。

概括言之,这第三大段落,从一九九二年到二〇〇二年党的十六大之前,乃是"经受住政治和金融风波考验而更加坚定奋进,有系统地确立指导理论、基本纲领和社会主义市场经济的改革目标,实现改革开放新的历史性突破的十年"。

其在"解放生产力"上的显著成效,就是在一九九二年到一九九六年年均增长 12.1% 的基础上进一步扩大内需,克服亚洲金融危机的不利影响,同时使国家计划管理由指令性计划向指导性计划转变,公有制为主体、多种所有制经济共同发展的新格局逐步形成。集中到一点,就是经过这一段落的持续改革和发展,中国总体上进入小康社会。

第四大段落,最近这六年。二〇〇二年党的十六大,提出并系统论述了"三个代表"重要思想,指出这也是党必须长期坚持的指导思想。同时提出了直到二〇二〇年全面建设小康社会的奋斗纲领,推动实现国有经济战略性改组,推动实现包括中国特色社会主义建设者新社会阶层在内的更广大团结。党的十六大以后,经过十六届三中全会到二〇〇七年党的十七大,又针对经济社会发展中呈现的新的阶段性特征,统筹协调发展,提出"科学发展观"、"构建社会主义和谐社会"、"走和平发展道路"等一系列重大战略思想。与此同时,还针对某些社会思潮,旗帜鲜明地坚持改革开放不动摇。并且系统地总结了改革开放二十九年基本实践和基本理论的发展,郑重提出了中国特色社会主义"一面旗帜、一条道路、一个理论体系"。

概括言之,这第四大段落,从二〇〇二年到二〇〇八年(以至今后),乃是"在新的历史起点上,进一步明确界定当代中国和中国共产党的历史方位,更高地举起中国特色社会主义伟大旗帜,开始全面建设小康社会的六年"。

其在"解放生产力"上的显著成效,就是二十一世纪头七年经济总量保持两位数稳定增长,国民经济基础设施和国有经济重大项目上了新的大台阶,人民生活也上了新的大台阶,并且在加快发展的同时更加关注公平正义,进入了一个以更高自觉致力于科学发展、和谐发展、和平发展,同时全面完善社会主义市场经济体制,并使经济体制、政治体制、文化体制、社会体制改革更加协调推进的崭新阶段。

事非经过不知难。我们这样一个几千万党员的大党,十多亿人口的大国,在改革开放三十年中能够一以贯之和旗帜鲜明地坚持解放思想、解放生产力,谈何容易?这实在是一个伟大而又复杂的超大规模系统工程啊!在这个过程中,全党全国范围的解放思想,不可避免地涉及现实的和历史上的意识形态领域,特别是思想理论领域众多错误和过时观念。而解放生产力,则又涉及众多方面生产力要素的不断放开,以及众多方面束缚生产力发展的体制、机制、政策、法规的逐步改变。这里包括:一要搞活资本,二要统筹土地,三要发展科技,四要改善生态,五要扩大就业,六要更好地尊重劳动、尊重知识、尊重人才,使各类建设者都能各尽其能、各得其所,从而使中国经济社会发展既能更广大地开源,又能坚持以人为本,全面、协调、可持续发展。与此同时,还要通过对外开放,更充分地调动境外国外资本、技术、人才、资源的积极因素。你看,国内六项,国外四项,共为十项。也就是说,只有通过新时期一个又一个大段落上的不断解放思想和深化改革,这十项"生产力要素"才能持续地得到解放,并从而隔几年就上一个台阶,一直走到今天,中国实现了历史性的大飞跃。

三十年历史发展还表明:解放思想、解放生产力,尽管涉及众多因素,但归根到底应是人的因素愈益深广的解放,是人作为生产力主体和社会历史活动主体的愈益深广的解放。强调生产力,是不是见物不见人?当然不是！生产力是劳动者和劳动手段、劳动对象的统一，是人的因素和物的因素的统一，而且人是其中最重要和最活跃的因素。所谓"中国真正活跃起来"，要点就在这里。请回想一下吧：我们党以巨大政治勇气和理论勇气，坚定地廓清长期个人迷信和"两个凡是"的错误思想，廓清长期"以阶级斗争为纲"的"左"倾错误和平反冤假错案，廓清离开生产力来抽象谈论社会主义的种种空想的历史唯心主义观念，直到"三个代表"重要思想和"以人为本"等一系列深刻理念的提出，难道不就是这样的吗？请再回想一下吧：我们党同样以巨大政治勇气和理论勇气，坚定地推进改革开放，从农村家庭联产承包、废除农村人民公社到全面改革和对外开放，包括在社会主义市场经济基础上各类所有权、财产权、自主权和正当竞争关系的发展，还有在民主和法制基础上公民在经济、政治、文化和社会生活中的民主权利和各项基本人权的愈益强化的保障，难道不也是这样的吗？

在这里，解放思想同实事求是、一切从实际出发相一致，而不是相背离。

在这里，改革开放同坚持四项基本原则相结合，而不是相悖反。

在这里，经济体制改革同政治体制及其他方面体制的改革相联系，而不是相割裂。

在这里，实践标准、生产力标准、人民最大利益标准和以人为本相统一，而不是相对立。

就是这样，中国终于摆脱封闭落后、停滞僵化，一步一步地真正活跃起来了。积三十年之努力，中国人民的面貌、社会主义中国的面貌、中国共产党的面貌发生了历史性变化。

当然，在这个过程中，中国不是没有曲折、起伏以至于失误，也不是没有种种失衡、失范、腐败、阴暗面以至于"乱象"，更不是没有困难、风险甚至很大困难和很大风险。但是三十年历史进程之主流，之主导方面，则是在改革开放进程中，解放思想、解放生产力相结合之始终一贯，党领导的伟大事业和党自身建设伟大工程相结合之愈益深化发展,而势不可当。

四

再进一步思考:改革开放三十年,我们党和国家究竟是怎样达到这样一种境界的呢?

我认为,这里一个至关重要的因素,就是中国共产党在改革开放三十年中所获得的马克思主义伟大新觉醒。

历史的经验告诉我们:只有始终一贯地从中国这个世界最大发展中国家和世界第一人口大国的实际出发,尤其是从中国要解决十几亿人口的贫困问题和发展问题这个最大的"硬道理"出发,而不是从过时和僵化的观念、做法和体制出发;同时又始终一贯地勇于面对困扰我们思想、束缚我们手脚的一系列重大实践问题和认识问题来展开来深化,大胆地试大胆地闯,不断开创新境界而又不搞强迫、不搞运动、不搞无谓争论并且允许看。只有这样,在坚定而又有耐心的清醒方针指引下一步一步做起来,方能真正击中要害、统领全局,方能有力排除干扰、凝聚人心,方能使我们党在实践基础上不断获得新的觉醒,并从而在改革开放三十年的各个阶段上一以贯之和旗帜鲜明地坚持解放思想、解放生产力,保证改革开放和经济社会发展的正确轨道。

三十年中实践课题、理论课题无疑是众多的,但是归结起来,我们面临的基本问题和我们党在解决这些基本问题中获得的马克思主义新觉醒,我以为主要体现在三大方面。

第一大方面,是不断探索和回答"什么是社会主义、怎样建设社会主义"。新时期的思想解放,关键就是在这个问题上的解放。拨乱反正,全面改革,从以阶级斗争为纲到以经济建设为中心,从封闭半封闭到对内对外开放,从计划经济到社会主义市场经济,直到提出构建社会主义和谐社会,等等，都是属于逐渐搞清楚这个根本问题并随实践发展而不断深化的伟大觉醒过程。这个过程中首先创立的，具有从根本上奠定基础性质的邓小平理论，特别是其所包含的社会主义社会根本任务论、社会主义初级阶段论、社会主义市场经济论、社会主义精神文明论、社会主义本质论和党在社会主义初级阶段"一个中心、两个基本点"的基本路线，以及后来的社会主义政治文明论、社会主义和谐社会论和中国和平发展道路论等，正确界定了我国现实社会的历史方位和主要矛盾。在这个过程中，明确提出了党在社会主义初级阶段的兴国之要、立国之本、强国之路这一系列带根本性的问题。

第二大方面，是不断探索和回答"建设什么样的党、怎样建设党"。同样从新时期一开始，我们党就启动了这一方面的探索和回答，确立了新时期党的思想路线、政治路线、组织路线，进一步明确了要把党建设成为领导社会主义物质文明和精神文明建设的马克思主义执政党。以江泽民同志为核心的党中央领导集体集中全党智慧创立"三个代表"重要思想为标志，世纪之交的中国共产党人深刻认识和把握新的历史条件下变化了的世情、国情和党情，在进一步回答"什么是社会主义、怎样建设社会主义"问题的同时，创造性地回答了"建设什么样的党、怎样建设党"的问题，从而进一步明确界定了我们党的历史方位，并且提出了坚持和发展党的先进性、提高党的执政能力的时代课题，从新的历史高度来认识自己、完善自己、全面加强自己。在这个过程中，明确提出了立党之本、执政之基、力量之源这一系列带根本性的问题。

第三大方面，是不断探索和回答"实现什么样的发展、怎样发展"。从党的十一届三中全会后不久即明确提出的"中国式的现代化"，到"三步走"战略部署，到区域发展战略的"两个大局"，到"科教兴国"、"依法治国"、"可持续发展"及"西部大开发"等一系列重大战略方针，再到新世纪新阶段的全面建设小康社会，统筹城乡经济社会发展，坚持新型工业化道路和以"生产发展、生活富裕、生态良好"为特征的文明发展道路,也是一个不断探索和深化的实践和认识过程。党的十六大以后,以胡锦涛同志为总书记的党中央在继承党的三代中央领导集体关于发展的重要思想的基础上提出"科学发展观"等重大战略思想,进一步明确了我国仍处于并将长期处于社会主义初级阶段而又进到新的历史起点的发展方位,并把发展问题提到体现以人为本,体现社会公平正义,体现人的全面发展和社会的全面发展以及资源环境的可持续发展的高度。既着眼于把握发展规律、创新发展理念、转变发展方式、破解发展难题,又着力于推进党的执政方式和社会管理方式的转变。在这个过程中,明确提出了发展之本、发展方式、发展规律等一系列带根本性的问题。

我认为,这三大方面基本问题之每一方面,都是从新时期一开始即明确提出,并在实践中不断展开和深化。与此同时,这三大方面又总是在三十年各个具体阶段上党的总体战略布局中相互联系,构成统一的整体。而贯穿这个统一整体的,则是对社会主义初级阶段基本国情的科学认识和自觉把握,是对社会主义初级阶段"一个中心、两个基本点"基本路线的全面认识和坚定贯彻。

应当说,这三大新觉醒,正是中国共产党在改革开放三十年中踏踏实实地"摸着石头过河",而实实在在地摸到并牢牢把握住的具有理论基石分量的三块"大石头",是我们解放思想、解放生产力的精神、政治和科学成果,也是当代世界进步潮流和时代特征的集中反映。中国共产党在改革开放三十年中从实践到理论、再从理论到实践的一系列卓有成效的创新和创造,归根到底,都是同这三大新觉醒分不开的。

在这样的进程中,中国共产党排除"左"、右干扰,思想解放不断上台阶,有力带动了改革开放和生产力解放不断上台阶;反过来,改革开放和生产力解放又有力促进了思想再解放。

在这样的进程中,理论创新与实践创新二者结合如此之紧密,党的理论如此之管用、之直接见效于解放思想、解放生产力,实为建国以来所未有。

也正是在这样的进程中,中国共产党获得新觉醒而与时俱进,中国特色社会主义伟大事业和党的建设新的伟大工程进到新的境界。直到党的十七大,达到中国特色社会主义的"三个一"的统一认识:一面旗帜——中国特色社会主义伟大旗帜,一条道路——中国特色社会主义道路,一个理论体系——中国特色社会主义理论体系。这又是中国共产党对中国特色社会主义伟大事业和党的建设新的伟大工程的规律性认识进一步深化和系统化的鲜明体现和最新成果,并从而为我们开辟了更加广阔的实践和认识道路。

今天,当着我们以胜利的喜悦和攻坚克难的执著来纪念改革开放三十周年的时候,我以为,继续一以贯之和旗帜鲜明地坚持改革开放,坚持解放思想、解放生产力,坚持和发展我们党在新时期的马克思主义伟大新觉醒,这就是对改革开放三十周年最好的纪念。

"天下大势"和中国改革开放
三十年的历史地位*

中国改革开放三十年,在当代中国的历史命运和世界近代以来"天下大势"的发展中居于怎样的历史地位呢? 这需要我们再把视野放宽一点来加以观察。

一

改革开放和社会主义现代化建设所要实现的当代中国人的"中国梦",同十九世纪中叶"鸦片战争"以来几代中国人的两大历史性课题紧密相联。这两大历史性课题就是:一要求得民族独立和人民解放,二要实现国家繁

---

* 这是作者的系列论文"改革开放三十年的根本历史经验"之二,发表于 2008 年 10 月 17 日《人民日报》。

荣富强和人民共同富裕。简而言之,一要救亡图存,二要振兴发展。正因为近代以来历史上我们这个民族多灾多难,所以这两大历史性课题,就成为对整个中华民族,包括对中华民族的各个阶级、各个政党及其领导者的最大考验,从而也就成为鸦片战争以来多少代中国人为之前赴后继、不懈奋斗的最深层动力和最崇高目标。直到上个世纪五十年代,一九五六年,毛泽东同志还在党的八大预备会议上说,中国如果不能把自己建设成伟大的社会主义国家,那就要从地球上开除球籍! 这就是毛泽东同志的救亡图存和振兴发展的深刻观念。时至今日,我们也许还是应当说,如果我们不能在二十一世纪上半叶实现工业化,进而实现现代化,实现中华文明的伟大复兴,我们迟早还是要面临被开除球籍的危险! 所以,承接近代以来中国人在内忧外患中产生的"救亡图存"和"振兴发展"的深刻理念,这就是当代中国人的"中国梦"的最根本的逻辑起点和历史起点。

鸦片战争以后一百六十八年来,中国经历了大变动,世界也经历了大变动,而这两方面大变动又是紧密相联的。如果要问这种历史关联的内在脉络是什么,我认为一个最简要的回答就是:世界范围发生的三轮经济全球化和中国国家命运的三次大转折。

二

大体而言,第一轮经济全球化开始时即一七五〇年前后,那时正处于落日辉煌之中的清朝乾隆皇帝,他的"天朝大国"梦做得正香;而英国,却从一七五〇年起开始了产业革命。到一八四〇年,英国国内铁路网建成,标志着产业革命基本完成,又恰恰就在这一年,英国人打了一场对中国的鸦片战争,一巴掌把中国打入半殖民地! 可见这个一八四〇年,对中英两国都是很要紧的年份。它是英国兴旺的标志年,又是中国沦为半殖民地大灾难的起始年。从此以后,中国人的"救亡图存"和"振兴发展"之梦就开始了。由此激发旧民主主义革命一浪接一浪地起来，直到孙中山领导推翻帝制、建立民国。孙中山首先喊出"振兴中华"的口号，开创了完全意义上的近代民族民主革命，但是辛亥革命未能改变旧中国的社会性质，国势继续衰败。整个说来，在十八世纪中叶到十九世纪末叶这第一轮经济全球化一百多年的历史进程中，中国人不但没有抓住机遇，反而被打入谷底，成为经济全球化和资本殖民主义的最大受害者。

这就是第一轮经济全球化与中国之命运。

那么第二轮经济全球化又是什么情景呢？十九世纪末二十世纪初，西方资本主义国家进入了金融资本统治阶段即帝国主义阶段。由于后起帝国主义国家重新瓜分世界，两次世界大战使得第二轮经济全球化中断了，断裂了，逆转了。与此同时，战争引起革命。两次世界大战，先后在资本帝国主义统治的薄弱环节引发了两次大革命。先是俄国十月革命和苏联的建立，后是毛泽东同志和中国共产党领导的中国人民大革命和中华人民共和国的建立。与第一轮经济全球化的时代完全不同，这一回中国人抓住第二轮经济全球化断裂的时机起来革命，由此获得了真正的国家独立和人民解放，真正打开了实现近代以来中国人历史追求和历史进步的大门。

这就是第二轮经济全球化与中国之命运。

那么第三轮经济全球化又是什么情景呢？二次大战后，经过一个过渡时期，包括美国打越南战争失败和前苏联打阿富汗战争失败以后，有资格打世界大战的两个超级大国的全球战略部署先后遭受重大挫折，大体从二十世纪七十年代中期到八十年代中期起世界一步一步进入以和平与发展为时代主题的历史新阶段，新科技革命和第三轮经济全球化起来了。在这第三轮经济全球化潮流当中，搞大国争霸和僵化模式的苏共和苏联垮台了，而我们中国共产党，却如同在第二轮经济全球化进程中抓住时机起来革命一样，又抓住新的时机，使我们的社会主义中国加快发展起来。从中国共产党的十一届三中全会开始，确定以经济建设为中心，实行改革开放，开创了一条在同经济全球化相联系而不是相脱离的进程中独立自主地建设中国特色社会主义的道路。从统筹国内国际两个大局的角度来说，这条道路也就是中国和平崛起或和平发展的道路。

这就是第三轮经济全球化与中国之命运。

这同时也就反映了从世界历史和时代角度来看的，中国改革开放三十年的历史地位。

三

以上说的是在当代世界历史条件下，我们中国人抓住了机遇。这是事情的一个方面。事情还有另一个方面，那就是今日天下之大势和未来世界之发展，情况依然十分复杂，不可测因素依然甚多，我们一定要坚持冷静观察，小心谨慎。

这个问题涉及政治、经济、文化、科技、军事、外交等众多方面，我在这里只想集中提出一点，就是我们正面临着世界范围思潮激荡这样一种复杂局面。

似乎可以这样说，这是在面向二十一世纪的新的时代条件下，一个世界范围的，人类历史上前所未有的，极其复杂广阔而又意义极关重大的，新的"诸子百家"的局面。

本来"诸子百家"这个话，是中国古人专门用以概括中国春秋战国时期，社会、政治学和哲学学说各家各派之间的那场很长时间的大论战的。那次"诸子百家"的核心问题，是当时的中国社会向何处去，实质上也就是由奴隶社会向封建社会过渡这样一个社会大变动的问题。

从那以后，中国社会历史两千年间，真正可以说是同春秋战国时期那一次"诸子百家"意义相当的，称得起中国历史上第二次意义极关重大的"诸子百家"的，恐怕只能是到了十九世纪中叶鸦片战争之后的一百多年间,直到二十世纪中叶中国人民大革命胜利的这样一大段。正是在这个新的历史阶段上,中国由长期封建社会转到半殖民地半封建社会,又经过旧民主主义革命而进到新民主主义人民大革命,直到建立中华人民共和国,进而走上社会主义道路。这样深刻剧烈而又规模广阔的社会大变动,反映到社会意识形态领域,那风云际会的各家各派,其影响的广度和深度,以及变化的速度,都是前所未有的。因而真正够格,可以称得上是春秋战国之后的,中国历史上第二次意义极关重大的"诸子百家"!

这第二次"诸子百家",经过一百多年大激荡,一百多年大争鸣,包括中国共产党领导的二十八年新民主主义人民大革命,结果是马克思主义理论和在其指导下的成功实践战胜各家各派而在中国取得胜利,产生了中国化的马克思主义——毛泽东思想,中国的面目由此起了根本的变化。

那么,今天的情况又怎么样呢? 恐怕可以说是中国历史上又一次前所未有的"诸子百家",即第三次意义极关重大的"诸子百家"。今天我们面对的,是二十世纪后期到二十一世纪上半叶世界新的转折和新一轮经济全球化。在这种全新的世界历史条件下,中国怎么来适应这个世界大转折,又怎么走出自己的现代化道路? 无非是几种选择:一种是妄自尊大,脱离经济全球化,关起门来干。但是要想这样来搞一个十几亿人口大国的现代化,是断然不可能成功的。第二种是妄自菲薄,甘当附庸,完全依附外国,依附西方。这种办法,从李鸿章到蒋介石都试过了,通通破了产。还有第三种选择,就是中国共产党十一届三中全会以后所开创的,通过改革开放,在同经济全球化相联系而不是相脱离的进程中独立自主地建设中国特色社会主义,这样一条全新的战略道路。

你看上面说的三种选择,不就是三大"家"吗? 那为什么又说我们仍然面临着"诸子百家"的局面呢? 这是因为,新时期以来,我们面临的实际情况要复杂得多。尽管我们取得了伟大成就和进步,尽管我们已经开创出一条新的道路,但是,我们的现代化事业还远没有完成,我们还远没有摆脱不发达状态。我们还需要再干四五十年才能达到中等发达国家的水平。我们能不能干成这番事业,世界上许多人还在看。再加上今天世界范围各种思潮的相互激荡,既相互碰撞又相互影响,比起过去任何时代都要复杂得多,广阔得多,深入得多。这种情况,必然带来多方面的影响,中国当然也不能不受影响。

至于更加长远来看,我们大家都记得,邓小平同志在南方谈话中所说:"我们搞社会主义才几十年,还处在初级阶段,巩固和发展社会主义制度,还需要一个很长的历史阶段,需要我们几代人、十几代人,甚至几十代人坚持不懈地努力奋斗,决不能掉以轻心。"

邓小平同志之所以把我国社会主义制度的巩固和发展看得那么长,我的理解,这不仅是因为我国社会生产力的发展不能不经历一个由低到高的长过程,短了不行;也不仅是因为我国社会主义生产关系和上层建筑的发展不能不经历一个由不那么成熟到成熟的长过程,短了不行;而且是因为,我们对社会主义制度巩固和发展规律的掌握也不能不经历一个长过程,短了也是不行的。

还要看到,这里有一个更深层次的问题,就是从更大的范围来说,当代世界向何处去的问题远未解决,还在动荡、分化、选择之中。你看当代世界,美国、欧盟、日本这些发达资本主义国家只是一小批,他们内部就绝非铁板一块;至于发达国家与发展中国家之间,即南北之间,矛盾更加突出,发展中国家本身又千差万别;此外还有一个大方面,就是伊斯兰世界,他们同西方国家之间,以及他们内部,矛盾重重,这已成为当代世界新近突出起来的一个十分重大的现象。凡此种种,归根到底表明了:在"当代世界向何处去"这个关系全人类前途命运的大问题上,一个动荡、分化和抉择的长过程是必然的,不可避免的。这难道还不是"诸子百家"?我看是名副其实的世界范围的"诸子百家"!

总之,对于这种状况的长期存在,对于世界范围思潮激荡的长期存在,我们一定要有充分的精神准备。有这种精神准备还是没有这种精神准备，结果会是大不相同的。

所以，还是邓小平同志看得透彻，他说："现在国际形势不可测的因素多得很，矛盾越来越突出。过去两霸争夺世界，现在比那个时候要复杂得多，乱得多。怎样收拾，谁也没有个好主张。"他还说："世界上矛盾多得很，大得很，一些深刻的矛盾刚刚暴露出来。我们可利用的矛盾存在着，对我们有利的条件存在着，机遇存在着，问题是要善于把握。"

四

说到这里，我还想顺便再就怎样估量战略机遇的问题，强调一个观点。我们估量战略机遇，当然要从国际、国内这"两个大局"的综合把握出发，但我同时认为，这里有一个变化必须看到，就是中国国内大局的分量在加重。尽管我们困难还多，但是，中国在发展，中国在大发展，中国还将继续大发展，这一条，本身就是世界大势的一个重要因素，也是我们将要获得新的战略机遇期的最重要基础！冷静观察，沉着应付，就要充分重视这一条，并且以此为根本立脚点，而决不能看轻，更不能淡忘这一条。

当前，我们党领导的中国特色社会主义伟大事业，正以更高水平的小康社会、社会主义和谐社会建设和新型工业化道路在科学发展观指引下的新启动为标志，打开新的境界。与此同时，国际大局也正酝酿新的重大变动。特别是以美国深陷伊拉克战争和由美国次贷危机引发的金融危机愈演愈烈并殃及全球这两件事为动因，国际范围的政经走向、力量对比、大国关系、地缘战略以至国际格局和国际秩序，还有世界经济发展方面的某些重大关系和模式，比如虚拟经济与实体经济的关系，传统产业与高新技术产业的关系，发达国家市场与新兴国家市场的关系，等等，似均在酝酿某种新的变动甚至重大变动。而我们的国内大局，包括我们面临的机遇和挑战,同国际大局是相联系而不是相脱离的。国际经验教训,对我们是至关重要的。针对国际大局新变动而来的我国当前和中长期的因应之道,也已提上日程。这就要求我们,一定要在新时期以来伟大成功经验基础上,按照冷静观察、沉着应付、集中精力把自己的事情办好的精神,从我国仍处于并将长期处于社会主义初级阶段这个最基本的国情出发,实事求是地清醒地对国内国际两个大局加以统一的把握和分析。

这也就是邓小平同志之所以一再强调"埋头实干,做好一件事,我们自己的事"的深刻战略意义之所在。从中国共产党的十六大到十七大一再强调要聚精会神搞建设、一心一意谋发展,其深刻战略意义也在这里。即使遭受了特大地震灾害,胡锦涛同志前不久在省区市和中央部门主要负责同志会议上的讲话中,在初步总结汶川特大地震抗灾救灾经验时又重申:全党同志要更加自觉、更加坚定地坚持聚精会神搞建设,一心一意谋发展,努力推动经济社会又好又快地发展,不断提高我国的综合国力和抵御风险能力,其深刻战略意义仍然在这里!

五

中国改革开放三十年的历史反复表明:中国特色社会主义伟大事业兴衰成败的关键在于中国共产党。

总起来说,我认为,中国共产党所开创的中国改革开放和社会主义现代化建设历史新时期的三十年,其所贡献的最有价值的新东西,说到底,就是一个"不断发展生产力的社会主义",一个"主张和平的社会主义",一个"真正活跃起来,真正集中力量做人民所希望做的事情的社会主义",就是中国特色社会主义。

这当然是同改革开放三十年中,高举中国特色社会主义伟大旗帜的中国共产党能够坚定地排除"左"、右干扰而获得马克思主义伟大新觉醒,避免僵化停滞而充满生机活力,领导能力和执政能力经过风险考验而不断增强,分不开的。

归根到底,这又是来源于中国共产党无比深厚的民族根基,来源于中国共产党宽广深邃的世界眼光,来源于中国共产党把马克思主义中国化的实事求是思想路线和独立自主的光荣革命传统。

深深扎根于中华民族之中的中国共产党,既是中国工人阶级的先锋队,同时是中国人民和中华民族的先锋队。当年创立中国共产党的伟大革命家们,首先都是最忠诚的爱国志士。为了寻求救国救民的真理,他们经历千难万险,找到了马克思主义,并且坚持不懈地努力把马克思主义中国化,把信奉马克思主义、追求科学社会主义,同勇敢地承担起带领中国人民创造幸福生活、实现中华民族伟大复兴的历史使命紧紧联结在一起。应当说,中国共产党这样的特点和优点,这样的一个独特"基因",从创党那一天起,就内在地蕴涵在党的肌体和灵魂之中了。也正因为这样,在八十多年艰苦曲折的战斗道路上,中国共产党才能够克服国际共运中把马克思主义教条化的错误倾向对于中国革命的影响,才有了独立开辟农村包围城市战略道路的大智大勇,才有了反对苏联大国沙文主义的大智大勇,也才有了中国共产党十一届三中全会以后开辟中国特色社会主义道路的大智大勇。这样的把马克思主义中国化的事业,不但表现了中国共产党和中国人民的革命气魄和求实精神,而且表现了中华民族的文化力量和政治智慧。

当然,中国作为后发现代化国家,要在社会主义初级阶段完成双重使命,不可或缺的一个重要条件,就是要以世界眼光和战略思维,把握时代特征,研究和借鉴国际经验,包括研究和借鉴一切反映现代社会化生产规律的经营方式和管理方法。所以,我们在强调坚持中国特色的高度自觉的同时,又强调要以高度自觉向外国学习。而学习外国,归根结底是为了形成和创造中国自己的特色。有特色才有生命力,有特色才有竞争力。毫无疑问,对国际经验,我们还要继续老老实实地学习和借鉴下去;对中国特色,我们还要一以贯之地坚持和发展下去。这也算是一条规律性认识吧。

总之,在中国共产党人看来,马克思主义只有与中国实际和时代特征相结合,才能成功,才能胜利;科学社会主义基本原则只有赋予其中国特色和时代特征,才能成功,才能胜利;离开中国实际和时代特征来谈马克思主义,没有前途,没有意义;离开中国实际和我们已经取得伟大成功的道路和理论体系,而去另外寻求和依傍别的什么主义和模式,没有前途,没有意义。

有八十七年奋斗历史的中国共产党,在开创改革开放新时期的三十年中,形成了这样一套在社会主义基础上面向世界、面向未来、面向现代化,使社会主义能够充满活力从而不断增强综合国力,并经长期奋斗以实现中华民族伟大复兴的中国特色社会主义伟大旗帜、道路和理论体系。这实在是党之大幸,国家之大幸,人民之大幸,中华民族之大幸。这又一次有力地表明,中国共产党在新的历史关节,仍然能够以自己的奋斗来代表我们国家和民族的伟大前途,并且能够凝聚越来越多的人共同奋斗来代表这个伟大前途。

当前经济社会发展中某些深层次矛盾
和中国社会主义初级阶段的"双重使命"*

一

经过改革开放三十年,中国总体富裕程度确实显著提高了,经济和社会发展活力大为增强了,与此同时,改革和发展中积累的某些深层次矛盾和进入新世纪后遇到的新问题也更加突显出来了。特别是,党内外议论较多的国有资产流失问题,城乡之间、区域之间、经济与社会之间发展不平衡问题,以及腐败现象屡禁不止问题等,突显出来了。

对于改革开放中出现的这样那样的问题,毋庸讳言,也不应当讳言。据我多年亲身体验和观察,我们的党中央就是采取这样一种彻底唯物主义

＊ 这是作者的系列论文"改革开放三十年的根本历史经验"之三,发表于 2008 年 10 月 20 日《文汇报》。

者的态度,历来非常重视并且勇于面对这些问题。改革开放三十年,党的每一次全国代表大会,每一次中央全会,研究分析的都是实践中遇到的重大紧迫问题。与此同时,我又亲身体验和观察到,我们的党中央对待这些问题又总是十分清醒地把握两条:一条,是什么问题就解决什么问题,决不因某些具体问题而否定改革的方向和道路;另一条,改革和发展中的问题只能通过深化改革和科学发展来解决。也就是说,面对问题,回头走老路是死路一条,搞私有化走邪路也是死路一条,只有坚定不移地走改革开放之路,坚定不移地走中国特色社会主义道路,才是唯一正路和真正出路。

举例来说,关于国有资产流失、关于城乡之间、区域之间和经济与社会之间发展不平衡以及腐败等等问题,在某种观点看来,都应当归罪于社会主义市场经济为目标的体制改革,甚至归罪于整个十一届三中全会以来的路线。难道能够这样看吗?实际上,在确定市场化改革目标之初,我们党的中央就明确指出,建立社会主义市场经济体制是史无前例的创举,没有现成经验,必然会有这样那样的问题发生。因此,要求我们既要大胆地试、大胆地闯,又要善于总结经验,对的就坚持,错的赶快改。正是由于我们党以这样一种实事求是的科学态度来对待市场化改革,实践的总结果才能够像今天这样有力地证明:中国摒弃了计划经济体制,选择了社会主义市场经济体制,从而在短短三十年时间里就根本改变了短缺经济的停滞落后状态而迅速发展起来,从一个政治大国发展成为中国特色社会主义的政治—经济大国。

至于一个一个具体问题,也需要实事求是地加以分析。比如国有资产流失问题,有种说法是我们的国有经济似乎已在"私有化"浪潮中遭到灭顶之灾。但是实际情况并非如此。总体而言,由于深化国有企业改革和国有资产管理体制改革,国有资产总量大幅增加,企业效益显著提高,技术创新能力明显提升,国有经济的活力、控制力、影响力是进一步增强了。二○○二年到二○○七年,全国国有企业户数从十五万八千七百户减少到十一万五千户,但销售收入、实际利润、上缴税金年均分别增长 18.6％、36％、20.4％。二○○七年全国国有企业上缴税金一万七千七百亿元,占全国财政收入的 34.5％。中央企业的发展情况更是令人振奋。这五年,中央企业平均每年资产总额增加一万五千亿元,相当于每年新增一个"中石油"!销售收入平均每年增加一万三千亿元,实现利润平均每年增加一千五百亿元,上缴税金平均每年增加一千亿元。二○○七年,上缴税金八千八百零五亿元,占全国财政收入 17.6％。在二○○七年国际上公布的世界五百强中,我国的中央企业有十六家,比二○○二年增加十家。

当然,国有企业改革的任务还远未完成。特别是还需要在加快公司制股份制改革步伐、健全现代企业制度的同时,继续优化国有经济布局,完善国有资本有进有退、合理流动的机制,在更大范围内推进国有经济的战略性调整。使国有资本进一步向关系国家安全和国民经济命脉的重要行业和关键领域集中,加快形成一批拥有自主知识产权和国际知名品牌、国际竞争力较强的优势企业。争取到二○一○年中央企业调整到八十至一百家,全国形成三十至五十家具有较强国际竞争力的大公司大企业集团。(其他行业和领域的国有企业,则要推向市场,在市场竞争中优胜劣汰。)

至于在改制进程中,特别是在改制前期发生的"国有资产流失"问题,提出的很多个案,情况复杂。有的实际上属于正常转制,有的则确有问题。问题方面,有的是工作经验不足造成的,有的则确与有些干部腐败有关。这两年已经出台了一系列有力措施,通过深化改革,逐步求得较好的解决。

又比如社会成员之间收入差距扩大问题和社会公正问题,也需要具体分析。总体而言,改革开放三十年来人民群众收入已有大幅度提高,特别是绝对贫困人口由两亿五千万减少到两千多万,是一个了不起的成就。现在的问题,主要在城乡之间、地区之间还存在发展不平衡和较大的收入差距。这里既有工作中的问题,又有历史和自然条件等长期形成的问题,此外还有一个如何评估差距的问题(各地货币收入的实际购买力不一样)。

要从根本上解决这样的问题,解决公平问题,同样还是要靠深化改革和加快发展,靠高效率的发展。

这方面的重要事情,是中央已经确定了"五个统筹"的方针,采取了诸如新农村建设、社会建设等一系列举措。这里包括,党和政府从二〇〇四年起到二〇〇八年的五年来,每年一个促进农业发展的一号文件,前几天又公布了全面推进集体林权制度改革的意见,《人民日报》社论说得好:这是"中国林业生产力的又一次大解放"!这里还包括,"以创业带动就业"的方针的逐步落实。只有充分就业,才是社会公平的根本基础!与此同时,中央还确定,今后五年内把中国特色社会保障体系框架建立起来,为到二〇二〇年"基本建立覆盖城乡居民的社会保障体系,人人享有基本生活保障"打好基础。以农村新型合作医疗为例,二〇〇二年,党中央、国务院发布了《关于进一步加强农村卫生工作的决定》,决定在农村地区推行这个制度。主要做法是以大病统筹为主,适当兼顾小病,资金来源是农民个人筹资一小部分,国家和地方政府补贴一大部分。按人平均,原来打算中央出二十元,地方出二十元,农民出十元,每人共计五十元;后来改为中央出四十元,地方出四十元,农民出二十元,每人共计一百元。这件事受到广大农民欢迎,原计划到二〇一〇年农村地区"全覆盖",从目前的发展态势看,二〇〇八年就能实现。

又比如反腐倡廉问题,大家都很关心,由此又进一步提出了政治体制改革问题,包括民主问题和对执政党的监督问题,等等。我想我们大家都会看到,我们的党中央一直在加大力度,努力解决这方面的问题。这里我只想补充说一点,就是这一方面问题之所以屡禁不止,不仅仅同政治体制改革、民主监督有关,而且同我们的经济体制改革的由来,是从计划经济转变到社会主义市场经济这个阶段性特点有关。在这样的条件下,我们经济的规划和发展、企业的经营和拓展,相当时期还往往离不开政府的较多干预和管理。由此而来的,就是权力与经济之间关系密切,具有"寻租"的便利条件。中央之所以提出要"从源头上遏制腐败",就是针对这种情况而来的。这也就是说,只能通过深化改革,包括经济体制改革和政治体制改革,特别是深化经济体制与政治体制的结合部——行政管理体制改革,在政府职能转变过程中,使政府从全能政府转变为服务政府、责任政府、法治政府和廉洁政府,才能从根本上遏制腐败现象。

总而言之,以改革开放中出现这样那样的问题为由,就从根本上否定改革的方向和道路,是完全站不住脚的。我们今天对改革开放三十周年的最好纪念,只能是一以贯之和旗帜鲜明地继续坚持改革开放,坚持解放思想、解放生产力,也只有这样,才能一步一步地在解决这些经济社会发展中突显出来的矛盾和问题上,真正取得实质性的更大进展。

二

说到当前经济社会发展中的深层次矛盾,我还想再进一步提出一个中国特色社会主义伟大事业在社会主义初级阶段上所担负使命的特殊复杂性问题,希望引起深刻的注意。

所谓社会主义初级阶段,就是不发达阶段。正因为不发达,所以我们在此阶段上所担负的使命就具有某种特殊复杂性。这集中体现在两大项"双重使命"!

第一大项"双重使命",就是既要通过以社会主义市场经济为取向和促进公有制为主体、多种所有制经济共同发展的经济体制改革来解放生产力,又要促进社会公正,走共同富裕道路。由此而来的特殊复杂性就在于:二者在本质上是统一的,但在这样那样具体问题上又可能是有矛盾的;在长远发展上是统一的,在发展过程的一定阶段上又可能是有矛盾的。比如说,既要推动发展城市化、又要反哺和振兴农村;既要支持东部继续率先发展,又要加大支持中西部地区和东北地区老工业基地发展的力度;既要继续鼓励一部分人先富起来，又要更好地关注低收入群体；既要继续讲求效率，又要更加注重社会公平；还有，既要加快发展，又要保护环境，如此等等。即是说，都不能只顾一方面而不顾另一方面，所以叫做"两难"，而且都只能放在一个较长过程当中才能逐步解决。这就要求我们清醒把握问题的两重性和长期性，并且把握好处理问题的"度"。

我们一定不要把"双重使命"对立起来，而要力求统筹兼顾；我们也一定不要设想一蹴而就，而要尽可能在妥善处理当前问题的同时，把人们引导到理解问题的两重性和过程的长期性上来，尤其要把人们引导到继续致力于解放和发展生产力上来。归根到底，只有通过改革不断解放和发展生产力，才是真正能够保证实现这个"双重使命"的最根本、最重要的物质前提。偏离解放和发展生产力这个中心，偏离党的聚精会神搞建设、一心一意谋发展的根本方针和路线，不仅一切无从谈起，而且会把事情搞乱。在我们这样一个十三亿到十五亿人口的发展中大国，对于这样至关重要的全局性问题、战略性问题，尤其不可掉以轻心。

又一大项"双重使命"，就是既要继续完成发达国家早已完成的传统工业化，又要以信息化带动工业化，赶上从二十世纪七十年代开始且至今方兴未艾的现代科学技术新的"伟大的革命"。由此而来的特殊复杂性，则是我们面对双重的历史性挑战：第一，面对资本主义由十八世纪中叶起到二十世纪中叶这二百年间，所实现的以大机器工业和电气化为特征的产业发展的挑战；第二，面对资本主义由上世纪七十年代开始而方兴未艾的，以信息技术、生物工程和新材料、新能源等等为特征的新技术革命的挑战。所以，我们不但要急起直追，缩短和消除过去二三个世纪至少一个多世纪所造成的差距，完成工业化；而且要奋力跃入新技术革命洪流，向着二十一世纪中叶的新的现代化水平前进。

这也就是说，中国在二十一世纪上半叶所要解放和发展的生产力，不能仅仅复制旧发展方式下"钢铁文明"、"机械文明"那样水准的生产力，更不应一股劲重复旧发展方式下那种资本、技术排挤劳动的道路。而应是把产业升级、设备更新、核心技术创新和整个创新活力之解放,提升到信息化带动工业化和生态文明的水准和境界;与此同时,又应是把在资本、技术和劳动更好结合基础上的创业活力之解放,提升到能够在我们这样十几亿人口大国实现持续充分就业的水准和境界。

我认为,由当代中国最基本国情所决定的如此宏伟壮丽而又艰巨复杂的两大"双重使命",这也是世界近代以来一切大国工业化、现代化历史上从未有过的,是世界社会主义国家历史上从未有过的。

三

我们中国共产党和中国各族人民,在中国特色社会主义伟大旗帜下,已经开始把这两大"双重使命"勇敢地承担起来,并且富于创造性地、锲而不舍地干了三十年。积三十年之经验和教训,我们只要坚持十一届三中全会以来党的一以贯之的思想路线和政治路线,紧紧抓住经济建设这个中心不动摇,坚持改革开放,坚持解放思想、解放生产力,同时力求针对这两大"双重使命"在具体实践中这样那样矛盾而把握好处理问题的"度",这样坚定、清醒地干下去,一直干到二十一世纪中叶,中国特色社会主义在社会主义初级阶段上担负的两大"双重使命"就一定能够完成。

也只有这样,才真正称得起是"赶上时代";才真正是科学发展、和谐发展、和平发展;才真正是科学执政、民主执政、依法执政;也才真正能够使中国更加活跃起来,充分发挥我们这个十三亿到十五亿人口后兴大国在二十一世纪上半叶的"后发优势"。

我们今天继续解放思想的中心课题
仍然必须是"解放生产力"*

一

我们今天正处在新的历史起点上。这是中国共产党第十七次全国代表大会报告做出的一个重大战略判断、战略界定。

"机遇前所未有,挑战也前所未有,机遇大于挑战。"这就是新起点上总形势的一大特点。所谓挑战,归纳起来大体是三大挑战:一是物质资源包括能源资源短缺的挑战,二是生态环境恶化的挑战,三是经济社会发展不平衡一系列重大严峻问题的挑战。由此可见,在二十一世纪上半叶,尤其是头十年、头二十年,我们面对的困难和挑战实在是够多够大的了。

---

* 这是作者的系列论文"改革开放三十年的根本历史经验"之四,发表于 2008 年 10 月 21 日《光明日报》。

实际上,事情还不止于此。如果再考虑到巨大规模(而不是通常规模)的自然灾害,包括已经发生的今年四川汶川特大地震,也包括未来岁月可能发生的其他巨大自然灾害,那么这就是第四大挑战了。此外,就国际方面来说,新条件下国际经济、政治、科技、文化和军事的种种压力,包括当前国际范围同时发生的金融、能源、粮食三大危机,也包括未来岁月国际范围可以预料和难以预料的种种危机,那就是第五大挑战了。

"五大挑战",这就是我们在看到"机遇前所未有"的同时,又不能不估量到的"挑战也前所未有"。

<h1 style="text-align:center">二</h1>

还必须强调一点:这"五大挑战",又是在我国拥有十三亿人口并且还会在本世纪上半叶继续增长到十五亿人口这样一个"总背景"之下。这可是古今中外历史上哪一个国家都不曾有过的,绝无仅有的"总背景"!

实际上,对于十三亿到十五亿人口这一绝无仅有的"总背景",还需要进一步作两个层次的分析。首先一个层次,是二十一世纪上半叶,中国在人口问题上将相继出现的"三个高峰"。一是当前已经面对的"就业高峰",现在我国每年城镇需要就业的人数在二千四百万人以上,而新增岗位和补充自然减员只有一千二百万人,缺口在一千二百万人左右;二是本世纪三十年代(大约二〇三三年前后)的"总量高峰",即达到十五亿多人口;三是本世纪四十年代的"老龄化高峰",现在我国六十岁以上人口已经占到全世界六十岁以上人口总量的 20%,到本世纪四十年代还会更为突出。

再一个层次,是专门分析二十一世纪上半叶中国农村人口的前景和出路。我国现在十三亿人口中,农村占将近八亿。八亿农民里面,劳动力占五亿,这五亿就比现在整个欧洲人口还要多!那么耕地多少呢?十八亿亩多一点。而当中国人口总量达到十五亿时,中国又有多少农村人口和可耕地呢？这么多的人口,这么少的耕地,怎样才能真正富起来呢?

从这样两个层次的分析中,人们可以看清一个基本事实,就是中国特色社会主义工业化和社会主义中国后发现代化的伟大事业,在二十一世纪上半叶的根本走向,归根到底仍将取决于把十三亿到十五亿中国人的贫困问题和发展问题解决好,首先是把大约八亿到十亿中国农民的贫困问题和发展问题解决好。

三

从党的十二大以来,中国共产党就确定要走一条当代人类发展史上、马克思主义发展史上前所未有的中国特色社会主义道路,这条道路的对外表达即是中国和平崛起或和平发展道路。按照这样一条道路,我们对世界近代以来西方大国在工业化进程中依靠殖民主义掠夺世界资源的办法当然不能学,对当年德国、日本那样的后起军国主义国家依靠发动大战来重新瓜分世界的办法当然不能学,对前苏联霸权主义在所谓"世界革命"幌子下搞超级大国争霸和势力范围的办法当然也不能学! 我们只能坚定不移地立足于自己的发展。

而这就决定了,在新的历史起点上,我们思想解放的中心课题必定仍然是,也只能仍然是进一步解放中国人民的生产力。也就是要在三十年改革开放发展成就和中国共产党的马克思主义伟大新觉醒成果基础上,实现中国人民生产力的新解放。只有这样,才能真正强有力地应对前所未有的挑战,真正强有力地推动我国在二十一世纪头二十年以至整个上半叶,经济社会更高水平和更广大规模的发展和进步。

四

关于这样的发展和进步,总的战略目标已经确定。这就是:到本世纪二十年代,即中国共产党建党一百周年时,全面建设惠及十几亿人口的更高水平的小康社会;到本世纪中叶,即中华人民共和国建国一百周年时,基本实现社会主义现代化,达到中等发达国家水平,从而根本摆脱"不合格的社会主义"的不发达状态。

那么按照党的十七大精神,二十一世纪头二十年中国人民生产力发展的具体历史任务是什么呢?用一句话来说,就是基本实现工业化。说得完全一点,就是工业化、信息化、城镇化、市场化、国际化,走出一条包括农村工业化在内的中国特色新型工业化道路。

这条新型工业化道路,在我看来,新就新在它提出了两方面基本要求:一个方面是"科技含量高、经济效益好、资源消耗低、环境污染少"。这首先就意味着按照科学发展观和生态文明的要求,各方面创新活力尤其是科技创新活力和产业创新活力的进一步解放。信息化带动包括农村工业化在内的中国特色工业化,产业升级,把各类所有制企业首先是国有企业做大做强。

另一个方面是"人力资源优势得到充分发挥"。这又意味着,要求创业活力的进一步解放。这是因为,要在我们这样十几亿人口大国中真正发挥人力资源优势,就必须实现持久的充分就业,为此又势必要求放手发动创业,推动全国城乡实现各类中小企业以至微型企业的广大发展。这也就是党的十七大所确定的"以创业带动就业"的方针。(实际上,国际国内经验证明,中小企业不仅在带动就业方面,而且在推进创新方面,均能作出重大贡献。我国技术创新的70%、国内发明专利的65%和新产品的80%来自中小企业。)

在以上创新活力、创业活力进一步解放的基础上,如果再联系到我们前面所说的"五大挑战"特别是巨大规模自然灾害和国际压力的挑战,那就还有一个承受、抵御和应对巨大风险的能力和活力的问题提到面前。这个问题,邓小平同志在一九七七年即已提出,一九八八年反复强调,江泽民同志和胡锦涛同志又先后多次加以强调。看来,现在也到了更好地抓住时机,按照增强能力和解放活力的要求,进一步认真加以对待的时候了。

是否可以这样说:在新的历史起点上,当代中国进一步解放思想、解放生产力的根本要求,势必将集中到进一步解放"三个力"上来:一个是创新活力,一个是创业活力,还有一个就是承受、抵御和应对巨大风险的能力和活力。而这当然是涉及包括农业、制造业、金融业在内的国民经济一切大部门,涉及整个经济和社会发展与改革全局,以至关系到我们整个社会安定、民族团结、国家巩固和综合国力在二十一世纪上半叶再来一个历史性新飞跃的大问题。

五

为此,就要继续推进包括经济、政治、文化、教育、科技、社会等各方面体制改革的全面改革。特别是:

一要推进以社会主义市场经济为取向的经济体制改革;

二要推进以社会主义民主政治为内涵的政治体制改革;

三要推进以改善民生为重点的社会体制改革。

而改革之是否有成效及成效之大小,归根到底还是要看是否有利于破除一切仍然束缚这"三个力"的思想障碍和体制障碍,从而进一步解放这"三个力",以更好地构建社会主义和谐社会,全面建设惠及十几亿人口的更高水平的小康社会。

在这里,又一次表明了,实践标准、生产力标准和人民最大利益标准可以而且必须随着经济社会发展而达到更好的统一。

亟须重视晋陕蒙宁(大鄂尔多斯) 地区能源的规划和开发[*]

今年八月和十月,我先后到延安、榆林和鄂尔多斯,回来后,给有关部门写信,希望加强晋陕蒙运煤铁路建设。这一段时间,我找了业内的一些同志了解情况,越发觉得亟须重视晋陕蒙宁(大鄂尔多斯)地区能源的规划和开发。

我国的能源资源结构决定了我们相当长时期仍然只能主要依靠煤炭。而大鄂尔多斯地区煤炭资源约占全国的一半,目前煤炭产量、外调量分别占全国的45%、80%,二〇二〇年将达到55%、90%以上,此外还有石油、天然气和大量的煤层气资源,是本世纪上半叶支撑我国经济和社会发展最重要的能源基地,其地位无可替代。目前,该地区政府部门热情很高,希望

---

[*] 这是作者于2008年12月23日给国务院领导同志所写的建议信。

加快煤炭开发、就地转化,以带动就业和经济发展。由于铁路建设滞后,企业煤炭转化项目上得比较多,存在一定的盲目性。同时,由于缺乏统一规划,没有论证处理好煤炭就地转化与外调的关系、提高产业集中度与吸引多方投资的关系,以及增加产量与技术改造、产业升级的关系。我担心会带来后遗症,能源基地的支撑作用被大大削弱。另外,该地区降雨量较少,生态环境脆弱,是几个省区交汇的地方,革命老区、少数民族和贫困地区比较集中,必须加强统一规划和领导,协调好各方面利益,把能源基地开发建设好。

我在榆林和鄂尔多斯,接触到一些地方干部和企业负责人,他们对于能源开发有不少好的想法,特别是像神东这样的特大型企业,还有汇能这样的民营企业,都想为国家做贡献,为地方谋发展,企业办得也很像样。只要统一规划好,把大家的积极性引导好,能源开发就能与地方经济社会发展结合好,就能与城镇化和社会主义新农村建设结合好。为应对国际金融危机,目前国家正在加大基础设施建设投资,加上晋陕蒙宁等地的配套投资,一定是个不小的数目,正是大力推进大鄂尔多斯能源基地建设的极好时期。

当年毛主席说过,手中有粮,心里不慌。他是专指人的口粮而言。但是,人的口粮只要管住土地"红线",可以年复一年地耕耘收获;而工业食粮——煤炭则是挖一点、少一点,不可再生。仅就能源这一方面来说,能源稳则经济稳,经济稳则社会稳。过去、现在、将来中国的大发展都离不开能源,离不开煤炭。新疆煤炭的开发无疑也需着手谋略,但眼前着急的是必须立即着手抓好大鄂尔多斯地区能源的规划和开发。

当然,与此同时,还需要把如何进一步解决好煤炭使用带来的环境污染问题,实现煤炭清洁利用,逐步切实地提到议程上来。

据了解,国家发改委、国家能源局也很重视大鄂尔多斯地区能源规划工作。我认为,要将大鄂尔多斯地区能源规划和开发提高到国家层次来做,像抓西部大开发、振兴东北老工业基地那样,成立国务院领导同志挂帅的高层次统一协调机构,一手抓规划、布局和政策的制定,一手抓各方面利益协调和扎扎实实的推进。只有这样,中国的发展才能不受制于人,和平崛起才有充足的能源支撑,才能更有把握地实现建党一百周年、新中国成立一百周年时的伟大目标。

加强和改进新形势下党的建设[*]

一、加强和改进新形势下党的建设,确是一个当前
迫切需要深入研究和回答的历史性重大课题

我体会,中央之所以在当前又一次强调提出这个重大课题,是由于:

第一,进一步贯彻落实党的十七大围绕高举中国特色社会主义伟大旗帜、夺取全面建设小康社会新胜利而提出的一系列重大战略思想、战略决策和战略部署,要靠党的正确领导和全党的一致努力,也要靠党能够更有系统和更有成效地解决自身建设中那些不利于十七大精神贯彻落实的问题。

---

* 这是作者于 2009 年 4 月 16 日在党建问题座谈会上的发言。

第二，党中央部署的深入学习实践科学发展观活动正向更广大范围和基层推进，就这一方面来说，也有必要从党的建设的高度，通过对这一活动的深刻总结给以及时有力的宏观指导。

第三，去年夏季由美国次贷危机引发的国际金融危机的迅速扩散和蔓延，不仅对我国经济社会发展是重大挑战和重大机遇，同时也对我党作为世界重要大国执政党的建设，提出了值得深刻注意的若干新问题。

第四，党内外干部群众对新中国建立六十年来、改革开放三十年来和党的十六大以来党的建设的明显成效给予充分肯定的同时，也对党风、政风和社会风气中存在的一些久治不愈的问题和弊端愈益关注，他们在某些问题上的不满甚至有所发展。从这一方面来说，郑重提出"新形势下进一步加强和改进党的建设"，更是完全必要的。

这里需要特别强调提出一点：鉴于我们现在面临的问题和社会思潮都相当复杂，因此在研究加强和改进新形势下党建问题时，还须坚决防止那种否定改革开放（这是一种倾向）和否定党的领导（这是又一种倾向）的错误东西。前者认为种种问题都是源于改革开放，后者则认为所有问题都是在于一党领导。这两种倾向多年来即存在，近几年似更突出，值得引起必要的注意，并且理直气壮地予以批驳。

二、新时期三十年来党的建设丰富经验的系统总结，是在新形势下统一全党思想和行动的强有力精神武器

改革开放以来，从恢复党的实事求是的思想路线，到制定党在社会主义初级阶段的基本路线，到制定适应现代化建设要求的组织路线，到提出邓小平理论，再到提出"三个代表"重要思想，又到提出科学发展观，形成了一整套当代中国马克思主义的执政党建设理论。如果能在今天进一步加以集中概括，如同党的十七大报告提出的"十个结合"那样，形成党建经验

的成系列重大观念,这对我们全党统一思想和凝聚力量,将大为有益。

我还有一个体会:胡锦涛总书记在十七大概括的"十个结合",贯穿着一条红线,这就是党在拨乱反正和全面改革进程中制定的思想路线和政治路线。其中心之点,则是一切从社会主义初级阶段实际出发,毫不动摇地继续解放思想,解放生产力。实际上,这也正是新时期党的建设的最重大成绩和最重要经验。

说到这里,重温邓小平在党的十二大召开前,一九八〇年二月二十九日关于修改党章问题的重要讲话,就可以看到他是何等鲜明地指出:我们党在现阶段的政治路线,"不管怎样表述,实质是搞四个现代化,最主要的是搞经济建设,发展国民经济,发展社会生产力。这件事情一定要死扭住不放,一天也不能耽误"。

我感到,加强和改进新形势下党的建设,在这个基本问题上仍然需要进一步统一思想,这也应是我们今天深入学习实践科学发展观的重要任务。

三、坚持党的十七大提出的党建工作总体布局, 突出抓好党的制度建设和制度创新

在如何看待当前党的建设突出问题上,不同层次和方面的同志关心的重点似乎很不相同。这也是党建研究遇到的难点之一。比如,群众关心较多的,一是腐败,二是干部作风;而一般干部关心较多的,一是用人不公,二是待遇不均。又比如,下面干部关心较多的,一是责任大、事权小(他们说,比较重要的事权这几年都给"条条"收走了,权力有限、责任无限),二是上面重大决策听部门多、听地方和基层少,脱离地方和基层实际;而上面干部关心较多的,一是基层干部的党性修养差,二是政令不畅、集中较难,如此等等。

这种情况,我认为是反映了当前在我国社会深刻变革和转型过程中客观存在的党建问题的多面性,而不同方面的意见又各有其实际根据,因而也就不能简单化地被这一方面或那一方面的看法牵着鼻子走。看起来,需要突出强调全党清醒面对复杂多变的新形势、诉求多元的新情况和层出不穷的新挑战,下工夫不断提高党组织和党员的学习能力和适应能力问题,以重点解决"不适应"带动解决"不符合",可能是新形势下加强和改进党的建设的一条重要思路。

总之,还是应当按照党的十七大报告提出的"一条主线"、"五个重点"的党建工作总体布局,突出抓好党的制度建设和制度创新。逐步做到:用制度来管干部,用制度来规范干部行为和调动干部积极性,用制度来保证党的决策的正确形成和贯彻落实,用制度来取信于民。

四、放宽视野,把加强和改进新形势下党的建设问题,同今天中国整个社会治理问题联系起来

当今中国正在经历工业化、信息化、城镇化、市场化、国际化这样全新社会大变动的条件下,"党的建设"同"社会治理"的关系问题正以种种新形式,突出地提到全党同志面前。我们的同志,尤其是处在一线工作的各方面负责同志,天天碰到的,一方面是改革和发展的新要求接踵而出;又一方面则是反映社会矛盾和党内矛盾的种种问题(包括大大小小"事件"和"案子")大量涌现。这两方面情况一齐逼到眼前。再加上还有"三个交织"——党内矛盾和社会矛盾相交织,国外境外因素和国内境内因素相交织,以及网上动向和网下动向相交织。在这样的情况下,"党的建设"和"社会治理"二者密不可分的关系,就实在是一个重大问题。实际上,我们从党的十六大以来就一直强调要把党领导的中国特色社会主义伟大事业同党的建设新的伟大工程结合起来、统一起来,因而也就必须把"党的建设"和

"社会治理"紧密联系起来。

再进一步思考,所谓"社会治理",说到底是"人的治理"。"社会治理"问题之所以必须经过相当长时期艰苦努力才能做好,时间短了不成,我认为其最深层的原因,就是在于今天我国十三亿到十五亿人口中的相当大一部分,正在社会大变动中,在地区间、城乡间、行业间(还有国内境内与国外境外之间)以多种方式和巨大规模,流动起来。这种"人的流动",是在改革开放和社会主义市场经济所开辟的社会大变动、人员大迁徙的广阔空间中,随着经济成分、就业方式、组织形式发生重大变化,大量原属"公"字号单位管理的"单位人",脱离原工作单位(含村镇)而自由地流入社会,自谋职业或以各种手段谋生,变成"社会人"而来的。具有这样改革开放历史特点而又如此巨大规模的"人的流动",在中国历史和世界历史上都还不曾有过,叫作"史无前例",叫做"举世无双"。

广大的"人流",加上活跃的"金流"、"物流"、"信息流"和"意识(思潮)流",总共"五流"。这"五流",是在"五化"即工业化、信息化、城镇化、市场化、国际化进程中,又是在"三交织"即党内因素和社会因素相交织、国外境外因素和国内境内因素相交织、网上动向和网下动向相交织的复杂态势下,愈益活跃起来。这个"五、五、三",看来是一个大趋势,一个影响及于当代中国社会各个方面包括我们党内生活的大趋势。

深刻的历史转折,对传统的"社会治理模式"以至党内生活的管理模式,提出了前所未有的重大挑战——怎样才能真正做到既保护和发扬由改革开放而来的巨大活力,又"安定有序","各得其所"?怎样才能真正建设起适应"社会主义和谐社会"的各方面新的社会架构,从而真正实现新世纪新阶段的"党的建设"和"社会治理"?

这也是一项大战略、大工程,是当代中国在新世纪新阶段的党的建设和社会治理的大战略、大工程。

总而言之,面对世界范围金融和经济危机将带来国际大局的重大变动,面对这样一个重大的时代新关节,我们应当有以善处,首先是善处自己。而善处自己的一个根本立足点,就是进一步练好"内功"。"党的建设新的伟大工程",以及良好的"社会治理",正是绝对不可或缺的真正的"内功",真正的"基本功"。

在经济文化持续繁荣发展和国防大为加强的进程中,真正做好了"党的建设"和"社会治理",我们这个在二十一世纪上半叶"和平崛起"的大国,就将如毛泽东在上世纪五十年代所提出的"将变为一个大强国而又使人可亲"。我体会,中华民族伟大复兴的真正含义就在于此。

学习是砥砺党性的锐利武器[*]

《学习时报》自一九九九年创办,已历十年,值得庆贺,也值得纪念。

最好的庆贺和纪念,莫过于认真总结经验,从而在十年良好作为的基础上,确立新的"愿景",以锐意进取的精神状态整装再发。

怎样总结经验呢?不久前召开的十七届四中全会所做的重要决定,为我们提供了最新最强有力的思想武器。这个决定,紧紧围绕中国特色社会主义事业在新的历史起点上的战略全局,提出了加强和改进党的建设的一系列新要求、新任务。特别是把党的思想理论建设这一首要任务提到了新的高度,把建设马克思主义学习型政党这一战略任务提到了新的高度。我们今天总结经验,就是要按照这样的新高度来对照、回顾和总结十年的工

---

* 这是作者在《学习时报》创办十年座谈会上的书面发言,发表于 2009 年 10 月 27 日《学习时报》。

作,从而得出适当结论,以利改进今后的工作。

与此同时,我还建议大家一起来重温胡锦涛同志十年前为我们《学习时报》撰写的《重视学习 善于学习》的发刊词,二〇〇一年元旦为我们《学习时报》撰写的《新世纪献辞》,以及二〇〇二年为我们《学习时报》撰写的《建设好的作风 推动事业发展》的元旦献辞。这样来对照、回顾和总结,就会更有意义。

总结是为了前进。衷心希望同志们在新的起点上继续奋发有为,进一步深化报纸的思想内容,进一步活跃报纸的表现形式,进一步提升报纸的文化形象。从而以新的水准服务于党的思想理论建设,服务于马克思主义学习型政党建设,使我们党校这份专门讲学习的思想理论型报纸,始终不懈地跟上党的整个事业与时俱进的步伐。

党的历史经验反复证明,学习是砥砺党性的锐利武器。我认为,在今天新的历史条件下尤其是这样。

我愿以此同《学习时报》全体同志共勉。

关于建国以来"社会治理"历史经验和前景展望的一点思考,兼谈当前抓紧相关调研工作的重要性[*]

新中国建立六十多年来,特别是改革开放三十多年来我国发展和改革取得的伟大成就,以及二〇〇九年以来我们党和国家应对国际金融危机的重大胜利,充分显示了我们党的领导坚强有力、中国特色社会主义事业充满旺盛生命力。这是中国社会能够保持和谐稳定、长治久安的根本物质基础和政治基础。对于这一观察和判断当前中国走向的根本之点,是不容置疑、不能动摇的。

当然,对于我国经济社会日益凸显的深层次矛盾和不安定因素,也不容忽视、不能掉以轻心。这里我只就国家安全问题要同"社会治理"问题更加紧密地联系起来,尤其要把"社会治理"问题提到更加迫切和重要的议事

---

[*] 这是作者的一份研究报告,作于 2010 年 3 月。

日程上来,并且开展有系统的相关调研工作问题,陈述一点浅见。

一、"社会治理"是关乎国家安全的
一项真正的内功、基本功

一般地说,国家安全有对外和对内两个侧面,而对内这个侧面则同"社会治理"息息相关。无论古今中外,"兴衰"同"治乱"总是密不可分地联在一起的。"兴衰"就是"国家安全","治乱"则是"社会治理"。

特殊地说,在今天,在二十一世纪上半叶,中国正经历工业化、城市化、市场化、信息化、国际化这样全新的社会大变动。在这样的特殊历史条件下,国家安全同"社会治理"的关系问题,又以种种更加复杂的形式凸现出来。

我们的同志,尤其是处在一线工作的各方面负责同志,天天碰到的,一方面是发展和改革的新要求层出不穷;又一方面则是反映社会矛盾激化的种种社会问题(包括大大小小"事件"和"案子")大量涌现。这两方面情况一齐逼到眼前。

再加上还有"三个交织"——国外境外因素和国内境内因素相交织,传统安全问题和非传统安全问题相交织,以及网上动向和网下动向相交织。

在这样的情况下,国家安全和社会治理二者密不可分的关系,前者在很大程度上依赖于后者的关系,就实在是一个值得高度关注的大问题。

应当说,社会治理乃是国家安全绝对不可或缺的一项真正的"内功",真正的"基本功"。

二、建国六十年"社会治理"的历史经验
和两大段历史进程

所谓"社会治理",说到底是"人的治理"。

当前我国"人的治理"的一个最突出最重大的新情况，就是十三亿人口中的相当一部分，作为求职、求富和创业(还有求学)的人群，正在地区间、城乡间、行业间(还有国内境内与国外境外之间)以多种方式和巨大规模流动起来。

那么，这样的具有时代全新特点的"人的流动"，究竟从何而来呢？要回答这个问题，我认为首先就需要回溯一下建国以来的相关历史进程。

应当如实地说，正是在这个"人的流动"问题上，建国六十年中，是经历了重大转折的。大体而言，经历了前三十年和后三十年两大段。前三十年这一大段，特点是四个大字："组织起来"；后三十年这一大段，特点也是四个大字："活跃起来"。

先来说前三十年。就在建国前一天，一九四九年九月三十日，毛主席在《中国人民大团结万岁》这篇宣言中郑重宣告："全国同胞们，我们应当进一步组织起来。我们应当将全中国绝大多数人组织在政治、军事、经济、文化及其他各种组织里，克服旧中国散漫无组织的状态"。[①]应当说，从那时起直到文革前，我们国家真正是这样做了，而且做到了大约把全中国百分之九十几的人口都组织在"公"字号的"各种组织"当中，即人们现在常说的"体制内"。还应当说，这是毛主席治国理政的一项大战略，本身即是一项巨大社会治理工程，对于国家安全和社会稳定确曾起到重大保障作用。

但是，我们又不能不看到，这样的"组织起来"，是在计划经济体制基础之上，是在城乡二元结构和后来的农村人民公社化基础之上，因而又不可避免地越来越走向反面，起到束缚活力——束缚社会生产力发展和解放的僵化作用。别的且不论，只就农民来说，八亿农民束缚在有限的耕地上，农村没有出路，中国没有出路！一个极端的例子：三年困难时期，非正常死亡

---

① 1949 年 9 月 30 日，毛泽东同志在为中国人民政治协商会议第一届全体会议起草的宣言《中国人民大团结万岁》中说："全国同胞们，我们应当进一步组织起来。我们应当将全中国绝大多数人组织在政治、军事、经济、文化及其他各种组织里，克服旧中国散漫无组织的状态，用伟大的人民群众的集体力量，拥护人民政府和人民解放军，建设独立民主和平统一富强的新中国。"

多少人，但是到天安门上访的人比今天少得多！这当然不是说，那时生活就比今天还要好，而是那时把农民管得太死了。"组织起来"走向了反面！

再来看后三十年。从一九七九年起，我们党实行拨乱反正和改革开放的战略转变。这个转变的最重大特征之一，就是使中国活跃起来。一九八七年五月十二日，邓小平同志在一次谈话中这样说："中国真正活跃起来，真正集中力量做人民希望做的事情，还是在一九七八年底党的十一届三中全会以后。"①情况正是这样。随着改革开放，随着社会主义市场经济的发展和农村人民公社的废除，尤其是数以亿计的农民工进城务工以及多种经济成分的发展，还有国企职工下岗分流，出国留学的开放，等等，于是"人的流动"就成为当代中国一个突出的重大现象。

再过细一点说，这种巨大规模的"人的流动"，这种持续至今的"中国真正活跃起来"，正是由改革开放和社会主义市场经济开辟了广阔空间，随着经济社会成分、组织形式、就业方式、利益关系和分配方式发生重大变化，大量原属"公"字号单位管理的"单位人"，脱离原工作单位(含村镇)而自由地流入社会，自谋职业或以各种手段谋生，从而成为"社会人"而来的。

也许可以这样估计：今天全中国大约只有较小一些比重的人还在"公"字号的"各种组织里"(即所谓"体制内")；而相当大的一个多数的人则在此之外(即所谓"体制外")，这里包括：非公有制经济的从业人员、农民工、被征地农民、灵活就业人员、失业人员和自由职业者，以及从事"灰色职业"的人群和某些"高危人群"，等等。

除了巨大规模的"人的流动"之外，还有异常活跃的"金流"、"物流"、"信息流"和"意识(思潮)流"，总共"五流"。而这"五流"，又是在工业化、城镇化、市场化、信息化、国际化这"五化"的全新历史背景之下，从而就形成

---

① 1987年5月12日，邓小平同志在《改革开放使中国真正活跃起来》的谈话中说："中国真正活跃起来，真正集中力量做人民所希望做的事情，还是在1978年底党的十一届三中全会以后。从那时到现在的八年多时间，我们四个现代化的新长征走了第一步。我们确定一心一意搞建设是正确的。"

为当代中国的一个大趋势,一个深刻影响于当代中国社会生产力发展和社会生活各个方面,以致广大人民社会风习和心理状态的大趋势。

当然必须充分肯定,这样的"人的流动",这样的当代中国社会生产力发展和社会发展大趋势,正是中国在新时期真正活跃起来的一个突出表征,而且其本身还启动和催生新的活力和动力。试看今天中国大地,东南西北的建设热潮,就可以明白一条新的道理:这样的"人的流动",其真正的本质,乃是"生产力要素的巨大流动"!具有这样改革开放历史特点又如此巨大规模的"人的流动"——"生产力要素流动",在中国历史和世界历史上都还不曾有过。可以当之无愧地叫做"史无前例",叫做"举世无双",还应当叫做"方兴未艾"。真正大潮还在后面。

但是与此同时,我们又必须清醒看到,这样的"人的流动",必然带来种种矛盾,种种不协调,种种失序、失范、失衡,以至种种阴暗东西沉渣泛起。凡此一切,又正是今天"社会治理"问题上种种难点之最后原因所在。

由此而来的,就是深刻的历史转折、社会变革对传统的"人口管理模式",以至对整个传统的"社会治理模式",提出了前所未有的重大挑战。

别的且不论,只就我们基层"社会治理"问题来说,只靠派出所和居(村)委会这两大手段的状况,恐怕是难以为继了。

三、党的十七大关于"社会治理"的总战略和前景展望

党的十七大郑重提出的科学发展观和"构建社会主义和谐社会"是一条总纲,实际上同时也就是我们党在当代中国"社会治理"问题上的一条总战略。这就是要努力建设一个"全体社会成员各尽其能、各得其所而又和谐相处"的,以"民主法治、公平正义、诚信友爱、充满活力、安定有序、人与自然和谐相处"为基本特征的"社会主义和谐社会"。

这个集中的表达,不仅要求进一步澄清过去在社会主义条件下仍然强

调"阶级斗争为纲"而来的某些深层次思维定势和积习,而且要求在"社会治理"问题上,进一步形成适应新世纪新阶段构建"社会主义和谐社会"的,一整套新的具体方针、政策、制度、办法,以及新的队伍和新的作风。

同时,这个表达,也十分明确地反映了"社会治理"与民主法制的关系。"社会治理",离不开民主法制建设。而作为"社会治理"重要任务和基本特征之一的民主法制建设,又不可能脱离经济社会发展的实际水平,不可能脱离我国发展不平衡的实际状况,不可能脱离民生建设的实际需要。

这可是一项大工程,是当代中国在新世纪新阶段的"社会治理"大工程!

我们在前面已经说过,新中国的第一个三十年,毛主席提出的"组织起来",曾经是真正做到了(后期走向反面);建国第二个三十年,邓小平同志提出的"活跃起来",也是真正做到了,并且至今方兴未艾(同时无可避免地存在种种失序、失范、失衡现象);那么我们今天,在这个"社会治理"新的大目标实现问题上,是否可以这样设想:从党的十七大提出"和谐社会"建设任务算起,第一步用五年时间,到二〇一二年党的十八大时,能够初见成效;尔后再用八年时间,到二〇二〇年,即全面建设小康社会目标基本实现之日,能够大见成效。这也就是说,从十七大算起,总共用十三年时间(从今年算起,则是十年时间),"社会治理"方面的一整套新的具体方针、政策、制度、办法和新的队伍建设、作风建设能够相应大体定型,并且大见成效。做到这一点,那就是一个新的了不起的伟大胜利。

我认为,到那时,我们就可以说,我们这个总人口接近十五亿的大国的"社会治理",是在工业化、城镇化、市场化、信息化、国际化这样全新社会大变动达到新水平的历史进程中,在不动摇地坚持发展社会生产力这个中心的牢靠物质基础上,在经历了建国后三十年"组织起来"(第一大段)、改革开放三十年"活跃起来"(第二大段)之后,真正开辟了一个"更加活跃又更加有序,总之更加和谐起来"的崭新阶段。

四、当前正是着手有系统地加强和完善 "社会治理"的极好时机

我还想进一步强调一点：今天在应对全球金融危机的新形势下，我们正在展开建国以来最大规模的经济结构调整、内需开发和民生建设。而这对于我们有系统地加强和完善"社会治理"，正是一个极好的时机。

试看今天我们正在努力解决的，牵动最广大人们心思的问题，诸如劳动就业、社会保障、社会救济、上学看病、利税调节、交通运输、社会治安、打击犯罪，以及社区建设、网络安全、突发事件预警机制，等等，不是都同"社会治理"问题紧密联系在一起的吗？

在如此巨大规模的经济结构调整、内需开发和民生建设进程中，社会生活各方面问题和矛盾无疑将会暴露得更加充分。当然，"社会治理"的新办法新经验也会层出不穷。

此时此刻，确实已经到了把理论研究部门和实际工作部门更加紧密地结合起来，联系二〇一〇年和未来中长期"社会治理"问题的实际，作出更有系统、更有针对性和更有分量的调查研究的时候了。

五、开展"社会治理"问题的周密系统调研工作的建议

以上四条，说了我的"一个观点"，即把"社会治理"问题提到更加迫切和重要地位上来。现在再来说我的"一项建议"。

我认为，要真正实现良好的"社会治理"，需要一切相关部门共同努力，依靠广大人民群众，同时很好地发挥（而不是排斥）广大社会工作者的积极作用。而在这当中，政法系统，特别是公安部门无疑是一个极关紧要的环节。是否可以说：除了防范和打击敌对势力的破坏颠覆活动这一方面工作

之外,公安部门的最大量工作,实际上都是属于同各有关部门一道,直接面对全社会最广大人群,运用法律、法规、政策、纪律来管理和规范社会生活,来预防和惩处有害于社会的行为,来维持和完善社会生产和社会生活的正常秩序。一句话,都是属于直接操作我们"国家安全"的"基本功"——"社会治理"。

基于这样的认识,我的"一项建议",就是可否考虑由相关主管部门和相关研究机构,在科学发展观和中国特色社会主义理论体系指导下,以"社会治理"为主题,或合作或分别地开展比较系统周密的调查研究,并在此基础上形成关于"新世纪新阶段中国社会治理"的近期(五年)和远期(十三年)工作大纲设想,作为决策参考。

还可考虑在条件成熟时,逐步形成一整套以"当代中国国家安全和社会治理"为主题的系列教材。这套教材,应是理论和实际相结合的,既有基本道理、又有措施案例,既有书面读本、又有影视材料,并且分别层次,适合我们广大社会工作部门和相关团体各级人员(包括公安干警)阅读使用的,富有说服力量和动员力量的好教材。

附带提一点,就"社会治理"问题进行适当的国际经验交流,也宜逐步做起来。

总而言之,面对今日"天下大势",面对世界范围金融危机将带来国际大局的重大变动,面对这样一个时代新关节,我们国家应当有以善处,首先是善处自己。而善处自己的根本立足点,就是进一步练好"内功"。良好的"社会治理",正是绝对不可或缺的一项真正的"内功",真正的"基本功"。

这当然是一件大事。我坚定相信,在中国共产党和中国特色社会主义理论体系指引下,我们一定能够办好这件大事,办好这件其重大深远意义现在可能还难以充分估量的大事。

我们是在二十一世纪第二个十年的历史新起点上 *

一

现在我们大家,包括我们这个论坛在内,是站在二十一世纪第二个十年的历史新起点上。或者说,是在二十一世纪的头十年和后十年的交汇点上。头十年过去了,后十年在开头。

此时此刻,应当怎样把握我们论坛的工作大方向呢?

这里有一个前十年同后十年的关系问题。大家知道,党的十六大有一个重大决策,就是在我国原定现代化建设"三步走"战略的基础上,又增加了一步,即把从二〇〇一年到二〇二〇年这二十年单独划出来,作为一个

---

 * 这是作者于 2010 年 5 月 4 日在中国科学与人文论坛"百场讲演庆典"上的讲演。

相对独立的历史段落,叫做"全面建设惠及十几亿人口的更高水平的小康社会"。从那时到今天,经过这二十年当中的前十年,我们国家上了一个大台阶;现在的问题,是要在后十年,即从现在起直到二○二○年,使我们国家再上一个大台阶,真正全面完成从"低水平的、不全面的、发展很不平衡的小康",到"惠及十几亿人口的更高水平的小康社会"的这样一个伟大转变。

而这就从根本上决定了:我们大家,包括我们这个论坛在内,在从现在起直到二○二○年的后十年当中,应当更加自觉地把这个全面建成小康社会的历史性要求,作为自己全部工作的根本性主题。

再说得详细一点,就是要更加自觉地以邓小平理论、三个代表重要思想为指导,深入贯彻落实科学发展观,按照科学发展、和谐发展、和平发展的总方针,把全面建成惠及十几亿人口的更高水平的小康社会作为我们全部工作的根本性主题。

围绕这样的主题,向两个方面展开:一方面,研究和总结前十年的历史经验;另方面,展望和探索后十年的发展前景。

我认为,这就是我们论坛工作的大方向。

二

说到这里,我要着重强调,我们论坛一定要更好地贯彻落实科学发展观。党的十七大报告对科学发展观有一个集中表述,四句话,带头的是两大命题:"第一要义是发展,核心是以人为本"。按照这个精神,我认为我们论坛,今后应当就这两大命题,作出更有针对性、更有新意的有力强调。这就是:鲜明贯穿"以人为本"、"公平正义",同时鲜明贯穿"解放生产力、发展生产力",并把这两者统一起来,作为一条贯穿始终的红线。

关于"公平正义",现已成为国内外关注的重大舆论问题。我们党执政六十多年,在实现公平正义方面是做得更好了,还是做得更少了,应当理直气壮地讲清楚,不要造成在这方面好像输了理的错觉。我们做大蛋糕,归根到底是为了做大蛋糕更好地分蛋糕,体现公平正义。当然,这里还有一个分配制度合理改革和适度调节的问题。把分蛋糕、吃蛋糕的胃口吊得过高也不好办。

与此同时,我又认为,"解放生产力、发展生产力"也应放在突出位置。我们熟知邓小平的名言:发展是硬道理。他还说,马克思最重视生产力。改革开放三十多年,我们党始终抓住这一条,人民生活才有今天这样的提高,中国在世界上才有今天这样的地位。至于今后,不要说五年、十年,就是几十年乃至整个二十一世纪,乃至更加长远,我们党和国家的中心任务,恐怕仍然离不开解放生产力、发展生产力。如果联系到国际范围经济、政治、军事、文化的长期复杂竞争,这一点更加清楚和尖锐。总而言之,没有生产力长时期可持续的解放和发展,一切无从谈起。

紧紧围绕科学发展观,创新发展、创业发展、绿色发展以及抵御重大自然灾害和种种风险的能力的发展,都应当在我们论坛得到更加充分和更加自觉的体现。

三

讲科学发展观,讲解放发展生产力,要求我们进一步强调科学技术这个"第一生产力"。面对二十一世纪上半叶国际大竞争特别是科学技术实力大竞争的新局面,我国经济总量增长较快而科技力量相对薄弱这样"一条腿长、一条腿短"的大问题,肯定将进一步突出显现。我认为我们论坛,应当尖锐指出这一条,并且更高地举起"科技是第一生产力"的旗帜。

现在我们国家,已经有了二十年科学技术发展规划,与此同时,我们的路甬祥院长和中国科学院,还有一个集中了三百位科学家精心制订的五十年科学技术发展规划。根据这个情况,我认为我们论坛,应当把研究和宣传这两个科学技术规划,作为自己的最重要职责之一,为此作出精心设计和安排,并且一定要打响。

还有一点,我们说自主创新,不是关起门来创新,而是开放式创新,是同经济全球化相联系而不是相脱离的创新。也只有这样,自主创新才会更有成效,使我国站到科技和发展的最前沿。因此,加强国际学术交流,这也是我们这个论坛今后需要更加注意,力争做得更好一些的。

四

我们既然是科学与人文论坛,那么就应当在着力突出科学技术是第一生产力的同时,又着力突出人文、社会问题的研究。

这方面议题当然是众多的。记得我在二〇〇六年四月九日,在我们论坛所作讲演中,就在论述中国和平崛起即和平发展同中国文明复兴的关系时,讲到了全面推进社会主义经济建设、政治建设、文化建设、社会建设这四大建设,同时讲到了要在这四大建设进程中,努力构建社会主义物质文明、政治文明、精神文明、社会文明、生态文明这五大文明相结合的社会主义和谐社会的系统工程。这些我今天都不来涉及,而只想把当前我国的"社会治理"问题,作为一个突出例子,提出一点看法。

所谓"社会治理",其实质,就是按照什么样的方式和结构,运用行政、经济、法律、文化等多种手段,保证我们国家的社会生活,特别是基层最广大人们的社会生活,能够更加和谐安定、更加活跃又更加有序。这个问题解决不好,我们的社会主义现代化,乃至我们的国家,基础是不牢靠的(现在基层只靠居委会和派出所的状况,似乎难以为继)。

回溯建国以来六十多年,在这个问题上,可否说是经历了两大段:第一大段,前三十年,最大特点是"组织起来"(即毛泽东在一九四九年九月三十日《中国人民大团结万岁》中所说的"组织起来"），其结果是把全中国百分之九十几人口都"组织在政治、军事、经济、文化及其他各种组织里"。这对国家安全和社会稳定起到了重大保障作用；但另方面，后期走向反面，管得过死。第二大段，后三十年，改革开放三十年，最大特点是"活跃起来"（即邓小平一九八七年五月十二日一次谈话中说的"活跃起来"），其结果是全社会大约三分之二人口脱离原工作单位(含村镇)，为重新就业和创业而自由流动起来，由"单位人"变成"社会人"。这对启动和催生巨大生产力，起了重大推动作用，且方兴未艾；但另方面，也带来种种乱象。

从现在起，看来我们的"社会治理"需要开辟第三大段。即在总人口十三亿至十五亿的大背景下，在工业化、信息化、城镇化、市场化、国际化这样全新社会大变动的历史进程中，在毫不动摇地坚持解放和发展社会生产力这个中心的牢靠物质基础上，开创一个"更加活跃又更加有序，总之更加和谐起来"的社会新局面。这是一件大事，是否可以说，是二〇二〇年"全面建成惠及十几亿人口的更高水平的小康社会"的一项基本功，一项基础工程。从现在起，正好应是这第三大段的起步和开局。

以上所提"社会治理"的内涵，实质上既是"社会建设"，又是"社会改革"。可否考虑明确提出"社会改革"，并同经济体制、政治体制、文化体制、教育体制、科技体制几大方面的改革相并列。

五

关于深化改革，现在问题不少，争议很多，包括国企改革，多种经济成分改革，金融改革，行政管理体制改革，住房、医疗、卫生、教育改革和社会保障，还有文化改革，等等。我们论坛应当力求增强针对性，避免一般化，着力在群众关注的热点难点上下功夫，在发展的关键环节上下功夫，在循序渐进的精心安排上下功夫，在经济、政治、社会、文化等诸方面改革相结合上下功夫。

总之,关于深化改革问题,现在思想界比较热闹,种种歧见。看来还是需要在坚持中央深化改革方针和部署基础上,明确重申:不为任何风险所惧,不为任何干扰所惑,坚持不动摇、不懈怠、不折腾,把全面改革的伟大事业进行到底。

六

最后,回到我们这个论坛的总体构想上来。

在我们论坛举行的第一次讲演会上,我们说过,要立足于"从国家战略角度思考科学与人文,从科学与人文角度思考国家战略"。八年来,我们就是这样做的——从科学与人文的角度思考中国和平发展道路这一战略问题;并围绕这一国家发展的战略道路问题,深入探讨科学、人文和社会课题。我们由此获得的一个基本共识,就是中国和平发展道路最深刻的实质内涵,乃是与当代人类文明相交汇的中华文明的伟大复兴。

我们的论坛,要在对时代重大问题和中华文明复兴的历史进程的灵敏反映、准确把握和科学解答中,寻求理论和实践的创新。

我们的论坛,要在探讨社会主义物质文明、精神文明、政治文明、社会文明和生态文明建设及其相互联系中,针对我国快速发展中积累的深层次矛盾和突出问题,综合利用人文社会科学和自然科学技术知识,组织社科界和科技界联合攻关。

我们的论坛,还要在注意继承和弘扬中华民族优秀文化传统的同时,以更加开放的姿态面向世界。对中华优秀传统文化的高度民族自觉,和对中国特色社会主义的高度自觉,本身就包含着研究和借鉴国外文化和国际经验的高度自觉。

同志们、朋友们!

我们今天在这里,当然还要特别向路甬祥院长和科学院党组表示感谢,感谢他们八年来对我们论坛的大力支持和悉心指导。同时,在这里我还可以告诉大家,路甬祥院长同我最近又达成新的共识,就是要进一步加强合作,更加主动地开展重大理论研究和战略研究。

各位嘉宾、论坛的各位顾问、理事、演讲人、传媒界的朋友们,我们诚恳地希望你们一如既往地继续关注、支持和积极参与论坛的工作。我们也将遵循论坛的宗旨,尽心尽力把论坛的工作做得更好,为大家提供一个更得力的研究交流的平台。

最后,我代表论坛的全体同仁,再一次衷心感谢各位莅临论坛的百场活动庆典,敬祝大家身体健康,家庭幸福。

学习型政党的主心骨 *

一

最近中央颁发了《关于加强和改进新形势下党史工作的意见》,并将召开全国党史工作会议。这当然是一件大事。郑重和清醒地对待党的历史,认真和实在地做好党史工作,是保持和发扬党的先进性,提高党的执政能力的一项基本功,也是更加紧密地把广大党员和人民凝聚在党中央周围的一项必不可少的精神条件。

近平同志在党史工作会议上的讲话,非常重要,我也完全赞成和拥护。

---

* 这是作者于 2010 年 7 月 14 日在党史工作会议上的发言要点。

二

中央此时此刻把党史工作提到重要议事日程上来,时机极好,明年就是建党九十周年了。

党史工作不仅同党的过去相联系,也同党的现在和未来相联系。我们党自己如何认识和对待这九十年的历史,是对我们党发展到二十一世纪的水平和境界究竟如何的一个检验。一个党、一个民族、一个国家,如果不能深刻地认识自己的历史,就不可能深刻地了解现在和正确地走向未来。联想到这一点,使我更加深切体会到此次党史工作会议的重要性,确实是关系党和国家全局的一件大事。

三

中国共产党的历史是伟大辉煌的,又是多灾多难的。这一点,可以毫不夸张地说,举世无双。不仅国内,而且世界上不同阶级、不同党派的人们,甚至包括一部分极端反动分子,都注意到了,以至承认了的。那么,我们党的这种举世无双的伟大生命力、战斗力,究竟从何而来,究竟为中国人民和全世界进步人类提供了什么样的历史经验呢? 我认为,这是我们党史工作应当通过党的历史的科学总结,很好回答的一个带根本性的问题。

我希望并且相信,在党的九十周年到来的日子,我们的党史工作定能以新的成果回答这个问题,并从而显示二十一世纪中国马克思主义的真理光芒,显示我们党的独特优良的党风、学风和文风,显示我们党的政治的和道义的巨大威力。

四

近平同志讲话,开宗明义,第一大段话的结尾一句,就是要求"努力开创党史工作新局面"。这个气势好!我想沿着这个要求,再提一点希望:有无可能,在党九十周年之前,出一部好党史。应当说,这件事本身就是"开创党史工作新局面"的重要一条。

五

党史工作开创新局面的根本保证,是全党重视,首先是党的中央和党的高级干部真正重视起来。现在中央动真格的了,相信我们的高级领导干部也会动起真格的来。这方面,可否从领导干部的学习研究制度和相关方法方面,提出更加鲜明的和严格的要求。

毫无疑问,领导干部的学习内容应当更加宽广一些,以利开阔视野。但是无论怎样宽广开阔,认真学习和研究中国特色社会主义理论体系和党的历史经验,应当始终是我们党作为学习型政党的主心骨。

还应当说,我们党从中央起,从高级领导干部到各级领导干部,带头认真学习和研究党的历史,这本身就是党从延安时期传下来的一条极关重要的成功历史经验。

继续抓住和用好我国发展的
重要战略机遇期[*]

一、贯穿"十二五规划建议"全篇的总命题，统筹
新形势下国内国际两个大局的总战略

（一）党的十七届五中全会通过的《建议》，在其导语部分，开宗明义、引人注目地提出："十二五"时期是"全面建设小康社会的关键时期"，是"深化改革开放、加快转变经济发展方式的攻坚时期"。紧接着，就提出了一个贯穿"十二五规划建议"全篇的总命题，这即是："继续抓住和用好我国发展的重要战略机遇期。"

---

[*] 这是作者对党的十七届五中全会及"十二五"规划的体会。2010 年 10 月 25 日在新华社通稿刊发，《新华每日电讯》、人民网和新华网等 29 家媒体转载，收录于人民出版社 2010 年 10 月版《〈中共中央关于制定国民经济和社会发展第十二个五年规划的建议〉辅导读本》。

（二）我们说这是贯穿《建议》全篇的总命题，是有充分根据的。

请看《建议》在开头部分强调，深刻认识并准确把握国内外形势新变化新特点，科学制定"十二五"规划，"对于继续抓住和用好我国发展的重要战略机遇期、促进经济长期平稳较快发展，对于夺取全面建设小康社会新胜利、推进中国特色社会主义伟大事业，具有十分重要的意义。"

请看《建议》的第一部分，在分析"十二五"时期经济社会发展的国内外环境时，又强调："综合判断国际国内形势，我国仍处于可以大有作为的战略机遇期。"同时强调："十二五"时期发展"既面临难得的历史机遇，也面对诸多可以预见和难以预见的风险挑战"。

再请看《建议》全篇中，关于制定"十二五"规划的指导思想和经济社会发展主要目标，关于"十二五"时期我国以科学发展为主题、以加快转变经济发展方式为主线的一系列基本要求和重大任务，都是同这个总命题分不开的。

直到《建议》的结尾部分，又在论述党的领导是实现"十二五"时期经济社会发展目标的根本保证时，进一步强调："各级党委要准确把握发展趋势"。

《建议》从头至尾，如此重视和反复强调"深刻认识并准确把握国内外形势新变化新特点"，如此重视和反复强调"继续抓住和用好我国发展的重要战略机遇期"，鲜明体现了这确实是贯穿《建议》全篇的总命题。

（三）继续抓住和用好我国发展的重要战略机遇期，不仅是贯穿《建议》全篇的总命题，也是统筹新形势下国内国际两个大局的总战略。

我们这样说，一个重要原因，就是党的十七届五中全会是在二十一世纪第一个十年已经过去、第二个十年刚刚开始，这样一个历史的联结点上召开的。此时此刻，国际范围内，对于中国在二十一世纪第二个十年的根本走向议论纷纷。而在我们国内，对于二十一世纪第二个十年的国际和国内形势将如何发展、我们党和国家将如何作为，也有这样那样的估量。

此种情况的出现,决非偶然。这是在国际金融危机的发生和应对过程中,在二十一世纪第二个十年开头,面对国际形势种种深刻复杂的新变动,面对我国发展活力依然强劲而又伴随一系列两难问题,而产生的关于我们怎么看自己、看世界,世界怎么看中国的种种不同思维方式和不同着眼点,以及与此相联系的种种复杂心态的突出反映。

所有这些,归根到底,当然是关乎二十一世纪第二个十年我们改革发展稳定、内政外交国防、治党治国治军全盘工作,关乎我国对内对外各项方针政策之一切重要方面的,头等重大的战略问题。

因此,在《建议》中,用统筹国内国际两个大局的战略思维和世界眼光审视"天下大势",着重就二十一世纪第二个十年国际国内形势之变与不变,就我国面临前所未有的机遇和挑战、机遇大于挑战之变与不变,总之就我国发展的重要战略机遇期之变与不变,作出实事求是、恰如其分的判断,就是完全必要和非常及时的了。正是在这个意义上,可以把中共中央的《建议》称为我们党明确和系统阐明这个总命题和总战略,谋划和确定今后五年我国经济社会发展总蓝图的最新纲领性文件。

(四)进入二十一世纪第二个十年开头,在我们党和国家各级领导干部中首先深刻认识并准确把握好这个问题,意义极关重大。正如《建议》所指出的,这对于深刻认识并准确把握国内外形势新变化新特点,科学把握发展规律,主动适应环境变化,有效化解各种矛盾,更加奋发有为地推进我国改革开放和现代化建设,具有现实和长远的重大意义。

二、"十二五"时期我国"重要战略机遇期"的新发展和由此而来的"新的阶段性特征"

(五)人们当还记得,二〇〇二年底召开的党的十六大作出了一项关系我国改革开放和现代化建设全局的重大决策,这就是:在原定的现代化建设"三步走"战略部署基础上,从"第三步"即二十一世纪上半叶的五十年中,划出其中头二十年(二〇〇一年到二〇二〇年),作为"集中力量,全面建设惠及十几亿人口的更高水平的小康社会"的发展阶段,作为"实现现代化建设第三步战略目标必经的承上启下的发展阶段"。

与此同时,党的十六大报告强调指出:"综观全局,二十一世纪头二十年,对我国来说,是一个必须紧紧抓住并且可以大有作为的重要战略机遇期。"

二〇〇七年党的十七大报告对重要战略机遇期问题作了至关重要的重申和发挥,号召"全党必须坚定不移地高举中国特色社会主义伟大旗帜,带领人民从新的历史起点出发,抓住和用好重要战略机遇期,求真务实,锐意进取,继续全面建设小康社会、加快推进社会主义现代化,完成时代赋予的崇高使命。"

党的十七届五中全会关于《建议》与此一脉相承,再次要求全党和全国各级干部"继续抓住和用好我国发展的重要战略机遇期"。

以上,就是"重要战略机遇期"提法的由来。

(六)在本世纪的头一个十年,我们党和国家成功抓住了重要战略机遇期,经济社会发展取得了举世公认的巨大成就。这十年的发展历程和巨大成就无可争议地昭示:党的十六大报告首先提出的、十七大报告又予重申的关于"我国发展的重要战略机遇期"的估量和部署是完全正确的,并为我国在二十一世纪的第二个十年(首先是其中的前五年,即"十二五"时期)可持续的更大发展,打下了坚实基础。

这当然是一件大事。无论对中国、对世界来说,都是一件不可等闲视之的大事。

我体会,在《建议》中,中共中央之所以把"十一五"时期称为"我国发展史上极不平凡的五年",根本原因就在这里。

(七)现在的问题是,面对二十一世纪第二个十年,首先是这十年中的前五年即"十二五"时期(二〇一一年至二〇一五年)的发展前景,面对国际金融危机的持续严重冲击和世情、国情的深刻复杂变化,我们党关于我国发展的重要战略机遇期的估量和部署,是否仍然正确和继续管用?

对这个关系我国总体战略和对内对外方针政策的重大问题,中共中央的《建议》作出了完全肯定和令人信服的回答。

(八)首先,从国际环境看。虽然国际金融危机的严重冲击使世界经济增长格局有所变化,但经济全球化深入发展的大趋势没有改变;虽然在各国政府纷纷出台应对国际金融危机的财政政策和货币政策过程中,政府维护市场正常运行的职责有所强化,但市场在资源配置中的重大作用没有改变;虽然全球范围内伴随着国际金融危机的冲击和影响,局部冲突时有发生,非传统安全问题日益凸显,但和平、发展、合作作为当今世界的主题没有改变。

在国际环境基本面没有发生根本变化的同时,也出现了一些利弊共生的新变化。特别是国际金融危机催生世界范围产业新发展,科技创新孕育新突破;在国际金融危机冲击下,世界经济增长减速,全球需求结构出现明显变化,围绕市场、资源、人才、技术、标准的竞争更加激烈;后国际金融危机时期,气候变化以及能源、资源、粮食安全等全球性问题更加突出,世界各国加快发展模式转型和发展方式转变的压力普遍增强;同时,危机使全球治理结构面临重大调整,各大国基本力量对比和相对地位将进一步发生变化,我国通过积极参与国际体系改革主动塑造外部环境的机会大大增强。

这样的国际大局,从总体上看,使我国发展的重要战略机遇期仍然能够得到延续甚至延长。

(九)其次,从国内环境看。一个突出的发展大势,就是随着我国进入工业化中期阶段和内需拉动阶段,消费结构迅速升级,社会结构加快转型,我国正加快由中等偏下收入国家向中等偏上收入国家迈进。在这样的发展进程中,我国劳动力和资金供给充裕,基础设施日益完善,物质、技术和体制基础更加牢固,企业竞争的内生动力和活力不断增强,政府宏观调控和应对复杂局面能力明显提高,社会大局总体保持稳定。

这样的国内大局,从总体上看,也使我国发展的重要战略机遇期仍然能够延续。

当然,我国"十二五"时期也还存在诸多不利于经济社会发展的制约因素。比如,经济增长的资源环境约束强化,投资和消费关系失衡,收入分配差距较大,科技创新能力不强,产业结构不合理,农业基础仍然薄弱,城乡、区域发展不协调,社会就业总量压力和结构性矛盾并存,社会矛盾特别是人民内部利益矛盾明显增多,制约科学发展的体制机制障碍依然较多。毫无疑问,我们党和国家将严肃认真对待这些问题,而这也正是中共中央在《建议》中郑重指出并致力于妥善解决的。

(十)中共中央《建议》在全面审视、准确把握国际国内两个大局发展的根本走向基础上,得出的基本结论是:"综合判断国际国内形势,我国仍处于可以大有作为的战略机遇期,发展面临难得的历史机遇,也面对诸多可以预见和难以预见的风险、挑战。"

由此而来的,集中到一点,就是要"继续抓住和用好我国发展的战略机遇期。"

(十一)那么,在二十一世纪第二个十年,首先是在"十二五"时期,究竟怎样才能继续抓住和用好我国发展的重要战略机遇期呢?《建议》从瞻前顾后的战略高度,强调提出了必须清醒把握"十二五"时期"新的阶段性特征"。

关于"十二五"时期"新的阶段性特征",当然可以举出见之于国内国际形势的众多方面,而最关紧要的一条,则是《建议》深刻指出的,"十二五"时期所特有的两个方面的"紧密衔接"。

一方面,"与应对国际金融危机冲击重大部署紧密衔接",即同将要过去的"十一五"时期相衔接。另一方面,又要与"十二五"时期的发展前景相衔接,即"与到二〇二〇年实现全面建设小康社会奋斗目标紧密衔接"。

(十二)前一个"紧密衔接"是指:在"十二五"前期,我们党和国家各级领导干部都应当以高度自觉立足当前,把继续巩固扩大应对国际金融危机冲击的成果作为重要任务。事情很明白,如果我们在"十二五"前期不能保持"十一五"时期宏观经济政策的连续性和稳定性,处理好经济平稳较快发展、调整经济结构和管理通胀预期的关系,那就难以避免经济大的起落,从而影响整个"十二五"时期经济和社会发展全局。

(十三)后一个"紧密衔接"则是指:整个"十二五"时期尤其是"十二五"中后期,又要求我们党和国家各级领导干部必须以高度自觉着眼长远,把短期调控政策与中长期发展部署结合起来。事情同样很明白,如果我们不能在立足当前的基础上切实照顾到"十二五"中后期以至"十三五"时期的更大发展,有效地加强各项经济、社会政策的协调配合,那就会从另一方面贻误大局,以至影响到二〇二〇年全面建设小康社会奋斗目标的胜利实现。

(十四)正是围绕以上这两个方面的"紧密衔接","十二五规划"从十二个重大方面,作出了周密系统的部署。这样,就使《建议》的"战略性、前瞻性、指导性",得到了更加鲜明的体现。

三、"任凭风浪起,稳坐钓鱼船"

(十五)让我们再回到关于如何估量和把握国内大局和国际大局,如何估量和把握我国发展的重要战略机遇期的基本立场、观点和方法上来。

在中共中央的《建议》中,有这样一段至关重要的话:"制定'十二五'规划,必须高举中国特色社会主义伟大旗帜,以邓小平理论和'三个代表'重要思想为指导,深入贯彻落实科学发展观,适应国内外形势新变化,顺应各族人民过上美好生活新期待,以科学发展为主题,以加快转变经济发展方式为主线,深化改革开放,保障和改善民生,巩固和扩大应对国际金融危机冲击成果,促进经济长期较快发展和社会和谐稳定,为全面建成小康社会打下具有决定意义的基础。"

我体会,正是这样一段话,集中而凝练地表达了中国共产党在进入二十一世纪第二个十年(首先是前五年)的重要历史时刻,所必须秉持的基本方针及基本立场、观点和方法。

(十六)再联系到历史的经验和未来五到十年的形势发展,我们由此又可以进一步感悟和领会中共中央《建议》中所体现的,关于如何估量和把握我国发展重要战略机遇期的三个重要思想方法问题:

(十七)其一,在形势发展的"变"与"不变"的关系问题上。可以说,二十一世纪第二个十年(首先是前五年)我国发展的重要战略机遇期,从我国仍处于并将长期处于社会主义初级阶段这个基本国情没有变的意义上说,乃是前十年战略机遇期的直接延续;而从我国将要在这一时期建成拥有十四亿人口的更高水平的小康社会,以及我国的国际地位将会提升到前所未有高度这双重巨大变化的意义上,又可以说是新的更加重要的战略机遇期。

这就叫做"基本面不变,而又有新的重大发展"。

(十八)其二,在机遇与挑战的相互转化问题上。可以说,从来就不存在"一帆风顺"、"吃现成饭"的所谓发展机遇。相反,经验表明,所谓机遇从来都是由成功应对一系列危机,实现对危机的转化而来。我国发展的重要战略机遇期当然更是这样。

让我们回溯一下二十一世纪第一个十年及其前后迂回曲折的历史进程吧。一九九七年,我国成功应对亚洲金融危机,确立了地区负责任大国形象,成为东亚经济发展的引擎。二〇〇一年,在世纪之交加入 WTO 的艰难突破,使我国从此全面进入世界市场体系,极大增强了我国开放型经济的国际竞争力和抵御风险的能力。同时成功应对美国遭遇的恐怖袭击事件,则又推动中美之间构建起新的共同战略利益基础。二〇〇八年台海局势转危为安,把两岸关系引入和平发展新阶段。由二〇〇八年到今天,成功应对国际金融危机严重冲击,我国又与其他发展中大国一道,逐步进入国际体系和世界经济的核心部位。

这就叫做"危机蕴含机遇,化危机为机遇"。

(十九)其三,在国内国际两个大局的统筹把握问题上。可以说,在新形势下,国内大局同国际大局、内政同外交紧密联系、双向互动的特点将进一步显现。因此,我们必须正确应对世界多极化、经济全球化和科技进步的发展趋势,做到审时度势、因势利导、内外兼顾、趋利避害,善于从国际形势和国际条件的发展变化中统筹把握发展方向,用好发展机遇,创造发展条件,掌握发展全局,不断扩大和深化同各方利益的汇合点,逐步形成全方位、多层次的"利益与利害共同体"。

与此同时,我们又应充分估计到,在二十一世纪第二个十年,在国内国际这两个大局中,中国国内大局的分量在愈益加重,对国际大局的影响在不断加深。其根本原因,就是中国在发展,中国在大发展,中国还将继续大发展。可以说,这一条本身就是构成和影响国际大局的一个越来越突出、越来越重要的因素,也是我们将继续获得发展的重要战略机遇期的根本基础。

有一个现象发人深省、使人开窍:现在不只是香港、澳门、台湾的众多民众在说:只要祖国好,大陆好,港澳台经济贸易发展前景就会好;而且相当多的国际和地区经济体也在说:只要中国经济持续稳定快速发展,中国国内市场规模不断增大,他们同中国的贸易、投资和其自身发展势头就会越来越好。这个事实生动表明,中国的国内大局是如何深刻影响了并将继续深刻影响国际大局的。

由此可见,在经济全球化不断扩大和深化的条件下,发展不但是维护我们国内大局的基础,也是深刻影响国际大局的基础。所以,中共中央在《建议》中再次强调:"发展是解决我国所有问题的关键",强调"要坚持以科学发展为主题,以加快转变经济发展方式为主线。"《建议》还要求全党"充分利用各种有利条件,加快解决突出矛盾和问题,集中力量办好自己的事情",也就是继续抓住机遇、加快发展我们自己。

毫无疑问,我们必须更加自觉地把这一条作为党和国家在本世纪第二个十年的重要立足点。我们坚持冷静观察、沉着应付也好,推动建设持久和平、共同繁荣的和谐世界也好,都要善于认识和把握这一条、用足和用好这一条。

这就叫做"任凭风浪起,稳坐钓鱼船"。

(二十)总而言之,在中国共产党的坚强领导和中国特色社会主义理论体系指引下,只要我们全党同志、全国各族人民真正做到"增强机遇意识和忧患意识,科学判断和准确把握发展趋势,充分利用各种有利条件,加快解决突出矛盾和问题",就一定能继续抓住和用好我国发展的重要战略机遇期,使"十二五"时期在推动科学发展、加快转变经济发展方式方面取得突破性进展,从而在二十一世纪第二个十年取得比前十年更加伟大的胜利。

中国还将持续大发展[*]

一、中国共产党十八大与当代中国和世界

举国关注、举世瞩目的中国共产党第十八次全国代表大会,圆满闭幕了。这次大会开得很成功,真正开成了一个团结的大会、胜利的大会。大会在系统总结经验的基础上确定了继续前进的方向和路线,顺利产生了新的中央领导集体,新老班子平稳交接,十三亿中国人为此高兴和自豪。正因为这样,这次大会就成为中国进入全面建成小康社会决定性阶段的一次十分重要的大会,成为关系中国今后十年顺利发展的一次十分重要的大会。

---

[*] 这是作者于 2012 年 11 月 17 日在北京国际金融论坛 2012 年全球年会上的讲演,此次年会的主题是"世界经济格局变迁与全球金融改革"。

我认为,这里最关键的,就是党的十八大报告中强调指出的,"既不走封闭僵化的老路、也不走改旗易帜的邪路",而是要在确认社会主义初级阶段基本国情的基础上,在面对新的战略机遇期的总形势下,坚持和发展十一届三中全会以来的路线、方针、政策。

这也就是说,十八大给我们一个最鲜明的提示就是,今后十年,中国仍将坚定不移地走和平崛起发展之路,并且努力开辟一个以进一大步地从量和质两方面(尤其是从质的方面)发展中国人民的生产力为中心、五大方面建设并举、全面建成小康社会的崭新历史阶段。

二、以"两重性"的观点认识中国、认识世界

中国更大地发展了,同时,情况也更加复杂了;世界更大地发展了,同时,情况也更加复杂了。由此,我感到一个很值得注意的问题,就是要以"两重性"的观点观察中国和世界。

大体而言,"两重性"有两种情况。

一种情况是互为补充的关系,即互为补充的"两重性"。这里又有不同情况。比如说,今后十年或更长时间,中国人不能不面对的一项"双重使命",就是既要通过以社会主义市场经济为取向和促进公有制为主体、多种所有制经济共同发展的经济体制改革来解放生产力、发展生产力,又要促进社会公正、走共同富裕道路。这里的特殊复杂性就在于:解放生产力、激发社会活力和效率,包括极大地鼓励创新和鼓励创业,这同促进社会公正、走共同富裕道路,二者在本质上是统一的,但在这样那样具体问题上又可能不尽一致甚至发生某些矛盾;二者在长远发展上是统一的,但在发展过程的一定阶段上又可能不尽一致甚至发生某些矛盾。而这就要求我们,一定要在尽可能妥善处理当前问题的同时,把人们引导到理解问题的两重性和过程的长期性上来,做到着眼长远、立足当前、统筹兼顾、全面安排,而不

要企图一蹴而就、毕其功于一役,并且避免发生这样那样的片面性。

再比如说,今后十年或更长时间,中国人不能不面对的又一项双重使命,就是既要继续完成发达国家早已完成的传统工业化,又要以信息化带动工业化、信息化、城镇化、农业现代化同步发展,赶上从二十一世纪七十年代开始并且至今方兴未艾的现代科学技术新的伟大革命的时代潮流。这里的特殊复杂性就在于:我们在推进改革开放和社会主义现代化建设过程中,将会长期面对双重的历史性挑战。一是面对资本主义由十八世纪中叶起到二十世纪中叶这二百多年间,所实现的以大机器工业和电气化为特征的产业发展的挑战;二是面对资本主义由上世纪七十年代开始而至今方兴未艾的、以信息技术、生物工程和新材料、新能源等为特征的新技术革命的挑战。这样的"双重使命",要求我们不能仅仅复制旧发展方式下"钢铁文明"、"机械文明"那样水准的生产力,更不应一股劲地重复发展旧发展方式下那种任由资本、技术排挤劳动和破坏环境的道路,而要把在资本、技术、劳动更好结合基础上的创新、创业活力之解放,提升到能够在我们这样一个十几亿人口的大国实现充分就业和全面、协调、可持续的水准和境界。

第二种情况是相互矛盾又可以相互转化的"两重性"。十八大报告中指出,"我们面临的发展机遇和风险挑战前所未有",这实质上就是一种互相矛盾又可以相互转化的"两重性"关系。这就是说,我们在看到"机遇前所未有"的同时,不能不估量到"挑战也前所未有"。与此同时,又看到挑战和机遇是可以相互转化的。历史经验就证明了这一点。远的不说,试看二十一世纪第一个十年,我们几乎每一次战略突破,都同把重大危机转化为发展机遇密切相关。比如说,成功应对一九九七年东亚金融危机,使中国从此成为东亚经济引擎。比如说,二〇〇一年世纪之交打破困局加入世界贸易组织,中国开始全面进入世界市场体系。比如说,成功应对美国"九一一"事件,中美之间开始构建新的战略利益汇合点。比如说,二〇〇八年台海关系转危为安,使两岸关系进入和平发展新阶段。又比如说,二〇〇八年以来成功应对国际金融危机和欧洲主权债务危机的严重冲击,中国开始进入国际体系和世界经济的核心部位。如此等等。由此可见,危机确确实实蕴含机遇。在一定条件下善于审时度势、因势利导,就能变压力为动力,化挑战为机遇。这也是一条成功的历史经验。

总而言之,世界范围内,充满了矛盾、冲突,充满了"两重性"。但我们同时又看到,当代世界大局,二十一世纪第二个十年的世界大局,不同于一次世界大战时期,不同于二次世界大战时期,也不同于冷战时期。

一句话,总态势、总趋势仍将向好。

三、对二十一世纪第二个十年世界大势的十点估计

什么样的总态势和总趋势呢?二十一世纪第二个十年将会怎样呢?对此我有个基本的估量。这些估量我曾不止一次讲过,并且至今仍然坚持。

第一、在世界多极化、经济全球化的条件下,各国相互依存不断加深,你中有我,我中有你,谁也离不开谁。

第二、大国关系出现重大调整,相互合作和竞争更加明显。二十国集团峰会表明了各大国必须在合作中求发展,又在竞争中谋优势。

第三、包括中国在内的发展中国家共同和平崛起的势头日益显现,今后十年是其发展和崛起的关键时期。

第四、国际金融危机催生了世界范围社会生产力结构的重大变革,以智能、技术为核心的新技术革命和产业革命日益展露其锋芒。

第五、国际金融危机深层次影响仍未根本消除,世界经济复苏存在不确定因素,在后国际金融危机时期,气候、资源、粮食、金融等非传统安全问题更加突出,全球治理问题亟待解决。

第六、各大国经济发展方式将发生重大变动,由此又将决定各自相对

地位的进一步变化。

第七、各种形式的剧烈动荡或者地缘政治冲突,以至传统形式的战争危险依然存在,人们对此不必惊慌失措,但也不能掉以轻心。

第八、无论国际关系怎样变化,人类仍将在一个很长时期内处在主权国家的历史阶段。

第九、从大国动向来看,归根到底,无非三种作为:一是继续冷战思维,二是发动局部热战,三是谋求共同发展,互利共赢,构建利益汇合点和利益共同体。对于前两种作为,我们第一反对、第二不怕,那一套没有前途,而且中国人也都成功地应对过。中国的抉择是第三种,即在经济全球化条件下,在努力搞好自身力量建设包括国防建设的基础上,走和平崛起的发展道路,全方位地与世界一切相关国家和地区发展"利益汇合点",构建不同内容不同层次的"利益共同体"。这里所说"全方位",即是说,包括中国与美国,中国与欧洲,中国与亚洲其他国家尤其是周边国家,中国与非洲,中国与拉美等等,而决不是排他性的。

第十、纵观天下大势,无论对中国还是对世界,仍然存在机遇和挑战相交织而机遇大于挑战的根本走向。在大国关系的新一轮调整中,中国继续处于主动地位,我们对二十一世纪第二个十年中国的和平崛起发展仍然充满信心,而绝不会因为这样那样的突发事件就轻易动摇。

以上十点,就是我所观察到的当今以至未来十年的世界发展大势。

四、新的战略机遇期和中国的发展

中国共产党的十八大报告明确指出:"综观国际国内大势,中国发展仍处于可以大有作为的重要战略机遇期。我们要准确判断重要战略机遇期内涵和条件的变化,全面把握机遇、沉着应对挑战,赢得主动、赢得优势,赢得未来,确保到二〇二〇年实现全面建成小康社会宏伟目标。"这也就是说,能否在今后十年抓住机遇,并且变压力为动力,化挑战为机遇,实现我们全面建成小康社会宏伟目标,关键取决于我们在世界和中国发生新的大变动形势下的认识和作为。

谈到这里,我愿根据中国共产党和中国政府这些年来的成功实践经验,进一步提出这样一个观点:我们估量战略机遇期,当然要从把握国内国际两个大局出发,但同时又应当充分估计到,一个将持续影响世界大势的愈益重大的变量就是中国本身的发展。即是说,在深刻影响国际经济、政治战略格局之此长彼消、此升彼降方面,中国的分量在加重,并且会越来越重。在二十一世纪第二个十年或更长时间,尽管来自国际国内的压力挑战和风险层出不穷,尽管我们面前可以预料和难以预料的困难依然众多,但是中国在发展、中国在大发展、中国还将持续大发展这一条,本身就是世界大势中的一个越来越突出、越来越重要的因素。而这又必将成为我们在二十一世纪第二个十年以至更长时间,获得新的重要战略机遇期的根本立足点。

展望前景,我确信,一个富强、民主、繁荣、稳定的中国必将给世界带来更大的市场和更多机遇,必将为世界的和平与发展做出更多贡献!

牢牢把握党的十八大主题 *

（一）举国关注、举世瞩目的中国共产党第十八次全国代表大会胜利闭幕了。党的十八大是在我国进入全面建成小康社会决定性阶段召开的一次十分重要的大会。

党的十八大报告，一开头就阐明了这次大会的"主题"。而大会"主题"，乃是大会的旗帜、灵魂，也是大会精神的根本标志。我们学习贯彻党的十八大精神，最紧要最关键的一条，就是深刻理解、牢牢把握大会主题。只有这样，才能全局在胸、纲举目张，才能高屋建瓴、全面贯彻，从而在二十一世纪第二个十年把中国特色社会主义伟大事业推向新的历史高度。

（二）胡锦涛同志在党的十八大报告中这样说："大会的主题是：高举

---

* 这是作者对中国共产党第十八次全国代表大会报告的体会，发表于 2012 年 11 月 23 日《人民日报》，收录于人民出版社 2012 年 11 月版《十八大报告辅导读本》。

中国特色社会主义伟大旗帜,以邓小平理论、'三个代表'重要思想、科学发展观为指导,解放思想,改革开放,凝聚力量,攻坚克难,坚定不移沿着中国特色社会主义道路前进,为全面建成小康社会而奋斗。"

这个主题,提出"高举中国特色社会主义伟大旗帜,以邓小平理论、'三个代表'重要思想、科学发展观为指导",这就明确规定了我们党在全面建成小康社会决定性阶段要坚持举什么旗。

这个主题,提出"坚定不移沿着中国特色社会主义道路前进",这就明确规定了我们党在全面建成小康社会决定性阶段要坚持走什么路。

这个主题,提出"解放思想,改革开放,凝聚力量,攻坚克难",这就明确规定了我们党在全面建成小康社会决定性阶段要秉持什么样的精神状态。

这个主题,提出"为全面建成小康社会而奋斗",这就明确规定了我们党在今后五到十年的奋斗目标。

此时此刻,在党的十八大主题中如此突出地强调关系我们党和国家工作全局的这四个根本问题,是基于对当前世情、国情、党情的深刻分析和判断,是基于对党和人民长期实践的精辟总结和提升,是对全党同志和全国各族人民心愿和期待的集中回应,也是对国际社会、国际舆论所关注的中国在二十一世纪第二个十年乃至更长时间根本走向的明确宣示。

一、大会主题与旗帜道路

(三)党的十八大郑重决定,把科学发展观列入中国共产党的指导思想,在大会主题中明确提出了"高举中国特色社会主义伟大旗帜,以邓小平理论、'三个代表'重要思想、科学发展观为指导"。

应当说,这是一个统领全局的重大历史性决策。

展开一点说,这是我们党在十二大提出"走自己的道路,建设有中国特色的社会主义"这个党在改革开放和社会主义现代化建设新时期的鲜明理论主题、实践主题之后,进一步作出的重大历史性决策。这是在党的十六大以来我们党在新世纪新阶段全面建设小康社会伟大十年成功实践的基础上,进一步作出的重大历史性决策。这是在进入二十一世纪第二个十年世情、国情、党情发生深刻复杂变化,我们面临的机遇前所未有、面对的挑战也前所未有,我国发展仍处于可以大有作为的重要战略机遇期的新形势下,进一步作出的重大历史性决策。这也是我们党在又一次完成领导层新老交替,承前启后、继往开来的重要时刻,进一步作出的重大历史性决策。

因此,这一决策意义重大、非比寻常,影响深远、不同凡响。

而从根本上说,这个统领全局的重大历史性决策,正好充分表明了中国特色社会主义理论体系这一当代中国马克思主义与时俱进、永不停滞的鲜明品格。正因为这样,科学发展观就同邓小平理论、"三个代表"重要思想一道,成为当代中国发展进步的伟大旗帜,成为全党全国各族人民团结奋斗的伟大旗帜,成为在党和人民伟大实践中不断经受风险考验并从而不断焕发新的光彩的伟大旗帜。

(四) 在改革开放和社会主义现代化建设历史新时期,我们党就是这样走过来的。

在这里,让我们简要回顾一下党的十一届三中全会以来三十多年的历史进程,特别是这三十多年我们党是如何把握大局、开创新局的吧!

上个世纪七十年代末八十年代初,在十年"文化大革命"灾难使我国国民经济濒于崩溃、政治动荡积重难返、人民温饱都成问题的颓势下,我们党果断作出了把党和国家工作中心转移到经济建设上来、实行改革开放的历史性决策,提出了中国特色社会主义这一马克思主义中国化的纲领性基本命题,进而确立了社会主义初级阶段基本路线,团结凝聚了全党全国各族人民,成功开创了中国特色社会主义。从而在短短几年时间内,就使我们党和国家从"文化大革命"造成的深重灾难中走了出来。这是新时期第一个"十年"。

上个世纪八十年代末九十年代初,在苏联解体、东欧剧变的风云变幻中,在世界社会主义运动发生严重曲折和国内政治风波的严峻局面下,我们党又坚决捍卫了中国特色社会主义,并且依据新的实践确立了党的基本纲领、基本经验,确立了社会主义市场经济体制的改革目标和基本框架,确立了社会主义初级阶段的基本经济制度和分配制度,开创全面改革开放新局面。从而成功把中国特色社会主义推向二十一世纪。这是新时期第二个"十年"。

在世纪之交美国轰炸我国驻南斯拉夫使馆及南海撞机,中国面临加入世界贸易组织问题的战略抉择,美国发生"九一一"事件,在二〇〇八年以来国际金融危机、欧洲主权债务危机以及我们国内重大自然灾害,这一系列严峻挑战和考验面前,我们党又沉着应对、趋利避害,紧紧抓住并用好重要战略机遇期。我们党还在全面建设小康社会进程中奋力推进实践、理论、制度创新,提出科学发展、和谐发展、和平发展重要理念,形成中国特色社会主义事业总体布局。在此基础上,着力保障和改善民生,促进社会公平正义,同时推动建设和谐世界,并且下大功夫推进党的执政能力建设、先进性和纯洁性建设,从而成功地在新的历史起点上坚持和发展了中国特色社会主义。这是新时期第三个"十年"。

(五)综观新时期这三个"十年",中国特色社会主义取得了两方面的伟大成果。一个是实践方面的成果,建设中国特色社会主义取得的伟大历史成就;一个是理论方面的成果,相继形成了邓小平理论、"三个代表"重要思想、科学发展观,开创了中国特色社会主义道路,形成了中国特色社会主义理论体系,并且完善了中国特色社会主义制度。这两个方面的伟大成果既相互联系,又相互促进,集中起来,就形成了当代中国发展着的马克思主义。

一切不带偏见、尊重历史、尊重事实的人们都可以看到,具有务实开拓性、积极建设性而又体现时代性、把握规律性、富于创造性的中国特色社会主义,使我们国家在新时期空前活跃起来,快速发展起来,日益繁荣富强起来,并在同那些或经历"城头变幻大王旗"变局、或深陷"山重水复疑无路"危机的种种"主义"的国际比较中,彰显了巨大优越性和强大生命力。

(六)说到这里,还有必要进一步强调指出,在继承和发展新时期以来我们党召开的前六次全国代表大会的理论、路线基础上,党的十八大高高举起的中国特色社会主义伟大旗帜增添了一系列引人注目的新内容。

一是把科学发展观列入党的指导思想。科学发展观是马克思主义同当代中国实际和时代特征相结合的产物,用一系列紧密相连、相互贯通的新思想、新观点、新论断,丰富和发展了马克思主义关于发展的理论,把我们对中国特色社会主义规律的认识提高到新的水平。把科学发展观列入党的指导思想,有利于全党更加自觉地以科学发展观为指导,不懈探索和把握中国特色社会主义规律,夺取中国特色社会主义新胜利。

二是把中国特色社会主义制度同中国特色社会主义道路和中国特色社会主义理论体系一道,并列为党和人民九十多年奋斗、创造、积累的根本成就。这样,就在中国特色社会主义伟大旗帜之下,由这样一条道路、一个理论体系、一个制度构成其三大组成部分,并且进一步明确了道路是实现途径,理论体系是行动指南,制度是根本保障。这个重大的理论新概括,不但集中反映了而且必将进一步增强全党同志和全国各族人民的道路自信、理论自信、制度自信,从而满怀信心、坚定不移地沿着中国特色社会主义道路奋勇前进。

三是把生态文明建设纳入中国特色社会主义事业五位一体总体布局,使生态文明建设的战略地位更加明确,使中国特色社会主义事业总体布局更加完善,并从而进一步深化了对共产党执政规律、社会主义建设规律、人类社会发展规律的认识,有利于在与时俱进、"赶上时代"的新征程上,扎扎实实夺取中国特色社会主义新胜利。

党的十八大高高举起的中国特色社会主义伟大旗帜增添了以上至关重要的新内容,同时就意味着中国特色社会主义道路拓宽了其科学内涵,体现了中国特色社会主义道路真正是越走越宽广。

二、大会主题与奋斗目标

(七) 大家知道,"在本世纪头二十年,集中力量,全面建设惠及十几亿人口的更高水平的小康社会",乃是十年前我们党的十六大作出的一项重大战略决策。这一决策,是同党对二十一世纪头二十年国内外大势的战略判断紧密相联、密不可分的。这就是党的十六大报告所指出的:"综观全局,二十一世纪头二十年,是一个必须紧紧抓住并且可以大有作为的重要战略机遇期。"

正是因为我们党敏锐发现、紧紧抓住并切实用好了这个重要战略机遇期,经过从党的十六大到十七大再到十八大,带领人民群众连续十年的不懈奋斗,成功地使我国社会生产力、经济实力、科技实力迈上一个大台阶,使人民生活水平、居民收入水平、社会保障水平迈上一个大台阶,并从而使我国综合国力、国际竞争力、国际影响力迈上一个大台阶,国家面貌发生新的历史性变化,经济总量从世界第六位跃升到第二位。

(八) 现在,党的十八大报告进一步提出"全面建成小康社会"新的奋斗目标,同样是与我们党对二十一世纪第二个十年的世情、国情、党情的深刻变化及其所蕴涵的机遇、挑战作出的科学分析,以及在此基础上作出的我国发展仍处于可以大有作为的重要战略机遇期的战略判断紧密相联、密不可分的。

党的十八大报告深刻指出:"综观国际国内大势,我国发展仍处于可以大有作为的重要战略机遇期。我们要准确判断重要战略机遇期内涵和条件的变化,全面把握机遇,沉着应对挑战,赢得主动,赢得优势,赢得未来,确保到二〇二〇年实现全面建成小康社会宏伟目标。"这也就是说,能否在今后十年抓住机遇,并且变压力为动力,化挑战为机遇,实现我们全面建成小康社会宏伟目标,关键取决于我们在发生新的大变动形势下的认识和作为。全面审视和准确把握当今世界和当代中国这"两个大局"的发展大势,全面体察和准确把握我国发展新要求和人民群众新期待,科学制定适应时代要求和人民愿望的行动纲领和大政方针,并且更加奋发有为、兢兢业业和因应得宜,我们就一定能够继续推动科学发展、促进社会和谐,就一定能够继续改善人民生活、增进人民福祉,完成时代赋予的光荣而艰巨的任务。

(九)怎样深化认识党的十八大报告关于新形势下"我国发展仍处于可以大有作为的重要战略机遇期"的问题,我还想根据我们党和国家这些年来的成功实践,进一步提出以下两个观点。

一个观点是关于历史经验。远的不说,试看二十一世纪第一个十年,我们几乎每一次战略突破,都同把重大危机转化为发展机遇密切相关。比如说,成功应对一九九七年亚洲金融危机,使中国从此成为东亚经济引擎。比如说,二〇〇一年世纪之交打破困局加入世界贸易组织,中国开始全面进入世界市场体系。比如说,成功应对美国"九一一"事件,中美之间开始构建新的共同战略利益汇合点。比如说,二〇〇八年台海关系转危为安,使两岸关系进入和平发展新阶段。又比如说,二〇〇八年以来成功应对国际金融危机和欧洲主权债务危机的严重冲击,中国开始进入国际体系和世界经济核心部位。如此等等。由此可见,危机确确实实蕴涵机遇。在一定条件下善于审时度势、因势利导,就能变压力为动力,化挑战为机遇。这是一条成功历史经验。

又一个观点是关于发展前景。我们估量战略机遇期,当然要从综合把握国内国际两个大局出发,但同时应当充分估计到,一个将持续影响世界大势的愈益重大的变量就是中国本身的发展。即是说,在深刻影响国际经济、政治战略格局之此长彼消、此升彼降方面,中国的分量在加重,并且会越来越重。在二十一世纪第二个十年或更长时间,尽管来自国际国内的压力挑战层出不穷,尽管我们面前可以预料和难以预料的困难依然众多,但是中国在发展、中国在大发展、中国还将持续大发展这一条,本身就是世界大势中的一个越来越突出、越来越重要的因素。而这又必将成为我们在二十一世纪第二个十年以至更长时期获得新的重要战略机遇期的根本立足点。

(十)正是围绕重要战略机遇期和到二〇二〇年实现全面建成小康社会宏伟目标,党的十八大报告根据我国经济社会发展实际和新的阶段性特征,还提出了一系列更具明确政策导向、更加针对发展难题、更好顺应人民意愿的新要求,构成了新的战略布局。

这里的关键,首先就在于坚定不移地牢牢把握发展这个硬道理,力争把我国社会生产力在二十一世纪第二个十年推进到历史新高度。与此同时,党的十八大报告明确要求不失时机地推进一系列重要领域的改革和发展。形象地说,这里有"三大内功":一是加快经济改革和产业结构调整,带动整个经济发展方式转变;二是加快科技、教育和文化的改革和发展,建设人力资源强国、人才强国和创新型国家;三是优化社会治理,使全社会在民主法治基础上更加活跃又更加有序、更加和谐起来。这里,我仅着重就练好"社会治理"这一内功谈些认识。

社会治理,说到底是对人的管理,这对我们这样一个已经拥有十三亿多和将要拥有十五亿人口,而又处在全面建设小康社会历史进程的大国,至关重要。我国正在发生社会大变动,特别是同中国特色新型工业化、城镇化、农业现代化相对应的人口大流动。这就要求我们在加快构建和谐社会进程中,更加有效地加强社会治理。是否可以这样说,新中国成立六十多年来,在社会治理的大思路、大战略上,经历了前三十年和后三十年两大段。前三十年,毛泽东同志提出的"组织起来",曾经是真正做到了(后期在某些方面走向反面）；后三十年邓小平同志提出的"活跃起来"，也真正做到了，并且至今方兴未艾（同时无可避免地存在种种失序、失范、失衡现象）。那么是否可以这样设想，从党的十六届六中全会提出构建社会主义和谐社会任务算起，到二〇二〇年，在对我们这个总人口将接近十五亿的大国的社会治理上，真正开辟一个"更加活跃又更加有序、更加和谐起来"的崭新阶段呢？当前，我们在继续坚持以经济建设为中心的同时，在推进以人为本、全面协调可持续发展的过程中，展开新中国成立以来最大规模的民生建设和社会建设，还有社会主义民主和法治建设，而这对于我们有系统地加强和完善社会治理正是一个极好的时机。

可以预期，按照党的十八大精神，在全面建成小康社会决定性阶段上着力练好这三大"内功"，我们国家到二〇二〇年就一定能够如期全面建成小康社会。到那时，中国就将成为工业化基本实现、综合国力显著增强、集"世界工厂"和"世界市场"于一身、国内市场总体规模位于世界前列的国家，成为人民富裕程度普遍提高、生活质量明显改善、具有更高文明素质和精神追求的国家，成为社会更加充满活力而又安定团结的国家。

三、大会主题与精神状态

（十一）在改革开放和社会主义现代化建设新时期，我们党的历次全国代表大会主题中，都有对党员干部精神状态的明确要求。党的十八大报告对党员干部精神状态提出的要求是："解放思想，改革开放，凝聚力量，攻坚克难"。

精神状态问题，对于我们这个有着九十多年历史、八千多万党员的老党、大党来说，对于我们这个已经取得举世瞩目的执政业绩，而又长期面临执政考验、改革开放考验、市场经济考验、外部环境考验这"四大考验"，同时面临精神懈怠危险、能力不足危险、脱离群众危险、消极腐败危险这"四大危险"的老党、大党来说,实在是太重要了。

中国共产党在九十多年历史征程上之所以能够历经磨难而不衰、千锤百炼更坚强,一靠路线正确,二靠政策对头,第三靠的就是始终保持积极进取、百折不挠的精神状态。这个伟大的成功历史经验,我们永远不能忘记。在今天为夺取中国特色社会主义新胜利而奋斗的关键阶段,尤其不能忘记。

(十二)正是基于这一点,党的十八大报告郑重地提醒全党注意:"必须准备进行具有许多新的历史特点的伟大斗争"。这一重大提示,不但同我国已进入全面建成小康社会决定性阶段的国内大局密切相关,也同正在发生深刻复杂变化的国际大局密切相关。

从国内大局看,改革开放三十多年成就辉煌,同时我们的工作还存在许多不足,同人民期待还有不小差距,前进道路上还面临不少困难和问题。这些困难和问题是我国发展新的阶段性特征的一个方面的集中体现,如果应对得当,我们就能跨上更高的发展平台。如果应对不当,我们就可能面临更大困难,甚至造成经济徘徊不前和社会动荡不安。

从国际大局看,和平与发展仍是时代主题,世界力量对比有利于保持国际形势总体稳定,同时世界格局进入深度调整期,国际政治经济秩序发生深刻变革,国际力量对比发生新的分化组合,新旧矛盾相互叠加,新旧力量相互博弈,传统安全威胁和非传统安全威胁相互交织,世界政治、经济、社会等领域不稳定不确定因素明显增多。

清醒把握国内国际两个大局,清醒把握"必须准备进行具有许多新的历史特点的伟大斗争"这一重大提示,我们就能更加深切地理解党的十八大主题对党员干部精神状态提出的上述"四句话"要求的深刻内涵。

(十三)首先来看,这"四句话"中的前两句——"解放思想,改革开放"。

在这里,党的十八大报告把"解放思想"和"改革开放"如此紧密地结合在一起作为精神状态问题提出来,实质上就是要求全党,在以改革开放为鲜明特征的整个新时期,必须继续坚定不移地把注意力集中到解放思想和解放生产力上面来。这是因为,革命是解放生产力,改革也是解放生产力。解放思想是党的思想路线的本质要求,而解放生产力则是党的"一个中心、两个基本点"的基本路线的中心任务。

我们国家之所以能在新时期三十多年实现世界近代以来大国发展历史上从未有过的持续快速发展,归根到底就是由于中国共产党坚定不移地把解放思想同解放生产力紧紧联系在一起,就是由于中国共产党坚定不移地把解放生产力作为解放思想、改革开放的出发点和落脚点。

进一步说,在本世纪第二个十年,在全面建成小康社会决定性阶段这个新的历史起点上,作为仍未摆脱不发达状态并且处在竞争更加激烈的国际环境之中的世界最大发展中国家,我们思想解放的中心课题必定仍然是,也只能仍然是进一步解放和发展社会生产力。也就是要在前三十多年改革发展成就基础上,从量和质两方面(尤其是质的方面),实现中国人民生产力的新的更大飞跃。只有这样,才能真正强有力地推动我国在二十一世纪第二个十年以至整个二十一世纪上半叶实现经济社会更高水平和更广大规模的发展和进步,并且真正强有力地应对多方面可以预料和难以预料的严峻挑战。

(十四)其次再来看这"四句话"中的后两句——"凝聚力量,攻坚克难"。

在这里,把"凝聚力量"和"攻坚克难"如此紧密联结在一起作为精神状态问题提出来,同样具有深意。首先是要"凝聚力量",实质上就是要在社会主义市场经济条件下,在利益多元化和观念多元化条件下,加上在更广泛更深入参与经济全球化条件下,要求全党同志首先是各级领导干部,在坚持党的十一届三中全会以来理论和路线方针政策问题上,在坚持把改革创新精神贯彻到治国理政各个环节问题上,在更加自觉更加坚定地推进改革开放、不断在制度建设和创新方面迈出新步伐问题上,同时也在党和国家令行禁止、反腐倡廉的各项重大问题上,努力做到思想统一,行动统一。并且在此基础上,把党内外一切可以团结的力量更广泛地团结起来,把国内外一切可以调动的积极因素更充分地调动起来。能否做到这一点,无疑是一项历史性的严峻考验。

(十五)至于说"攻坚克难",实质上就是要求全党同志首先是各级领导干部,对于二十一世纪第二个十年的多方面问题的复杂性一定要有充分精神准备。

我体会,这里的一个重要问题,就是一定要从社会主义初级阶段的国情出发,老老实实地承认社会主义初级阶段就是不发达阶段,由此而来的就是清醒面对我们在此阶段多方面任务的复杂性和所担负的一系列"双重使命"。

比如说,这十年或更长时间,我们不能不面对的一项"双重使命",就是既要通过以社会主义市场经济为取向和促进公有制为主体、多种所有制经济共同发展的经济体制改革来解放生产力、发展生产力,又要促进社会公平正义、走共同富裕道路。再比如说,这十年或更长时间,我们不能不面对的又一项"双重使命",就是既要继续完成发达国家早已完成的传统工业化,又要以信息化带动工业化,促进工业化、信息化、城镇化、农业现代化同步发展,赶上从二十世纪七十年代开始并且至今方兴未艾的现代科学技术新的伟大革命的时代潮流。

(十六)前一项"双重使命"的特殊复杂性在于:解放生产力,激发社会活力和效率,包括极大地鼓励创新和鼓励创业,这同促进社会公平正义、走共同富裕道路,二者在本质上当然是统一的,但在这样那样具体问题上又可能不尽一致甚至发生某些矛盾;在长远发展上当然是统一的,但在发展过程的一定阶段上又可能不尽一致甚至发生某些矛盾。这就要求我们做到着眼长远、立足当前、统筹兼顾、全面安排,而不要企图一蹴而就、毕其功于一役,并且避免发生这样那样的片面性。还需要在尽可能妥善处理当前问题的同时,把人们引导到理解问题的两重性和过程的长期性上来。归根到底,在我们这样一个已经拥有十三亿多和将要拥有十五亿人口的发展中大国,只有通过改革不断解放和发展生产力,才是真正能够保证实现这个"双重使命"的最根本最重要的物质前提。

(十七)后一项"双重使命"的特殊复杂性在于:我们在推进改革开放和社会主义现代化建设过程中,将会长期面对双重的历史性挑战。一是面对资本主义由十八世纪中叶起到二十世纪中叶这两百多年间所实现的以大机器工业和电气化为特征的产业发展的挑战;二是面对资本主义由上世纪七十年代开始而至今方兴未艾的,以信息技术、生物工程和新材料、新能源等为特征的新技术革命的挑战。这样的"双重使命",要求我们不能仅仅复制旧发展方式下"钢铁文明"、"机械文明"那样水准的生产力,更不应一股劲地重复旧发展方式下那种任由资本、技术排挤劳动和破坏环境的道路,而要把在资本、技术、劳动更好结合基础上的创新、创业活力之解放,提升到能够在我们这样十几亿人口的大国实现持续充分就业和全面、协调、可持续的水准和境界。

(十八)总而言之,我们党在改革开放和社会主义现代化建设中取得的成就是伟大的,但今后的路程更长,工作更伟大更艰苦。即使到二〇二〇年全面建成了惠及十几亿人口的更高水平的小康社会,我国还是处在并且仍将相当长时期处在社会主义初级阶段。由此而来的多方面任务的两重性、复杂性,要求我们的同志深刻地加以注意。正如党的十八大报告所要求的那样:既不妄自菲薄,也不妄自尊大,始终做到不动摇、不懈怠、不折腾,顽强奋斗、艰苦奋斗、不懈奋斗,我们就一定能在中国共产党成立一百年时全面建成小康社会,就一定能在新中国成立一百年时建成富强民主文明和谐的社会主义现代化国家。

可以说,党的十八大报告这段凝练而又生动的语言,把精神状态的要求真正讲深讲透了。

我体会,党的十八大主题关于广大党员干部精神状态的"四句话"要求,以及把这"四句话"作为保证中国特色社会主义在二十一世纪第二个十年以至更长时间能够确有把握地夺取新胜利的精神条件的核心,其深意就在这里。

中国应当成为世界一流网络强国[*]

（一）早在二〇〇二年十二月，即十一年前，我就在一份给中央的研究报告中提议：世界范围以微电子技术为核心之信息化，是中国和平崛起的极大机遇，我们应当抓住它。[①]

十年来的世界大发展，进一步有力地证明了这一点。

（二）历史上中华民族曾经不止一次地错过工业革命带来的发展机遇，后果严重。而今天网络对世界的改变，甚至将可能超过以往的工业革命。我们能否抓住网络革命的历史机遇，关系国运兴衰和复兴之梦的成败。这就要求我们早下决心，自上而下统一认识，急起直追，切实搞好战略筹划和战略管理，围绕网络空间的"生产力、国防力、文化力"这样的整体布

＊　这是作者主持《网络战略》课题研究所形成的内部报告节录，成文于 2013 年 4 月 3 日。
①　见本书自序二第 10 页。

局,综合施策,将中国建成网络主权完整、网络技术先进、网络文化强大的世界一流网络强国。

(三)在认清差距、找准问题的同时,我们又需清醒估量到改革开放三十多年发展打下的良好基础,已经为网络空间的安全发展积累了三个潜在优势。一是我国拥有最多的网民。截至目前,我国网民已接近六亿,占世界网民四分之一,具有无可比拟的人力资源优势,巨大的网民基数蕴藏着顶级的创造才能。这是一支可堪大用的网络安防队伍。二是我国已经成为世界上最大的 IT 生产和采购市场。在某些大国对我核心技术和尖端产品严格封锁的情况下,巨大的市场引力可以成为引进原创技术的筹码。我国自主品牌的 IT 厂商,比如华为、联想等已在国际上占有很大的市场份额,可以助力我们的网络安防。三是我国拥有集中力量办大事的制度优势。当年发展"两弹一星"的成功模式,完全可以引入网络空间的建设,使我们能够在最短的时间内扭转被动、后来居上。

(四)确立"数字立国、双轮驱动、网络国防、竞合并举"的战略构想。

数字立国。网络空间,是继实体空间作为"第一空间"之后,人类生存的"第二空间",它链接于陆海空天,凌驾其上、控制其中,深刻改变了人类生产、生活和战争形态。丧失了"第二空间"的制网权,就丧失了"第一空间"的制胜权。"数字立国",就是要将国家概念拓展至这一亟待开发管理的新疆域、新空间,构建"数字国土"安全体系,无异于"第二次建国"。

双轮驱动。经略网络空间,必须安全战略和发展战略并举,"一要安全、二要发展",缺一不可。坚持双轮驱动,寻找安全与发展的最佳平衡点。以安全需求带动产业发展,以产业发展支撑安全需求。如果仅靠"关闭出口、切断网络、删除信息"的封锁策略,很可能导致发展和安全两头落空。应取的方针,是安全用网而不废网,大力兴网而除弊端,努力打造一个"安全可靠、值得信赖、富有活力"的网络生态环境。

网络国防。存在网络空间就存在主权划分问题,承认网络主权就要用网络边疆来显示,有了网络边疆就要建立网络国防。信息时代,网络主权是国家主权新增的"制高点",网络边疆是国家安全必要的"警戒线",网络国防是国家防卫急需的"新长城"。网络国防必须军民联手、举国维护,确立"国家主导、军队主力、军民融合"的防卫体系,并通过立法、立制、立军一系列重大举措,把"网络国防"切实纳入国家防卫体系总体框架之中。

竞合并举。在当代历史条件下,网络空间无可避免地遵循弱肉强食的"丛林法则"。巨大的战略利益,决定了"竞争第一、合作第二"的基本规律。因此,大国之间网络博弈的基本策略,只能是"在交流中交锋,在制衡中发展"。不合作,不交流,就跟不上全球步伐;不斗争,不自主,则会丧失网络主权。因此,既要融入国际体制,又要打破技术垄断,坚持"不惧怕压力、不回避分歧、不拒绝合作"的基本原则,实现战略制衡。

关于"西部崛起、东西并举"的战略展望[*]

一、突出提出"西部崛起、东西并举"战略的由来

（一）早在一九八八年邓小平就提出"两个大局"的战略思想："沿海地区要加快对外开放……从而带动内地更好地发展，这是一个事关大局的问题，内地要顾全这个大局。反过来，发展到一定的时候，又要求沿海拿出更多力量来帮助内地发展，这也是个大局，那时沿海也要服从这个大局。"在什么时候、什么基础上突出提出和解决这个问题呢？邓小平在一九九二年南方谈话中指出："可以设想，在本世纪末达到小康水平的时候，就要突出

＊ 这是作者主持"西部崛起战略"课题研究所形成的内部报告的节录，成文于 2013 年 5 月 23 日。该课题由作者于 2012 年 8 月立项，随后作者以八十岁高龄，四次率队分别赴云南、广西、新疆、四川调研，同省市县部分党政负责同志、发改委、社科院、党校、高校的专家学者座谈交流，听取意见。

提出和解决这个问题。"

（二）从南方谈话到今天，已整整二十年，我国发展大局发生了深刻变动。上世纪末开启的西部大开发实际上已拉开了"西部崛起"的序幕。现在西部发展速度虽已快过东部，但仍面临一系列发展不平衡的挑战。"东西部发展不平衡"，可以说是最大最紧迫的挑战。

（三）从国内大局看，为实现全面建成小康社会奋斗目标，现在是到了从根本上扭转这个被动局面的时候了。建议党和国家在东部向新高度继续崛起的基础上，统筹谋划我国东西部发展布局，坚持改革、开放、稳定、固边方针，加大力度、加快步伐办好"西部崛起"这件大事，打开"西部崛起、东西并举"新局面，以改变西部深度贫困状况，并在此进程中着力解决好西北主要是新疆的民族和谐和共同发展。

从国际大局看，在经济全球化深度发展的今天，我国西部大开发离不开西部大开放。我西部周边形势错综复杂，但多方面有利因素仍给了我们一个向西实施大开放的极好机遇。

统筹国内国际两个大局，可以说今后八到十年，即党的十八大特别是十八届三中全会到二○二○年或二○二一年的这八到十年，应是实现"西部崛起"的决战决胜阶段。

（四）"西部崛起"战略似宜由边及里进行布局。从当前情况来看，西北的新疆和西南的云南、广西，既属发展开放前沿而又面临种种尖锐迫切问题，宜作为先行先试的着力点。

西北（这里专指新疆），虽然存在反恐、维稳和民族矛盾等问题，但总体而言，经济社会发展已取得巨大成就，为进一步发展打下重要基础。就外部而言，虽然相连的中亚地区存在"三股势力"和外部大国势力插手，但总体上说，该地区资源丰富，市场潜力迅速释放，又与我展开反恐合作，正是我发展合作，推进共同发展的好机会。

西南（主要是云南、广西，连带作为战略后方的四川、重庆，西藏暂不论)与西北情况有所不同,发展条件更为有利。虽然外部压力增大,但总体而言,东南亚和南亚,人口众多、市场广大,经济合作潜力巨大。

因此,从现在起,进一步展开实施"西部崛起、东西并举"战略的布局,完全必要和可行,机遇大于挑战。当然,鉴于实际的种种复杂情况,不同地区扩大开放的速度和力度将会有所区别。

(五)从发展程度看,西部是否达到全面建成小康水平,似可从以下五个方面来衡量:一是西部十二省区 GDP 占全国总量的比重从现在的四分之一到二〇二〇年达到三分之一,人均 GDP 不低于全国平均水平。二是民生和社会发展的关键指标接近东部地区。三是民族宗教问题得到缓和,基本实现和谐相处。四是生态恶化的趋势得到根本遏制。五是对周边国家和地区逐步发生带动作用。

这就要求"两个统筹":统筹国内国际两个大局,统筹固边发展与改革开放。

这当然是一件大事。小打小闹不成,力量过度分散不成,不解放思想不成,不大大振奋中华民族发展西部的劲头也不成。

二、力争十年内形成"西部崛起、东西并举"的八项"新布局"

(一)调整国家相关领导体制,以利形成统一指挥之新布局。

西部开发开放涉及周边国家之多前所未有,情况之复杂前所未有,相关情势变化之大前所未有,宜作为国家战略来抓。需要国家给予比当年对东部(珠三角、长三角、环渤海)更大的支持力度才行。这首先要求调整西部开发开放领导体制和统筹协调机制。

(二)打造"西部开放带",设立西部特区,完善口岸体系,形成"三级战略梯队"之新布局。

考虑到西部和周边新态势,我国对外开放似宜从主要倚重东部沿海地区转向在东部继续加强开发开放的同时,提升西北西南作用,打造"西部开放带",以利发挥其特殊区位优势。特别是通过上海合作组织和"中国东盟10＋1"自贸区,建成区域化程度较高的对外开放前沿。

比如,借鉴吸收东部经验,在西北和西南设立若干开放度更大的经济特区。如新疆霍尔果斯、伊宁和喀什,云南瑞丽、腾冲和西双版纳,广西北部湾和凭祥等,可"先行先试、特事特办",使其成为拉动西部与周边地区共同发展的引擎。

比如,开拓和完善边境口岸体系,建立省、市、县、乡(镇)四级口岸体系,提高人流、物流进出境便利度,同时加强进出境人员和物资管理。赋予重庆、成都、西安、乌鲁木齐、昆明和南宁更大的开放权限。

这样实际上就形成了"三级战略梯队"。第一梯队以数十个边境中小城市作为西部开放的战略前沿。第二梯队以乌鲁木齐、昆明、南宁作为三大次区域战略基地。第三梯队以成都—重庆—西安为支撑西部战略的"铁三角"(未来有条件成为中国联结整个欧亚大陆的三大枢纽)。西部三级梯队布局同中部、东部区域战略结合,将形成适应"两个一百年"奋斗目标所需要的全国发展新格局。

(三)加大对西部投资力度,加快推进城镇化、工业化,打造西部特色产业链和金融高地,形成固边与发展相结合之新布局。

今后一段时间西部还将处于投资拉动增长阶段。为实现到二〇二〇年GDP占全国总量的比重达到三分之一的目标,国家需进一步加大对西部投资力度、资源补偿力度和税收优惠力度,努力使西部保持高于全国平均水平的经济增长率。

以西部已形成规模的优势产业(如电子信息、航空航天、特有生物资源研发和特色农业等)为龙头,在工业化进程中打造和完善西部特色产业链。加快推进同工业化相结合的具有西部特色的城镇化。结合固边发展和行政区划改革,建成一批新型城市群和城市带。

着眼长远,打造金融高地。可研究在有条件的西部城市建立国际金融中心,在乌鲁木齐、昆明、南宁设立人民币国际化和金融开放的试点,在银川设立中国阿拉伯国际结算中心,以利于国际资本直接进入西部。

(四)着眼西部长治久安和生态安全屏障,启动西线调水工程之新布局。

西部是长江黄河等重要水系的发源地,是国家生态安全屏障,但又是全国生态系统中最脆弱的部分。西部(尤其西北)生态环境能否恢复和改善,"水"的问题至关紧要。鉴于今明两年东线、中线调水工程即将竣工,建议及早组织"西线调水工程"的调研论证工作,并制定可行方案。

西线调水工程有小西线、大西线两种设想。在统筹相关省区需要,并在符合联合国相关公约基础上,宜抓紧布局。

(五)加快向西大通道建设,形成与周边国家全面互联互通之新布局。

以西北、西南铁路通道网为基干,结合西北、西南的高速公路网、河流航运网、油气管线网、电网、通讯网,构成一个总体大网络,大大增进与周边国家的人流、物流、资金流和信息流的互动,促进"利益汇合点"、"利益共同体"之构建。对内,可抓紧启动西安—成都—昆明线和昆明—南宁—广州线的高铁建设。对外,可抓紧启动以喀什为起点的中国—巴基斯坦—伊朗铁路线,和以昆明为起点的经瑞丽入缅甸抵印度洋铁路线建设(重庆经霍尔果斯出境经中亚至欧洲的铁路运输已投入运营)。

(六)抓住"西部崛起"重大新机遇,形成强大干部人才队伍之新布局。

可以预期,"西部崛起"新局面一经打开,必将鼓舞和吸引大批优秀干部、青年和专业人才近悦远来,西部将成为他们接受锻炼、施展才华的广阔天地和巨大舞台。

为此,可抓住这个重大新机遇,用新思路、新办法对干部人才队伍建设作一个新布局。

比如,动员一大批内地优秀领导干部到西部边疆民族地区和艰苦地区的省、地、县三级领导岗位任职,最好长期。

比如,吸引内地广大青年和各行各业专门人才到西部地区创业、就业。加大政策优惠力度,激励他们扎根西部。

比如,组织西部边疆地区民族干部到东部沿海地区交流任职并逐步扩大规模。

比如,较大幅度提高西部边疆民族地区和艰苦地区干部工资待遇,以提高干部队伍积极性和稳定性。

总之,宜借鉴东部特区"特事特办"经验,不仅经济发展工作可以特事特办,干部人才工作也可以特事特办。

(七) 抓住"西部崛起"重大新机遇,通盘谋划西部民族、宗教、人口问题,改革调整相关政策之新布局。

"西部崛起"要求处理好错综复杂的民族、宗教、人口问题,同时它蕴含的机遇又为我们解决好这三个问题提供了新的可能性。抓住"西部崛起"这个重大新机遇,通盘谋划,改革调整相关政策,开启西部地区民族、宗教、人口工作新局面。

(八) 加强西部反恐维稳工作、创新新疆建设兵团体制之新布局。

西北主要是新疆的民族关系问题将长期存在,这要求我们对问题的复杂性和长期性有充分精神准备,一手发展经济改善民生,一手加强反恐和维稳力量。

新疆建设兵团对新疆固边发展和长治久安意义重大,亟需通过体制创新以利加强和发展。

三、迎接中国千年未有之大变局

"西部崛起、东西并举",这种局面的开拓和形成,将成为中国千年历史进程中从未有过的大事业、大变局。

从发展前景看,实现"西部崛起",中国东部和西部走向相对平衡,同时向西北、西南两个方向拓展周边国际合作,实现共同和平发展,这是到中国共产党成立一百年时全面建成小康社会的必然要求,也是跨越中等收入陷阱,建成富强民主文明和谐的社会主义现代化国家,实现"中国梦"的必然要求。

历史将会证明:中国千年未有之大变局,必将在以习近平为总书记的中国共产党新一届中央领导集体领导下,真正变为现实。

全面深化改革的重大意义[*]

学习党的十八届三中全会《关于全面深化改革若干重大问题的决定》，关键问题之一就是联系党的十一届三中全会以来的历史发展，联系国内国际两个大局，深入领会在新的历史起点上全面深化改革的重大意义。这对于我们坚定改革信心，增强改革的责任感和紧迫感，至关重要。

一、全面深化改革的广泛性深刻性前所未有，鲜明体现了党的十一届三中全会以来历史发展的新要求

全面深化改革，是以习近平同志为总书记的党中央带领全国各族人民

---

* 这是作者对党的十八届三中全会通过的《中共中央关于全面深化改革若干重大问题的决定》的体会文章，发表于 2013 年 12 月 4 日《人民日报》。

在新的历史起点上启动的伟大斗争。这场伟大斗争的庄严使命,就是确保用八年时间即到二〇二〇年如期全面建成小康社会,并从而为到二十一世纪中叶建成富强民主文明和谐的社会主义现代化国家、实现中华民族伟大复兴的中国梦,打下坚实基础。

这无疑是中华民族伟大复兴进程中必须打赢的一场攻坚战。二十一世纪第二个十年,我国发展面临新阶段。一方面,社会生产力和综合国力迈上了一个大台阶,中华民族比近代以来历史上任何时期都更接近伟大复兴的目标,比近代以来历史上任何时期都更有信心有能力实现这个目标。另一方面,经济社会发展面临的矛盾和问题也更为艰巨复杂,躲不开绕不过,解决不好就有可能陷入"中等收入陷阱"。这样一个重要历史关头,中国共产党能不能迈出新的改革重大步伐,有没有信心、智慧、勇气打开改革发展新局面,广大干部群众充满期待,国际社会普遍关注。党的十八大提出了全面建成小康社会和全面深化改革"两个全面"的战略任务,现在党的十八届三中全会又就全面深化改革作出系统部署,充分表明了中国共产党自觉顺应人民愿望和时代要求、坚定不移推进改革的鲜明立场,充分体现了我们党勇于改革创新、不断夺取中国特色社会主义新胜利的坚定信念和巨大勇气。

回顾历史,改革开放以来我们党历次三中全会都聚焦改革。党的十二届三中全会主题是以城市为重点的经济体制改革,十三届三中全会主题是深化经济体制改革特别是价格改革、企业改革,十四届三中全会主题是建立社会主义市场经济体制,十五届三中全会主题是农村改革,十六届三中全会主题是完善社会主义市场经济体制,十七届三中全会主题是新形势下推进农村改革发展。由此可见,这六次三中全会基本上都是专注于某个领域或者某个方面的改革,而且都是以经济体制改革为主。而十八届三中全会部署的全面深化改革,是以经济体制改革为重点,以协同推进经济体制、政治体制、文化体制、社会体制、生态文明体制和党的建设制度改革为主要内容的全面性、系统性、整体性改革,改革涉及的领域之多、范围之广前所未有。可以说,这是自党的十一届三中全会以来党就改革作出的最全面最系统的一次部署。正因为这样,全面改革,就成为党的十八届三中全会《决定》的重大历史特点。

从现实情况来看,全面深化改革需要解决的问题也远比以往更为敏感和复杂,任务更加艰巨而繁重。三十五年来,我国改革开放由浅入深、由易到难、逐步深化,破解了许多影响和制约发展的重大难题,但还有一系列深层次矛盾和问题尚未得到根本解决,剩下的都是难啃的硬骨头。不仅如此,随着国际国内形势深刻变化,我国发展又面临一系列新的问题和挑战。老问题新问题相互交织,国内国际因素相互影响,需要解决的问题分外艰巨,需要攻克的是体制机制上的一系列痼疾。中央提出改革进入攻坚期和深水区,就是对改革所处时代背景和现实条件的一个形象而又准确的重大判断。基于这一判断,党的十八大报告和十八届三中全会《决定》都特别提醒全党,要敢于啃硬骨头,敢于涉险滩,以更大决心和勇气冲破思想观念的束缚,冲破利益固化的藩篱,推动中国特色社会主义制度自我完善和发展。

从推进改革的方式看,全面深化改革的系统性、整体性、协同性要求更是前所未有。现阶段,随着经济建设、政治建设、文化建设、社会建设、生态文明建设的融汇不断深化,任何一个领域的改革都会影响到其他领域,需要其他领域改革的配合。不同领域的改革可以有先有后、有主有次、有快有慢,但必须统筹兼顾、协同推进,而不能各自为政、畸轻畸重。只有各方面改革相互促进,发生化学反应,产生共振效果,才能放大改革的效应。中央成立全面深化改革领导小组,负责改革总体设计、统筹协调、整体推进、督促落实。这也是党的十一届三中全会以来从未有过的重大举措。

总之,在新的历史起点上全面深化改革,将成为改革开放以来中国共产党领导全国各族人民进行的最广泛最深刻的一场伟大变革。从这个意义上讲,党的十八届三中全会在整个改革开放和社会主义现代化建设进程中具有里程碑意义。

二、全面深化改革必将带来新的重大突破，
推动经济社会发展全面提升

党的十八大提出在十六大、十七大确立的全面建设小康社会目标的基础上努力实现新的要求，包括经济持续健康发展、人民民主不断扩大、文化软实力显著增强、人民生活水平全面提高、资源节约型环境友好型社会建设取得重大进展，等等。这与十六大提出的"六个更加"①和十七大提出的"五个方面"②的新要求是一脉相承的，都是为了建设惠及十几亿人口的更高水平的小康社会，使经济更加发展、民主更加健全、科教更加进步、文化更加繁荣、社会更加和谐、人民生活更加殷实。应当说，这是我国经济社会发展的全面提升。而全面提升就要求全面深化改革，在新条件下有系统地解决我国经济社会发展面临的突出问题。比如说：

一是通过改革正确处理政府和市场的关系，使市场在资源配置中起决定性作用和更好发挥政府作用，从而显著提高我国经济发展的质量和效益。总体而言，我国经济总量虽已达到世界第二，但创新创业活力不旺，大而不强问题非常突出，经济发展的质量和效益仍是我国发展的最大短板。究其原因，一是在于产业结构经济结构不合理，二是在于经济体制改革不到位。这就要求，加快转变经济发展方式，同时加快经济体制改革。而经

---

① 见《中国共产党第十六次全国代表大会文件汇编》，人民出版社2002年版，第1—56页。党的十六大报告中指出："我们要在本世纪头二十年，集中力量，全面建设惠及十几亿人口的更高水平的小康社会，使经济更加发展、民主更加健全、科教更加进步、文化更加繁荣、社会更加和谐、人们生活更加殷实。"

② 见《中国共产党第十七次全国代表大会文件汇编》，人民出版社2007年版，第1—55页。党的十七大在十六大确立的全面建设小康社会目标的基础上对我国发展提出了五个方面新的更高要求，即增强发展协调性，努力实现经济又好又快发展；扩大社会主义民主，更好保障人民权益和社会公平正义；加强文化建设，明显提高全民族文明素质；加快发展社会事业，全面改善人们生活；建设生态文明，基本形成节约能源资源和保护生态环境的产业结构、增长方式、消费模式。

济体制改革的根本一条,就是进一步正确处理政府与市场的关系,积极稳妥从广度和深度上推进市场化改革,使市场在资源配置中起决定性作用和更好发挥政府作用。既发挥社会主义制度集中力量办大事的优势,又通过市场经济增强发展活力,从而推动资源配置依据市场规则、市场价格、市场竞争实现效益最大化和效率最优化,生产要素向优势产业、现代服务业、战略性新兴产业聚集。这是我们党在探索中国特色社会主义建设规律进程中的又一重大创举。

二是通过改革加快构建城乡一体化发展体制机制,积极推进城镇化、农业现代化,完善我国社会生产力和整个国民经济发展的区域布局。城乡、区域之间发展的不平衡是制约我国经济社会发展全面提升的又一重大问题,突出表现在优势产业、优质生产要素主要集中在城市和东部地区,广大农村和中西部地区发展基础相对薄弱。而如果不在八年内从根本上扭转这种情况,就不可能真正达到全面小康。因此,只有通过改革推动更多优质生产要素和先进生产力向农村和中西部地区转移,从而使国民经济布局更加均衡更加合理,才能按照邓小平同志提出的"两个大局"[1]方针,东西并举、共同富裕。

三是通过改革推动社会分配制度和社会保障体系建设,以利于发展成果更好地惠及全体人民。衡量一个社会的现代文明程度,不仅要看经济发展,还要看发展成果是否惠及全体人民,人民各方面权益是否得到切实保障。在迈向全面小康的八年决战决胜进程中,在社会生产力、综合国力大发展和坚持贯彻按劳分配原则的基础上,正确处理社会分配和社会保障问题,从而促进社会公平正义,这是一件大事。在共产党领导下实现学有所教、劳有所得、病有所医、老有所养、住有所居,乃是全面建成小康社会必不

---

① 见《邓小平文选》第三卷,人民出版社1994年版,第278页。1988年,邓小平提出:"沿海地区要加快对外开放,使这个拥有两亿人口的广大地带较快地发展起来,从而带动内地更好地发展,这是一个事关大局的问题。内地要顾全这个大局。反过来,发展到一定时候,又要求沿海拿出更多力量来帮助内地发展,这也是个大局。那时,沿海也要服从这个大局。"

可少的基本要求之一,也是建成富强民主文明和谐的社会主义现代化国家的题中必有之义。实际上,这也是中国几千年文明史上前人早就提出,但从未真正实现的一项反映最广大人群心愿的社会理念。

四是通过改革完善社会治理体制机制,提高社会治理水平。所谓提高社会治理水平,实质包含两个方面,一是社会的和谐稳定,二是社会的创新创业活力。而这两方面问题,都直接关系到国家治理体系和治理能力的现代化。正是围绕这两方面问题,《决定》系统提出了改进社会治理方式、激发社会组织活力、创新有效化解社会矛盾体制和健全公共安全体系,及建立国家安全委员会等重大举措;同时又系统提出了深化教育领域综合改革,推进科技、文化体制机制创新和健全促进就业、创业机制健全等重大任务。由此可见,《决定》关于社会治理体制机制改革的布局,密切联系于整个国家制度体系和各方面体制机制的改革和完善。正如邓小平同志在一九九二年年初南方谈话中提出的,"恐怕再有三十年的时间,我们才会在各方面形成一整套更加成熟、更加定型的制度"。我理解,这里所说的"一整套",就包括更加成熟更加定型的社会治理制度体系。

总之,全面深化改革必将带来新的重大突破,推动经济社会发展全面提升。而所有这些新的重大突破,集中到一点,就是中国特色社会主义制度的更加成熟,我们国家治理体系和治理能力的更大提高。也正是在这个意义上,《决定》精辟指出:"全面深化改革的总目标是完善和发展中国特色社会主义制度,推进国家治理体系和治理能力现代化"。

我们学习《决定》,一个突出感受就是《决定》通篇充满着改革精神、改革思维、改革勇气,围绕经济体制、政治体制、文化体制、社会体制、生态文明体制和党的建设制度等方面改革提出了大量新论断、新举措,在许多方面都有重大突破。这种情况生动表明,《决定》本身,就是"全面深化改革总目标"的系统表达和有力宣告。

三、全面深化改革的根本动力是"三个进一步解放"，极大增强中国特色社会主义的生机和活力

毛泽东同志在《论联合政府》这篇著作中有一个极重要极深刻论断："中国一切政党的政策及其实践在中国人民中所表现的作用的好坏、大小，归根到底，看它对于中国人民的生产力的发展是否有帮助及其帮助之大小，看它是束缚生产力的，还是解放生产力的。"[①]我认为毛泽东同志这个论断对于我们今天理解全面改革，仍然具有"归根到底"的指导意义。这里特别需要着重领会的，就是《决定》鲜明提出的"三个进一步解放"，即进一步解放思想、解放和发展社会生产力、解放和增强社会活力。

"三个进一步解放"是相互联系、相互促进、有机统一的。解放思想是前提，是总开关和原动力。解放和增强社会活力，是解放思想的必然结果，也是解放和发展社会生产力的重要基础。而解放和发展社会生产力，实质上就是围绕以人为本，解放和发展人的创新活力、创业活力以及承受、抵御和应对巨大风险的能力和活力。

改革开放的历史反复证明，我们党之所以坚持不懈地致力于深化经济体制和其他各方面体制改革，根本目的就是要把社会生产力中最重要最活跃的因素即"人"的因素愈益充分解放出来，把人的创造活力愈益充分激发出来，从而推动社会生产力的发展，增强党和国家的发展活力。当然，我们又清醒看到，作为最大发展中国家，我国社会生产力总体发展水平还不高，发展很不平衡，先进生产方式和落后生产方式并存，科学技术仍然没有摆脱落后状况，要赶上发达国家还有很长的路要走。而且，当前制约社会生产力发展的因素是多方面的，有思想观念因素、也有体制机制因素，有发展

[①]　见《毛泽东选集》第三卷，人民出版社 1991 年版，第 1079 页。

基础较差问题、也有社会活力不足问题。《决定》如此鲜明强调"三个进一步解放",就是针对这种情况而来的。

我们讲"三个自信",自信从何而来？就要靠中国特色社会主义比资本主义在发展社会生产力上更有效率,在实现人民权益上更有保障,在激发全体人民的积极性主动性创造性和社会活力上更有办法,从而在竞争中赢得比较优势。而这一切都离不开"三个进一步解放"。从"三个进一步解放"到"三个自信",应当成为当代中国人最强大的精神支柱。

四、紧紧抓住今后八年全面深化改革战略机遇，谱写中华民族伟大复兴历史新篇章

从现在起到二○二○年全面建成小康社会,尔后再经过三十年奋斗,基本实现现代化,这无疑是近代以来中国历史上前所未有的大变动。新的大变动必然带来新觉醒,而新觉醒又必然造就新的大变动。这就要求我们的党、我们的人民、我们的国家、我们的民族,包括我们的军队,对我们的光荣传统和今天的理论、道路、制度有新的自信,在解放和发展社会生产力、推动经济社会持续健康发展上有新的自觉,在看世界上有新的眼界,从而能够抓住新条件下的战略机遇。

进入二十一世纪第二个十年,我国发展仍处于可以大有作为的重要战略机遇期。联系到这一点,党的十八届三中全会关于全面深化改革的决定的重大意义更加突出。

一是时间节点特殊。根据邓小平同志提出的"三步走战略",从改革开放开始到本世纪中叶基本实现现代化,大体是七十年时间。这七十年的前三十五年,中国共产党和中国人民干成了一番大事业,顺利实现了第一、第二步战略目标。能否如期实现第三步战略目标,那就要看后三十五年我们怎么干。而这后三十五年当中,又首先要看当前这八年,即全面建成小康

社会的决战决胜阶段我们怎么干。党的十八届三中全会，正好担负起启动这八年决战决胜伟大斗争的光荣使命。

二是思想条件具备。正因为在这样一个关键点上，全党上下和社会各方面对全面深化改革的呼声和期待非常强烈，对全面深化改革的重要性、紧迫性认识总体一致，这为统一思想、凝聚共识、形成改革合力提供了极为有利的条件。从整个社会来看，人心思安、人心思进、人心思富是主流。虽然存在这样那样的一些突出矛盾和问题，但没有也不可能改变继续向前蓬勃发展的中国大势。

三是改革基础扎实。改革开放三十五年为全面深化改革打下了坚实基础，也积累了较为丰富的经验。我们对人类社会发展规律、社会主义建设规律、共产党执政规律的认识，达到了新高度。我们对改革开放的方向、路径、目的之把握，以及实际驾驭改革发展稳定大局的能力，达到了新水平。我们的创新活力、创业活力和抵御风险挑战的能力活力，也正获得进一步提高。

四是国际环境总体有利。和平与发展仍是时代主题，而科技革命孕育新突破、社会信息化持续推进、全球合作和利益汇合点向多层次全方位拓展、新兴市场国家和发展中国家实力增强等因素，又为我国改革发展带来新机遇。当然，同时又需要清醒估量，形势复杂，正面和负面因素相交织，这样的"两重性"还将长期存在。对此我们也一定要有充分的精神准备。

五是归根到底，我们有中国共产党的坚强领导。以习近平同志为总书记的新一届中央领导集体高举中国特色社会主义伟大旗帜，继往开来、与时俱进，总揽全局、协调各方，勇于冲破思想观念的束缚，勇于突破利益固化的藩篱，勇于推进理论和实践创新，这为我们伟大事业的发展提供了根本保证。

总之，党的十八届三中全会就全面深化改革作出总体部署，可说是正当其时，机遇难得，意义重大。在党的十八大总体纲领和十八届三中全会全面深化改革具体纲领指引下，一定能够打赢全面深化改革这场攻坚战。我们应当努力。

我们党从来就是不断地"赶考"的 *

叶孝慎（以下简称"叶"）：二〇〇三年二月二十八日，您为第十届新当选的全国人大代表和新任全国政协委员作报告，专论"新的战略机遇期和中国特色社会主义的根本走向"，其中说到了"赶考"问题。同一问题，习近平总书记在此次党的群众路线教育实践活动中又一再强调。不知您是否可以再给我们简要介绍一下毛泽东当年离开西柏坡时是如何讲到"赶考"的，而"赶考"这一命题对于我们的党又具有何等样的历史意义？

郑必坚（以下简称"郑"）：一九四九年三月五日至十三日，中共中央在西柏坡召开七届二中全会，明确"乡村包围城市"的时期已经结束，"党和军队的工作重心必须放在城市，必须用极大的努力去学会管理城市和建设城

＊ 这是作者于 2014 年 8 月在北京接受上海广播电视台电视政论片《赶考路上》摄制组叶孝慎同志专访时的答问。

市"。这样,两个"务必"提出来了。毛泽东这样说:"务必使同志们继续地保持谦虚、谨慎、不骄、不躁的作风,务必使同志们继续地保持艰苦奋斗的作风"。毛泽东还说:"中国的革命是伟大的,但革命以后的路程更长,工作更伟大,更艰苦,这一点现在就必须向党内讲明白。"十天后,中直机关随毛泽东走出西柏坡,移址北平。

根据一些老同志的回忆,当时,毛泽东彻夜未眠,依然神采奕奕。周恩来来了,他对周恩来说:"今天是进京的日子,不睡觉也高兴。我们进京赶考去。"周恩来笑答:"我们应当都能考试及格,不退回来。"毛泽东也笑了,有力说道:"退回来就失败了。我们决不当李自成,我们都希望考个好成绩。"这就是"进京赶考"的来历。

"进京赶考"这四个大字,内涵丰富啊!这里最根本的意义,就在于伟大历史转折关头,面临执掌全国政权,我们党应有什么样的精神状态。毛泽东说"进京赶考",并且尖锐提出"不当李自成",实在是意味深长!他在这里指出的,是两种根本不同的精神状态。一种是李自成,"进京做皇帝";另一种是我们共产党,"进京赶考",就是要以高度自觉执掌全国政权,并且准备经受新的历史性大考验。

老实说,我们党从来就是不断地"赶考"的。不是说考一次,考了个优等,以后就笃定年年优等了。没有那个事!还得接着考,没完没了!别的不说,只要看一看党的十一届三中全会以后到今天,这三十六年,难道不是又一次大的"赶考"?!难道不是又一次历史性大考验,举世瞩目的大考验?!所以,党的十八大报告中有这么一句话,说的是:"发展中国特色社会主义是一项长期的艰巨的历史任务,必须准备进行具有许多新的历史特点的伟大斗争。"请注意,这里讲的是今后,我们还要"准备进行具有许多新的历史特点的伟大斗争"啊!

叶:您能结合党的群众路线教育实践活动,再展开说一下"必须准备进

行具有许多新的历史特点的伟大斗争"这句话的深刻涵义吗？

郑：联系党的群众路线教育实践活动，我们应当能够更深切地体会到当前中国共产党正在进行的"具有许多新的历史特点的伟大斗争"。新形势下，党面临"四大考验"——执政考验、改革开放考验、市场经济考验、外部环境考验，还有"四大危险"——精神懈怠危险、能力不足危险、脱离群众危险、消极腐败危险。问题尖锐摆在全党面前，关键就看我们能不能坚持党要管党、从严治党，能不能大大增强党的自我净化、自我完善、自我革新、自我提高能力。这对我们党来说，可是兴衰成败、生死攸关的头等重大问题！所以，正在深入开展的党的群众路线教育实践活动，全党关注，世界瞩目。以习近平同志为总书记的党中央，以大无畏的和对党对人民高度负责的精神，把这件大事认真抓起来，直面现实，直面挑战，知难而进，再艰难的情况下也要坚持前行，好得很！

我们再放开眼界，联系到正在进入全面建成小康社会决定性阶段的国内大局和正在发生深刻复杂变化的国际大局，那么党的群众路线教育实践活动的现实意义和长远意义，就更加清楚了。

叶：日前，习近平总书记在中南海听取中共兰考县委和河南省委党的群众路线教育实践活动情况汇报时特别说到了"敬终如始、一鼓作气、善作善成"。我们很想知道您的直觉和感受。

郑：八月二十七日，习近平总书记在听取中共兰考县委和河南省委党的群众路线教育实践活动情况汇报时所作的讲话非常及时，非常重要。他鲜明而又尖锐地提出"敬终如始、一鼓作气、善作善成"，很有针对性。这就是说，一定要确保党的群众路线教育实践活动真正取得实效，同时强调党的群众路线教育实践活动虽然有期限，但加强作风建设是无尽期的。从根本上说，就是要一直抓，坚持抓，常抓不懈，防止反弹。"反弹"，是作风建设的大敌。而"常抓"、"长抓"，是"四风"问题的克星。

我们坚信,在以习近平同志为总书记的党中央领导下,全党、全军和全国各族人民团结一致,同心同德,脚踏实地、勇于创新,以伟大旗帜指引伟大斗争,以伟大工程促进伟大事业,一定能够把中国改革开放和社会主义现代化建设的伟大事业推向新的高度,一定能够实现我们党提出的"两个一百年"奋斗目标,一定能够实现中华民族伟大复兴的"中国梦"。

邓小平打开了中国特色社会主义的全新战略道路[*]
——纪念邓小平同志诞辰一百一十周年

(一) 历经改革开放三十六年取得举世瞩目伟大成就的当代中国,今天迎来了改革开放总设计师邓小平同志诞辰一百一十周年。面对邓小平理论所开启的当代中国历史大变动,面对中国共产党和中国人民的伟大新觉醒,我们比以往任何时候都更加深切地体会到:中华民族和中国人民能有今天,我们党和人民的事业能有今天,离不开邓小平打开的中国特色社会主义的全新战略道路。我们对邓小平的最好纪念,就是坚定不移沿着这条道路继续前进,开拓更为广阔的发展前景。

---

[*] 这是作者为中共中央宣传部、中共中央党校、中共中央文献研究室、中共中央党史研究室、教育部、中国社会科学院、中国人民解放军总政治部等单位联合主办的"纪念邓小平同志诞辰 110 周年学术研讨会"提供的论文,写于 2014 年 7 月 1 日,发表于 2014 年 8 月 21 日《人民日报》。

一、在打开全新战略道路的艰难战斗历程中，邓小平理论应运而起

（二）邓小平的一生是辉煌的，而其中最辉煌的一段则是以党的十一届三中全会前后为新起点的最后二十年。在这二十年中，他为党和人民作出了两大历史性贡献。一是拨乱反正，领导全党正确总结建国以来的历史经验，彻底否定"文化大革命"，同时科学评价毛泽东的历史地位和毛泽东思想的指导意义；二是改革开放，领导全党和全国人民成功打开了建设中国特色社会主义的全新战略道路，并在这个艰难战斗和伟大创新历程中创立了邓小平理论。

邓小平说过："没有毛主席，至少我们中国人民还要在黑暗中摸索更长的时间。"[①]今天我们又应当说，没有邓小平，我们党和人民可能至今还要在贫穷落后中挣扎苦斗。

（三）从毛泽东到邓小平直到今天，贯穿于我们党全部指导理论的一条红线是马克思主义中国化。正是在马克思主义中国化进程中，中国共产党实现了两次历史性飞跃，产生了两大理论成果。第一次飞跃的理论成果，是毛泽东思想。第二次飞跃的理论成果，是今天指导中国改革开放和社会主义现代化建设的科学理论，即以邓小平理论为奠基、在新历史条件下创立和发展的中国特色社会主义理论体系。

（四）伟大的理论根源于创新的、战斗的实践。邓小平理论之所以能够产生，最根本的还是由于面对中国国内大局和国际大局这两个大局在二十世纪最后二十年的大变动，经过艰难战斗和深刻反思，而形成和确立起来的。在这里，没有什么一帆风顺，没有什么轻而易举，更没有什么一蹴而

---

① 《邓小平文选》第二卷，人民出版社 1994 年版，第 345 页。

就。一句话,是在大变动中应运而起的。

(五)先来看国内大局。最突出的,就是那二十年中的两大历史关头。第一个历史关头,是上世纪七十年代末,在经过"文化大革命"十年内乱之后,中国向何处去的问题尖锐提到党和人民面前。当人们普遍束缚于"两个凡是",对党和国家前途命运迷茫困惑之时,邓小平坚定地支持"真理标准大讨论",有力地推动了党和人民的思想大解放。由此而来的,是全党工作重心从以阶级斗争为纲转到以经济建设为中心,是"一个中心、两个基本点"的基本路线逐步确立,是几年之内就从根本上扭转党和国家在政治经济上的困难局面,并由此启动了整个二十世纪八十年代的中国大发展。

第二个历史关头,是十年后,也就是上世纪八十年代末、九十年代初,国内政治风波,加上国际苏东剧变,中国向何处去的问题又一次尖锐提到党和人民面前。是走资产阶级自由化的邪路,是走封闭僵化的老路,还是坚定不移继续走中国特色社会主义的新路?面对复杂情势,邓小平又以他一贯的坚定信念、非凡胆略和远见卓识,强调稳定压倒一切,随后又发表了著名的南方谈话。这个谈话,从根本上澄清了关系中国社会主义事业前途命运的一系列重大政治是非、思想是非和理论是非,并从而强有力地推动了改革开放和社会主义现代化建设新一轮举世瞩目的大发展。

(六)再来看国际大局。最突出的,就是关于和平与发展成为时代主题这一重大战略判断的提出和确立。早在上世纪七十年代后期到八十年代中期,邓小平就敏锐地注意到世界范围新科技革命的日新月异发展。同时,注意到由于美国在越南战争失败和苏联在阿富汗受挫,有资格打世界大战的两个超级大国的全球战略部署都未能实现。而发展中国家谋求发展,必定成为时代大潮。邓小平由此断言:"国际上有两大问题非常突出,一个是和平问题,一个是南北问题。"①而南北问题即发展问题。正是基于

---

① 《邓小平文选》第三卷,人民出版社 1994 年版,第 96 页。

这一重大战略判断,邓小平提起全党注意抓住难得机遇,集中精力搞建设、谋发展。

尔后在上世纪八十年代末、九十年代初,面对复杂国际形势,邓小平又清醒把握大局,指出和平与发展仍是时代主题,并且进一步提出了"冷静观察、稳住阵脚、沉着应对、韬光养晦"的战略方针。他这样说:"世界上矛盾多得很,大得很,一些深刻的矛盾刚刚暴露出来。我们可利用的矛盾存在着,对我们有利的条件存在着,机遇存在着,问题是要善于把握。"①同时审时度势,提出"有所作为",倡导打出上海这张"王牌",以开发开放浦东等重大举措带动长江三角洲以至全局的发展,一举打破了西方七国联手对我实行的经济制裁,由此扭转了一时阴霾漫天的国际环境。

(七)正是在这样的国内国际大背景下,邓小平又在他辉煌一生的最后段落,以八十九岁高龄,继南方谈话之后,在一九九二年伏暑盛夏时节,全身心投入《邓小平文选》第三卷即最后一卷的编审工作。我们记忆犹新:他亲自审定每一篇文稿,而且抓得那样紧,那样细,终于完成了一部具有现实和长远重大战略意义的经典性著作,并且郑重地把它作为"政治交代"献给党,献给祖国和人民。当时邓小平高兴地说:"算完成了一件事。"②他还在审稿过程中说过:"这本书有针对性,教育人民,现在正用得着。"③"不管对现在还是对未来,我讲的东西都不是从小角度讲的,而是从大局讲的。"④"编到南方谈话为止,这样好,段落比较清楚。"⑤

(八)就是这样,在十一届三中全会以后二十年艰难的创新的实践基础上,邓小平理论形成和发展起来。如果再加上对建国以来直到十一届三中全会以前近三十年经验教训正式作出"历史问题决议",那就还应当说,邓小平理论是以近半个世纪的深厚历史经验为基础而形成和发展起来的。

---

① 《邓小平文选》第二卷,人民出版社 1994 年版,第 354 页。
② 《邓小平年谱(1975—1997)》,中央文献出版社 2004 年版,第 1365 页。
③④⑤ 《邓小平年谱(1975—1997)》,中央文献出版社 2004 年版,第 1362 页。

一九九三年,党中央作出郑重评价,鲜明指出:"《邓小平文选》第三卷的出版,为我们进一步用建设有中国特色社会主义理论武装全党,教育干部和人民,统一思想,坚定信念,积极全面正确地执行党的基本路线,提供了最好的教材和最有力的武器。"①并且号召全党在改革开放和社会主义现代化建设新形势下努力学习《邓小平文选》第三卷。遂即在全党范围首先是县级以上领导干部中,形成了具有相当广度和深度的对邓小平中国特色社会主义理论的学习研究热潮。

(九) 从上世纪八十年代末开始,从以江泽民同志为核心的党中央到以胡锦涛同志为总书记的党中央,在抓紧领导对邓小平理论学习热潮的同时,卓有成效地推进改革开放和社会主义现代化建设,并且先后形成了"三个代表"重要思想、科学发展观等马克思主义中国化新的重大理论成果。这一系列重大思想理论成果,同邓小平理论一脉相承而又与时俱进,不断深化地回答了"什么是社会主义,怎样建设社会主义"、"建设什么样的党,怎样建设党"、"实现什么样的发展、怎样发展"等关系国家、民族和中国共产党前途命运的根本问题,丰富和发展了邓小平理论奠基的中国特色社会主义理论体系。

(十) 今天使党和人民倍感振奋的是,党的十八大闭幕不到一个月,习近平同志就南下改革开放前沿广东,向仁立在深圳莲花山顶的邓小平铜像敬献花篮。他说:"我们来瞻仰邓小平铜像,就是要表明我们将坚定不移推进改革开放,奋力推进改革开放和社会主义现代化建设取得新进展、实现新突破、迈上新台阶。"②他还说:"改革开放是决定当代中国命运的关键一招,也是决定实现'两个一百年'奋斗目标、实现中华民族伟大复兴的关键一招。实践发展永无止境,解放思想永无止境,改革开放也永无止境,停顿

---

① 江泽民:"用邓小平同志建设有中国特色社会主义理论武装全党"(1993 年 11 月 2 日),《论党的建设》,中央文献出版社 2001 年版,第 109 页。

② 习近平 2012 年 12 月 7 日至 11 日在广东考察时的讲话。

和倒退没有出路。"①

在这以后,以习近平同志为总书记的党中央的一系列重大举措,尤其是十八届三中全会作出全面深化改革的历史性决定,标志着中国改革开放和社会主义现代化事业正沿着邓小平打开的全新战略道路,迈向新的高度。

(十一) 历史的回顾,现实的发展,反复有力地表明:邓小平理论应运而起,这是我们党在新时期启动大变动、新觉醒的强大精神动力和智力支持。拥有这样的精神动力和智力支持,实在是党之大幸,国之大幸,中华民族之大幸。

二、赶上时代是改革要达到的目的,关键在于"三个解放"

(十二) 邓小平在一九八七年五月作过一个鲜明对比,他说:"'文化大革命'期间,那时'四人帮'当权横行,人民心情沉闷,甚至可以说是在忧虑之中,整个社会处于停滞状态。'文化大革命'结束以后,还有两年徘徊。中国真正活跃起来,真正集中力量做人民所希望做的事情,还是在一九七八年底党的十一届三中全会以后。"②在这里,通过这样一个对比,邓小平把问题集中到一点上来——究竟是要"沉闷停滞",还是要"中国真正活跃起来,真正集中力量做人民所希望做的事情"。

事实就是这样:中国改革开放三十六年来的最重大最深刻变化,正是这个从"沉闷停滞"到"真正活跃起来",把全社会潜在的巨大生机和活力解放出来了。

(十三) 那么,这样的生机和活力,怎样解放出来的呢?

打开中国改革开放的编年史、思想史,邓小平领导改革开放的开篇之

① 习近平 2012 年 12 月 7 日至 11 日在广东考察时的讲话。
② 《邓小平文选》第三卷,人民出版社 1994 年版,第 232 页。

作,就是《解放思想,实事求是,团结一致向前看》。众所周知,这是党的十一届三中全会的主题报告。在这篇报告中,邓小平开宗明义指出:"解放思想是当前的一个重大政治问题。"①"只有思想解放了,我们才能正确地以马列主义、毛泽东思想为指导,解决过去遗留的问题,解决新出现的一系列问题,正确地改革同生产力迅速发展不相适应的生产关系和上层建筑,根据我国的实际情况,确定实现四个现代化的具体道路、方针、方法和措施。"②

这段话所反映出的,实质上就是我们党历史上马克思主义中国化第二次飞跃的伟大起点。面对十年"文革"内乱及其造成的严重恶果,要把中国人民、中国社会、中国社会主义制度的内在活力激发出来,首先就要打开总开关,放出"源头活水",解放人们的思想,特别是解放全党的思想。

(十四)而解放思想的根本目的,在于解放生产力。邓小平正是这样,他从来都是把解放思想的要求,坚决、彻底、鲜明地集中到生产力的进一步解放和发展上来。并且从来都是把解放和发展生产力,作为解放思想的根本出发点和落脚点。

他把问题提到这样的高度:"整个社会主义历史阶段的中心任务是发展生产力,这才是真正的马克思主义。"③

他还这样说:"贫穷不是社会主义,发展太慢也不是社会主义,否则社会主义有什么优越性呢?"④

在邓小平的理论思考和创新实践中,还把"解放社会活力",作为联结"解放思想"和"解放生产力"的重要一环。由此而来的,就是"三个解放":解放思想,解放和发展生产力,解放和增强社会活力。这是改革开放三十六年带根本性的成功经验。

---

①② 《邓小平文选》第二卷,人民出版社1994年版,第141页。
③ 《邓小平文选》第三卷,人民出版社1994年版,第254—255页。
④ 《邓小平文选》第三卷,人民出版社1994年版,第255页。

　　而这也正是党的十八大和十八届三中全会最新作出的明确结论,是以习近平同志为总书记的新一届中央领导集体的明确结论。就在几天前的中央财经领导小组会议上,习近平同志还这样强调:"我们必须认识到,从发展上看,主导国家发展命运的决定性因素是社会生产力发展和劳动生产率提高,只有不断推进科技创新,不断解放和发展社会生产力,不断提高劳动生产率,才能实现经济社会持续健康发展。"

　　(十五) 改革开放三十六年的历史进程,反复地证明了这一点。

　　这个历史进程可以粗略概括为头四年、中间三个十年和十八大开始的新阶段,这样五大段落。

　　第一大段落,从一九七八年到一九八二年,即新时期的头四年。乃是拨乱反正和改革开放起步的四年。随着党的思想路线和政治路线的根本性转变,各方面改革开始启动。其在"三个解放"上的显著成效,就是农村经济活跃起来,短短三到四年就初步解决了中国人的温饱问题。

　　第二大段落,从一九八二年到一九九二年,即三十六年中段的头一个十年。乃是开始全面改革,确立中国特色社会主义根本道路、基本路线并大胆探索改革目标的十年。确定了党在社会主义初级阶段"一个中心、两个基本点"的基本路线,提出了"三步走"的社会主义现代化发展战略。其在"三个解放"上的显著成效,就是出现了"隔几年上一个台阶"式的加速发展。城市经济活跃起来,对外开放由点到线再到面,乡镇企业、外资企业、"三来一补"企业蓬勃兴起。

　　第三大段落,从一九九二年到二〇〇二年,即三十六年中段的第二个十年。乃是实现改革开放新的历史性突破的十年。在成功地经受住国内外政治风波严峻考验和亚洲金融危机冲击的同时,改革开放进入一个着力构建社会主义市场经济体制基本框架的新阶段。其在"三个解放"上的显著成效,集中到一点,就是中国特色社会主义市场经济初具模型,全国总体上进入小康社会。

第四大段落,从二〇〇二年到二〇一二年,即三十六年中段的第三个十年。乃是在新的历史起点上,开始全面建设小康社会的十年。其在"三个解放"上的显著成效,就是 GDP 平均保持两位数稳定增长,经济总量跃升世界第二,经受住了加入 WTO 和世界金融危机的严峻考验,中国人更加自觉地致力于科学发展、和谐发展、和平发展。

第五大段落,就是从二〇一二年党的十八大开始的一个崭新阶段,可以算到二〇二二年,也就是全面建成小康之后不久,建党一百周年左右。这个段落刚刚开始,但我们充满信心。在全面深化改革的推动下,经济的社会的活力必将更大地释放出来。其在"三个解放"上必将取得显著成效,GDP 将在现有基础上再翻一番,中国将跨越中等收入陷阱,广大人民物质文化生活将迈上更高水平。

(十六)五大段落的实际发展,同时也使我们深化了对"三个解放"的认识:解放思想和解放社会活力,都必须落实到生产力的解放和发展以及人民生活水平的提高上来。说到底,人类社会发展无止境,解放和发展生产力的要求也必然是无止境的。

(十七)再就生产力问题本身来说。我们党和人民的生动实践反复说明,解放生产力,关键是要解放"三个力"。一是创新活力,集中体现在科技生产力的大发展;二是创业活力,集中体现在公有制为主体、多种所有制经济的大发展;三是抵御风险的能力与活力,集中体现在真正强有力地应对自然风险和社会风险,包括国内和国际的种种可以预料和难以预料的巨大风险和挑战。这"三个力"不可分地紧密相联,当前就是要在前三十六年改革发展成就基础上,通过全面深化改革,从量和质两方面尤其是质的方面,实现这"三个力"的新飞跃。只有这样,我们才能在世界范围新一轮科技革命和工业革命的浪潮中大有作为,才能真正推动我国在二十一世纪第二个十年以至整个二十一世纪上半叶实现经济社会更高和更大规模的发展和进步,才能实现全面小康以至现代化。

（十八）邓小平在一九八七年有过一个关系全局的精辟论断，他说："我们要赶上时代，这是改革要达到的目的。"①他还说："现在世界突飞猛进地发展，科技领域更是如此，中国有句老话叫'日新月异'，真是这种情况。"②

这就是说，中国改革开放和社会主义现代化建设事业本身是在和平与发展为主题的时代大潮中应运而起的，同时又应当努力走到时代潮流的前列，应当对于人类有较大的贡献，并且应当大书一笔地写在人类的历史上。

我们体会，"赶上时代"的要义就在于此，改革开放这场新的伟大革命的真谛就在于此。

三、脚踏实地、勇于创新，开拓中国特色社会主义新前景

（十九）党的十八大、十八届三中全会以来，以习近平同志为总书记的新一届中央领导集体，高度重视并大力倡导脚踏实地和勇于创新。习近平同志多次指出："坚定不移全面深化改革开放，脚踏实地推动经济社会发展"③，"一定要始终把改革创新精神贯彻到治国理政各个环节"④，"要脚踏实地，大胆探索，努力走出一条成功之路"⑤。

此时此刻，党中央之所以如此突出强调脚踏实地和勇于创新，根本原因是新一轮改革开放和社会主义现代化建设的大政方针已定，关键是要抓好落实。而抓好落实的关键，又在于究竟是以一种什么样的思想方法、工作作风和精神状态来对待我们党肩负的任务和使命。一句话，就是革命风格问题。

（二十）这个革命风格问题，也正是邓小平一九九二年启动新时期第

---

①② 《邓小平文选》第三卷，人民出版社 1994 年版，第 242 页。
③④ 习近平 2013 年 7 月 21 日至 23 日在湖北考察时的讲话。
⑤ 习近平 2013 年 8 月 29 日在大连考察时的讲话。

二轮改革开放和发展时,在南方谈话结尾时突出强调的一个重大问题。在那次谈话中,他尖锐指出:"现在有一个问题,就是形式主义多"①。他同时鲜明地提倡"朴实",语重心长地这样说:"我们讲了一辈子马克思主义,其实马克思主义并不玄奥。马克思主义是很朴实的东西,很朴实的道理。"②他还强烈地倡导创新,"搞科技,越高越好,越新越好,越高越新,我们也就越高兴。"③实际上,邓小平长期一贯提倡的就是脚踏实地和创新精神。他这样说过:"为了在不长的时间内实现四个现代化,我们需要大力提倡把崇高理想逐步变为现实的脚踏实地的革命作风。"④"要善于学习,更要善于创新。"⑤

脚踏实地、勇于创新,说到底就是实事求是。从根本上说,邓小平理论和以邓小平理论为奠基的整个中国特色社会主义理论体系本身,难道不就是这种脚踏实地而又勇于创新的实事求是革命风格的最集中理论表现吗?

(二十一)对于我们这个有着九十多年历史、八千多万党员的老党、大党来说,对于我们这个已经取得举世瞩目的执政业绩,而又长期面临执政考验、改革开放考验、市场经济考验、外部环境考验这"四大考验",同时面临精神懈怠危险、能力不足危险、脱离群众危险、消极腐败危险这"四大危险"的老党、大党来说,革命风格问题实在太重要了。也许应当说,这可是关系我们全部事业成败的头等重大问题!

中国共产党在九十多年历史征程上之所以能够历经磨难而不衰,千锤百炼更坚强,一靠路线正确、政策对头,二靠立党为公、群众拥护,第三就是靠脚踏实地、勇于创新这样一种实事求是的革命风格。

(二十二)要能够真正做到脚踏实地、勇于创新,实事求是而又与时俱

①《邓小平文选》第三卷,人民出版社1994年版,第381页。
②《邓小平文选》第三卷,人民出版社1994年版,第382页。
③《邓小平文选》第三卷,人民出版社1994年版,第378页。
④《邓小平文选》第二卷,人民出版社1994年版,第110页。
⑤《邓小平文选》第三卷,人民出版社1994年版,第51页题注。

进地推进中国改革开放和社会主义现代化建设事业，要能够真正实现邓小平所要求的"赶上时代"，一个重要前提就是把握时代。

综观当代中国和当代世界的发展走势，如果各用一句话来概括，是否可以这样说：（一）以中国特色社会主义伟大事业的和平发展即和平崛起为主题的中国大变动、新觉醒；（二）以世界和平发展（包括中国在内的一批发展中国家共同和平崛起，及发达国家再发展）为主题的世界大变动、新觉醒。这样的"大变动、新觉醒"，乃是一个前所未有的伟大而又复杂的历史进程。这个进程，在中国可以说从一九七八年党的十一届三中全会就开始了，在世界则从上世纪七十年代越南战争结束之后就逐步启动了。从那时到现在不到四十年，中国和世界都发生了新的巨大变动。而这样的大变动肯定还将持续下去，并且仍将以两重性的复杂形态持续下去。

先看国内大局。伴随改革开放以来翻天覆地的变化，伴随以邓小平理论为奠基的中国特色社会主义理论体系日益深入人心，中国共产党人对中国特色社会主义的认识由浅入深逐步达到新的觉醒，并从而在对社会主义发展规律的认识和把握上逐步由被动转为主动。这是一方面。而另一方面，工作种种不足，诸多阻力、困难和实际存在的一些阴暗面，既有体制机制障碍，也有思想观念障碍；既有历史遗留的老问题，也有发展产生的新问题；既有国内压力，也有国际压力。改革开放进入深水区和攻坚期这种新的历史条件，更决定了机遇将前所未有，挑战也将前所未有。

再看世界大局。一方面，和平发展仍是时代主题，在世界多极化、经济全球化和新产业革命日益展露锋芒的条件下，各国间相互依存和利益汇合点不断深化，大国关系重大调整，尤其是包括中国在内的一批发展中国家共同和平崛起的势头日益显现，由此而来的是各大国相对地位和利益关系进一步积极变化。但是另方面，各种形式的剧烈动荡和地缘政治冲突持续发展，霸权主义、冷战思维以至传统形式的热战危险依然存在,恐怖主义等非传统领域的安全威胁日趋严峻,全球力量的变化重组日益复杂。

所以,事情不是只有一面,而是正、反两个方面构成的。而且应当说,这种"两重性"乃是历来如此,于今为烈。

所以,"大变动、新觉醒"之后,还应再加一个"两重性"。而这种"两重性"之复杂深刻程度,以及由此而来的当代世界范围种种歧见和异动之纷纭杂沓,可能将远远超出基于经验和常规的判断。这大概也可以说是新的时代条件下,世界范围的"诸子百家"吧。

但是即便如此,"大变动、新觉醒"终归是主流,是大势,仍将不可阻挡地继续前行。中国如此,世界也如此。

从这个意义上说,中国也好,世界也好,"大变动、新觉醒"的"真正大文章",还在后头。

四、结 束 语

(二十三)在邓小平同志诞辰一百一十周年这个历史时刻,我们回溯邓小平打开中国特色社会主义全新战略道路的战斗历程,重温三十六年改革开放曲折复杂的历史发展,更深切地体会到:邓小平理论是历史和时代的产物,反过来又对历史和时代发生巨大影响。它对中华民族直到二十一世纪中叶的伟大复兴,提供着常新的精神动力和智力支持。

正因为这样,以高度自觉,把邓小平理论作为思想武器,作为基本立场和方法,作为指导我们进行新历史条件下艰难战斗和伟大创新的认识工具,从而坚定不移沿着他为中国特色社会主义打开的全新战略道路开拓前进,就是对邓小平的最好纪念。

(二十四)邓小平在南方谈话结尾,也就是整个《邓小平文选》第三卷结尾时,语重心长地这样说:"从现在起到下世纪中叶,将是很要紧的时期,我们要埋头苦干。我们肩膀上的担子重,责任大啊!"①二十二年过去了,面对当今世界日新月异的发展和日趋激烈的竞争,我们对邓小平的这个谆谆嘱托有了更强烈的感受。实在是时间紧、任务重、责任大,时不我待啊!

今天,以习近平同志为总书记的党中央发出了全面推进新一轮改革的宣言书、动员令。我们坚定地相信,在党中央领导下,全党、全军和全国各族人民团结一致,同心同德,脚踏实地、勇于创新,一定能够把中国改革开放和社会主义现代化的伟大事业推向新的高度,一定能够实现我们党提出的"两个一百年"奋斗目标,一定能够实现中华民族伟大复兴的"中国梦"。

---

① 《邓小平文选》第三卷,人民出版社 1994 年版,第 383 页。

图书在版编目(CIP)数据

中国新觉醒/郑必坚著. 一上海:上海人民出版社,2014
ISBN 978 - 7 - 208 - 11224 - 7

Ⅰ. ①中… Ⅱ. ①郑… Ⅲ. ①发展战略-中国-文集
Ⅳ. ①D60 - 53

中国版本图书馆 CIP 数据核字(2013)第 017911 号

世纪文睿出品
Century Literature

封面题字　郑必坚
特约策划　王博永　叶孝慎　牟卫民　欣　力
英文翻译　胡利平
英文审校　杨韵琴　谭宝全

出 品 人　邵　敏
责任编辑　林　岚　齐书深
助理编辑　章颖莹
装帧设计　包晨晖
肖像摄影　张建设

中国新觉醒

郑必坚 著

世纪出版集团
上海人民出版社出版
(200001　上海福建中路 193 号　www.ewen.co)
中国图书进出口上海公司发行
字数 400,000
ISBN 978 - 7 - 208 - 11224 - 7/D · 2212

www.ingramcontent.com/pod-product-compliance
Lightning Source LLC
Chambersburg PA
CBHW081400090726
47908CB00012B/2746